JN093574

空調設備実務 パーフェクトマニュアル［第4版］

土井 巖 著

秀和システム

本書サポートページ

●秀和システムのウェブサイト

https://www.shuwasystem.co.jp/

●ダウンロードサイト

本書で使用するダウンロードデータは以下のサイトで提供しています。

https://www.shuwasystem.co.jp/support/7980html/6915.html

使用方法は、『「設備計算 書式集」の使い方』(P354)をご覧ください。

・「設備計算_書式集」(実務に必要な各種計算を網羅した計算書式集)

・「ちょこっと計算集」(ちょこっと計算(練習編)&計算シート(応用編))

※ エクセルファイルはすべてxlsx形式です

注意

(1) 本書およびダウンロードサービスのエクセルファイルは、内容について万全を期して作成いたしましたが、万一、ご不審な点や誤り、記載漏れなどお気付きの点がありましたら、出版元まで書面にてご連絡ください。

(2) ダウンロードサービスのエクセルファイルはすべてxlsx形式です。本書では、エクセルの使い方や操作方法に関する解説は行っておりませんので、これらに関するご質問にはお答えできかねます。
エクセルの使い方や操作方法については、ソフトウェアの提供元などにご確認いただけますようお願いいたします。

(3) 本書の内容に関して運用した結果の影響については、前項にかかわらず責任を負いかねます。あらかじめご了承ください。

(4) 本書の全部または一部について、出版元から文書による承諾を得ずに複製することは禁じられています。

はじめに

〜空調設備技術者の心構え〜

「空調設備」は、私たちの生活に欠かせない建築物の温熱環境、空気環境を調節し、新鮮な空気を外部から取り入れ、室内を快適な室温・湿度に保ち続ける設備です。

居住性や環境衛生に重要な役割を果たすために、新しい機器やシステムが開発され高度に複雑化しております。

法規制の面においても、省エネ法をはじめ大幅に改正されております。

優れた空調設計とは、与えられた建築に対して設備の設計を行うのではなく、環境設備工学の立場から取り組まなければなりません。

日射の遮蔽、建物の方位、建物の形態などの適切な助言は、より早い時期に行う必要があります。特に省エネルギー建築については、設備的解決よりも建築的な考慮の方が著しく大きな効果をもたらします。

建築への環境工学的提案と同様に重要な要素を占めるものに、省エネを含むシステムの選定です。

空調設備技術者にとって、空調システムを決定するということは、仕事の半ばを終了したことと同じです。それほど実は重要なことなのです。

建築的省エネルギーと同様に、空調方式における省エネルギーについても早い時期から十分に考慮しなければなりません。

事前に「計画と評価」の資料等をそろえておく必要もあります。それが空調設備技術者のストックシンクであり、シンクタンクになるのです。

設備的手法により、熱回収、蓄熱、熱交換、温度差利用、自然エネルギーの活用や制御の充実により、あらゆる省エネルギー設計手法にも挑戦しましょう。

初心者でも独学で理解できる本書の特徴

ちょっとした疑問点を先輩や上司に聞きたいけれど今さら聞けず、また聞く人もいないという方も数多いと伺っています。

そのような方々のための手引きとしていただこうと、初心者でも独学で理解できるレベルの本書では、各章に「**ちょこっと計算**」が組み込まれています。これは基本となる公式をベースに、その項目の求め方を示していますので、本書を広げながら、エクセル上で演算ができます。数値を入れ換えて公式等をしっかり理解してください。エクセルは、(株)秀和システムのWebページからダウンロードすることができます（詳しくはP.12を参照）。「ちょこっと計算」の応用編である「**計算シート**」も含まれていますから、より実践的な問題に挑戦できます。

本書は、すでにご活躍されている技術者の方々を含み、知識・技術のより向上のためにも活用していただきたく、「よくわかる」をモットーに発刊いたします。本書で勉強され、年次の実務を経験された後で、高級技術者としての建築設備士、技術士、管工事施工管理技士など法的な資格にチャレンジされる方は、上級の専門書を参考にして栄冠を勝ち取ってください。

「地球にやさしい環境づくり」は、日本に限らず、世界が求めています。そのトップランナーとしての空調設計技術者の皆様に、期待しております。

2023年2月

土井　巖

目次

第6章 空調機器の設計 133

第7章 空調方式の分類 185

第11章 排煙設備 317

第12章 自動制御設備 337

資料 354

序章
気候変動について

気候の変化を考えずに、快適な空調は望めません。

序章　気候変動について

気候の変化を考えずに、快適な空調は望めません。

近年、猛暑や大雨などの異常ともいえる気象が多く発生するようになったため、気候変動について関心を持つようになった方も多いのではないでしょうか。

気候変動とは

気候変動とは、諸々の原因で気候が比較的短期的に変動することです。

この変動は太陽周期の変化によるなどの自然現象の場合もありますが、19 世紀以降は主として化石燃料を燃やすと温室効果ガスが発生し、地球を覆う断熱材のように太陽の熱を閉じ込め気温を上昇させるからです。

温室効果ガス排出量は増加し続けています。その結果、現在の地球は1800 年代後半より1.1℃温暖化しました。過去10 年間（2011 ～ 2020 年）は観測史上最も気温が高い10 年間となりました。多くの人は、気候変動を主に気温上昇のことと捉えています。しかし、気温上昇は問題の始まりにすぎません。

現在見られる気候変動の影響には、深刻な干ばつ、水不足、大規模山火災、海面上昇、洪水、北極・南極の氷の融解、壊滅的な暴風雨、生物多様性の減少などが挙げられます。

私達は気候変動を様々な形で経験しています

気候変動は、私たちの健康や食糧生産能力、住まい、安全、そして仕事に影響を及ぼしています。海面上昇や塩水の侵入などによって、移住せざるを得なくなったり、長引く干ばつにより飢饉のリスクにさらされています。今後「気候難民」の数が増加すると予想されます。

日本の気候変動は

日本の気候変動の現状として次のものが挙げられています。

1. 平均気温の上昇と共に極端な高温の発生頻度も増加している。
   日本の年平均気温の上昇は世界平均より速く進行しており、日本国内では、真夏日、猛暑日、熱帯夜等の日数が増加している。
2. 日本国内の大雨および短時間強雨の発生頻度が増加している。
3. 近年、冬季は暖冬型、夏季は南西風を強めるような気圧配置に近づく傾向が近年みられる。
4. 日本近海の平均海面水温は、世界平均の2 倍を超える割合で上昇している。
5. 日本沿岸の平均海面水位は、1980 年以降上昇傾向にある。
   2006 年から2015 年の期間では、1 年あたり4.1 ㎜の上昇率となっています。
6. オホーツク海の海氷面積は減少している。

人間の影響が大気、海洋及び陸域を温暖化させてきたことには疑う余地はありません。

大きな課題に直面していますが、すでに多くの解決法も知っています

気候変動に対する解決策は、私たちの生活を改善し、環境を保護しながら、経済的利益をもたらすことができます。国連気候変動枠組み条約やパリ協定など、前進の指針となる国際条約もあります。排出量の削減、気候による影響への適応、ファイナンスの調整という3つの分野での行動が求められています。

私達技術者の挑戦

気候変動対策には「緩和」と「適応」が重要と言われています。

- 緩和とは、温室効果ガスの排出削減と吸収の対策を行うこと。
- 適応とは、すでに起こりつつある気候変動の影響を回避・無効化・防御すること。

気候変動の緩和と適応のそれぞれを目標とする科学的技術に挑戦したいものです。

気候変動を緩和するための科学技術には次のようなものがあります。

再生可能エネルギー

気候変動を緩和するためには、人間活動による温室効果ガス排出を抑制することが必要です。太陽、地熱、水力、海洋、風力、バイオなど、化石燃料の消費によらない再生可能エネルギーは、温室効果ガスを発生しません。そのため、気候変動緩和のための重要な技術として、研究を進めていただきたい。

二酸化炭素変革技術

環境負荷をゼロにする二酸化炭素変換技術は、人工光合成などの電気化学的アプローチと、植物や藻類のもつ光合成機能をゲノム編集などにより最大化させる生物学的アプローチがあります。土壌、海洋の二酸化炭素削減および吸収量向上の取組みも進めていただきたい。

再生可能エネルギー導入のためのエネルギー需要制御・供給技術

再生可能エネルギーのスムーズな導入には、エネルギーの供給方法も重要な課題です。
そのため、天候などによる発電量の変動を吸収するためのエネルギー需要制御技術、あるいは災害時などにも電力を安定して送るためのエネルギー供給技術などの研究も進めていただきたい。

次世代エネルギーの活用

クリーンかつ無尽蔵なエネルギー源である核融合炉による発電、および宇宙太陽光発電の技術も研究も進めていただきたい。

第1章 空気とは

私たちは空気に依存し、空気の中で生活しています。普段の生活の中でそれを意識することはあまりありません。同様に生活に欠かせない水が、その手応えや感触から、はっきり意識されるのとは好対照です。

無色透明な空気は、それに流れがある時は意識され「風」と呼ばれます。また、その成分については、閉め切った部屋や換気が不十分な場所では意識されて、古くから「空気が腐る」といった表現がされてきました。香りや臭いが漂ったり、化学物質により刺激を感じるような場合も意識されるようになります。

このように空気は人の知覚にのぼりにくく、人類は長い間それを意識することなく生活をしてきました。

古代ギリシャではすでに、空気は四つの元素の一つとされていました（四元素説）。近代的な元素の概念が生まれた後も、相当期間、空気は元素の一つと考えられてきました。18世紀になり、アントワーヌ・ラヴォアジェが空気は酸素と窒素の混合物であることを示し、空気を元素とは考えなくなりました。

このように、空気の発見から日も浅いのには、びっくりさせられます。

本章では、身近な「空気」について、もっと知りましょう！　暮らしとのかかわりを考察しながら、空気の性格や特性を知れば、空調設備も一段と早く理解できます。

1-1 空気の成分

生物の存在は、空気の存在がなければ成立しません。

Point

- ▶ 空気の成分は、およそ、窒素4/5、酸素1/5です（体積比）。
- ▶ 地球の表面を覆っている空気の層を大気と呼びます。
- ▶ 場の雰囲気のことを「空気」（場の空気）という比喩もあります。

空気の成分

空気とは、地球大気の最下層を構成する気体です。物質としての空気は複数の気体の混合物で、その組成はほぼ一定です。無色透明で、窒素75%、酸素23%、アルゴン1%、炭酸ガス0.03～0.04%、その他水分が約1%という重量組成です。

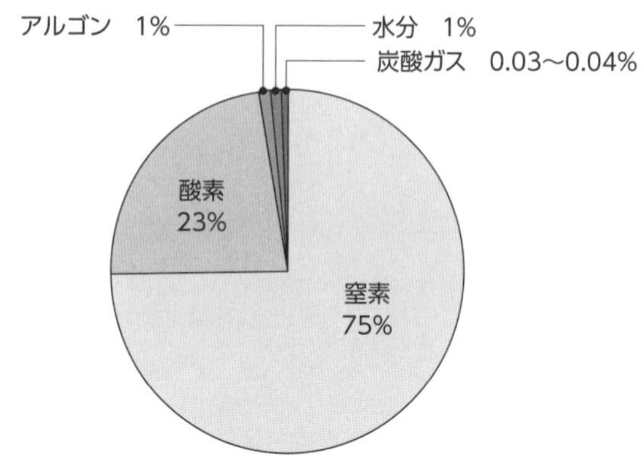

図1-1　空気の重量組成

空気中で一番多い成分の窒素は、他のものと結び付きにくい気体です。生物に必要な酸素は、とても活発な気体で、すぐ他のものと結び付いて、金属を錆びさせたり、リンゴの切り口を褐色に変化させたり、食品の性質を変化させたりします。もし、空気が酸素ばかりなら、すぐ物が燃えたり爆発したり、金属が錆びてボロボロになったりと大変なことになるでしょう。窒素が多いゆえに、酸素の活性化が抑えられて、安心して暮らせるのです。

空気の比熱

空気の比熱は、その時の圧力によって異なります。よって、計測は、一定条件の下で行われます。方法には、一定容積の下における場合を定容比熱といい、一定圧力の下における場合を定圧比熱といいます。

0℃ 1気圧の下で定容比熱は、0.171〔kcal/kg・℃〕、定圧比熱は0.24〔kcal/kg・℃〕です。ゆえに、空気の比熱比は、$k = 0.24/0.171 = 1.4$となります。

湿り空気と乾き空気

一般に空気といえば、必ず水蒸気を含んでいます。この水分は時には雲や霧などの微細な水滴として含まれることもあります。このような水分を含む空気を湿り空気といい、全く水分を含まない空気を**乾き空気**といいます。一般に空気といえば**湿り空気**を指します。

表1-1 乾き空気の比重量

単位〔kg/㎥〕

mm水銀柱 / ℃ \ kPa	720 96.0	730 97.3	740 98.7	750 100.0	760 101.3	770 102.6	780 104.0
0	1.225	1.242	1.259	1.276	1.293	1.310	1.327
5	1.203	1.220	1.236	1.253	1.270	1.286	1.303
10	1.182	1.198	1.214	1.231	1.247	1.264	1.280
15	1.161	1.177	1.193	1.209	1.226	1.242	1.258
20	1.141	1.157	1.173	1.189	1.204	1.220	1.236
25	1.122	1.138	1.153	1.169	1.184	1.200	1.215
30	1.103	1.119	1.134	1.149	1.165	1.180	1.195

空気の重量

湿り空気の単位体積1m^3中の乾き空気の重量〔kg〕で表します。空気の重量は、温度、気圧、湿度によって変化します。

空気の体積

湿り空気中の乾き空気1kg当たりの湿り空気の体積〔m^3〕で表し、これを比体積といいます。空気の重量と体積は反比例するので、20℃、760mm水銀柱の時の比体積は以下のようになります。

乾き空気の比体積＝0.8305〔m^3/kg〕
飽和湿り空気の比体積＝0.8501〔m^3/kg〕

一般的に、空気は暖められるほど容積は大きくなります。

空気の熱量

乾き空気1〔kg〕と水蒸気x〔kg〕の湿り空気の持つ熱量をいいます。

これは湿り空気の顕熱と、水蒸気の潜熱の和から求めることができます。一般に水蒸気の持つ**エンタルピ***の占める割合は非常に大きいものです。

標準大気圧での0℃の乾き空気1kgの温度を1℃上げるために必要な熱(これを**比熱**という)は1.006kJです。また、0℃の水を蒸発させるのに必要な熱(これを**蒸発熱**という)は1kg当たり2501kJです。また、0℃近辺の水蒸気の比熱は1.0805kJ/hです。

それぞれ1kgの0℃の乾き空気と水の持っている熱を0とすると、x〔kg(DA)〕の水蒸気を含むt〔℃〕の湿り空気の持っている熱エネルギーは、次のように表すことができます。

$$h=1.006t+(1.0805t+2501)x$$

上式の右辺の第1項はt〔℃〕の乾き空気1kgの熱エネルギー量を、第2項の(　)内は同じく1kgの水を0℃で蒸発させ、この蒸発をさらにt〔℃〕まで温度を上げるのに必要な熱エネルギーです。上式で与えられる熱エネルギーを湿り空気の**比エンタルピ**といいます。ここに「比」という接頭語が付くのは、乾き空気の単位質量1kg(DA)を基準にしているためです。

＊エンタルピ　熱力学で用いる物理量の1つ。圧力と体積との積に内部エネルギーを加えた量。(三省堂「大辞林」より)

空気中の水蒸気

水蒸気の含有量の多少を表すのに、湿度という言葉を用います。湿度には、**絶対湿度**、**相対湿度**、**飽和度**などがあります。

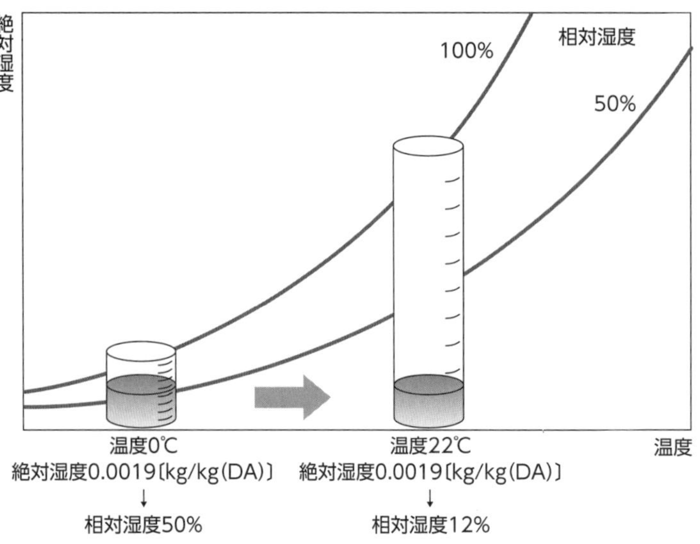

図1-2 絶対湿度と相対湿度

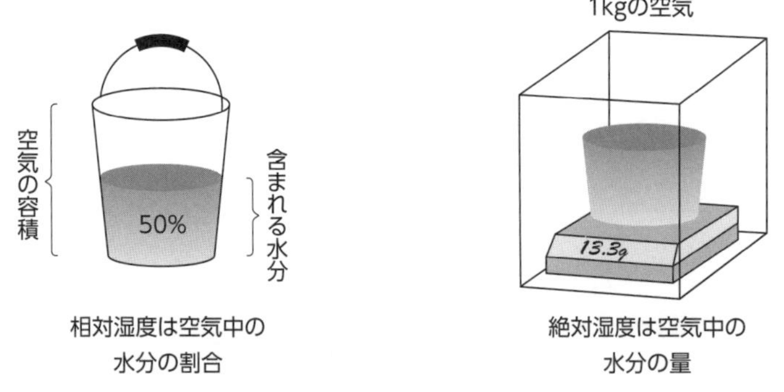

図1-3 相対温度と絶対温度の違い

空気圧

空気圧は、「圧縮空気を動力伝達の媒体として用いる技術手法」とJIS B 0142で定義されています。空気は大気圧の状態そのままではエネルギーとして用いることはできませんが、空気をコンプレッサ等で圧縮して大気圧より圧力を高くすることによりさまざまな形で、エネルギーとして使用することが可能となります。

標準大気圧をPaで表すと、1気圧〔atm〕=1.013×105〔Pa〕=1,013〔hPa〕です。

 不快指数(Temperature Humidity Index)

この指数は1959年米国気象局が初めて使用したもので、居住環境の表示として使用されます。

	計算1-1	計算例
米国気象庁での算定	THI=(td+tw)×0.72+40.6 THI：不快指数 td：乾球温度〔℃(DB)〕 tw：湿球温度〔℃(WB)〕	td = 29 ℃ tw = 25.5 ℃ ∴ THI = 79.84
日本の気象庁での算定	THI=0.81td+0.01H×(0.99td−14.3)+46.3 H：湿度〔%〕 不快指数表（下表）	td = 29 ℃ H = 70 % ∴ THI = 79.9 不快指数表より やや暑い となる。

不快指数表

不快指数	体感
～55	寒い
56～60	肌寒い
61～65	何も感じない
66～70	快い
71～75	暑くない
76～80	やや暑い
81～85	暑くて汗が出る
86～	暑くてたまらない

指数が、75以上で半数の人が不快、80以上では全員が不快を感じます。日本の気象庁では、0.81×気温+0.01×湿度×(0.99×気温−14.3)+46.3で算出しています。

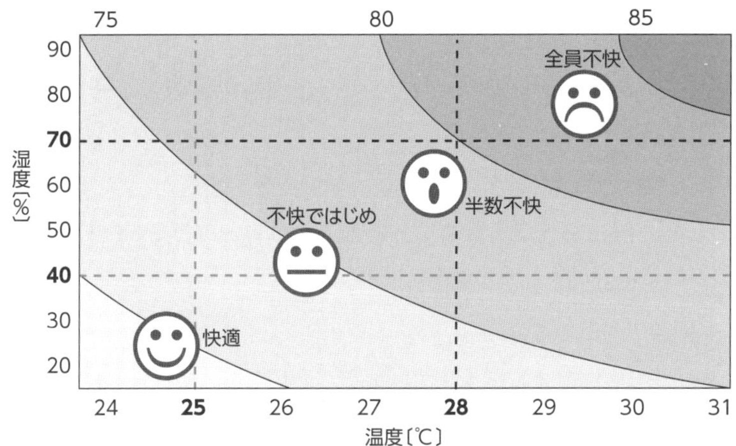

図1-4 不快指数

1-2 空調設備と環境問題

欲望抑制と自然調和で人類の平安が実現します。

Point

- 環境問題の発生の原因を、しっかり理解しましょう。
- 環境問題への取り組みは、私たちにもできることもたくさんあります。
- 他人事とは思わないで。明日はわが身に降りかかるのが環境問題です。

地球環境問題とは

現在、地球ではさまざま環境問題が起こっております。これらのほとんどが人類の発展にともない自然が犠牲となったものです。その主なものを取り上げてみます。

地球温暖化

地球温暖化は、大気中の温室効果ガス濃度が上昇し、温室効果が高まることにより地球の気温が上がる現象です。数年前は、環境問題＝公害から環境問題＝オゾン層破壊でしたが、近年は環境問題＝温暖化と変化しています。温暖化により異常気象の発生や砂漠化、生態系への影響も懸念されています。

砂漠化

降雨量の減少による乾燥化や、開発途上国での人口増による過度の開墾などで砂漠化が進んでいるといわれています。

森林破壊

木材の過伐採、酸性雨などにより熱帯林が減少しています。熱帯林には野生生物の生息、二酸化炭素の吸収など重要な役割があります。それらを破壊することにより生態系の変化や地球温暖化を加速させるのではないかと懸念されています。

酸性雨

大気中に放出された硫黄酸化物や窒素酸化物が、化学反応によって雨･霧に取り込まれて、地上に降ってくる現象です。森林や農作物に被害を与えたり、河川や湖沼を酸性化するなど生態系への影響が懸念されています。

水質汚染

水道水、飲料水、河川、湖沼、海洋それぞれの水質の汚染があります。海洋哺乳動物や魚類・鳥類等への影響、漁業への影響などが問題となってます。

大気汚染

公害問題などが社会問題となりました。日本では規制も厳しくなり、現在ではほとんど見られませんが、開発途上国での急速な発展による公害問題が懸念されています。

土壌汚染

土壌汚染問題は、今まで水質や大気の汚染ほど問題視されていませんでしたが、2011年3月に発生した東日本大震災によって引き起こされた原発事故で、土壌汚染問題が心配されています。

化学物質汚染

環境ホルモンやシックハウス症候群がこれに当たります。生活レベルを向上させるための製品が開発されると同時に、さまざまな化学物質の研究も進んでいます。開発当時問題ではなかったことが、数年後に影響をおよぼすような事例がいくつも発生しています。

表1-2 人体に影響を与える代表的な化学物質

化学物質	使用されている建材	人体への影響 (毒性・症状)	使用される薬剤名
ホルムアルデヒド	合板、壁紙、 建材用接着剤、 壁紙の接着剤	発ガン性、発ガン性促進作用、アトピー、ぜん息、アレルギー	ホルマリン
有機リン系 化学物質	壁紙の難燃剤、 シロアリ駆除剤、 畳の防ダニ剤、 合板の防虫剤	発ガン性、麻酔作用、急性毒性、頭痛、全身倦怠感、発刊、下痢、筋萎縮、視力低下、神経毒性	フェニトロチオン、 リン酸トリクシル、 リン酸トリエステル
有機溶剤	塗料、接着剤、 シロアリ駆除剤、 ビニルクロス	発ガン性、頭痛、めまい、吐き気、目・鼻・喉への刺激、中枢神経系障害、皮膚炎	酢酸ブチル、 トルエン、キシレン、 デカン、アセトン他
フタル酸化合物	壁紙の可逆剤、塗料	発ガン性、ホルモン異常、生殖異常、中枢神経系障害、胃腸障害、細胞毒性、下痢、吐き気	DOP、DBP、BBP
有機塩素化合物 (燃焼時、 ダイオキシンの発生)	合板の防虫剤、 防腐処理木材	腫瘍、白血病、胎児の奇形、関節痛、肝臓障害、食欲不振、多量発刊、不眠倦怠感、関節病	ペンタクロロフェノール他

*能登春男　住まいの汚染度完全チェック　情報センター出版局より。

絶滅危惧種

自然のプロセスにおいて減少していくのではなく、人類の活動の犠牲となって急激に数が減少している種です。人間の営利目的のための乱獲などが原因であることが多いといわれています。

空調設備は、上記の諸問題とは直接的あるいは間接的にも関連があります。製造メーカーはもちろんですが、仕事として携わる技術者の私たちも心していかねばならない問題です。

その他の環境問題には、ゴミ問題・水不足・食料不足・オゾン層破壊などがあります。

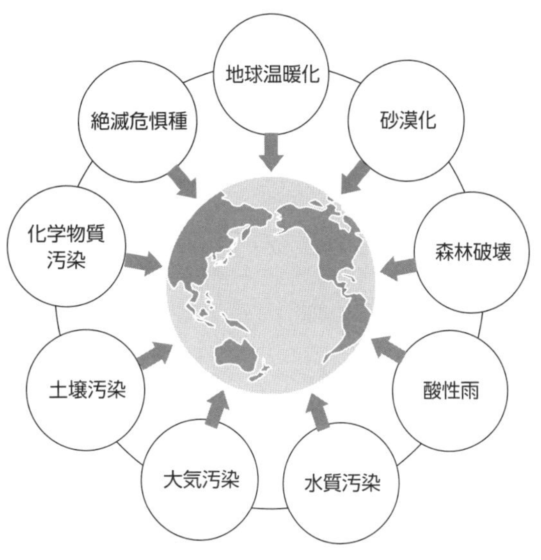

図1-5 空調設備と地球環境問題

1-3 快適な室内環境

人の健康は、室内環境によってさまざまな影響を受けています。

Point

- 健康を支える快適な室内環境を確保しましょう。
- 室内環境で、生活の質を高め、健康を維持することができます。
- 住まいの中で快適性を損なう問題点を取り上げ、改善法を検討しましょう。

室内環境の要素

室内環境の快適さは、適当な気温、湿度、清浄な空気、騒音の少ない静かな状態、適度の明るさ、心地よい配色などが十分に満たされてこそ快適な室内環境が期待できます。

有効温度

気温、湿度、気流の種々の組合せによる体感のことです。

不快指数

有効温度の気温、湿度、気流のうち、気流の影響をのぞいて、気温、湿度と体感との関係を示したものです。日本人の体感では、指数が75を超えると約半数が不快を感じ、80以上になると大部分の人が不快となります。

上空の気温

気温は、太陽から放射される熱エネルギーにより、地面に吸収されて地面の温度を上昇させます。暖まった地面から、これに接する空気に熱が伝えられると同時に上空に向かって放射されます。したがって、上空へ上がるほど気温は低くなるのです。

風

空気は熱せられると膨張し、軽くなるため上昇します。すると、周囲から冷たい空気が流れ込んできます。このような空気の動きを熱による対流といいます。

一般に、風は対流により起こります。また、上昇気流が生じると、気圧に差が生じるので、風は気圧の差によっても生じます。

気流

空気の流れを気流といいます。特に水平方向の気流を風と呼んでいます。

表1-3 気流速度と体感

室内残風速〔m/sec〕	人間の反応	適用
0～0.08	空気の停滞を感じ不快	不可
0.13	理想的な設計で快適	一般の建物に可
0.13～0.25	大体快適だが0.25m/secは座っている人に対する快感度の上限	一般の建物に可
0.33	机の上の薄紙が飛び不快	
0.38	動いている人の快感度の上限	店舗、百貨店など
0.38～1.5	特殊な工場空調の上限	工場空調、局所冷房など

1-4 熱の移動

熱の移動を熱伝達とも呼びます。

Point

- 熱には、熱伝導、対流、放射の3つの伝わり方があります。
- 熱伝導は分子などの衝突、対流は物質の移動、放射は電磁波によるものです。
- 通常、熱放射と呼ばれるのは赤外線のことです。

熱の移動

熱は、高温部から低温部へ移動しますが、これを伝熱といいます。空調熱負荷計算は、この伝熱量を算出することなのです。伝熱の形態には伝導・対流・放射(輻射)があります。

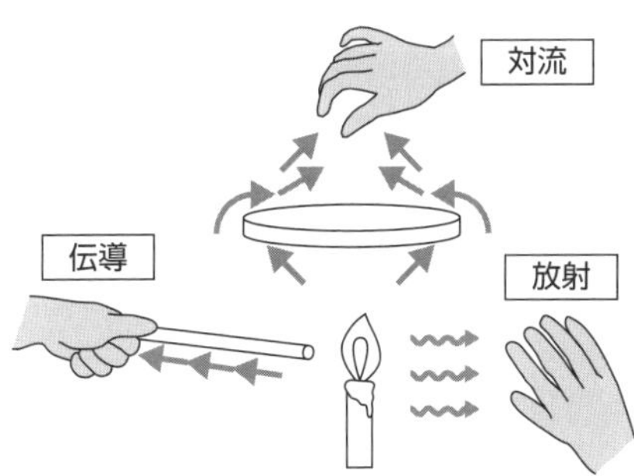

図1-6 熱の移動

伝導

熱が物体内部を高温部から低温部へ移動する現象です。

対流

伝導により壁体が暖められて室内側の壁面まで熱が移動すると、次に室内壁面で空気が暖められます。この空気は膨張して比重が軽くなり循環が起こります。これが対流です。

放射(輻射)

固体や流体などの中間物体を媒介としないで、熱が直接高温部から低温部に移動する現象です。

熱伝導

固体中の熱の移動は伝導だけによりますが、流体から固体または固体から流体への熱の移動は、伝導・対流・放射(輻射)によります。この場合の熱の移動を熱伝導といいます。

熱貫流(通過)

固体壁に隔てられた両面流体間の熱の移動は、伝達 → 伝導 → 伝達の過程を経ることになります。この場合の熱の移動を総称して熱貫流といいます。

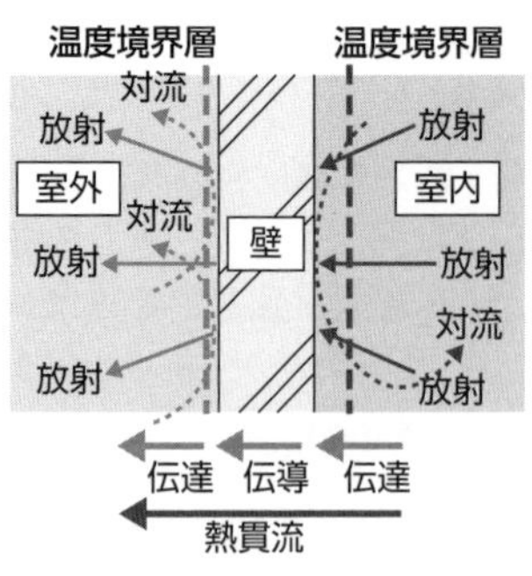

図1-7 熱貫流

熱量を求める公式

壁を通して流れる熱量

壁を通して流れる熱量Q〔W〕	計算1-2	計算例
	$Q=\lambda\{(\theta 1-\theta 2)/d\}A\tau$ λ：熱伝達率〔W/m・K〕 d：壁の厚さ〔m〕 θ1、θ2：高、低温側の壁面温度〔℃〕 A：表面積〔㎡〕 τ：時間〔h〕	λ = 1.4 W/m・K d = 0.2 m θ1 = 20 ℃ θ2 = 2 ℃ A = 10 ㎡ τ = 1 h ∴ Q = 1,260 W

【参考資料】 λ：熱伝達率〔W/m・K〕
熱伝導率〔W/m・K〕＝物体の厚さ〔m〕×伝熱量〔W〕／熱伝導する面積〔㎡〕×温度差〔℃〕
(P77 材料の熱定数表参照)

■多層熱伝導

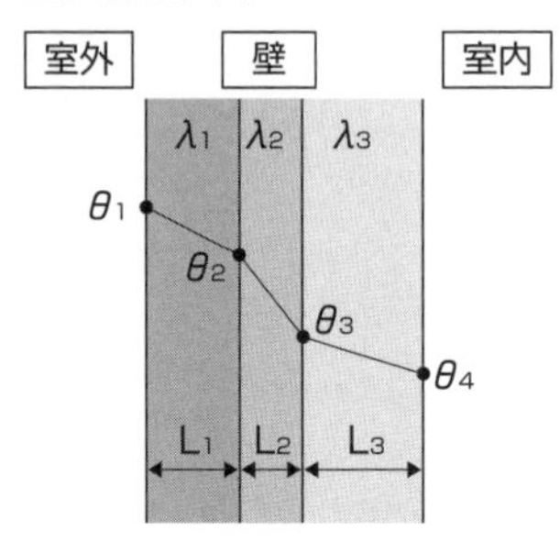

図1-8 壁を通して流れる熱量

熱伝達量

熱伝達量Q〔W〕	計算1-3	計算例
	$Q=\alpha(\theta-t)A\tau$ α：熱伝達率〔W/㎡・K〕 θ：固体表面温度〔℃〕 t：周囲流体温度〔℃〕 A：表面積〔㎡〕 τ：時間〔h〕	α = 23 W/㎡・K θ = 18 ℃ t = 14 ℃ A = 10 ㎡ τ = 1 h ∴ Q = 920 W

【参考資料】α：熱伝達率〔W/㎡・K〕(P79 外表面熱伝達率及び内表面熱伝達率を参照)

室外
壁
室内
熱伝達
熱伝導
t_1
高
温度
低
熱伝達
t_0
熱貫流

図1-9 熱伝達量

伝熱量

伝熱量Q〔W〕	計算1-4	計算例
	$Q=K(t1-t2)A\tau$ K：熱貫流率〔W/㎡・K〕 t1、t2：両面の流体温度〔℃〕 A：表面積〔㎡〕 τ：時間〔h〕	K = 0.556 W/㎡・K t1 = 22 ℃ t2 = 12 ℃ A = 10 ㎡ τ = 1 h ∴ Q = 55.6 W

【参考資料】K：熱貫流率〔W/㎡・K〕
熱貫流率Kとは、熱の伝えやすさを示す値です。熱伝導率は材料自体の熱の伝えやすさを表す数値ですが、熱貫流率はそれに加え、その材料の厚さを加えた数値です。
熱貫流率K＝1／(材料の厚さ〔m〕÷材料の熱伝導率λ〔W/m・K〕) (P75 熱通過率参照)

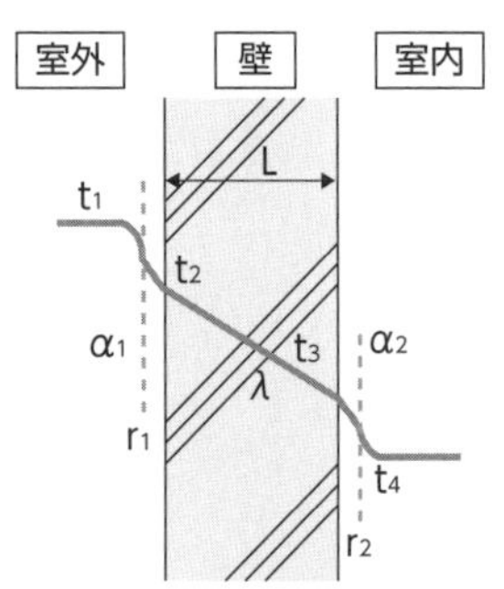

図1-10 伝熱量

1-5 熱容量とは

熱容量とは、物体の温度を1℃上昇させるのに必要な熱量のことです。

Point

- ▶ 熱容量は、物質によって異なります。
- ▶ 物体の熱容量は、物体の質量に比例します。
- ▶ 均一な物質では比熱と質量の積が熱容量です。

熱容量

熱はエネルギーの一種であり、形も重量もありません。そのため計器類では容易に計測はできません。そこで、ある物体の比熱と重量の積を熱容量といい、その量を表す単位は〔W〕が用いられます。

比熱

比熱には、圧力の一定の下での**比熱(定圧比熱)**と、容積一定の下での比熱(定容比熱)があります。気体では定圧と定容は異なりますが、固体ではほとんど変わりません。よって、一般に比熱といえば定圧比熱を指します。

顕熱と潜熱

物体に熱を加えると、内部エネルギーとして蓄えられるとともに、物体は膨張して外部に仕事をします。加えられた熱量の一部で、通常、物体の温度が上昇します。物体の温度を上昇させるために使われる熱を**顕熱**といいます。

また、すでに融解している氷や、沸騰している熱湯に熱を加えても、その温度は上昇しません。加えられた熱は、氷を融解するため、熱湯を水蒸気に変えるために使われているのです。このように固体から液体、液体から気体に、また固体から直ちに気体へと、物体がその状態を変えるのに必要な熱を**潜熱**といい、温度変化をともなわない状態変化のみに費やされる熱量を指します。

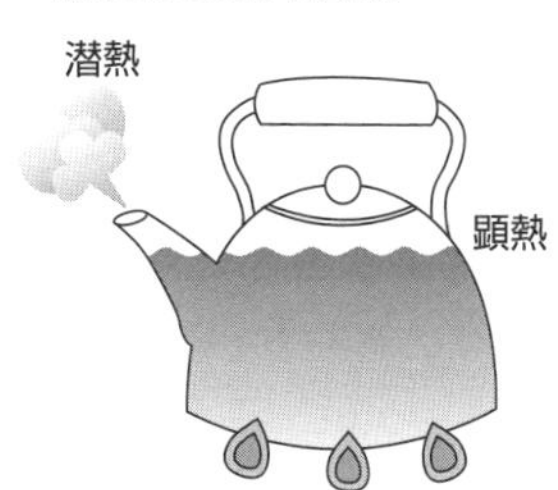

図1-11 顕熱と潜熱

3態の変化

物体の状態には固体、液体、気体の3態がありますが、熱がこれらの状態を変える場合は、その間において温度の変化はありません。この熱が潜熱であり、各々、一定の状態中では温度の変化があるので、これは顕熱です。

3態が変化する時の名称は、次のようになります。

①融解——— 固体 → 液体へ変化すること
②蒸発／気化— 液体 → 気体への変化すること
③凝縮／液化— 気体 → 液体へ変化すること
④凝固——— 液体 → 固体または気体 → 固体へ変化すること
⑤昇華——— 固体 → 直ちに気体へ変化すること

以上の状態変化に要する熱量は、すべて潜熱です。

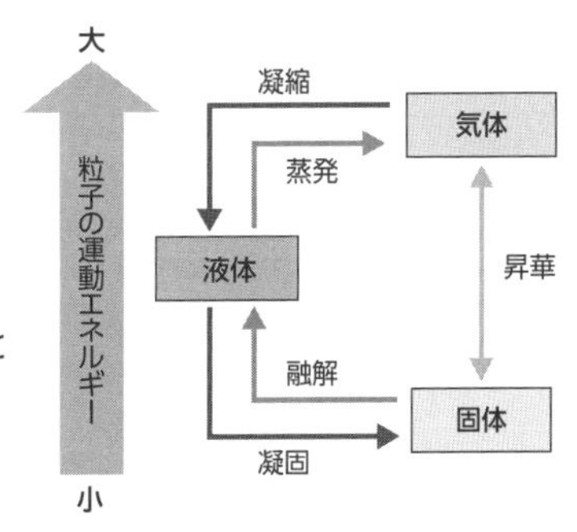

図1-12 3態の変化

表1-4 空調負荷計算での顕熱と潜熱

区分	項目	対象
顕熱	建築構造体を通過してくる熱負荷	日射+内外温度差
	窓ガラスを通過してくる熱負荷	日射+内外温度差
	室内発生熱	照明、事務機器、工場等の機器、人体(顕熱分)
	外気による熱負荷	OA取り入れ、すきま風(顕熱分)
	その他	再熱負荷、機器内発生熱、ダクト·配管からの負荷
潜熱	人体·厨房機器等の水蒸気を発生する機器	
	外気(OA)+すきま風···潜熱分	

顕熱Q〔W〕を求める式

温度の上昇は顕熱、加湿の上昇は潜熱です。

顕熱Q〔W〕	計算1-5	計算例
	Q=GCp⊿t Q:顕熱〔W〕 G:重量〔kg〕 Cp:比熱〔kJ/kg・K〕 ⊿t:温度差〔℃〕	G= 10 kg Cp= 0.88 kJ/kg·K ⊿t= 7 ℃ ∴ Q= 61.6 W

【参考資料】 Q:顕熱〔W〕
熱容量は物体の量によって変わるので、例えば胴と鉄のどちらが暖まりやすいかを比較する場合は不都合です。
そのときは単位質量当りの熱容量(比熱)を用います(P77　比熱C参照)。

1-6 熱と仕事の関係

仕事をすると熱が出ます。

Point

- 熱(heat)と温度は異なります。
- 高温の物体から低温の物体へ伝わるエネルギーのことを熱といいます。
- 移動するエネルギーを熱と呼びますが、熱が物体に貯まることはありません。

熱力学の法則

(1)第一法則

熱は、仕事と同じようにエネルギーの１つの形態ですから、熱は仕事に変換できます。また、仕事も熱に変えることができます。この場合、熱と仕事の比は一定です。これを熱力学の**第一法則**といいます。

第一法則の定義

①機械的仕事が熱に変わり、または熱が機械的仕事に変わる場合、機械的仕事と熱量との比は一定である。
②熱は力学的エネルギーと同種のエネルギーである。
③熱と仕事は、ともにエネルギーの一種であるため、その一方から他方に変えることが可能である。

第一法則の換算式

計算式
W=JQ〔J〕 Q=AW〔W〕 W：仕事〔J〕 J：熱の仕事当量427〔kgm/W〕 Q：加えられた熱量〔W〕 A=1/J〔W/kgm〕 A：仕事の熱当量

上記の意味は、1kgの物体を毎秒1m持ち上げる仕事は、1/427〔W〕に相当するということです。

(2)第二法則

空調負荷計算で、室内にモーターなどの動力設備があれば、仕事のエネルギーはすべて熱エネルギーとなって空調負荷となります。このとき、(1)の換算式によって熱量に換算します。

仕事が熱に変わることは自然に行われますが、熱を仕事に変えるためには、熱が存在するだけでなく、熱の流れを利用して仕事に変えるための装置が必要です。この装置が熱機関です。

このように熱力学の**第二法則**は、熱の移動の方向、変換の条件について述べたものです。

第二法則の定義

①熱が低温の物体から高温の物体へ自然に移ることはない。
②一様な温度の熱源から取った熱を、それ以外に何の変化も残さないで全部仕事に変えることはできない。
③熱源から熱を取り、これを仕事にする以外に外界に何の変化も残さないで周期的に働く機関は存在しない。

(3)熱機関のサイクル

各熱機関、ボイラ、冷凍機、エンジン(内燃機関)などは、物を燃焼させたり、圧縮加熱したりして高温源をつくり、それにより、大気、すなわち低温源に熱を流し、その間で仕事をさせます。

このように高温から低温に熱を流し、また、それを反復・繰り返すことにより連続的に仕事をさせることが熱機関のサイクルです。

熱機関のサイクルには、**カルノーサイクル(基本サイクル)**、**ランキンサイクル(外燃機関)**、**オットーサイクル**、**ディーゼルサイクル(内燃機関)**などがあります。

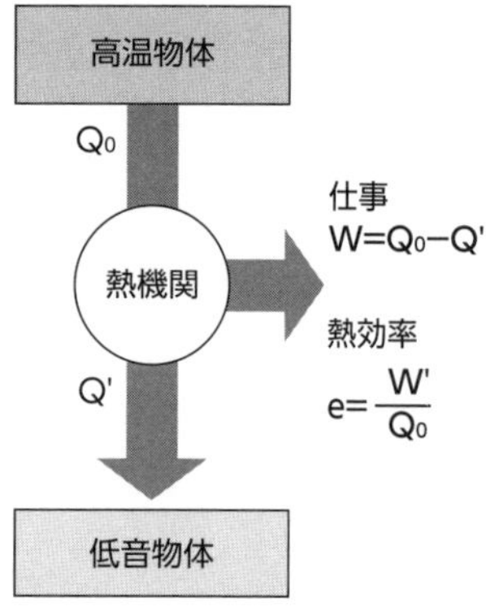

図1-13 熱機関のサイクル

1-7 空調等に関する基礎数値

空調設備の設計に必要な基礎事項です。

▶ Point

- ▶ 室内に影響する熱に関する基礎計算式です。
- ▶ 記号に用いられるギリシア文字の読み方もマスターしましょう。
- ▶ SI単位や接頭語の名称と倍数も覚えてください。

空調等に関する基礎数値

空調設計で求める室内環境基準を維持するために必要な基礎数値について、代表的なものを下記にて解説します。

熱伝導

	計算1-6	計算例
熱伝導Q〔W/㎡〕	Q＝λ/b(t1−t2) λ：熱伝導率〔W/m・K〕 b：壁の厚さ〔m〕 t1、t2：両側の流体温度〔℃〕	λ＝ 0.86 W/m・K b＝ 0.1 m t1＝ 22 ℃ t2＝ 18 ℃ ∴ Q＝ 2.15 W/㎡

【参考資料】 Q：熱伝導〔W/㎡〕
熱伝導とは、物質の移動を伴わずに高温側から低温側へ熱が伝わる移動現象のことです。
λ：熱伝導率 〔W/m・K〕
熱伝導率は、熱の伝わる早さで1秒間に流れる熱量をいう。気体、液体、固体の順で大きくなります（P77 熱伝導率λ参照）。

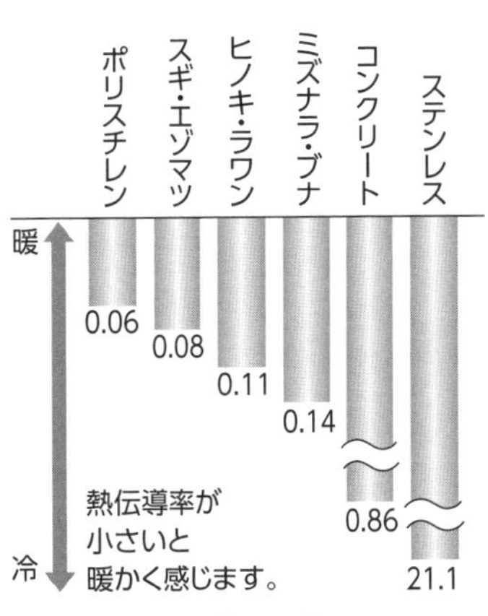

図1-14 熱伝導率比較

対流

	計算1-7	計算例
対流Q〔W〕	Q＝αA(tx−tf) α：表面伝熱率〔W/㎡・K〕 A：伝熱面積〔㎡〕 tx：壁表面温度〔℃〕 tf：気体(液体)温度〔℃〕	α＝ 18.5 W/㎡・K A＝ 10 ㎡ tx＝ 18 ℃ tf＝ 16 ℃ ∴ Q＝ 370 W

【参考資料】 α：表面伝熱率〔W/㎡・K〕
壁、床、天井などの表面とそれに接する空気間での熱移動のしやすさを示す数値です。
流速、圧力、表面形状によって変化します（P79 表面熱伝達率参照）。

放射

	計算1-8	計算例
放射Q〔W〕	Q=αr×A×(t4−t2) αr：放射による表面伝熱率 A：伝熱面積〔㎡〕 t4、t2：両側の流体温度〔℃〕	αr＝ 5.712 W/㎡・K A＝ 10 ㎡ t4＝ 30 ℃ t2＝ 20 ℃ ∴ Q＝ 571.2 W

【参考資料】 αr：放射による表面伝熱率
熱が電磁波の形で物体から物体へ伝わる現象を放射伝熱といいます。ここで、放射率 $\varepsilon=0.95$、$\sigma=5.67\times10^{-8}$（ステファン・ボルツマン定数）、t4＝30℃、t2＝20℃を代入し、温度を摂氏に変換すると

$\alpha r=\varepsilon\times\sigma\times\{(t4+273.15)/100\}^4-\{(t2+273.15)/100\}^4/(t4-t2)$

$\alpha r=\varepsilon$（放射率）$\times5.67\times\{(30+273.15)/100\}^4-\{(20+273.15)/100\}^4/(30-20)$

$\alpha r=0.95\times5.67\times\{(30+273.15)/100\}^4-\{(20+273.15)/100\}^4/(30-20)=0.95\times5.67\times1.060441=5.712$

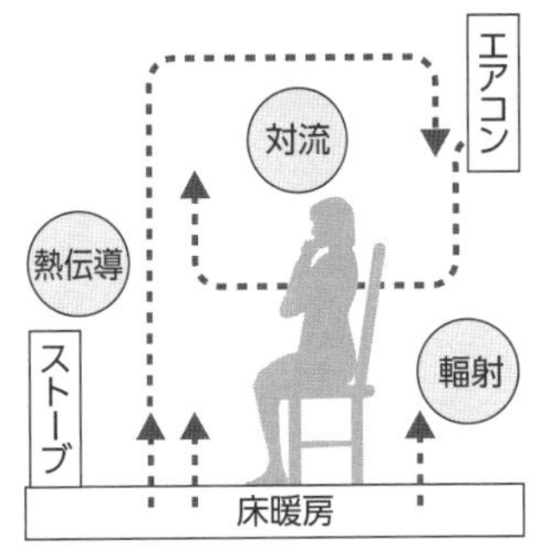

図1-15 熱の伝わり方

対数平均温度差

対数平均温度差MTD〔℃〕	計算1-9	計算例
	MTD=⊿1−⊿2/log e ⊿1/⊿2 =⊿1−⊿2/2.3$\log_{10}$⊿1/⊿2 ⊿1：空気入口側における水と空気の温度差〔℃〕 ⊿2：空気出口側における水と空気の温度差〔℃〕	⊿1= 17 ℃ ⊿2= 9 ℃ $\log_{10⊿1/⊿2}$ = 0.276206 ∴ MTD= 12.6 ℃

バイパスファクタ

バイパスファクタlog e BF	計算1-10	計算例
	log e BF=3.6α0AaN/CsG log e BF：バイパスファクタ αo：コイルの外表面熱伝導率〔W/㎡・K〕 A：コイルの前面積〔㎡〕 N：コイルの列数 Cs：≒1.0 G：風量〔kg /h〕 a：コイルの表面積〔㎡ /㎡前面積、列〕	α o= 2.5 W/㎡・K A= 0.75 ㎡ N= 4 列 Cs= 1 G= 750 〔kg/h〕 a= 0.917 ㎡ ∴ log e BF = 0.033012

【参考資料】
空気冷却器や空気加熱器で、空気が熱交換部を通過するとき熱交換部に全く触れずに素通りした空気量の全空気量に対する割合をバイパスファクタ「BF」という。
BF＝バイパス空気量／全空気量
送風機の風量は、Vm^3/hで表示されるが、熱量計算では空気循環量Gkg /hに換算します。G〔kg /h〕＝風量〔Vm^3/h〕／空気比体積〔m^3/kg〕

冷凍機の成績係数

冷凍機の成績係数 COP	計算1-11	計算例
	COP=Qc/W =Qe/W−1 COP：冷凍機の成績係数 Qc：冷凍効果（エバポレータで取得した熱量）〔kW〕 Qe：暖房効果（コンデンサで除去した熱量）〔kW〕 W：圧縮仕事〔kW〕	Qc = 22.5 kW Qe = 24 kW W = 18 kW ∴ COP（冷房）= 1.25 ∴ COP（暖房）= 1.41

【参考資料】冷凍機などのエネルギー消費効率を表す指標の一つ。消費エネルギーに対する設置される冷房、または暖房の比率として計算します。
COP＝冷房能力または暖房能力／消費エネルギー

第2章
空調設備の基礎知識

空調は､｢空気調和｣という言葉の略で､英語では｢Air Conditioning｣ということから、略して「エアコン｣などとも呼ばれています。空気の温度・湿度や気流を調整し、空気の清浄度を上げることにより室内の環境を快適に保つことを目的としているのが空調設備です。

空調設備設計者は、建設する場所の気候や自然環境の屋外の状況、建物用途別による室内環境などの条件を熟知し、把握しなければなりません。

本章では、空気調和に必要な条件、空調設備の設計方法について説明します。

2-1 空気調和とは

空調の4要素を調整し、最適な室内空気条件をつくりだすことです。

Point

- 冷房・暖房＝空気調和ではありません。
- 通常、空気調和といえば「快感空気調和」を意味します。
- 空調の4要素のいずれかの制御を欠いていれば、空調とはいえません。

空調の4要素

空調は、「対象とする空間の空気の温度、湿度、清浄度、気流分布を、その空間内で要求される値に合うように、同時に処理するプロセス」と定義されています。

前記にあげた、温度・湿度・清浄度・気流分布の4項目を、**空調の4要素**といいます。最近は、この4要素の他に、放射や圧力なども空調の制御対象として含むこともあります。

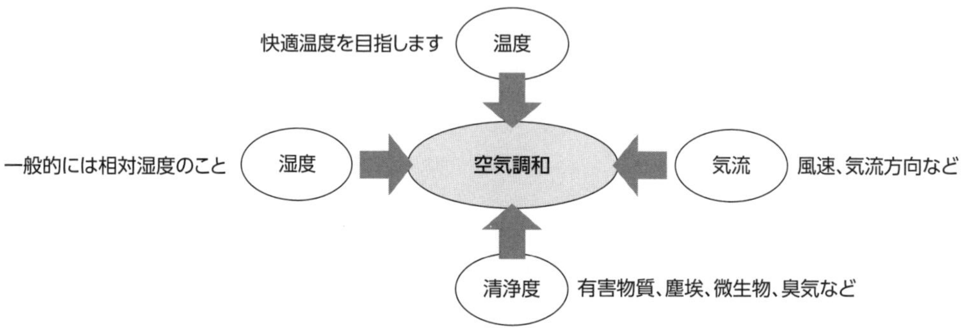

図2-1 空調の4要素

空調の目的による分類

空気調和は、物の加工や製造、保存などを目的とする**産業用空気調和（工業用空気調和）**と、室内で作業する人たちや居住者の快適性を維持するための**快感空気調和（保健用空気調和）**に大別されます。

表2-1 空調の分類

快適空調	人を対象に快適で健康的な空気環境により日常活動を支障なく営めることを目的とする空調です。
作業空調	労働やスポーツで、通常生活より激しい活動をしている人を対象に、その人の健康と安全を確保し、また周囲環境と作業能率の向上を図ったりすることを目的とした空調です。
工業工程（プロセス）空調	物を生産する工場で、製品の製造に直接かかわる空気の温湿度、清浄度や気流速度を制御して、製品の品質維持、生産速度の制御、コスト低減など生産の合理化を目指して、製品の製造装置の1つとして取り扱う空調です。また、製品の貯蔵や輸送などの工程にかかわるものも含まれます。

＊人に対しての空調は保健空調（対人空調）、物品に対しては産業（プロセス）空調と呼ばれています。

2-2 空調設備の構成

空調設備の代表的なシステムです。

Point

- ▶ 空調システムは、熱源、空調機、熱搬送、自動制御の4つが基本構成です。
- ▶ 空調システムの分類は種々ありますが、熱媒の種類別で示すのが基本です。
- ▶ 熱搬送力の比較を熟知しておきましょう。

空調設備の構成

空調システムは、基本的には次の4つの基本設備から構成されています。

表2-2 空調設備の構成

設備構成	内容説明	略図
熱源設備	空調設備全体の熱負荷を処理するための設備で、冷凍機、ボイラを主体とし、冷却塔、冷却水ポンプ、給水設備、配管などの付属設備があります。	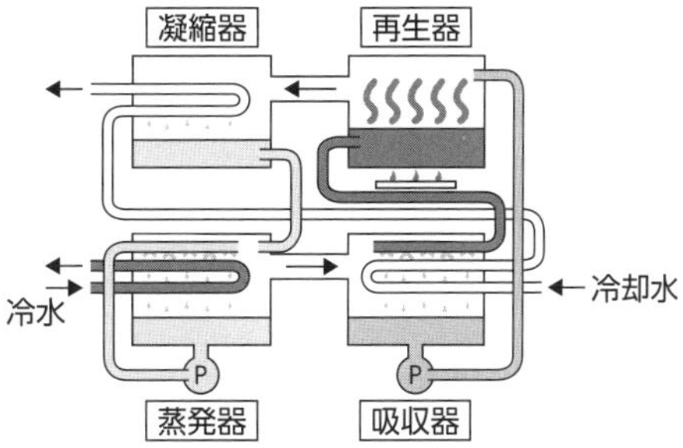 凝縮器 / 再生器 / 冷水 / 冷却水 / P / 蒸発器 / 吸収器
空調機設備	空調対象空間に送るために温湿度などを調整した空気をつくる設備で、空気の冷却・減湿器、加熱器、加湿器、エアフィルタおよび送風機を一体のケーシングに納めたものです。 空気調和機あるいは、エアハンドリングユニットと呼ぶこともあります。	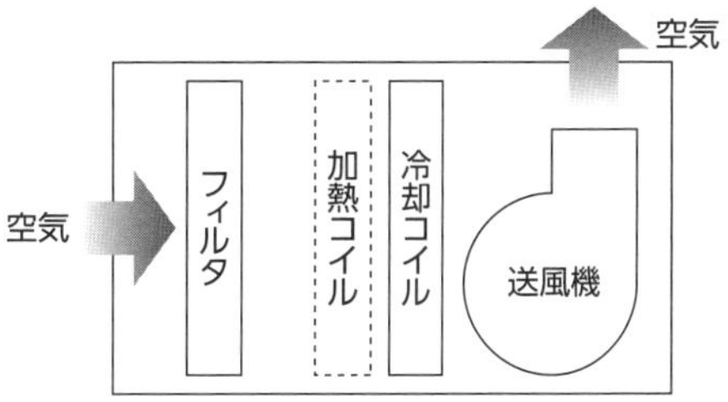 空気 / フィルタ / 加熱コイル / 冷却コイル / 送風機 / 空気
熱搬送設備	熱源設備と空調機設備の間で冷温水、蒸気、冷媒などを搬送・循環させるためのポンプ、配管系と、空調機設備と空調対象空間との間で空気を循環させ、あるいは外気を導入するための送風機、ダクト系をいいます。	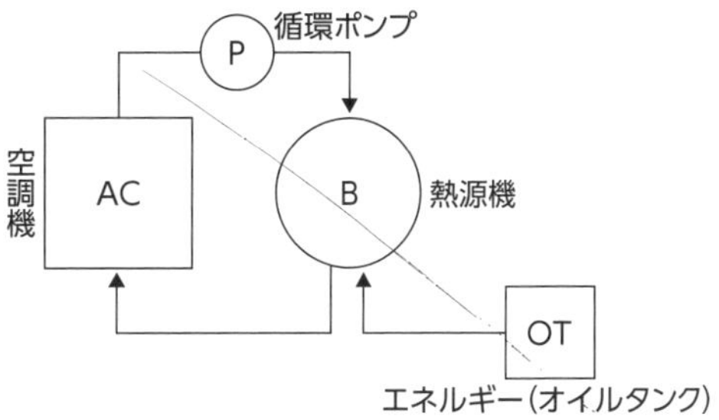 P 循環ポンプ / 空調機 AC / B 熱源機 / OT エネルギー(オイルタンク)
自動制御設備	上記3設備を、全体として要求される空調条件を満足させるために保持・運転するために、自動的に制御する設備です。	フィードバック制御の例 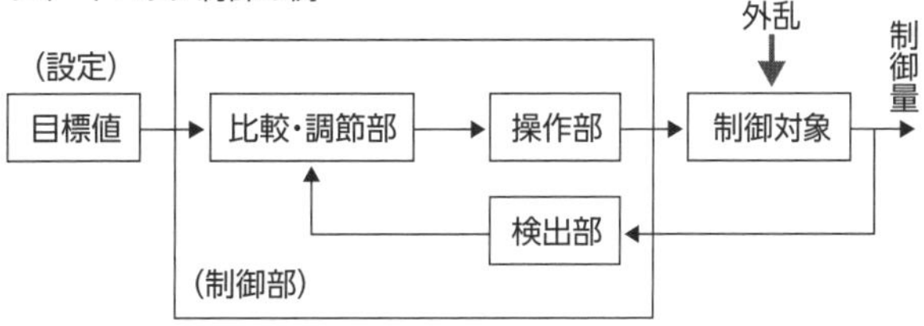 / (設定) 目標値 → 比較・調節部 → 操作部 → 制御対象 → 制御量 / 外乱 / 検出部 / (制御部)

空気と水の熱搬送力の比較

空気と水それぞれの1kg当たりの熱の搬送能力を比べると、それぞれの比熱は、空気が1006kJ〔kg・℃〕、水が4186kJ〔kg・℃〕で約4倍の違いですが、常温での比容積は、空気は約830〔L/kg〕、水が1〔L/kg〕と大きく違うため、空気を運ぶダクトに比べて水を送る配管の方が、同じ熱量を運ぶ際には、より細くて済むという利点があります。

空調システムの分類

空調システムの分類方法はいろいろありますが、以下に熱媒の種類によって分類してみます。

表2-3 空調システムの分類

方式	内容説明	略図説明
全空気方式	空調空間に熱を運ぶ媒体として空気のみを利用するもの。空調機よりダクトによって空気を各室に搬送・分配する中央式が代表的です。対象空間の熱負荷の変動に対して、一定風量で温度を変えて対応する定風量(CAV)方式と、送風温度を一定にしたままで風量を変えて対応する変風量(VAV)方式とがあります。	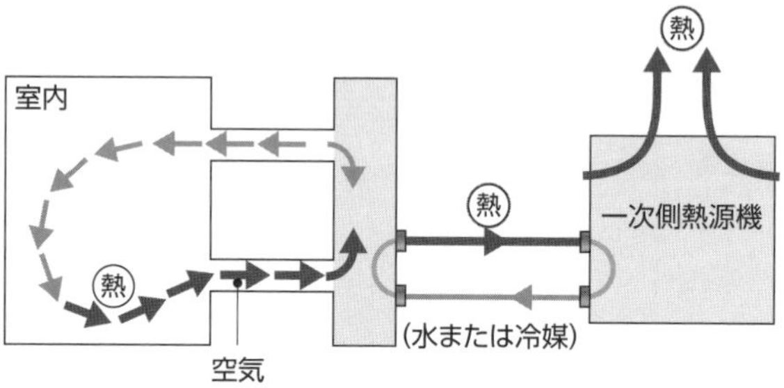 室内 熱 空気 熱 一次側熱源機 (水または冷媒) 熱
全水方式	室内に設置した空調機などに冷水や温水を送って室内の空気のみを循環利用するものです。この方式は、室内空気の換気が不十分となる欠点があります。よって一般には単独では用いられません。	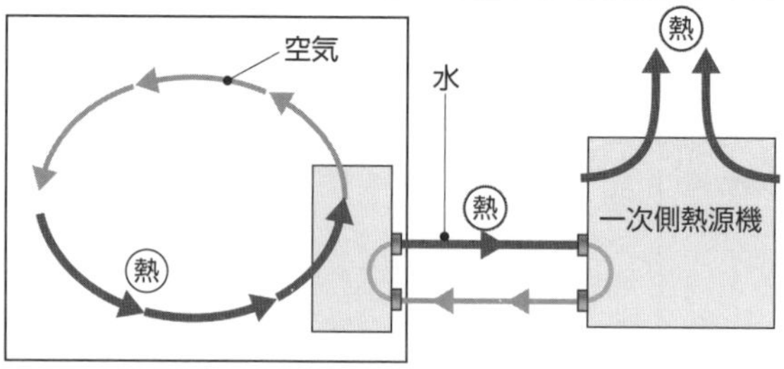 空気 水 熱 熱 一次側熱源機 熱
水ー空気方式	熱搬送媒体として水と空気とを併用するものです。空気に比べて水の熱搬送能力が大きいという特長を生かすとともに、換気に必要な外気取入れも確保できるようにした方式です。	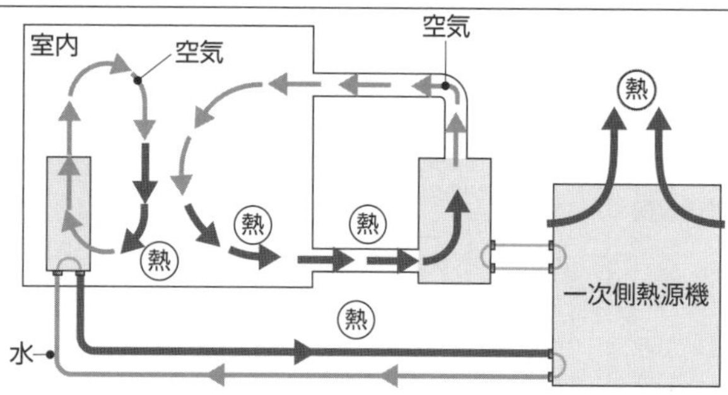 室内 空気 空気 熱 熱 熱 熱 一次側熱源機 熱 水
冷媒方式	空調機の空気冷却器に、冷凍機からの液冷媒を直接送って空調空気を冷却・減湿し、また高圧ガス冷媒を送って加熱する方式です。	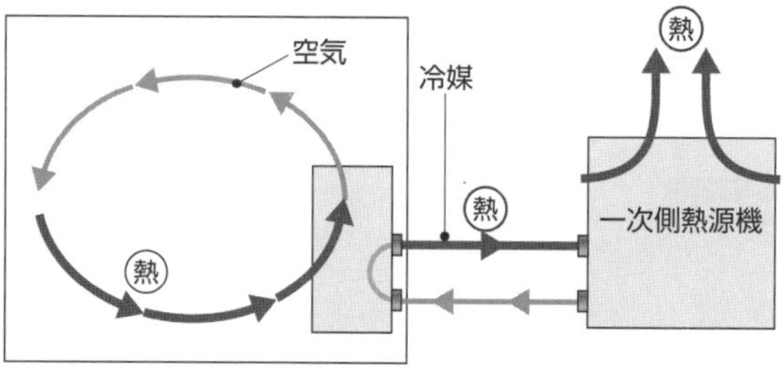 空気 冷媒 熱 熱 一次側熱源機 熱

2-3 空調計画・設計の進め方

計画する際は、何を目的に計画するのかを見極めることが大事です。

Point

- 空調の価値判断は時代とともに変化していきます。
- 評価手法の判断基準は、経済性、社会性、省エネ性などのトータル判断が大事です。

設計のはじめに

建築を計画するうえで、まず何を目的に計画するかという**設計目標**を立てます。

建築空間の性能は、建築外部および内部の性能と、そこに設置されている設備の性能に支配されます。したがって、初期に定めた設計目標に基づき、計画の段階に応じて評価の項目、基準、手法の設定を行いながら、建築性能と設備性能を効率良くバランスよくまとめるよう価値判断し、意思決定していくのが設計なのです。

①企画・基本計画

関連情報の収集、与条件の整理・分析、基本コンセプト設定、採算計画、計画スケジュールなどを設計します。

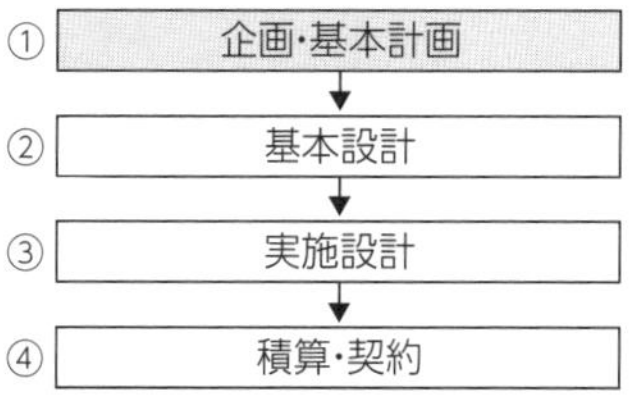

②基本設計

基本プラン作成、構造・設備システムの決定、関連法規チェック、概算(イニシャルコスト・ランニングコスト)などを設計します。

①企画・基本計画
↓
②基本設計
↓
③実施設計
↓
④積算・契約

図2-2 設計フロー

③実施設計

受注図書(設計図、仕様書、計算書など)、申請用図書(確認申請書、省エネ計算書、防災計画書)などを作成します。

④積算・契約

材料拾い、メーカー見積り、単価作成、予算調整、入札方式、施工者見積り、査定などを行います。

設計コンセプト

計画を推進するうえで、まず設計目標に沿って価値判断し、意思決定していくための評価基準として**設計コンセプト**が選定されます。

建築の基本的価値とは、広範で、社会的、経済的、工学的、および生態学的な評価を総括的に、かつライフサイクルに基づいた評価として客観的に判断しなければなりません。

表2-4 重要な建築設備の評価手法

経済性	建築設備が持つ機能と性能を十分分析し、バランスのとれたシステムを選択するため経済性評価を行います。	年間コスト法 回収年法 ライフサイクルコスト法
社会性	●地球に優しい建築 自然環境、都市環境に一定以上の制約負荷を掛けないための最低環境基準を遵守します。 ●人に優しい建築 高齢化社会での社会連帯という視点より、建築に対して社会的要求機能を満足させなければなりません。	環境アセスメント(環境影響評価) LCA(生涯環境影響評価) ハートビル法 バリアフリー対策
省エネルギー性	●設備システムの省エネルギー消費性能の明解な評価指数を示します。 ●社会的要請としての環境負荷削減を目的とします。 ●パッシブ手法、アクティブ手法を含め、自然エネルギーや未利用エネルギーの有効利用が重要となります。	PAL(年間熱負荷係数) CEC(空調エネルギー係数)

2-4 空調設計の手順

空調設備では、構想、基本計画が命です。

Point

- ▶ 建設現場の気候などの外気条件は、最新のデータ収集が大切です。
- ▶ 市販計算ソフトを使用する場合は、計算与条件の確認を必ずしましょう。
- ▶ 室内の負荷与条件設定は、発注者と十分協議し決定してください。

設計の手順と検討事項

空調設計を進めるに当たって、まず設備技術者としての検討事項を全体の作業工程のなかで、いつ、いかに行うかということをはっきり把握することが大切です。

設計作業を時間の流れにしたがって示すと次のようになります。

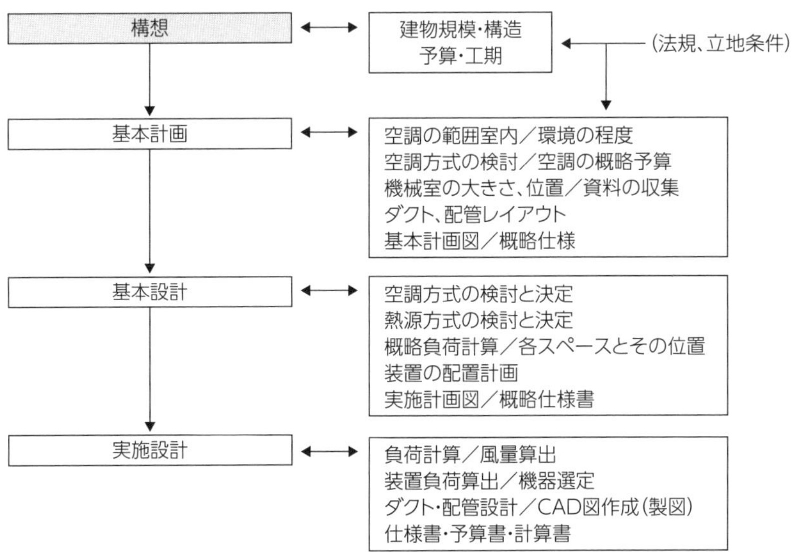

図2-3 設計の手順と検討事項

空調システムの決定

建物の用途と使われ方を明確に把握することが大切です。

① 建物の用途およびその使われ方の把握
(建物の性格をきちんと把握します) ← (協議) 施主の要望、設計者の考え方

② 建設される場所および敷地の状況を把握
(敷地調査シートを用意し、下記の項目を調査) ← 現地調査、官公庁との打合せ

調査項目		調査目的
●敷地周りの状況(風向き、日射の状態) ●隣接建物への影響(給排気口、日影、騒音、美観) ●給水管の状態(埋設位置、深さ、管径、水圧) ●排水管の状態(埋設位置、深さ、管径、排水規制) ●ガス管の状態(ガスの種別、埋設位置、管径など) ●建築基準法 ●消防法 ●市条例 ●その他関連法規		建物種別特有の問題点 一般的な設計水準 今後の方向 熱源の選定 省エネ・省資源化

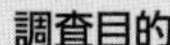

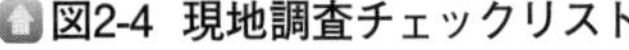

図2-4 現地調査チェックリスト

2-5 空調設計の各段階での検討事項

空調設計では、各関係諸氏と積極的な討議をしてください。

Point

- 事前調査と設計与条件に合致した空調方式を予算も含めて慎重に決定します。
- 空調負荷計算は、各室によって室内条件が異なるので、丁寧に行いましょう。
- 機器選定の際は、大きさや重量だけでなく、騒音・振動等にも気を付けます。

各段階での検討事項

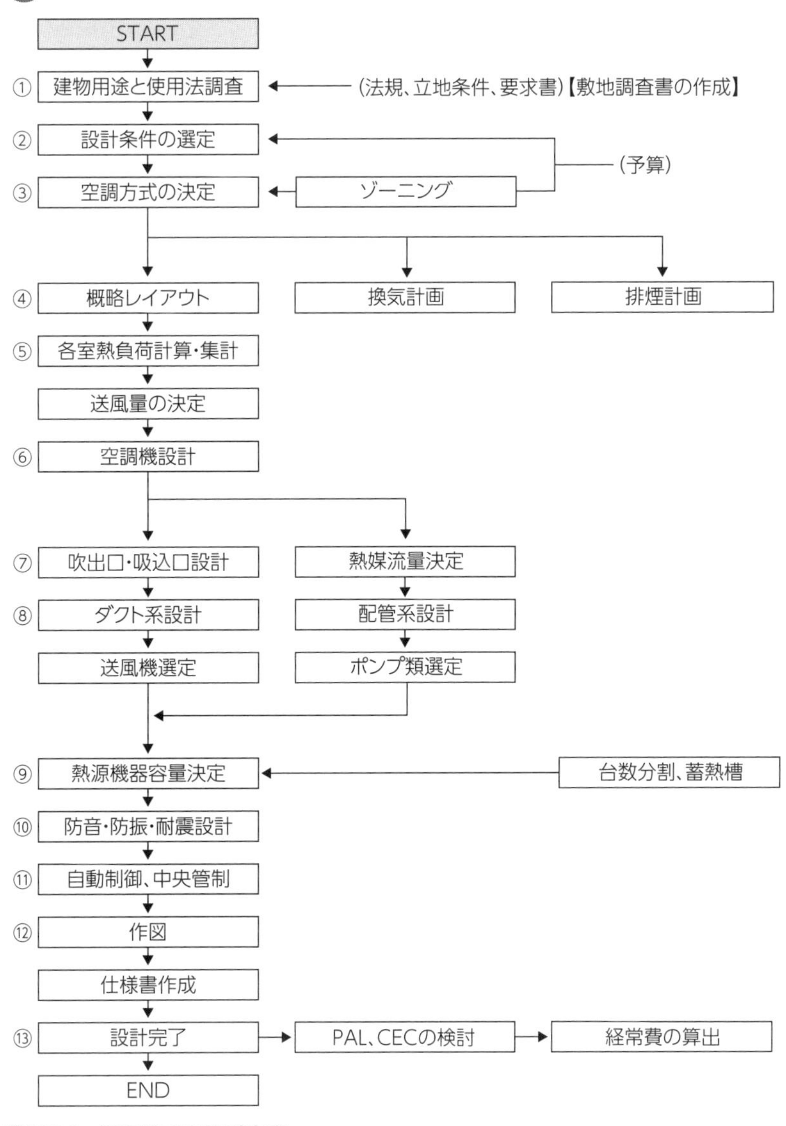

図2-5 各段階での検討事項

①建物用途と使用法調査

建物用途と各室の使われ方を調査検討を行います。

②設計条件の選定

法規、立地条件および発注者からの要求事項をまとめ、設計条件として選定します。

③空調方式の決定

予算を鑑み、空調設備のゾーニングを考慮して空調方式を決定します。

④概略レイアウト

決定した空調方式の概略レイアウトと換気計画・排煙計画を行います。

⑤各室熱負荷計算・集計

各室の熱負荷計算を行います。

⑥空調機設計

各種空調機器負荷の算定をします。

⑦吹出口・吸込口設計

吹出口や吸込口の設計を含むダクト系の設計を着手します。

⑧熱媒流量決定

配管系の熱媒の流量を算定し、ポンプ類も選定し配管設計を行います。

⑨熱源機器容量決定

熱源機器容量計算を確認し、機器類を決定します。

⑩防音・防振・耐震設計

熱源機器を含む空調機の防音・防振および耐震設計を行います。

⑪自動制御、中央管制

自動制御ならびに中央管制の検討をします。

⑫作図

上記の計算書や検討書を確認しながら、設計図書を作成します。

⑬設計完了

設計図書の完成前に、省エネルギー計算と経常費の算出を行い、確認をします。空調方式、空調機類の配置、経常費を含む予算等に納得し設計作業を終了します。

2-6 騒音

騒がしくて不快と感じる音が騒音です。

Point

- たかが音と思うなかれ。騒音の仕組みは複雑です。
- 騒音が人体に与える影響は多大なものです。
- 騒音が原因で、社会問題や事件も発生します。

 音に関する基礎事項

デシベル〔dB〕とは

電気工学や振動・音響工学などの分野で使用される無次元の単位です。

デシベル表現は、音の強さ（音圧レベル）や電力の比較、減衰量などをエネルギー比で表すのに使用されます。

騒音スペクトル

ファンから発生する騒音は、種々の周波数の音が合成されたものです。

その騒音がいかなる周波数成分で構成されているかを各周波数ごとに測定したものが**騒音スペクトル（周波数分析表）**です。

オクターブバンドスペクトルは、オクターブバンドフィルタを通して測定した値です。

音響出力とパワーレベル

単位時間内に騒音値の発生する騒音エネルギーを**音響出力**といいます。これを基準音響出力に対し数表示したものを**パワーレベル**といいます。

A特性とC特性

騒音計にはA、Cの2つの周波数補正回路があり、騒音の測定は、音の大きさのレベルや、やかましさの感じとの対応がよい**A特性**によります。また、参考値として周波数レスポンスが平たんな**C特性**による測定も行います。

周波数分析にはC特性測定値がほぼ音圧レベルに一致するため、C特性を用います。

音圧レベル

音圧レベルとは、音圧の大きさを、基準値との比の常用対数によって表現した量（レベル）です。単位はdBが用いられます。

音圧レベルと音の大きさのレベル

音圧レベルは音圧をdB尺度で表したものです。

ある音の大きさのレベルとは、その音と同じ大きさに聞こえる1000Hzの純音の音圧レベルと同じ数値で、単位をホンとしたものです。例えば、1000Hzの80dBの音圧レベルの音と同じ大きさに聞こえる音は、その音圧レベル、周波数に関係なく80ホンの大きさのレベルの音といい、これが**等ラウドネス曲線**です。

騒音レベル

騒音レベルとは、音を騒音計で周波数補正回路をA特性にして測定して得られるdB数(またはホン)です。騒音レベルと音圧レベル、音の大きさのレベルとの関係は、概ね次のように考えてよいでしょう。

騒音レベル(A特性)≒音の大きさのレベル dB(A)
C特性による騒音計の測定値≒音圧レベル dB(C)

相対音圧レベル

全周波数レベル(オーバーオールレベル)を0として、各周波数帯ごとの音圧レベルを相対差で表示したものです。

dB尺度

音の分野では、音の物理的な強弱を表すのに**dB尺度**(音圧レベル)を用います。

表2-5 dB尺度

音の強さ〔W/m²〕	音圧〔Pa〕	音圧レベル〔dB〕
1	20	120
10^{-1}	$2\times\sqrt{10}$	110
10^{-2}	2	100
10^{-3}	$0.2\times\sqrt{10}$	90
10^{-4}	0.2	80
10^{-5}	$0.02\times\sqrt{10}$	70
10^{-6}	0.02	60

音の強さ〔W/m²〕	音圧〔Pa〕	音圧レベル〔dB〕
10^{-7}	$0.002\times\sqrt{10}$	50
10^{-8}	0.002	40
10^{-9}	$0.0002\times\sqrt{10}$	30
10^{-10}	0.0002	20
10^{-11}	$0.00002\times\sqrt{10}$	10
10^{-12}	0.00002	0

音量のデシベルの定義

dBは、基準値と比較して何倍、あるいは何分の一であるかということを対数(log)を用いて表現するための単位記号です。

基準となる音圧は、通常の人の耳に聞こえる最小音の2×10^{-5}〔N/m²〕と比較してどの程度大きいかという表現です。

音量〔dB〕＝20xlog(対象の音圧/基準音圧)
基準＝2×10^{-5}〔N/m²〕

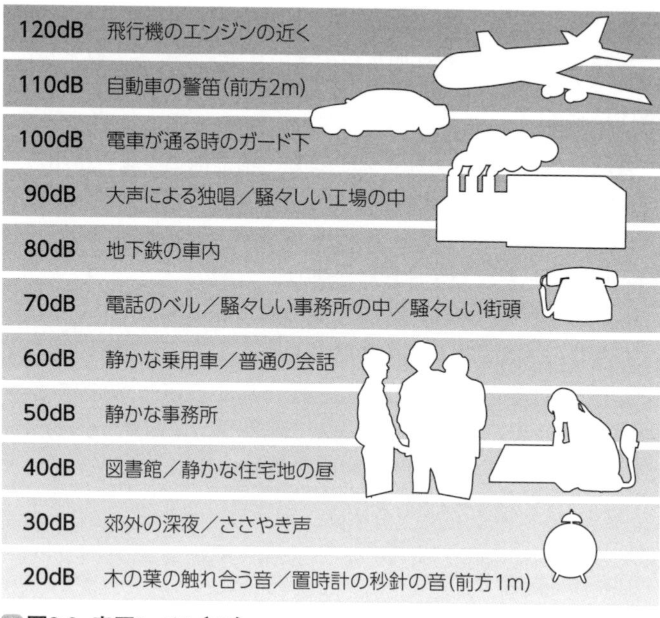

図2-6 音圧レベル〔dB〕

表2-6 距離による減衰 〔単位：dB〕

距離	減衰量
1m	0
2m	6
4m	12
5m	14
10m	20
20m	26
50m	34
100m	40

環境基準　改正：平成24年3月30日環告54

環境基準は、地域の類型及び時間の区分ごとに次表の基準値の欄に掲げる通りとし、各類型を当てはめる地域は、都道府県知事(市の区域内の地域については、市長。)が指定する。

地域の類型	基準値	
	昼間	夜間
AA	50dB以下	40dB以下
AA及びB	55dB以下	45dB以下
C	60dB以下	50dB以下

注記

1. 時間の区分は、昼間を午前6時から午後10時までの間とし、夜間を午後10時から翌日の午前6時までの間とする。
2. AAを当てはめる地域は、療養施設、社会福祉施設等が集合して設置される地域など特に静穏を要する地域とする。
3. Aを当てはめる地域は、専ら住居の用に供される地域とする。
4. Bを当てはめる地域は、主として住居の用に供される地域とする。
5. Cを当てはめる地域は、相当数の住居と併せて商業、工業等の用に供される地域とする。

　ただし、次表に掲げる地域に該当する地域(以下「道路に面する地域」という。)については、上表によらず次表の基準値の欄に掲げるとおりとする。

地域の類型	基準値	
	昼間	夜間
A地域のうち2車線以上の車線を有する道路に面する地域	60dB以下	55dB以下
B地域のうち2車線以上の車線を有する道路に面する地域	65dB以下	60dB以下
C地域のうち車線を有する道路に面する地域	65dB以下	60dB以下

備考

車線とは、1縦列の自動車が安全かつ円滑に走行するために必要な一定の幅員を有する帯状の車道部分をいう。

この場合において、幹線交通を担う道路に近接する空間については、上表にかかわらず、特例として次表の基準値の欄に掲げるとおりとする。

基準値	昼間	夜間
	70dB以下	65dB以下

2-7 合成音について

小さな音でも、いくつも重なると大きな音になります。

Point

- ▶ dB表示で3dBの差は、1.4倍の差があります。
- ▶ 騒音は、元から断つことが大切です。
- ▶ 音とともに、振動にも注意してください。

合成音による増音量　L〔dB〕

ファン騒音を検討する時はファンの単体音と電動機などの駆動機音の合成音を知る必要があります。このように2つの音の**合成音**は下式にて求めます。

合成音による増音量〔dB〕	計算2-1	計算例
	$L=10\log_{10}(10^{L1/10}+10^{L2/10})$ L：合成騒音〔dB〕 L1、L2：ファン、電動機の単体騒音 ＊L1とL2が等しい場合は、3dB騒音が大きくなります。	L1= 75 dB L1/10= 7.5 $10^{L1/10}$= 31622777 L2= 72 dB L2/10= 7.2 $10^{L2/10}$= 15848932 $\log10(10^{L1/10}+10^{L2/10})$= 7.676435 定数= 10 ∴　L= 76.76 dB

2音以上の合成音の求め方

下図に**合成音の補正値**を示します。

X軸は2音の差を示します。その場所から上方へ向かい補正線と交差する点を左方向へ移動し、Y軸に示してある補正値を求めることができます。その補正値が2音のうちの大きい方の音〔dB〕に増加する量です。

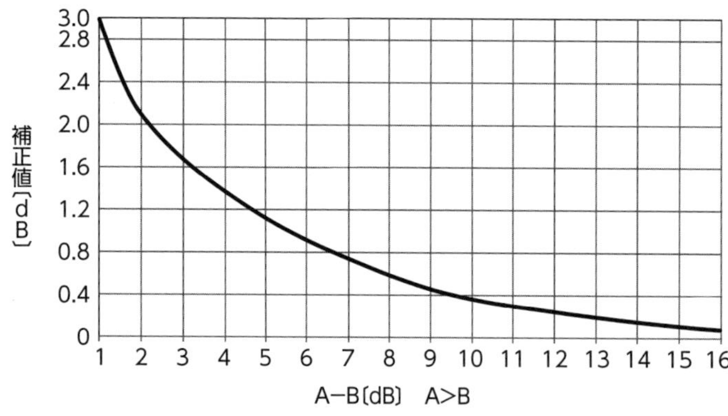

騒音の差	0	1	2	3	4	5	6	7	8	9	10	11	11.5	12.5	13
増加量	3	2.5	2.1	1.8	1.5	1.3	1	0.8	0.65	0.5	0.4	0.35	0.3	0.2	0.2

図2-7　2音以上の合成音の求め方

<table>
<tr><td rowspan="5">3音以上の合成音</td><td>計算2-2</td><td>計算例</td></tr>
<tr><td rowspan="4">$L=10\log_{10}(10^{L1/10}+10^{L2/10})$

L：合成騒音〔dB〕
L1、L2：ファン、電動機の単体騒音

※3つ以上の合成音の場合は、2個ずつ大きい方から計算します。
※大きい順に並べて確認してください！</td><td>音源
機器名称 / 発生騒音値 / 設置台数
AC-1 / 76 / 1
AC-2 / 81 / 1
AC-3 / 84 / 1

計算</td></tr>
<tr><td>定数＝ 10
L1＝ 84 ←AC-3
L2＝ 81 ←AC-2
L1/10＝ 8.4
L2/10＝ 8.1
$10^{L1/10}$＝ 251188643.2
$10^{L2/10}$＝ 125892541.2
計 377081184.33
log( )＝ 8.576434862
∴ L＝ 85.8 dB</td></tr>
<tr><td>定数＝ 10
L1＝ 85.8 dB
L2＝ 76 ←AC-1
L1/10＝ 8.576434862
L2/10＝ 7.6
$10^{L1/10}$＝ 377081184.3
$10^{L2/10}$＝ 39810717.06
計 416891901.39
log( )＝ 8.620023459
∴ L＝ 86.2 dB</td></tr>
<tr><td>定数＝ 10
L1＝ dB
L2＝ dB
L1/10＝
L2/10＝
$10^{L1/10}$＝
$10^{L2/10}$＝
計
log( )＝
∴ L＝ dB</td></tr>
</table>

暗騒音の補正

対象としている音がない時の音を、**暗騒音**といいます。対象としている音と暗騒音の差が10dB以内の時は補正する必要があります。

暗騒音の補正	計算2-3	計算例
	■暗騒音の補正値	対象音＝ 80 dB

■暗騒音の補正値

レベル差	0～3	4～5	6～9	10～
補正値	補正不可＊	－2	－1	0

＊補正不可とは、暗騒音が対象音より大きい場合です。

【例題】
暗騒音が74〔dB〕の時、対象音が80〔dB〕の場合の補正騒音値を求めよ

計算例

対象音＝	80	dB
暗騒音＝	74	dB
レベル差＝	6	
∴ 補正値＝	－1	
補正騒音値＝	79	dB

騒音の回転数による変化

送風機やモーター等の回転数を変化させることにより、騒音も変化します。その場合の、計算式を下記に示します。

騒音の回転数による変化

計算2-4

⊿L=50log N2/N1〔dB〕

⊿L：騒音の変化量〔dB(A)〕
N1：変化前の回転数〔rpm〕
N2：変化後の回転数〔rpm〕

※10%回転数を減少させると、約2.3〔dB〕、20%で約4.8〔dB〕小さくなります。

計算例

N1 =	3600	rpm
N2 =	3100	rpm
N2/N1 =	0.861111	
log N2/N1 =	-0.06494	
∴ ⊿L =	-3.25	dB
対象音＝	80	dB
補正騒音値＝	76.75	dB

吸音率

吸音材料がある周波数の音に対して音のエネルギーを吸収する効率をいいます。

吸音率a＝Ea／E1

Ea：垂直入射エネルギー

E1：吸収エネルギー

表2-7 種々の材料の吸音率

材 料	厚さ[mm]	密度[kg/m²]	周波数(Hz)					
			125	250	500	1000	2000	4000
グラスウール(繊維10μ)	70	100	0.64	0.95	0.8	0.89	0.74	0.69
グラスウール(繊維6μ)	50	－	0.41	0.56	0.78	0.8	0.86	－
岩綿(繊維2～10μ)	50	250	0.51	0.67	0.74	0.85	0.93	－
岩綿保温板	25	200～220	0.2	0.52	0.6	0.68	0.75	－
有孔合板(あな12.5%)	5	背後空気厚90mm	0.06	0.09	0.33	0.27	0.21	0.13

2-8 距離による減衰の求め方

音は遠くへ伝わっていく間にだんだん小さくなります。

Point

- 音の発生源の状況により減衰に違いがあります。
- 障害物があると音は小さくなります。
- 気温が高いと音は上方に屈折し、低いと下方に屈折して遠くまで伝わります。

距離による音の減衰量

音の大きさは、遠くへ伝わっていく間にだんだん小さくなっていきます。これを**距離減衰**といいます。また、障害物、空気、地面、気象などの風向きの状況によっても、音の大きさは影響を受けています。

距離による音の減衰量は、次の通りです。

	計算2-5	計算例
距離による音の減衰量〔dB〕	⊿dB=20log r2/r1〔dB〕 ⊿dB：減衰量〔dB〕 r1：騒音測定点と音源の距離〔m〕 r2：騒音を求める点の音源からの距離〔m〕	定数＝ 20 r1＝ 1.5 m r2＝ 20 m r2/r1＝ 13.33333 log r2/r1＝ 1.125 ⊿dB＝ 22.50 dB 音源値＝ 68 算定騒音値＝ 45.50 dB

よって、距離が2倍になると6dB減衰することがわかります。

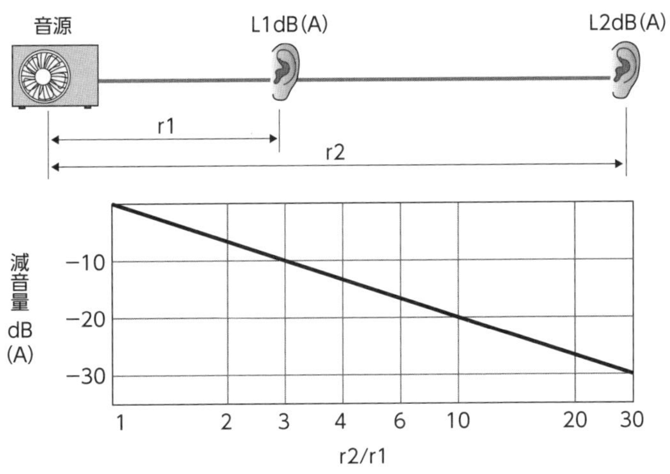

図2-8 距離による音の減衰量

距離減衰による騒音値判定

騒音測定点と音源の距離r1＝1.0m、騒音を求める点と音源からの距離r2＝20.0mとし、発生合成音を68.2〔dB〕とした場合、この地域の許容騒音値が50〔dB〕とするならば、その合否判定はどうなるでしょうか。次ページの計算式で確認してください。

計算シート　騒音計算シート

<table>
<tr><td rowspan="2">測定点</td><td rowspan="2">A</td><td rowspan="2">系統</td><td rowspan="2">建物東側架台
上1階用</td><td rowspan="2">音源</td><td rowspan="2">空調機用屋外機</td><td rowspan="2">許容騒音
dB〔A〕</td><td>朝夕</td><td>昼間</td><td>夜間</td></tr>
<tr><td>50</td><td>50</td><td>50</td></tr>
<tr><td></td><td colspan="4">機器名</td><td>機器品番</td><td colspan="2">発生騒音値
dB〔A〕</td><td colspan="2">設置台数
〔台〕</td></tr>
<tr><td rowspan="4">音源</td><td colspan="4">空冷式高効率年間冷房形空調機</td><td>ABC-123</td><td colspan="2">72</td><td colspan="2">2</td></tr>
<tr><td colspan="4"></td><td></td><td colspan="2"></td><td colspan="2"></td></tr>
<tr><td colspan="4"></td><td></td><td colspan="2"></td><td colspan="2"></td></tr>
<tr><td colspan="4"></td><td></td><td colspan="2"></td><td colspan="2"></td></tr>
</table>

	計算式	計算
合成騒音	$L=10\log_{10}(10^{L1/10}+10^{L2/10})$ (dB) L：合成騒音 L1、L2：ファン、電動機の単体騒音。 ＊別紙の「合成音の補正値図」を参照も可。	定数＝ 10 L1＝ 72 dB L2＝ 72 dB L1/10＝ 7.2 L2/10＝ 7.2 $10^{L1/10}$＝ 15848932 $10^{L2/10}$＝ 15848932 計 31697863.85 log(　)＝ 7.50103 ∴　L＝ 75.0 dB
距離減衰量	⊿dB=20log r2/r1　(dB) r1：騒音測定点と音源の距離 r2：騒音を求める点の音源からの距離	r1： 1.0 m r2： 25 m logr2/r1： 1.39794 定数： 20 減衰量は、 ⊿dB＝ 27.9588 dB(A) 音源値： 75.0 dB(A) 計算算定騒音値＝ 47.1

<table>
<tr><td rowspan="4">合否判定</td><td>計算算定騒音値</td><td></td><td>許容騒音値</td><td colspan="2">合否判定</td></tr>
<tr><td>47.1</td><td><</td><td>50</td><td>朝夕</td><td>○</td></tr>
<tr><td>47.1</td><td><</td><td>50</td><td>昼間</td><td>○</td></tr>
<tr><td>47.1</td><td><</td><td>50</td><td>夜間</td><td>○</td></tr>
</table>

室内騒音の求め方

エアコンの室内機等の運転音は、一般に無響室で測定した**SPL（音圧レベル、単位は〔dB〕）**で表されます。室内騒音は、音源からの距離と方向および部屋常数(壁、床、天井による吸音特性)を考慮して算出します。算出方法は以下の通りです。

①音源(室内ユニット)のパワーレベル(PWL)を求めます。

パワーレベルの計算	計算2-6	計算例
	PWL=SPLo+20log ro+11〔dB〕 SPLo：無響音室で測定した機器の音圧レベル〔dB(A)〕 ro：SPLoを測定した時の音源からの距離〔m〕	SPLo＝ 43 dB ro＝ 1.5 m 定数＝ 20 log ro＝ 0.176 指数＝ 11 ∴ PWL＝ 57.5 dB

②受音点での音圧レベル

受音点での音圧レベル〔dB〕	計算2-7	計算例
	$SPLr=PWL+10\log\{(Q/4\pi r^2)+(4/R)\}$ SPLr：機器から〔m〕離れた受音点における音圧レベル〔dB〕 PWL：パワーレベル(音響エネルギー) Q：方向係数 R：部屋定数(部屋の吸音特性) **R=(S×α)/(1−α)** S：部屋の表面積〔㎡〕 α：部屋の平均吸音率	PWL＝ 57.5 dB ■部屋定数(R)の計算 S＝ 154.2 ㎡ α＝ 0.2 ∴ R＝ 38.6 ■受音点での運転音 定数＝ 10.0 Q＝ 2 r^2＝ 2.25 π＝ 3.14 指数＝ 4 R＝ 38.6 $(Q/4\pi r^2+4/R)$＝ 0.17 log(　)＝ −0.76 ∴ SPLr＝ 49.94 dB

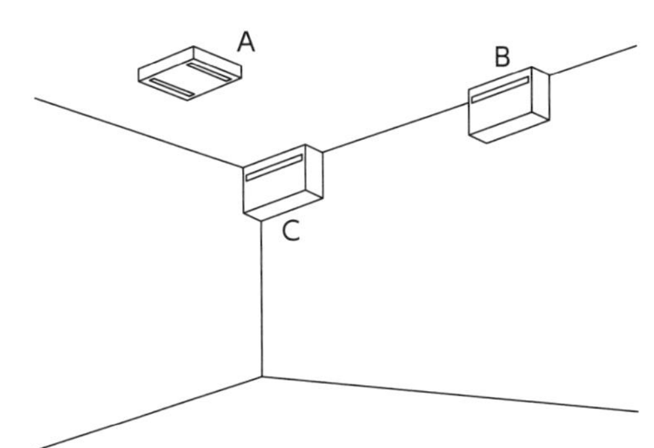

■方向係数〔Q〕

A	B	C
反射面が1面	2面が直交	3面が直交
Q=2	Q=4	Q=8

■平均吸音率〔α〕

音楽室、放送スタジオ	オフィス、住宅、会議室	教室、美術室
α=0.4	α=0.15〜0.2	α=0.1

	計算2-8	計算例
■単独設置の場合		
部屋定数(R)の計算	R=S×α/1−α S：部屋の表面積〔㎡〕 α：部屋の平均吸音率 音楽室、放送スタジオ=0.4 事務所、住宅、会議室=0.15～0.2 教室、美術館=0.1	部屋の寸法　間口= 7 m 奥行= 6 m 高さ= 2.7 m S= 154.2 ㎡ α= 0.2 ∴　R= 38.55
パワーレベルの計算	PWL=SPLo+20log　ro+11 PWL：パワーレベル〔dB〕 SPLo：無響音室で測定した機器の音圧レベル〔dB(A)〕 ←メーカーより収集 ro：SPLoを測定した時の音源からの距離〔m〕	SPLo= 43 dB ro= 1.5 m 定数= 20 log　ro= 0.176 指数= 11 ∴　PWL= 57.52 dB
受音点での運転音(音圧レベル)	SPLr=PWL+10log(Q/4πr²+4/R) SPLr：機器から〔m〕離れた受音点における音圧レベル〔dB〕 PWL：パワーレベル(音響エネルギー) Q：方向係数 R：部屋定数(部屋の吸音特性)	定数= 10 Q= 2 r²= 2.25 π= 3.14 指数= 4 R= 38.55 (Q/4πr²+4/R)= 0.17 log(　)= −0.76 PWL= 57.52 dB SPLr= 49.94 dB

	計算2-9	計算例
■複数台設置の場合		
部屋定数(R)の計算	R=S×α/1−α S：部屋の表面積〔㎡〕 α：部屋の平均吸音率 音楽室、放送スタジオ=0.4 事務所、住宅、会議室=0.15～0.2 教室、美術館=0.1	部屋の寸法　間口= 14 m 奥行= 6 m 高さ= 2.7 m S= 276 ㎡ α= 0.2 ∴　R= 69
パワーレベルの計算	PWL=SPLo+20log　ro+11 PWL：パワーレベル〔dB〕 SPLo：無響音室で測定した機器の音圧レベル〔dB(A)〕 ←メーカーより収集 ro：SPLoを測定した時の音源からの距離〔m〕	SPLo= 43 dB ro= 1.5 m 定数= 20 log　ro= 0.176 指数= 11 ∴　PWL= 57.52 dB

<table>
<tr><td>受音点での運転音(音圧レベル)</td><td>SPLr=PWL+10log(Q/4πr²+4/R)

SPLr：機器から〔m〕離れた受音点における音圧レベル〔dB〕
PWL：パワーレベル(音響エネルギー)
Q：方向係数
R：部屋定数(部屋の吸音特性)</td><td>

	地点a	地点b
定数＝	10	10
Q＝	2	2
r＝	3.8	3
r^2＝	14.44	9
π＝	3.14	3.14
指数＝	4	4
R＝	69	69
(Q/4πr²＋4/R)＝	0.07	0.08
log( )＝	－1.16	－1.12
PWL〔dB〕＝	57.52	57.52
SPLr〔dB〕＝	45.91	46.31

</td></tr>
<tr><td>運転音の合成</td><td>SPL=10log(10^(SPLa/10)+10^(SPLb/10))

SPLa：機器から〔m〕離れた受音点aにおける音圧レベル〔dB〕
SPLb：機器から〔m〕離れた受音点bにおける音圧レベル〔dB〕</td><td>

	地点1
定数＝	10
SPLa/10＝	4.59
SPLb/10＝	4.63
$10^{SPLa/10}$＝	38,996
$10^{SPLb/10}$＝	42,763
Total＝	81,759
log( )＝	4.91
SPL(dB)＝	49.13

</td></tr>
</table>

2-9 結露とは

結露を知ることで、結露を防ぎましょう。

Point

- ▶ 結露には、表面結露と内部結露があります。
- ▶ 結露には、冬型結露と夏型結露があります。
- ▶ 換気は、空中の水蒸気量を減らすので結露対策に有効です。

結露とは

『空気調和・衛生用語辞典』(空気調和・衛生工学会編)によると、「結露とは、天井・壁・床などの表面、またはそれらの内部の温度が、その位置の湿り空気の露点温度以下になった時、空気中の水蒸気は一部凝結し、液体となる。この現象を結露という」と定義付けられています。

結露の素は、空気中の水蒸気です。水蒸気は気温が下がることにより飽和状態となり、結露となります。つまり空気中に水蒸気のあるところならどこでも結露の発生する可能性があるのです。今や結露は、一般の住まいの中でごく当たり前に見かけることができます。特に、窓ガラス周辺や暖房していない部屋の壁、洗面所等の鏡の表面、鉄製の玄関ドアなどにびっしりと水滴が付いていることがあります。

結露には、表面に水滴が付く場合の**表面結露**と、内部が低温の時水蒸気が内部に侵入し内部で結露をする**内部結露**があります。多層壁の中空層や狭い空間を持つ天井裏などに発生する結露も、一般に内部結露と呼ばれています。

露点温度とは

ある湿り空気が冷たい面に触れ、その表面がくもって結露が生じた時、その表面温度をその空気の**露点温度**といいます。露点とはその空気の水蒸気分圧と等しい飽和空気の温度です。

<table>
<tr><th></th><th>計算2-10</th><th>計算例</th></tr>
<tr><td>露点温度計算</td><td>
■飽和水蒸気圧esの算定
es=6.11×10^(7.5t/(t+237.3)

■飽和水蒸気量aの算定
a=217×e/(t+273.15)

■水蒸気圧eの算定
e=es×U/100

■絶対湿度Dの算定
D=(0.794/100×e)/(1+0.00366×t)

■露点温度tdの算定(露点湿度y<0℃)
$td=13.715\times y+8.4262\times 10^{-1}\times y^2$
$+1.9048\times 10^{-2}\times y^3$
$+7.8158\times 10^{-3}\times y^4$

■飽和水蒸気圧から露点湿度yの算出
y=LN(e/611.213)
</td><td>
●与条件
対象となる部屋の温度、湿度を入力
＊室温は0℃以上です。

温度 t＝ 30 ℃
相対湿度 U＝ 40 %RH

飽和水蒸気量a＝ 30.40 g/㎥
飽和水蒸気圧es＝ 4,247.03 Pa
＝ 42.47 hPa
水蒸気圧e＝ 1,698.81 Pa

絶対湿度D＝ 12.15 g/㎥
＝ 0.01061 kg/kg

露点温度td＝ 14.93 ℃
</td></tr>
</table>

相対湿度とは

ある一定容量の空気が含んでいる水蒸気圧と、そのときの気温に対する最大限の水蒸気圧(飽和水蒸気圧)との比を百分率で表したものです。一般にいう湿度とは、**相対湿度**のことです。

相対湿度計算	計算2-11	計算例
	U〔% RH〕=e/es×100 e：水蒸気圧〔Pa〕 es：飽和水蒸気圧〔Pa〕	水蒸気圧e = 1700 Pa 飽和水蒸気圧es = 4300 Pa ∴ U = 39.5 %

結露発生のメカニズム

空気中には常に、いつも水の粒子である水蒸気が含まれています。空気中の水蒸気の量は、空気の温度によって含まれる量が変わり、温度が高いほど多くの水蒸気を含んでいます。結露は、温度と湿度の関係で発生します。

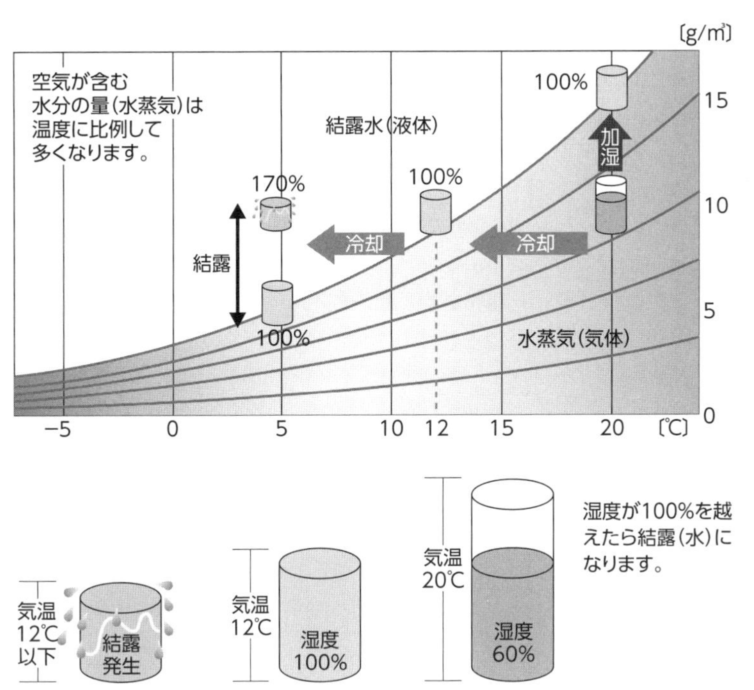

図2-9 結露発生のメカニズム

空気中の水蒸気の量

空気は温度によって、含むことのできる水蒸気の量が変化します。その水蒸気の量を、**飽和水蒸気量**〔g/m^3〕といいます。

空気にどれくらいの水蒸気を含んでいるかをパーセンテージで示したものが湿度なのです。空気中に含まれる水分の量が同じでも、温度が上がれば湿度は下がり、温度が下がれば湿度は上がるという仕組みです。

相対湿度〔%〕＝空気中の水蒸気量〔g〕/空気が含むことのできる水蒸気〔g〕

標準大気圧の空気1m^{3}中に含み得る水蒸気量

温度〔℃〕	飽和水蒸気量〔g/m^3〕
40	51.2
35	39.2
30	30.4
25	22.8
20	17.2
15	12.8
10	9.3
5	6.8
0	4.8
−5	3.4

表2-8 飽和水蒸気量一覧

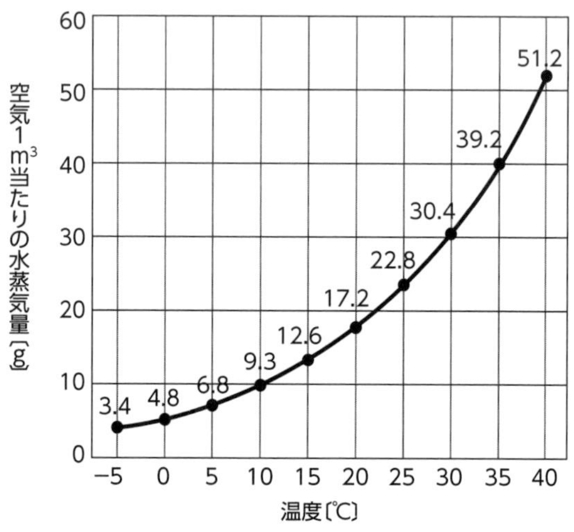

図2-10 飽和水蒸気量グラフ

2-10 結露の防止対策

結露防止の基本は、室内の温度と湿度を適度に保つことです。

Point

- 部屋の温度差をつくらないこと。
- 余分な水分を発生させないこと。
- 結露は、毎日の対策が大切です。

表面結露の防止

湿り空気中の水蒸気が壁体表面で凝縮して液水になることを**表面結露**といいます。吸湿(水)材料では水分は材料内部に流入するので、空気から表面へ流入する水蒸気量に比べて十分小さい時、非吸湿(水)面と同じ表面結露が生じます。

表面結露は、室空気の水蒸気圧 f が壁表面の温度 θsに応じる飽和蒸気圧 fsより高ければ生じます。室空気の露点温度を θdとすれば、θd>θsの時生じるのです。

ゆえに、表面結露を防止するには、f<fsまたは θd<θsとして、θsを上げるか f を下げればよいのです。

表面温度の計算式

	計算2-12	計算例
表面温度の計算式	αi(Ti−Ts)=K(Ti−To)より Ts=Ti−K(Ti−To)/αi Ts：表面温度〔℃〕 Ti：室内乾球温度〔℃〕 To：室外乾球温度〔℃〕 K：熱貫流率〔W/m²·K〕 αi：室内側総合熱伝達率 ＊一般的な慣用値は、αi=9.0W/m²·K。 ただし、ガラス=12.0。	Ti＝ 25 ℃ To＝ −0.5 ℃ K＝ 6.8 W/m²・K αi＝ 12 W/m²・K Ti−To＝ 25.5 ∴ Ts＝ 10.55 ℃ 設定室内相対湿度＝ 40 % 室内空気露点温度＝ 10.5 ℃ ∴ 判定＝ ○しない

したがって、このTsの値が室内空気露点よりも高ければ結露を起こさず、逆に低ければ結露が発生するのです。

$$K = \frac{1}{\frac{1}{\alpha} - \frac{1}{\lambda} + \cdots\cdots \frac{d_n}{\lambda_n} + \frac{1}{\alpha_2}}$$

こうして求められた熱貫流率から、高温側の表面温度(t1)を求め、結露限界湿度を求めます。

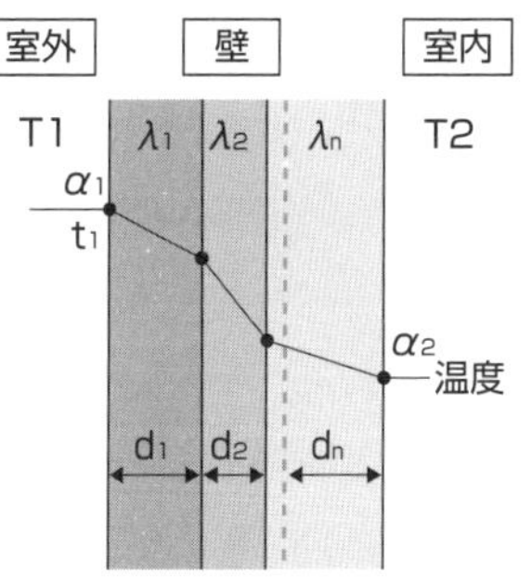

図2-11 結露限界湿度

	計算2-13	計算例
結露限界湿度t1	**$t1=T1-((K/\alpha 1)\times(T1-T2))$** T1：屋外乾球温度〔℃〕 K：熱貫流率〔W/㎡・K〕 α1：屋外側熱伝達率 T2：屋内乾球温度〔℃〕	T1 = 12 ℃ K = 6.8 W/㎡·K α 1 = 23 W/㎡·K T2 = 22 ℃ ∴ t1 = 15.0 %
結露限界湿度〔%〕	**結露限界湿度〔%〕＝(t1の水蒸気量/T1の飽和水蒸気量)×100**	t1の水蒸気量= 9.4 〔g/㎥〕 T1 （温度）= 30 ℃ T1の飽和水蒸気量= 30.4 〔g/㎥〕 ∴ t1 = 30.92 %

気温〔℃〕	飽和水蒸気量〔g/㎥〕
0	4.8
1	5.2
2	5.6
3	5.9
4	6.3
5	6.8
6	7.3
7	7.8
8	8.3
9	8.8
10	9.4
11	10
12	10.7
13	11.4
14	12.1
15	12.8
16	13.6
17	14.5
18	15.4
19	16.3
20	17.3
21	18.3
22	19.4
23	20.6
24	21.8
25	23
26	24.4
27	25.8
28	27.2
29	28.8
30	30.4
31	32
32	33.8
33	35.7
34	37.6
35	39.6
36	41.7
37	43.9
38	46.2
39	48.6

2-11 表面結露の防止計算

簡単で難しい結露の原因を計算で確認しましょう。

Point

- ▶ エクセルで計算シートを作成しましょう。
- ▶ 建物のあやしい部位は、必ず確認しましょう。
- ▶ 結露は建物の敵です。

表面結露の防止計算

計算シート 表面結露の防止計算シート

建物名称	○○庁舎	地域	東京	部位	事務所の窓ガラス
計算条件	室内乾球温度 Ti〔℃〕		25	←室内温度を記載する。	
	室外乾球温度 To〔℃〕		-0.2	←室外温度を記載する。	
	熱貫流率 K〔W/m²・h・℃〕		6.8	←材質の熱貫流率を下表で!	
	α i:室内側総合熱伝達率 α i〔W/m²・h・℃〕		12	←通常は"9"です。 ただし、ガラスは"12"です。	

熱通過率 $K=(1/\alpha i+\Sigma l/\lambda+\Sigma r\ a+1/\alpha o)^{-1}$

外表面熱伝達率	記号	種類	材質	風速〔m/sec〕	αo〔W/m²・K〕	内表面熱伝達率	記号	種類	熱流の方向	αi〔W/m²・K〕
	αo1	壁			23		αi1	壁・床・天井	水平・垂直	9
	αo2	屋根			35		αi2	ガラス	水平・垂直	12
	αo3						αi3			

階	名称記号	構造	材料	厚さ l〔m〕	熱伝導率 λ〔W/m・K〕	l/λ r a〔m²・K/W〕	熱通過率 K〔W/m²・K〕
	ガラス OG1	外 内	αo1		23	0.043	
			ガラス	**0.01**	**1**	0.010	
			非密閉空気層	**0.005**	**14.2857**	0.000	
			ガラス	**0.01**	**1**	0.010	
			αi2		12	0.083	
					計	0.147	6.80

計算	室内外温度差 Ti-To	25.2	
	表面温度(Ts)=Ti-(K×(Ti-To))/αi	10.7	←露点温度より上ならOK
	室内の相対湿度〔%〕	40.0	
	室内空気露点温度〔℃〕	10.5	←空気線図より手入力を!
判定	表面温度〔℃〕 10.7 > 室内空気露点温度〔℃〕 10.5	○しない	←×の場合は、再度見直す。

*上記の計算から、結露を防止するためには、次の方法があります。
a 室内の露点温度を下げる(除湿・外気導入)。
b 表面温度Tsを上げる(室温上昇・表面に風(温風)を当てる)。
c 熱貫流率を小さくする(断熱材挿入・2重ガラス等の変更)。

まとめ：上記の計算結果は、この材質の熱通過率の場合、室内の相対湿度は40%以下で、露点温度が10.5℃となり、表面温度(Ts)10.7℃を超えていませんので「結露はしない」の判定が出ました。

2-12 内面結露の防止

内部結露の発生はなかなか確認できないゆえ、要注意です。

Point

- ▶ 見えない結露が一番怖いものです。
- ▶ 壁体内部には、樹脂系断熱材を使用する方が安心です。
- ▶ 壁体の空気の流通をよくしましょう。

内面結露の防止

吸湿(水)性材料では、内部の空隙(くうげき)の水蒸気圧がその場所の温度の飽和蒸気圧より大となるならば、内部でも結露が生じます。これを**内部結露**といいます。内部結露は、飽和蒸気圧より水蒸気圧が小さくなるようにすることが防止策となります。

壁体の内面温度の計算

次の式で計算できる内面温度により、内部結露を検討し、判断します。

	計算2-14	計算例
定常伝熱の場合	(Tx−1−Tx)/Rx=(Ti−To)/Rt Ti：室内乾球温度〔℃〕 To：室外乾球温度〔℃〕 Tx：第x層の下流側温度〔℃〕 Tx−1：第x層の上流側温度〔℃〕 Rt：壁体の熱貫流抵抗〔㎡・h・℃/W〕=1/K	Ti = 25 ℃ To = 7 ℃ Rt = 1.4 ㎡・h・℃/W ∴ 内面温度= 12.9 ℃
第x層と第x+1層との境界面での温度Tx	Tx=Ti−(1/αi+ΣRx)×(Ti−To)/Rt αi：室内側総合熱伝達率〔W/㎡・h・℃〕 ΣRx：第x層までの熱伝導抵抗〔㎡・K/W〕 Rt：壁体の総計熱伝導抵抗〔㎡・K/W〕	Ti = 24 ℃ To = 5 ℃ 1/αi = 0.111 ΣRx = 0.057 ㎡・K/W Rt = 3.163 ㎡・K/W ∴ Tx = 23.0 ℃

内面結露の防止対策

- 表面結露と同じ方法があります。
- 壁体内に防湿層を設けるのも防止対策となります。場合により、外側防湿または内側防湿を選択します。

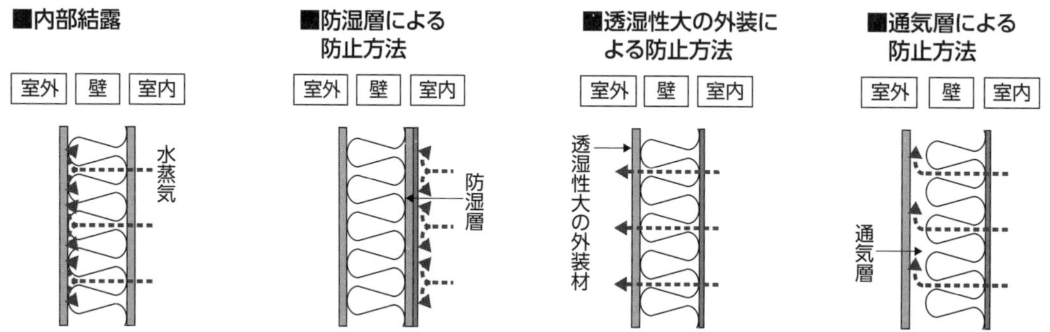

図2-12 内部結露とその防止策

2-13 空調機器の凍結防止

空調機器には寒冷地仕様があります。

Point

- 空調機コイルの凍結・破裂事故に注意しましょう。
- 凍結などと、油断は禁物です。
- 確実な凍結防止をしましょう。

空調機器の凍結事例

建築設備の**凍結事故**のなかでも、空調機器の凍結事故は最も起こりやすく、また起きた後の被害のおよぼす影響が大きいものです。よって、空調機器の選定、空調システムの設計および施工の際には、十分な凍結防止対策を検討する必要があります。特に寒冷地では必ず考慮しなければなりません。

空調機器の凍結事故の主な原因は、次の事柄があります。

①風除室天井裏など外気の侵入しやすい場所に設置した場合。
②不凍液を入れずに屋外など外気にさらされるところに設置した場合。
③混気箱内で還気と外気が混ざらず冷気がコイル下部に流れた場合。
④冷温水コイルのため温水時過小流量となった場合。
⑤空調機器停止時、外気ダクトのモーターダンパがリーク(または故障)して外気が侵入した場合。
⑥冬季に使用しない空調機のコイルの水抜きが不完全だった場合。

上記のような原因以外にも、人為的な操作ミスによる場合もありますので、建物を管理する側の認識も重要となります。

凍結しやすい機器

- 厨房給気コイル
- 外調機
- 風除室上の空調機器
- 地下駐車場内の空調機器
- 冷却塔
- 屋外の暖房給湯器
- 冬期間使用しない空調機器

空調機器の凍結防止

空調機器の**凍結防止**には次の方法があります。

①外気取入れダクトにモーターダンパを設け、空調機器停止時は外気の侵入を遮断する。
②加熱用制御弁は絞り運転時全閉にならないよう、最小開度(凍結しない流量)を確保する。
③全熱交換器を設ける。
④コイル選定時に過大設計にならないようにする。
⑤寒冷地では外調機を使用する場合、不凍液を注入しておく。

ただし、不十分な不凍液の濃度管理は凍結事故につながるため、注意が必要です。

表2-9 その他の主な機器の凍結防止方法

機器種類		凍結防止対策
屋外設置型ボイラ (または冷凍機)		寒冷地で使用する場合は、循環水に不凍液を使用します。 凍結防止運転機能を備えた機器を使用します。
冷却塔	開放型	機器内部および機器周囲の配管は完全に水を抜いておきます。
	密閉型	寒冷地で使用する場合は、循環水に不凍液を使用します。
暖房給湯器		暖房回路の循環水に不凍液を使用します。 給湯器を長時間使用しない時は、機器内部の水を抜いておきます。
全熱交換器		外気温度が極端に低い場合、全熱交換器本体で結露し、それが外気に触れて凍結し、機器を損傷することがあります。特に寒冷地での使用は、外気側に予熱用の電気ヒータなどを設置する必要があります。

2-14 保温保冷とは

配管や機器類には、適切な保温保冷工事が必要です。

Point

- ▶ 基準になる保温仕様は、どこの工事共通仕様書か確認しましょう。
- ▶ しっかりした適材適所の保温保冷をしましょう。
- ▶ 見えない箇所ほど、施工を確実に行いましょう。

保温保冷とは

保温保冷とは、熱の損失を防ぐことです。

建築物等の部屋の熱や冷温、また水槽や配管などの中の熱を外に逃がさないため、熱を伝えにくい材質・材料(保温保冷材)を取付ける仕事を、保温保冷工事といいます。

事務所ビルや集合住宅等の冷暖房換気設備、給排水衛生設備、地域冷暖房の配管、清浄な空気を送るダクト等には、必ず保温・保冷工事が施されています。

工事に使用される材料には、人造鉱物繊維保温材、無機多孔質保温材、発泡プラスチック保温材、金属保温材等があり、形状も板状のもの、柔軟なフェルト状のもの、帯状のもの、筒状のもの、紐状のもの、綿状のもの(バルク)等々があります。

保温・保冷は、熱の損失を防ぐための省エネルギー対策として極めて重要で、地球温暖化対策に不可欠な役割を担っています。

保温材の厚さ

下記に示した仕様書等に、材料である保温材、外装材および補助材の仕様が明記されていますので参照してください。

機械設備工事共通仕様書（国土交通省大臣官房官庁営繕部監修）
機械設備工事共通仕様書（空気調和・衛生工学会編）
機械設備工事共通仕様書（都道府県庁編）

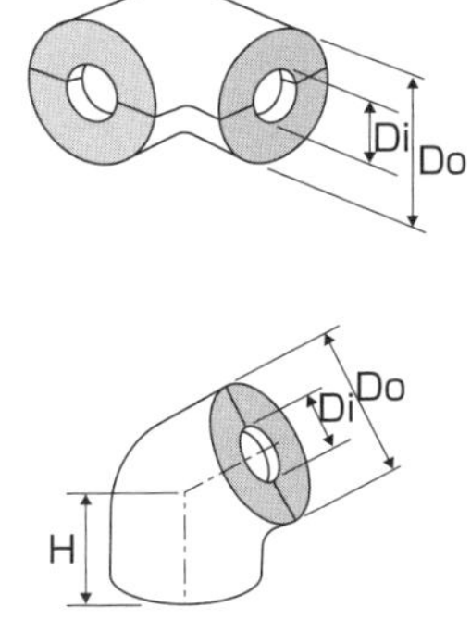

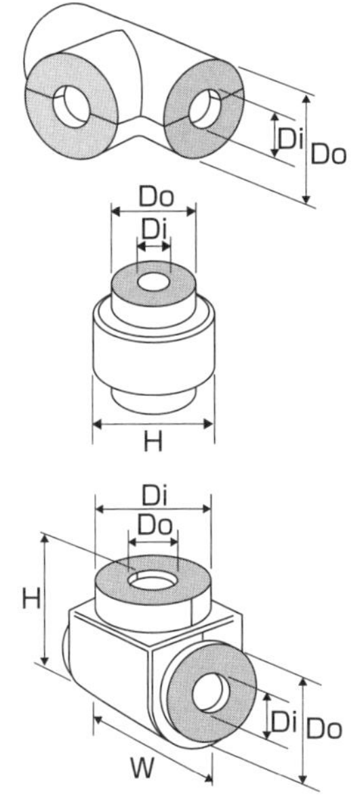

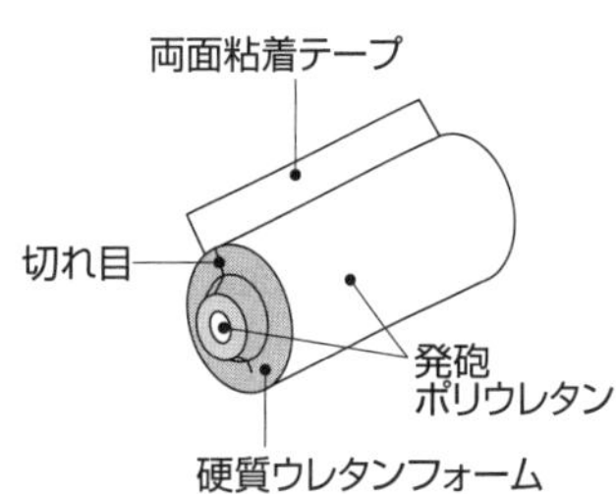

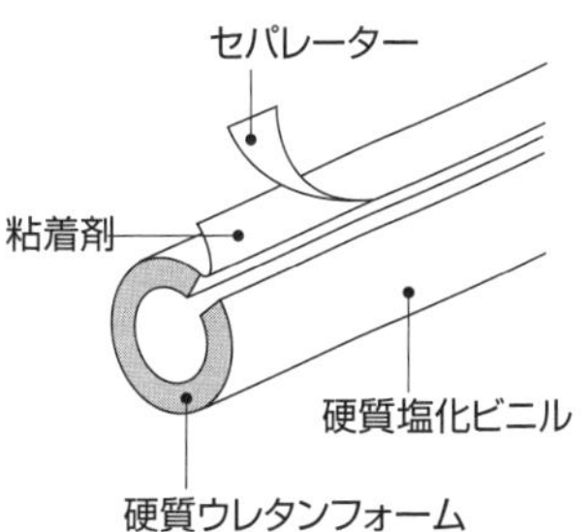

図2-13 保湿剤の厚さ

2-15 保守と維持管理

機器には寿命がありますが、保全で延命策をとることが可能です。

Point

- ▶ 機器等の耐用年数を熟知しておきましょう。
- ▶ 同じ機器でも、特に磨耗等が著しい箇所は、取替え可能なのかを確認しておきましょう。
- ▶ 性能がよく・長持ちするものが主流となりつつあります。

機械設備機器の耐用年数

ここでは、利用に耐える年数を**耐用年数**といいます。通常は法定耐用年数(税法における減価償却資産の耐用年数について課税の公平性を図るために設けられた基準)を標準としますが、機械設備機器類は維持管理等の保全の良否によって耐用年数を延ばすことも可能です。

主な機器と耐用年数の代表値

建築設備項目別の耐用年数は、次に示す通りです。

表2-10 主な機器と耐用年数の代表値

<table>
<tr><th rowspan="2">機器名</th><th rowspan="2">機種名</th><th colspan="3">耐用年数の代表値(年)</th></tr>
<tr><th>事後保全</th><th>予防保全</th><th>法定耐用年数</th></tr>
<tr><td rowspan="3">ボイラ</td><td>水管</td><td>10</td><td>18</td><td rowspan="3">15</td></tr>
<tr><td>煙管</td><td>7</td><td>15</td></tr>
<tr><td>鋳鉄</td><td>15</td><td>20</td></tr>
<tr><td rowspan="3">冷凍機</td><td>往復式</td><td rowspan="2">10</td><td>15</td><td>15 (13)</td></tr>
<tr><td>遠心</td><td>20</td><td rowspan="2">15</td></tr>
<tr><td>吸収式</td><td>5</td><td rowspan="2">15</td></tr>
<tr><td rowspan="2">パッケージ型空調機</td><td>半密閉</td><td rowspan="5">10</td><td rowspan="2">15 (13)</td></tr>
<tr><td>全密閉</td><td>13</td></tr>
<tr><td>空気調和機</td><td>−</td><td rowspan="3">18</td><td rowspan="10">15</td></tr>
<tr><td>ファンコイルユニット</td><td>−</td></tr>
<tr><td>送風機</td><td>−</td></tr>
<tr><td rowspan="2">冷却塔</td><td>FRP</td><td rowspan="2">7</td><td rowspan="2">13</td></tr>
<tr><td>鉄板</td></tr>
<tr><td>一般揚水ポンプ</td><td>−</td><td>10</td><td rowspan="3">15</td></tr>
<tr><td rowspan="2">汚水汚物ポンプ</td><td>床置</td><td rowspan="2">5</td></tr>
<tr><td>水中</td></tr>
<tr><td>自動制御</td><td>−</td><td>10</td><td rowspan="2">20</td></tr>
<tr><td rowspan="2">中央監視装置</td><td>グラフィック</td><td>15</td></tr>
<tr><td>データロガー</td><td>5</td><td>12</td><td>−</td></tr>
<tr><td>熱交換器</td><td>−</td><td>10</td><td>15</td><td rowspan="4">15</td></tr>
<tr><td>軟水装置</td><td>−</td><td rowspan="3">5</td><td rowspan="3">10</td></tr>
<tr><td rowspan="2">弁類</td><td>鋳鉄</td></tr>
<tr><td>青銅</td></tr>
<tr><td>エレベーター</td><td>−</td><td>17</td><td>25</td><td>17</td></tr>
<tr><td rowspan="3">建　物</td><td>鉄骨造</td><td>−</td><td>−</td><td>−</td></tr>
<tr><td>鉄筋コンクリート造</td><td>−</td><td>−</td><td rowspan="2">50</td></tr>
<tr><td>鉄骨・鉄筋コンクリート造</td><td>−</td><td>−</td></tr>
</table>

＊法定耐用年数は、「減価償却資産の耐用年数に関する省令」によります。

＊カッコ内は、冷凍機出力が22kw以下のものを示します。

 主な建物付属設備の耐用年数

表2-11 主な建物付属設備の耐用年数

構造用途	細目	法定耐用年数
電気設備	蓄電池電源設備	6
	その他の電気設備	15
給排水設備	—	15
衛生設備	—	15
ガス設備	—	15
消火、排煙、災害報知設備	—	8

 主な器具および備品の耐用年数

表2-12 主な器具および備品の耐用年数

構造用途	細目	法定耐用年数
陳列ケース	冷凍機付のもの	6
	その他のもの	8
電気機器	TV、ラジオその他音響機器	5
家庭用品	冷房用または暖房用機器	6
	冷蔵庫、洗濯機等類似の電気、ガス機器	6
事務通信機器	PC(サーバー用をのぞく)	4
	その他のもの	5

配管システムの耐用度を求める条件

配管システムにおいて、耐用度を求める条件を下記に示します。基準条件等を決定しておき、その基準値をクリアしなくなった時点が耐用年数とします。

表2-13 配管システムの耐用度を求める条件

条件 / 項目	配管システム性能面の条件	計画時の決定条件	保全管理上の条件
流体	稼働時間 水質 温度	流速 常用圧力 水質管理	クリーニング
配管環境	土質・水位 大気汚染、日照、湿度 海塩粒子	外面防食	点検の容易性
配管	管径 勾配	配管位置 配管材質、接合方法 各種防食処理	点検修理の容易性

グレードによる期待耐用年数

建物設備で、補修条件による分類別の期待耐用年数を示します。グレード表を参考として下記に示します。

表2-14 グレード表

グレード	期待耐用年数(年)
A	60 以上
B	40 以上
C	30 以上
D	20 以上
E	15 以上

表2-15 配管位置別の期待耐用年数グレード表

補修条件	建築構造の破壊を必要とする交換	仕上げ材の取外しを必要とする	仕上げ材の交換と同時期に実施	補修交換を予定した点検扉等を有する部位の交換	随時交換のできる部位
配管位置	●土間コンクリートの下 ●舗装の下 ●シンダーコンクリートの中 ●壁、床の埋込み ●ブロック積シャフト内	●ボード張りシャフト内 ●プレハブ天井内 ●床下配管ピットなど作業用マンホール付の部位	●2重天井内 ●仕上げ材の交換が予定されている部位	●前面開扉シャフト内 ●配管ユニット内 ●全面蓋付ピット	●機械室内配管 ●屋上露出配管 ●露地の土中配管 ●器具内配管
グレード	A	B	C	D	E

第3章 熱負荷計算

空調設備において室内空気の温度、湿度を所定の値に維持するために、室内に供給する熱量および室内から除去する熱量を、総称して「熱負荷」といいます。

空調設備の設計において極めて重要なことです。熱負荷を計算することにより、空調機器等に求められる冷房・暖房負荷を求めることができるのです。

コンピュータを用いて計算する方法が主流になっていますが、本章では設計計算の手順を追いながらその基本と仕組みを理解するために、順序立てて解説いたします。

3-1 熱負荷計算の目的

熱負荷計算から、空調機器の選定ができ、コストの算出も可能となります。

Point

- ▶ 熱負荷計算の目的は、空調機器等の容量算出です。
- ▶ 年間の熱負荷から熱源機器の運転計画を立てることで、運転費を算出することができます。
- ▶ 室温の設定変化により、熱負荷の変動を知るための計算もすることができます。

3

熱負荷計算

熱負荷計算の目的と構成要素

熱負荷計算の目的には、下記のものがあります。

表3-1 熱負荷計算の目的

①最大熱負荷計算	熱負荷の設計最大値を求め、空調機や冷凍機・ボイラ等の機器容量の決定および熱媒搬送容量の決定に使用します。
②年間熱負荷計算	1年間365日毎時についての熱負荷を求め、熱源機器の運転計画立案、運転費算出等に用います。
③シミュレーション計算	ある期間についての室温や熱負荷の変動を知るために行う計算です。

＊ 一般に、①を設計用熱負荷計算、②③を動的熱負荷計算と呼んでいます。

熱負荷と冷房・暖房構成要素

熱負荷の種類別に、冷房負荷・暖房負荷の構成要素を表3-2に示します。

計算には、冷房負荷に含むもの、暖房負荷には含まないもの等がありますので注意してください。特に、通常は無視することが多いものでも、場合によっては含んだ方がよい場合もありますので考慮してください。

表3-2　熱負荷の種類

<table>
<tr><th colspan="5">熱負荷の種類</th><th>冷房</th><th>暖房</th></tr>
<tr><td colspan="2">構造体負荷(顕熱)</td><td rowspan="9">室内負荷</td><td rowspan="11">空調機負荷</td><td rowspan="14">熱源負荷</td><td>○</td><td>○</td></tr>
<tr><td colspan="2">ガラス面負荷(顕熱)</td><td>○</td><td>○</td></tr>
<tr><td rowspan="3">室内発生負荷</td><td>照明負荷</td><td>○</td><td>△</td></tr>
<tr><td>人体負荷</td><td>○</td><td>△</td></tr>
<tr><td>その他の内部発熱負荷</td><td>○</td><td>△</td></tr>
<tr><td colspan="2">すきま風負荷(顕熱および潜熱)</td><td>△</td><td>△</td></tr>
<tr><td colspan="2">間欠空調による蓄熱負荷</td><td>○</td><td>○</td></tr>
<tr><td colspan="2">送風機による負荷</td><td>○</td><td>×</td></tr>
<tr><td colspan="2">ダクトにおける負荷等</td><td>○</td><td>○</td></tr>
<tr><td colspan="3">再熱負荷</td><td>○</td><td>—</td></tr>
<tr><td colspan="3">外気負荷(顕熱および潜熱)</td><td>○</td><td>○</td></tr>
<tr><td colspan="4">ポンプによる負荷</td><td>○</td><td>×</td></tr>
<tr><td colspan="4">配管の負荷</td><td>○</td><td>○</td></tr>
<tr><td colspan="4">装置蓄熱負荷</td><td>×</td><td>△</td></tr>
</table>

凡例　○:考慮します。
△:無視することが多いが、場合によっては考慮します。
×:無視する。
—:関係なし

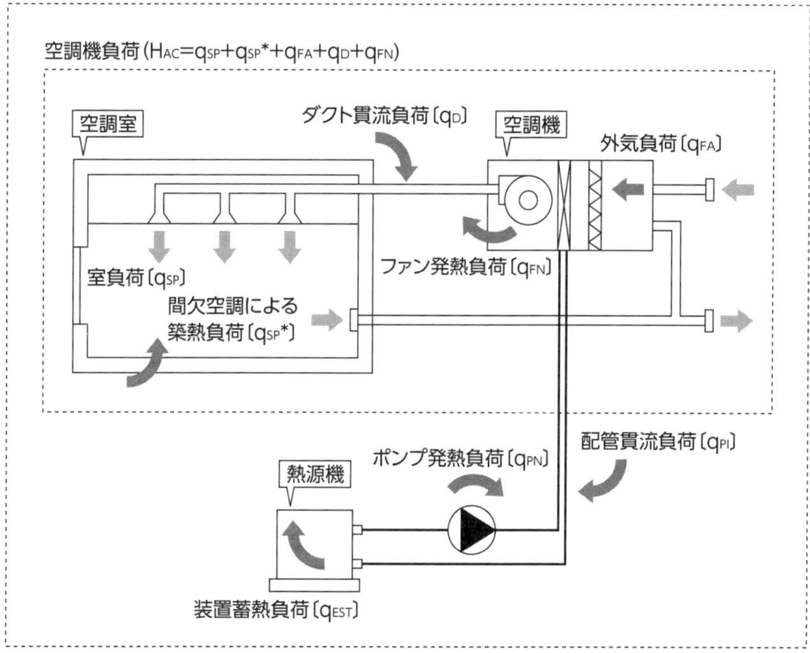

図3-1　空調システムと冷暖房負荷

3-2 熱負荷計算の手法

冷房負荷と、暖房負荷の仕組み。

Point

- 熱負荷計算には3つの手法があります。
- 計算をする前に、計算条件の確認をしてください。
- 本節は、最大熱負荷計算を中心に説明します。

熱負荷計算の手法

熱負荷計算には、**定常計算·周期定常計算·非定常計算**の3つの手法があります。これらの手法は、3−1の計算目的に対して、①の場合は定常計算法、周期定常計算法を②、③の場合は非定常計算法を用います。

定常計算法

室内外温度が一定であるとした場合の計算です。

周期定常計算法

室内温度が一定のままで室外気象条件が周期的に変動する場合の計算です。**最大熱負荷**をもたらす気象条件の日を「設計日」として設定し、周期定常状態の計算を行うものです。

非定常計算法

変動する室外気象条件と任意の室内空調運転条件の組合せに応じて行う計算です。

什器を含む建物各部の熱容量による蓄熱、時間遅れの効果等を計算過程のなかに取入れて、**非定常負荷応答**を計算します。

周期定常計算では、室内側の温湿度が1日中一定であることを前提としているのに対し、非定常計算では、外界変動·空調装置の設定容量·空調装置の運転時間などに応じて変動する室内温湿度や熱負荷を得られます。

予冷·予熱時の熱負荷·室温の変動·必要空調装置容量を求める場合には、この非定常計算を用います。

本章では、最大熱負荷計算を中心に解説します。

計算条件

熱負荷計算に必要な構造体等の寸法は以下によります。

①**外壁**：幅は壁芯または柱芯とし、高さは階高とする。

②**内壁**：幅は壁芯または柱芯とし、高さは天井高(天井のない場合は階高)とする。

③**床**：壁芯とする。

④**窓**：サッシ外形寸法とする。

熱負荷計算に用いる有効数字は以下によります。なお、端数は四捨五入します。

①**室面積、体積**：有効数字3桁とする。ただし、小数点第2位以下は不要とする。

②**構造体各部位面積**：有効数字3桁とする。ただし、小数点第2位以下は不要とする。

③**熱通過率**：小数点以下1桁とする。

④**電気容量（電動機容量はのぞく）**：有効数字2桁とする。

⑤**人数**：整数とする。

⑥**温度**：小数点以下1桁とする。

⑦**相対湿度**：整数とする。

⑧**エンタルピ**：小数点以下1桁とする。

⑨**絶対湿度**：小数点以下4桁とする。

⑩**熱負荷**：有効数字3桁とする。ただし、整数とする。

⑪**風量**：有効数字3桁とする。ただし、整数とする。

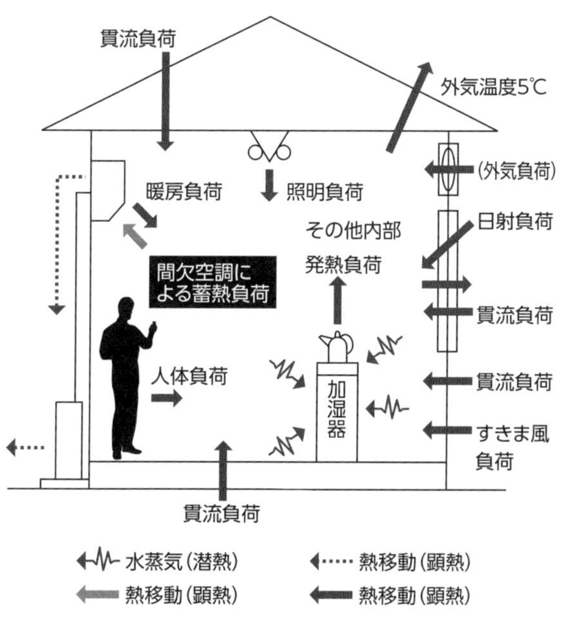

図3-2 冷暖房負荷

3-3 熱負荷計算の算出手順

多項目による設定等が必要です手順に従い漏れのないように行ってください。

Point

- まず、設計グレードを考慮してください。
- 空調方式の決定には、関係者とも十分な協議検討をしてください。
- その室の使われ方によっても、加減が必要です。

熱負荷計算の算出手順

①外気温湿度条件の設定

当該地域の気象データを基に適切な設定値を決定します。同じ県内でも山岳地域と市街地では異なるために注意が必要です。

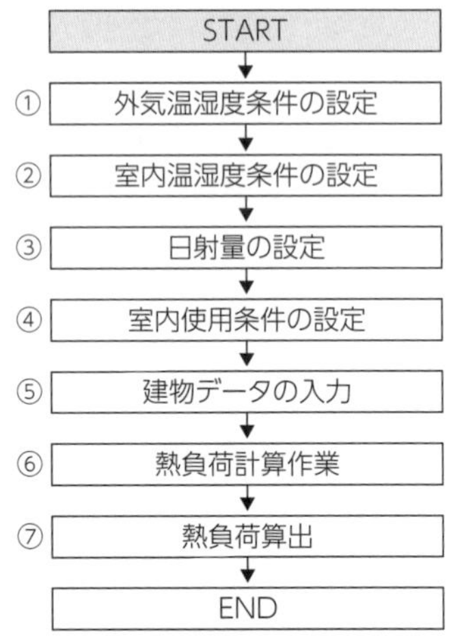

図3-3 熱量概算の算出手順

②室内温湿度条件の設定

設定値は、設計グレード、建物用途、使用条件等を考慮して、より経済的な設備となるように設定します。

外気温湿度の設定と同様、空調方式の決定の大きな要因となりますので、この両者に対応して設定します。

③日射量の設定

日射の強弱は熱負荷に大きな影響をおよぼします。冷房負荷の大小に対し日射は最大の要因であり、暖房負荷でも日射があれば、その分、熱負荷は軽減します。

④室内使用条件の設定

使用時間帯、室内で使用する設備機器類、照明設備、すきま風や換気設備のグレード等を考慮して設定します。

⑤建物データの入力

建物の躯体構造、窓ガラス面等形状や方位を、熱負荷計算書に入力します。

⑥熱負荷計算作業

計算作業を、各項目ごとに確認しながら行います。

⑦熱負荷算出

一応熱負荷が算出できたら、単位床面積当たりの概算値をチェックし、適正な数値を採用します。

3-4 設計室内温湿度の設定

当該地域の気象状態を熟知して設計条件を設定しましょう。

Point

- 建物用途と使用目的を明確にして設定しましょう。
- 省エネ設定も考慮しましょう。
- なるべく各室共通とせず、その室ごとの設定を細かくチェックしましょう。

室内温湿度条件

設定に当たっては、種々の要素を考慮します。使用条件(常時か間欠空調か)、天井高さ、居住者への配慮等、居住環境における快適温湿度を設定します。

表3-3 室内条件の基準値とビル管法

	夏期	冬期
一般建物(事務所・住宅など)	26℃(25～27℃)	22℃(20～22℃)
	50%(50～60%)	50%(40～50%)
営業用建物(銀行・デパートなど)	27℃(26～27℃)	21℃(20～22℃)
	50%(50～60%)	50%(40～50%)
工業用建物(工場など)	28℃(27～29℃)	20℃(18～20℃)
	50%(50～65%)	50%(40～50%)
ビル管法	浮遊粉じん量0.15mg/m^{3}以下、CO_2 1000ppm以下、CO 10ppm以下、温度17～28℃、湿度40～70%、気流0.5m/sec以下	

*中期は夏期と冬期の中間の値を用います。
*カッコ内の値は温湿度の適用限界範囲を示します。

設計用屋内条件

官公庁等の公共建物の設定温度は、夏期28℃、冬期20℃前後といわれていますが、民間用建物は、夏期26℃、冬期22℃と多少異なります。省エネルギーを考慮して設定しましょう。

表3-4 一般設計用室内温湿度

一般設計用室内温湿度	建築設備設計基準	
	夏期	冬期
乾球温度〔℃〕	26～28	19～22
湿球温度〔℃〕	18.7～19.5	11.7～13.9
露点温度〔℃〕	14.8～15.0	5.1～7.8
相対湿度〔%〕	50～45	40
比エンタルピ〔KJ/kg(DA)〕	52.9～55.4	32.9～38.9
絶対湿度〔kg/kg(DA)〕	0.0105～0.0107	0.0054～0.0066

*冬期直接暖房で放射効果が期待できる場合は、乾球温度を20℃としてよい。
*待合室兼用となる玄関ホール、還気が通らないエレベータホール等には空調を考慮し、上表の条件を準用します。

コンピュータ室設計用室内温湿度

他の建物用途と異なります。機器の性能維持にも影響が出ますので注意します。

表3-5 コンピュータ室設計用室内温湿度

	乾球温度〔℃〕	相対湿度〔%〕	絶対湿度〔kg/kg(DA)〕	比エンタルピ〔KJ/kg〕
コンピュータ室内温湿度条件	24	45	0.0085	45.6
フリーアクセスフロア内温湿度条件(吹出温度)	18	65	0.0085	39.8

天井高さが高い場合の暖房設計用屋内乾球温度の補正係数〔Kc〕

特殊なケースですが、吹抜け構造等にも配慮してください。

補正後の暖房設計用屋内乾球温度 ti'〔℃〕

計算3-1

ti' =Kc×ti

ti：暖房設計用屋内乾球温度〔℃〕

天井高H〔m〕	温水暖房	蒸気暖房
3.0	1.00	1.00
4.2	1.02	1.03
4.8	1.04	1.06
5.4	1.06	1.09
6.0	1.10	1.15
7.2	1.12	1.18

計算例

H＝ 4.8
暖房方式＝ 温水暖房

∴ Kc＝ 1.04

ti＝ 24 ℃

∴ ti' ＝ 24.96 ℃

3 熱負荷計算

3-5 設計屋外温湿度の設定

当該地域の気象データに基づき、適切な数値を採用します。

Point

- 同じ地域でも、山側か海側かで数値は異なります。実情に近い数値を採用しましょう。
- 近年の気象状況が、例年と異なってきていることには注意が必要です。
- 風向きや風力、雨水の降水状況によっても体感温度が異なります。

設計屋外温湿度の設定

熱負荷を算出するには、外気の温湿度を設定しなければなりません。**設計屋外温湿度**を設定するには、過去の当該地域の気象データによるか、または近隣の地区の値を用います。

空調設計の最も基本的な条件は、室内の設定温度と外気温度の差です。
この設計用の屋外温湿度として広く用いられているのが、国土交通省監修の「建築設備設計基準(令和3年版)です。
それは、近年の異常とも思える気象変化により、最近10年間の気象データによる資料となっているからです。よって官公庁建物はこの資料を使用しております。

この設計屋外温湿度の設定の変更により、3-8 実行温度差ＥＴＤｊの資料も変わっております。

その他の気象要素

熱負荷を算出するために関係する温湿度以外の気象要素として、次のものがあります。

風速

建物外壁に風が当たると、その壁面の**外部表面積伝導率**(αo)が影響されます。風が強く当たれば表面の壁の熱は奪われ、表面温度は降下します。地上30 ～ 40m以上の建物や、特に風の強い地域ではこの値が大きくなり、**熱貫流率**Kの値が大きくなります。

風向

風がどの面に当たるのかを知る必要があります。特に冬期は風の影響が大きいです。

降水量(雨、雪)

夏期、雨天では熱負荷が減ります。冬期、積雪は暖房時の熱負荷を増大させます。

表3-6 設計屋外温湿度の設定

地名	冷房																								暖房					
	乾球温度[℃]					湿球温度[℃]					絶対湿度[g/kgDA]				相対湿度[%]				比エンタルピー[kJ/kgDA]				日最高気温の月別平均値の最高値[℃]	最多風向	乾球温度[℃]	湿球温度[℃]	絶対湿度[g/kgDA]	相対湿度[%]	比エンタルピー[kJ/kgDA]	最多風向
	日最高	9時	12時	14時	16時	日最高	9時	12時	14時	16時	9時	12時	14時	16時	9時	12時	14時	16時	9時	12時	14時	16時								
稚内	25.7	24.7	25.5	25.5	24.6	22.7	22.2	22.5	22.5	22.4	15.9	15.9	15.9	16.1	80.6	77.0	77.1	82.5	65.2	66.2	66.2	65.8	24.6	SSW	-9.9	-10.7	1.2	74.6	-7.0	NNW
旭川	31.4	27.3	30.4	31.4	30.7	24.9	23.5	24.2	24.6	24.3	16.7	16.6	16.6	16.5	72.7	60.2	57.1	59.1	70.1	72.9	74.1	73.2	28.2	W	-16.2	-16.5	0.8	83.4	-14.4	WSW
留萌	28.1	26.5	27.9	27.5	26.6	24.0	23.1	23.7	23.7	23.6	16.4	16.7	16.9	17.1	74.9	70.3	72.6	77.6	68.5	70.8	70.8	70.4	26.5	ESE	-11.3	-12.0	1.1	76.4	-8.7	WSW
札幌	30.7	28.3	30.5	30.7	29.8	24.4	23.6	24.2	24.3	24.0	16.4	16.4	16.6	16.4	67.5	59.4	59.2	61.6	70.4	72.6	73.2	71.8	28.5	SSE	-8.1	-9.3	1.3	66.1	-5.0	NW
寿都	28.2	26.6	28.2	28.0	27.2	24.4	23.7	24.2	24.4	23.9	17.3	17.4	17.8	17.5	78.3	71.8	74.2	76.3	70.8	72.8	73.6	71.9	26.8	SSE	-7.5	-8.5	1.4	72.3	-3.9	NW
網走	29.2	27.9	28.7	28.7	27.3	23.7	23.0	23.3	23.4	23.0	15.7	15.9	16.0	15.9	66.0	63.7	64.1	69.3	68.1	69.4	69.6	68.0	26.0	S	-11.0	-12.1	0.9	64.6	-8.7	NW
根室	26.7	24.5	26.7	25.8	24.3	22.8	22.1	22.7	22.5	21.8	15.8	15.8	15.9	15.5	81.1	71.4	75.6	80.7	64.8	67.2	66.4	63.9	23.6	SSE	-8.4	-9.6	1.2	65.3	-5.5	NNW
釧路	25.0	23.7	24.8	24.8	24.3	22.2	21.7	22.1	22.1	21.9	15.6	15.7	15.7	15.6	84.0	79.2	79.5	81.3	63.4	64.9	65.0	64.2	23.7	SSE	-12.7	-13.5	0.9	68.7	-10.6	WSW
帯広	32.5	27.6	31.8	32.5	31.4	24.9	22.9	24.3	24.7	24.4	15.7	16.0	16.5	16.5	67.2	53.7	53.1	56.6	67.8	72.9	74.8	73.7	28.6	NW	-15.8	-16.3	0.7	76.8	-14.1	WNW
浦河	26.0	25.1	26.0	25.6	25.3	23.8	23.4	23.7	23.7	23.5	17.5	17.6	17.8	17.5	86.7	82.7	85.3	85.8	69.9	71.1	71.0	70.1	24.5	ESE	-7.0	-8.9	1.1	52.5	-4.3	WNW
函館	29.6	27.8	29.4	29.5	29.3	24.8	24.2	24.7	24.7	24.5	17.7	17.7	17.7	17.5	74.5	68.1	67.8	67.8	73.0	74.8	75.0	74.2	27.9	ESE	-7.4	-8.2	1.6	78.0	-3.5	WNW
青森	32.1	30.2	32.1	32.0	31.3	25.8	24.8	25.4	25.6	25.4	17.6	17.7	18.1	18.1	64.5	58.3	60.0	62.3	75.3	77.5	78.6	77.7	30.0	ENE	-5.5	-6.2	2.0	83.7	-0.6	WSW
秋田	33.2	30.5	32.9	33.2	32.2	26.7	25.6	26.0	26.0	25.9	18.8	18.4	18.2	18.5	67.7	57.9	56.4	60.6	78.7	80.2	80.1	79.8	30.8	SW	-3.9	-5.1	2.1	75.3	1.2	WNW
盛岡	33.4	28.9	32.2	33.3	32.9	26.2	24.7	25.6	25.8	25.6	18.0	18.0	17.9	17.8	71.2	58.9	55.0	56.0	75.0	78.4	79.3	78.6	31.2	S	-6.5	-7.1	1.8	84.1	-2.0	W
宮古	32.0	30.0	31.9	31.7	30.2	26.1	25.6	26.0	25.7	25.3	18.9	18.8	18.4	18.4	70.2	62.6	61.8	67.5	78.6	80.2	78.9	77.4	29.1	SE	-3.6	-5.8	1.5	53.8	0.1	WSW
仙台	33.2	31.1	32.9	32.9	31.9	26.5	25.6	26.2	25.9	25.8	18.5	18.8	18.2	18.5	64.4	59.0	57.4	61.4	78.6	81.2	79.8	79.3	30.7	SE	-2.0	-3.6	2.2	68.8	3.5	WNW
酒田	33.3	31.0	33.0	33.3	32.2	26.6	25.5	26.0	26.0	25.8	18.4	18.4	18.2	18.4	64.5	57.5	56.1	60.1	78.3	80.2	80.2	79.4	31.3	ESE	-2.3	-3.6	2.3	74.1	3.5	WNW
山形	35.1	30.3	34.1	35.1	34.2	26.4	25.1	25.7	25.8	25.8	18.0	17.4	17.1	17.5	65.6	51.2	47.8	51.2	76.4	78.8	79.3	79.2	33.0	ESE	-4.2	-5.0	2.2	82.5	1.2	SSW
福島	35.8	30.8	35.0	35.8	35.1	27.0	25.5	26.3	26.4	26.7	18.6	18.0	17.9	18.7	65.7	50.4	48.0	52.0	78.4	81.4	82.0	83.2	33.4	NE	-2.6	-4.1	2.1	69.8	2.7	WNW
小名浜	30.1	29.1	30.0	29.9	28.7	26.2	25.3	25.8	25.9	25.7	18.9	19.4	19.5	19.8	73.7	71.8	72.7	78.9	77.5	79.7	79.9	79.3	28.5	S	-1.0	-2.1	1.9	47.1	5.8	NW
水戸	34.3	30.9	34.1	34.3	33.6	27.1	26.2	27.0	27.0	26.6	19.7	19.6	19.6	19.1	69.2	57.5	57.0	57.7	81.4	84.5	84.8	82.7	32.0	NE	-0.6	-2.8	2.2	60.9	4.9	NNE
宇都宮	34.9	30.7	34.0	34.9	34.5	27.6	26.5	27.1	27.2	27.2	20.3	19.9	19.7	19.8	72.2	58.9	55.3	56.8	82.8	85.3	85.6	85.4	32.6	SSW	-0.8	-3.2	2.0	56.7	4.2	N
前橋	36.6	31.6	35.4	36.6	36.3	27.4	25.8	26.6	26.7	26.7	18.6	18.3	18.1	18.1	63.0	50.2	46.4	47.2	79.4	82.6	83.3	83.0	33.7	ESE	0.1	-2.8	1.8	47.3	4.6	NNW
熊谷	37.1	31.6	35.6	36.8	36.9	27.8	26.2	27.1	27.1	27.1	19.4	19.3	18.7	18.7	65.5	52.1	47.4	47.1	81.3	85.3	85.0	85.1	34.5	SSE	0.5	-2.3	1.9	49.4	5.3	NW
東京	34.8	32.0	34.3	34.8	33.7	27.7	26.8	27.4	27.7	27.1	20.3	20.4	20.6	20.0	67.1	59.2	58.0	60.1	84.2	86.8	87.8	85.2	32.9	S	1.7	-1.8	1.8	41.7	6.2	NW
大島	31.5	29.8	31.3	31.3	30.4	27.7	27.1	27.6	27.6	27.3	21.7	22.0	22.0	21.9	80.9	75.3	75.3	78.8	85.3	87.7	87.7	86.4	30.5	SSW	3.7	0.7	2.7	55.5	10.6	WSW
八丈島	30.9	29.7	30.9	30.5	29.4	27.5	27.2	27.5	27.3	26.9	21.9	21.9	21.8	21.6	82.2	76.9	78.2	82.7	85.8	87.2	86.4	84.8	30.3	SW	5.8	2.8	3.4	59.8	14.4	W
銚子	31.3	29.7	31.3	31.0	29.9	27.2	26.7	26.9	27.0	26.7	21.0	20.7	21.0	20.9	78.9	71.1	73.3	77.8	83.5	84.5	84.9	83.5	30.0	SSW	2.6	-0.8	2.1	47.0	8.0	WNW
横浜	34.0	31.3	33.5	34.0	32.8	27.4	26.7	27.0	27.2	26.9	20.3	19.9	20.1	20.1	69.6	60.4	59.4	63.3	83.3	84.7	85.8	84.4	32.2	SSW	2.0	-1.4	2.0	44.9	6.9	N
相川	32.1	30.8	31.7	32.1	31.7	26.7	26.2	26.6	26.6	26.4	19.7	20.1	19.9	19.7	69.7	67.3	65.2	66.3	81.4	83.2	83.1	82.3	31.0	NNW	-0.5	-2.1	2.6	70.7	5.9	NW
新潟	33.6	31.7	33.6	33.5	32.7	26.9	26.1	26.5	26.4	26.4	19.2	19.0	18.9	19.2	64.4	57.4	57.6	61.1	80.9	82.4	82.2	82.1	32.4	SE	-1.2	-2.5	2.6	76.8	5.4	WNW
高田	34.4	32.6	34.3	34.1	32.9	27.3	26.2	27.1	26.9	26.6	18.8	19.8	19.6	19.4	60.3	57.6	57.5	61.0	81.0	85.3	84.5	82.8	33.4	W	-1.4	-2.6	2.6	77.6	5.1	WNW
富山	35.1	32.9	34.8	34.7	33.7	27.7	26.5	27.4	27.5	27.1	19.2	20.1	20.3	20.0	60.4	56.7	57.5	60.0	82.3	86.5	86.8	85.1	33.6	W	-1.4	-2.6	2.6	78.1	5.2	SSW
輪島	33.6	32.0	33.5	33.6	32.5	26.8	25.9	26.3	26.4	26.2	18.6	18.7	18.8	18.9	61.6	57.0	56.9	60.9	79.8	81.7	82.0	81.1	32.0	SW	-0.8	-2.5	2.5	69.3	5.3	NW
金沢	34.1	32.6	33.9	33.9	33.4	26.8	25.6	26.2	26.3	26.1	17.9	18.3	18.4	18.4	57.3	54.3	54.9	56.4	78.6	80.9	81.4	80.8	32.6	WSW	-0.8	-1.9	2.8	79.5	6.2	SW
長野	34.5	29.5	33.4	34.5	33.3	26.4	24.9	25.7	26.3	26.0	18.0	17.6	18.3	18.3	68.8	54.0	52.7	56.4	75.7	78.8	81.7	80.4	32.5	NNW	-5.3	-6.2	1.9	79.4	-0.5	ENE
軽井沢	30.1	25.8	29.3	30.1	28.6	25.3	23.9	24.8	25.0	24.8	18.0	18.0	17.9	18.2	85.2	69.7	66.0	73.4	71.7	75.5	75.9	75.3	27.8	E	-8.1	-8.4	1.7	91.2	-3.8	W
松本	34.7	29.0	33.1	34.7	34.2	25.9	23.9	24.9	25.2	25.0	16.6	16.5	16.2	16.2	65.5	51.3	46.4	47.5	71.6	75.4	76.5	75.8	32.5	S	-6.2	-7.4	1.6	71.5	-2.2	S
飯田	35.2	28.6	33.5	35.2	34.3	26.8	24.8	25.6	25.8	26.1	18.3	17.5	17.2	18.0	73.8	53.4	47.6	52.4	75.6	78.6	79.4	80.6	32.3	W	-4.9	-6.2	1.8	71.0	-0.5	W
甲府	36.7	30.2	34.9	36.7	35.4	27.4	25.4	25.8	26.2	26.5	18.5	17.3	17.2	18.2	67.8	48.7	43.8	49.7	77.7	79.4	81.0	82.2	34.6	SW	-2.1	-4.7	1.6	50.9	1.9	NNW
静岡	33.9	31.4	33.6	33.9	33.5	27.5	26.5	27.0	27.1	26.9	20.0	19.9	19.9	19.8	68.2	59.9	59.0	60.0	82.7	84.7	85.0	84.4	32.1	SW	3.5	-0.8	1.8	36.9	8.0	WSW

地名	冷房																								暖房					
	乾球温度[℃]					湿球温度[℃]					絶対湿度[g/kgDA]				相対湿度[%]				比エンタルピー[kJ/kgDA]				日最高気温の月別平均値の最高値[℃]	最多風向	乾球温度[℃]	湿球温度[℃]	絶対湿度[g/kgDA]	相対湿度[%]	比エンタルピー[kJ/kgDA]	最多風向
	日最高	9時	12時	14時	16時	日最高	9時	12時	14時	16時	9時	12時	14時	16時	9時	12時	14時	16時	9時	12時	14時	16時								
浜松	34.9	31.6	34.5	34.8	33.2	28.0	27.0	27.7	27.6	27.2	20.7	20.9	20.4	20.4	69.9	59.8	57.6	62.8	84.8	88.2	87.4	85.5	32.9	SW	2.1	-1.5	1.8	41.5	6.7	WNW
名古屋	36.5	31.8	35.4	36.5	35.7	27.3	26.0	26.7	26.6	26.5	18.8	18.5	18.0	18.1	63.1	50.6	46.3	48.7	80.2	83.0	82.9	82.3	34.4	SSE	0.4	-2.0	2.2	56.3	5.9	NW
高山	34.9	27.9	33.4	34.9	33.8	26.4	24.2	25.0	25.2	25.4	17.5	16.5	16.2	17.0	73.5	50.7	45.9	51.0	72.8	76.0	76.8	77.6	32.1	S	-7.7	-8.3	1.7	84.7	-3.6	NNW
岐阜	36.8	31.7	35.4	36.7	36.4	27.4	25.9	26.4	26.6	26.5	18.7	18.0	17.8	17.7	62.9	49.4	45.3	45.9	79.7	81.9	82.5	82.1	34.4	SSW	0.3	-1.8	2.4	62.7	6.4	NW
津	35.2	31.9	34.5	35.2	34.9	27.3	26.1	26.6	27.0	27.1	19.0	18.9	19.2	19.6	63.3	54.2	53.1	55.0	80.8	83.1	84.6	85.3	32.9	ESE	1.4	-1.0	2.5	59.8	7.7	NW
尾鷲	34.5	31.3	33.7	34.5	33.9	27.5	26.1	26.9	26.9	26.9	19.3	19.7	19.4	19.6	66.5	59.0	55.7	58.2	80.9	84.3	84.4	84.3	32.9	ENE	3.2	-0.5	2.1	43.6	8.4	W
福井	35.4	31.7	34.9	35.3	34.5	27.1	25.9	26.6	26.9	26.6	18.7	18.6	18.9	18.7	63.0	52.4	51.9	53.8	79.7	82.9	83.9	82.7	34.1	S	-1.0	-2.0	2.8	81.4	6.1	N
敦賀	34.7	31.9	34.3	34.7	34.3	27.0	26.1	26.9	26.9	26.7	19.0	19.4	19.2	19.0	63.3	56.5	54.5	55.3	80.8	84.3	84.1	83.2	33.5	SSE	0.3	-0.9	3.0	77.6	7.8	N
彦根	34.5	30.8	33.4	34.3	34.4	27.4	26.2	27.1	27.2	27.2	19.6	20.1	20.0	19.9	69.4	61.4	58.1	57.5	81.1	85.2	85.8	85.6	33.2	NNW	-0.3	-1.6	2.8	77.2	6.8	NNW
京都	36.9	31.5	35.3	36.8	36.6	27.1	25.7	26.2	26.3	26.4	18.5	17.7	17.2	17.5	63.1	48.8	43.6	44.8	79.1	81.0	81.1	81.6	34.6	SSW	0.4	-1.5	2.6	65.9	6.8	WNW
大阪	35.7	31.7	34.9	35.7	35.2	27.5	26.2	26.8	26.6	26.4	19.3	18.9	18.3	18.1	65.0	53.1	49.2	50.1	81.3	83.5	82.8	81.8	34.5	WSW	1.8	-0.7	2.5	58.7	8.1	W
神戸	34.6	31.2	33.3	34.5	34.4	27.6	26.5	26.7	26.9	26.8	20.1	19.5	19.4	19.2	69.4	59.9	55.6	55.5	82.7	83.4	84.3	83.8	33.1	SW	1.7	-0.9	2.4	57.1	7.8	W
奈良	35.6	30.9	34.2	35.4	35.1	27.3	26.1	26.8	26.8	26.6	19.5	19.3	18.8	18.5	68.6	56.4	51.3	51.5	81.0	83.9	83.7	82.7	33.8	E	0.3	-1.5	2.6	67.2	6.8	W
和歌山	35.0	31.4	33.9	35.0	34.1	27.6	26.3	26.8	27.0	27.0	19.7	19.5	19.2	19.8	67.3	57.9	53.7	58.0	81.9	84.0	84.5	84.9	33.2	WSW	1.7	-0.6	2.6	61.9	8.3	WNW
潮岬	30.9	29.8	30.9	30.9	30.2	27.5	26.9	27.2	27.4	27.3	21.4	21.5	21.8	22.0	79.8	75.4	76.3	80.2	84.6	86.1	86.7	86.5	30.5	W	3.1	-0.2	2.4	50.3	9.1	WNW
岡山	35.7	31.3	34.5	35.5	35.6	27.4	26.2	26.7	27.0	26.8	19.5	18.9	19.0	18.6	67.1	54.3	51.7	50.4	81.4	83.1	84.4	83.5	34.2	SW	0.0	-1.9	2.6	67.4	6.4	W
広島	35.2	30.9	34.3	34.9	34.7	27.0	25.4	26.2	26.3	26.2	18.3	18.1	18.1	18.0	64.6	52.7	51.0	51.2	78.0	80.9	81.5	81.0	34.3	SSW	-0.2	-1.9	2.6	69.9	6.3	N
西郷	32.4	30.8	31.8	32.3	31.9	27.2	26.8	27.0	26.8	26.6	20.8	20.7	20.2	19.8	73.4	69.0	65.4	65.9	84.2	84.9	84.1	82.8	31.5	WSW	-0.4	-1.7	2.8	77.4	6.7	W
松江	34.8	31.8	34.5	34.6	33.5	27.6	26.6	27.2	27.2	26.9	20.0	19.8	19.8	19.7	66.8	56.9	56.4	59.7	83.1	85.5	85.5	84.1	33.6	W	0.2	-1.1	2.9	76.5	7.6	W
浜田	33.2	31.3	32.8	33.2	32.5	27.3	26.2	27.0	27.2	27.0	19.5	20.2	20.3	20.3	67.1	63.7	62.8	65.2	81.4	84.7	85.5	84.7	32.5	SW	1.1	-1.1	2.6	62.8	7.5	WSW
鳥取	36.0	32.1	35.4	36.0	34.9	27.6	26.0	26.7	26.8	26.8	18.7	18.6	18.5	18.9	61.6	51.0	49.1	53.3	80.2	83.4	83.8	83.7	34.6	S	-0.6	-1.7	2.9	80.8	6.7	W
下関	33.5	30.6	32.9	33.4	33.1	27.5	26.6	27.2	27.3	27.2	20.6	20.5	20.5	20.4	73.5	64.3	62.5	63.3	83.4	85.6	86.1	85.5	32.5	NW	1.9	-0.9	2.4	54.5	7.8	WNW
徳島	34.6	31.3	33.9	34.5	34.1	27.7	26.6	27.1	27.2	27.0	20.1	20.0	19.8	19.6	69.1	59.3	56.8	57.7	82.9	85.3	85.4	84.6	33.3	SSE	1.7	-0.6	2.7	62.1	8.4	WNW
高松	35.6	31.7	34.4	35.3	35.5	27.5	26.3	26.7	26.8	26.7	19.5	19.1	18.7	18.5	65.6	55.1	51.4	50.5	81.8	83.5	83.5	83.3	34.2	W	1.4	-0.8	2.6	63.0	8.0	W
松山	34.6	31.7	34.0	34.6	34.0	26.9	26.1	26.6	26.7	26.4	19.1	19.1	18.9	18.7	64.2	56.4	54.0	55.2	80.8	83.1	83.2	82.0	34.0	SSW	1.5	-1.1	2.4	56.4	7.5	W
高知	33.8	31.7	33.8	33.6	32.8	27.8	26.5	27.1	27.3	27.2	19.8	20.0	20.4	20.6	66.5	59.8	61.4	65.1	82.6	85.3	86.0	85.9	33.0	E	1.5	-1.0	2.5	58.5	7.7	W
室戸岬	30.7	29.0	30.3	30.6	29.7	27.9	26.9	27.7	27.7	27.4	21.8	22.7	22.5	22.3	85.3	82.3	80.2	83.6	84.9	88.5	88.4	86.8	30.7	WNW	2.1	-0.9	2.2	51.0	7.7	WNW
清水(足摺)	31.5	30.0	31.3	31.5	31.1	28.1	27.4	28.1	28.1	27.7	22.1	22.9	22.8	22.3	81.6	78.4	77.2	77.3	86.7	90.1	90.1	88.3	31.5	WSW	3.6	0.5	2.6	53.6	10.2	W
福岡	35.2	32.0	34.8	35.1	34.5	27.9	26.6	27.7	27.8	27.8	19.9	20.6	20.7	20.9	65.8	58.0	57.3	59.9	83.2	87.7	88.3	88.3	34.2	N	1.6	-0.9	2.5	58.4	7.8	NNW
大分	34.7	31.0	33.9	34.7	34.4	27.3	26.3	27.0	27.2	26.9	19.7	19.8	19.7	19.4	68.9	58.9	55.9	55.9	81.6	84.9	85.4	84.2	34.0	SSE	1.4	-1.3	2.3	55.1	7.2	NW
厳原	33.2	30.6	32.9	33.2	32.5	27.6	27.0	27.5	27.5	27.3	21.2	21.2	21.1	20.9	75.7	66.4	64.9	67.0	85.0	87.3	87.4	86.2	32.1	S	0.0	-2.9	1.9	50.3	4.8	NNW
長崎	34.0	30.9	33.7	34.0	33.5	27.9	26.9	27.5	27.6	27.6	20.8	20.8	20.9	21.0	73.1	62.3	61.5	63.7	84.3	87.1	87.7	87.5	32.9	SW	1.3	-0.6	2.8	67.4	8.3	WNW
福江	33.0	30.7	32.4	33.0	32.5	27.8	27.3	27.6	27.6	27.5	21.7	21.5	21.3	21.3	76.9	69.1	66.4	68.2	86.3	87.5	87.8	87.2	32.4	S	2.5	0.1	2.8	61.8	9.5	NW
佐賀	36.0	31.2	34.7	35.7	35.9	28.1	26.6	27.2	27.4	27.3	20.3	19.7	19.6	19.5	70.1	56.0	52.7	51.7	86.3	85.5	86.2	86.1	34.7	S	0.0	-1.5	2.8	74.7	7.1	W
熊本	35.7	31.3	34.7	35.5	35.5	27.9	26.5	27.1	27.3	27.1	20.0	19.6	19.5	19.2	68.8	55.8	53.1	52.3	82.7	85.3	85.8	85.1	34.7	SW	-0.3	-1.8	2.7	73.1	6.4	NW
宮崎	34.5	31.3	33.9	34.3	34.1	28.0	26.9	27.5	27.4	27.3	20.8	20.6	20.4	20.2	71.4	61.2	59.2	59.3	84.7	87.0	86.8	86.1	33.4	WSW	1.9	-0.5	2.6	60.3	8.5	W
鹿児島	34.6	31.3	33.9	34.6	34.0	28.1	27.1	27.8	27.8	27.8	21.1	21.2	21.0	21.2	72.5	62.8	59.9	62.5	85.5	88.4	88.6	88.6	34.0	WSW	3.1	0.6	2.9	62.0	10.5	NNW
名瀬	33.3	31.3	33.2	33.3	32.8	28.0	27.3	27.6	27.8	27.5	21.4	21.1	21.4	21.2	73.3	65.0	65.6	66.8	86.2	87.4	88.3	87.3	32.6	S	10.9	7.4	5.0	61.2	23.5	N
那覇	32.9	31.2	32.7	32.9	32.4	28.3	27.6	27.8	27.9	27.9	22.0	21.8	21.9	22.0	75.9	69.0	68.4	70.9	87.8	88.7	89.1	89.0	32.9	SSW	13.1	8.6	5.1	54.2	26.0	N

備考 (1)2010年～2019年の気象データによる。

(2)乾球温度及び比エンタルピーは、危険率2.5%とした値(冷房：6月～9月、暖房：12月～3月)である。なお暖房時の乾球温度等は、午前9時の値である。

注　*最多風向は冷房時は7月、暖房時は1月の昼間(9時～17時)における風速5m/s以上の方位である。

暖房設計用地中温度

土壌に接する床、地中壁等の構造体負荷は、次式により算出します。なお、地階の内建物の床からの計算に用いる地中温度は、深さ1mの値を、地下に接する垂直外壁からの計算には、各階の階高の1/2における値を用います。

表3-7　主要都市の暖房設計用地中温度

地　名	地中温度[°C]							
	地表面よりの深さ[m]							
	1	2	3	4	5	6	8	10
帯　広	−4.2	−1.2	0.6	2.3	3.6	4.6	6.1	7.1
旭　川	−3.4	−0.4	1.3	2.7	3.9	4.9	6.4	7.3
札　幌	−0.5	2.0	3.6	5.0	6.2	7.0	8.3	9.1
青　森	2.2	4.3	5.9	7.2	8.1	8.9	10.2	11.0
盛　岡	1.4	3.6	5.2	6.5	7.6	8.5	9.8	10.6
仙　台	3.8	6.0	7.7	8.9	9.9	10.7	11.9	12.7
秋　田	2.7	5.0	6.8	8.1	9.2	10.1	11.3	12.2
新　潟	5.2	7.2	8.8	10.0	11.0	11.8	13.1	13.8
金　沢	5.9	8.3	9.9	11.1	12.1	12.9	14.0	14.8
松　本	2.4	4.8	6.5	7.9	9.0	9.9	11.2	12.1
水　戸	4.9	7.3	9.0	10.3	11.3	12.1	13.3	14.1
東　京	7.0	9.2	10.7	12.0	13.0	13.9	15.2	16.0
静　岡	8.0	10.2	11.8	13.1	14.0	14.8	15.9	16.6
名古屋	6.9	8.8	10.4	11.7	12.7	13.6	14.8	15.6
京　都	6.3	8.7	10.4	11.7	12.8	13.7	14.9	15.7
大　阪	7.3	9.6	11.3	12.6	13.7	14.5	15.8	16.6
高　松	7.2	9.5	11.1	12.3	13.3	14.1	15.4	16.1
鳥　取	6.6	8.5	10.1	11.3	12.3	13.1	14.3	15.1
広　島	7.4	9.6	11.2	12.5	13.5	14.3	15.5	16.2
福　岡	8.0	10.3	11.9	13.2	14.2	14.9	16.1	16.8
熊　本	7.6	10.0	11.6	13.0	14.0	14.8	16.0	16.8
鹿児島	10.2	12.4	14.0	15.0	15.9	16.6	17.6	18.3
那　覇	17.7	19.2	20.2	21.0	21.6	22.1	22.7	23.2

備 考　拡張アメダス標準年気象データ〔日本建築学会:拡張アメダス気象データ1981～2000(2005)〕より作成

床の構造体負荷 qk3〔W〕の求め方

構造体負荷 qk3〔W〕	計算3-2	計算例
	qk3=A·K(ti-tx)〔W〕 A：床等の面積〔㎡〕 K：床等の熱通過率〔W/㎡·K〕 ti：設計用室内温度〔℃〕 tx：設計用地中温度〔℃〕	A= 45 ㎡ K= 2.6 w/㎡·K ti= 22 ℃ tx= 7 ℃ ∴ qk3= 1,755 W

熱負荷計算

3-6 通過熱負荷の計算

単位温度差当たり、単位面積当たりの通過熱量を表し、n層からなる構造体の熱通過率を求めます。

Point

- ▶ 建築意匠からの壁体等の構造からまとめましょう。
- ▶ 熱貫流率(K値)とは、熱の伝えやすさを表した値です。各材料の厚さも評価します。
- ▶ 熱伝導率は、材料自体を評価する数値です。

建築構造体を通過する熱量

基本式

	計算3-3	計算例
基本式	qn＝K・A・ETDn qn：壁体通過熱負荷〔W/㎡〕 K：壁体の熱通過率〔W/(㎡・K)〕 A：壁体の面積〔㎡〕 ETDn：実効温度差〔℃〕 ＊ただし、ガラス窓は、ETDn＝⊿tn(内外温度差)で求める	K＝ 0.555 W/㎡・K A＝ 30 ㎡ ETDn＝ 12 ℃ ∴ qn＝ 199.8 W/㎡

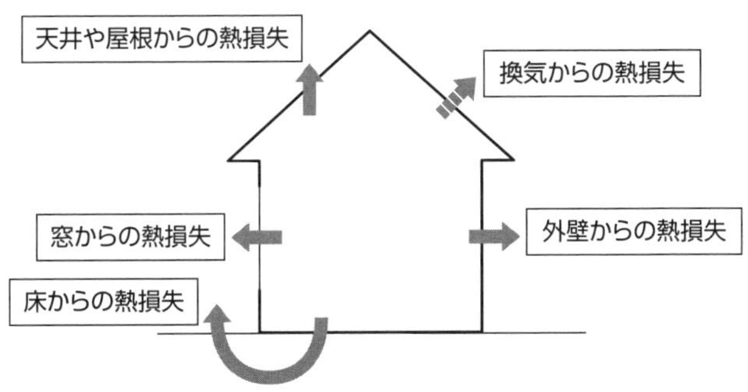

図3-4 建築構造体を通過する熱量

熱通過率

	計算3-4	計算例
熱通過率	K＝1/(1/αo＋l1/λ1＋l2/λ2＋…＋ln/λn＋1/αi ＝1/(Ro＋R1＋R2＋…＋Rn＋Ri) ＝1/Rr K：熱通過率〔W/(㎡・K)〕 αo：外表面熱伝達率〔W/(㎡・K)〕 αi：内表面熱伝達率〔W/(㎡・K)〕 ln：第n層の厚さ〔m〕 λn：第n層の材料の熱伝導率〔W/(㎡・K)〕 Ro：外表面熱伝達抵抗〔㎡・K/W〕 Ri：内表面熱伝達抵抗〔㎡・K/W〕 Rn：第n層の熱抵抗〔㎡・K/W〕 Rr：熱通過抵抗〔㎡・K/W〕 ※熱伝導率は本文P77～参照	(下表参照) ∴ K＝ 0.557 W/㎡・K

材料	厚さ L	熱伝導率	L/λ
αo		23	0.043
合板	0.009	0.19	0.047
空気層		0.07	0.090
ロックウール	0.055	0.038	1.447
石膏ボード	0.012	0.22	0.055
αi		9	0.111
合計			1.794

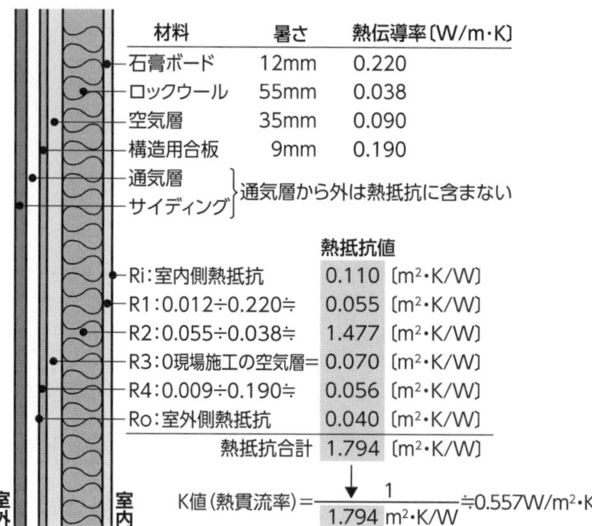

図3-5 熱貫流率の計算

空気層の熱抵抗

空気層の熱抵抗は、一般には下記の値を用います。

表3-8 空気層の抵抗

密閉中空層	R=0.15 〔m²・K/W〕	気密材によりほぼ密閉化された厚さの小さい空間の場合にのみ適用。
非密閉中空層	R=0.07 〔m²・K/W〕	通常の構造体内の空気層に適用。

*数値が小さいほど性能がよいことになります。

表3-9 材料の熱定数表

材料名	熱伝導率 λ〔W/m・K〕	容積比熱 cp〔kJ/m³・K〕	比熱 c〔kJ/kg・K〕	密度 ρ〔kg/m³〕
空気(静止)	0.022	1.3	1	1.3
水(静止)	0.6	4200	4.2	1000
氷	2.2	1900	2.1	920
雪	0.06	180	1.8	100
鋼・鋼材	45	3600	0.46	7900
アルミニウム	210	2400	0.88	2700
銅	390	3500	0.39	9000
大理石	2.79	2000	0.808	2500
花崗岩	2.91	2000	0.753	2600
岩石(重量)	3.1	2400	0.86	2800
岩石(軽量)	1.4	1700	0.88	1900
土壌(粘土質)	1.5	3100	1.7	1900
土壌(砂質)	0.9	2000	1.3	1600
土壌(ローム質)	1	3300	2.3	1500
土壌(火山灰質)	0.5	1800	1.7	1100
砂利	0.62	1500	0.84	1900
砂	0.49	—	—	—
PCコンクリート	1.5	1900	0.8	2400
普通コンクリート	1.4	1900	0.88	2200
軽量コンクリート	0.78	1600	1	1600
気泡コンクリート(ALC)	0.17	650	1.1	600
シンダーコンクリリート	0.8	—	—	—
コンクリートブロック(重量)	1.1	1800	0.78	2300
コンクリートブロック(軽量)	0.53	1600	1.1	1500
モルタル	1.5	1600	0.8	2000
石綿スレート	1.2	1800	1.2	1500
ALC(5類)	0.17	—	—	500
プラスタ	0.79	1600	0.84	2000
石膏板・ラスボード	0.17	1000	1.1	910
パーライトボード	0.2	—	—	—
フレキシブルボード	0.42	—	—	—
木毛セメント板	0.21	—	—	—
しっくい	0.74	1400	1.1	1300
土壁	0.69	1100	0.88	1300
ガラス	1	1900	0.75	2500
タイル	1.3	2000	0.84	2400
れんが壁	0.64	1400	0.84	1700
かわら	1	1500	0.75	2000
耐火レンガ	0.97	200	0.113	1800
合成樹脂・リノリウム	0.19	1500	1.2	1300
FRP	0.26	1900	1.2	1600
アスファルト類	0.11	920	0.92	1000
防湿紙類	0.21	910	1.3	700
たたみ(畳)	0.15	290	1.3	230
合成畳	0.07	260	1.3	200

材料名	熱伝導率 λ〔W/m・K〕	容積比熱 cp〔kJ/m³・K〕	比熱 c〔kJ/kg・K〕	密度 ρ〔kg/m³〕
カーペット類	0.08	320	0.8	400
木材(重量)	0.19	780	1.3	600
木材(中量)	0.17	650	1.3	500
木材(軽量)	0.14	520	1.3	400
合板	0.19	720	1.3	550
松、ラワン	0.15	—	—	—
杉、ヒノキ	0.12	—	—	—
ナラ、サクラ、ブナ	0.19	—	—	—
アスファルト	0.73	—	—	—
アスファルトルーフィング	0.11	—	—	—
リノリウム	0.19	—	—	—
ゴムタイル	0.4	—	—	—
塩ビシート	0.078	—	—	—
厚紙	0.21	—	—	—
毛織布	0.13	—	—	—
FGボード	0.28	—	—	—
軟質繊維板	0.056	330	1.3	250
シージングボード	0.06	390	1.3	300
半硬質繊維板	0.14	980	1.6	600
硬質繊維板	0.22	1400	1.3	1100
パーティクルボード	0.17	720	1.3	550
木毛セメント板	0.19	950	1.7	570
セルローズファイバ	0.044	39	(1.3)	30
ガラス綿(24K)	0.042	20	0.84	24
ガラス綿(32K)	0.04	27	0.84	32
岩綿保温材	0.042	84	0.84	100
吹付け岩綿	0.051	1000	0.84	1200
岩綿吸音板	0.064	250	0.84	300
ロックウール吸音板	0.058	—	—	300
グラスウール 16K	0.045	—	—	16
グラスウール 24K	0.038	—	—	24
スチレン発泡板(ビーズ)	0.047	23	1.3	18
スチレン発泡板(押出し)	0.037	35	1.3	28
スチレン発泡板(フロン発泡)	0.026	50	1.3	40
硬質ウレタン発泡板	0.028	47	1.3	38
吹付け硬質ウレタン(フロン発泡)	0.029	47	1.3	38
軟質ウレタン発泡板	0.05	38	1.3	30
ポリエチレン発泡板	0.044	63	1.3	50
硬質塩化ビニル発泡板	0.036	(50)	1.3	50
発泡ポリエチレン(d<40)	0.038	—	—	—
発泡ポリスチレン 2号	0.04	—	—	—
硬質ウレタンフォーム2号	0.028	—	—	—
密閉中空層	5.8	—	—	—
非密閉中空層	11.6	—	—	—
密閉中空層	R=0.15 m²・K/W			
非密閉中空層	R=0.07 m²・K/W			

＊ 一:データ不足のもの。

3

熱負荷計算

3-7 表面熱伝達率

表面付近の気流の状態、表面の輻射率、熱流の方向(垂直・水平)によって変わります。

Point

- **通常、外表面熱伝達率 αo=23W/m^2・Kを、夏・冬共用します。**
- **内表面熱伝達率 αi=9.0W/m^2・Kを用います。**
- **外・内表面熱伝達率は、厳密にいうと、夏、冬、熱流の方向、風速により変化します。**

外表面熱伝達率

一般には、αo=23〔W/m^2・K〕を用います。冬期の風速3〔m/sec〕に対して対流成分 αc=18.5〔W/m^2・K〕と放射成分 αr=4.5〔W/m^2・K〕を見込んだものです。

表3-10 外表面熱伝達率の設計負荷計算用数値

単位:〔W/m^2・K〕

	期別	放射 αr	対流 αc	総合 αo
垂直外壁面	冬	4.5	18.5	23
	夏	6	12	17
屋根面	冬	12	23	35
	夏	6	17	23
上げ裏面	冬	5	13	17
	夏	6	12	17

内表面熱伝達率

一般には、ガラス面に対して12〔W/m^2・K〕、それ以外の表面に対して9〔W/m^2・K〕を用います。

表3-11 静止空気に対する表面の熱伝達率

単位:〔W/m^2・K〕

表面の位置	熱流の方向	熱伝達率 α
水平	上向き	9.26
傾斜45°	上向き	9.08
垂直	水平	8.29
傾斜45°	下向き	7.49
水平	下向き	6.13

*表面の放射率=0.9

3-8 実効温度差

日射の当たる外壁において、壁での熱的遅れを考慮した貫流熱量を熱通過で割った値のことです。

Point

- 定常計算では、外壁の面積×熱貫流率×相当外気温度差＝熱貫流(SAT)です。
- 相当外気温度差＝SAT－設計室内温度です。
- 非定常応答係数法で、外壁の面積×熱貫流率×実効温度差＝熱貫流(ETD)です。

実効温度差

日射･夜間放射の影響を受ける外壁の場合は、通常の温度差の代わりに、**実効温度差**を用います。まず、相当外気温度を下式にて求めます。その後、実効温度差を求めます。

実効温度差計算式

	計算3-5	計算例
相当外気温度 SATn〔℃〕	SATn=ton+⊿ts ⊿ts=aIn/αo〔K〕 In：外壁面全日射量〔W/㎡〕 a：外壁日射吸収率 αo：外壁表面熱伝達率〔W/㎡・K〕 ton：外気温度〔℃〕 ＊n：n時（1日のうちの当該時をさす）	In＝ 14 W/㎡ a＝ 0.7 αo＝ 23 W/㎡・K ∴ ⊿ts＝ 0.43 ℃ ton＝ 28 ℃ ∴ SAT n＝ 28.43 ℃
n時の相当外気温度差 tn〔℃〕	tn＝SATn－tr tn：n時の相当外気温度差〔℃〕 SATn：相当外気温度〔℃〕 tr：室温〔℃〕	∴ SAT n＝ 28.43 ℃ tr＝ 25 ℃ ∴ tn＝ 3.43 ℃
実効温度差 ETDn〔K〕	ETDn＝ΣYjtn-j ＝Y0tn+Y1tn-1+…Y23tn-23tn ＝SATn-tr Yj：無次元化した実効温度差用周期定常外壁貫流応答係数 ※計算式は、上式で求めますが、ここでは手計算時に一般的に使用される実効温度差表による求め方を示します。 手順①外壁の構造と類似した壁タイプをP81の表3-12から選定します。 ＊類似したコンクリート厚と断熱状態より選定します。 手順②P83～P86の表を用いて、地域別・壁タイプ別の各方位の時刻別実効温度差を求めます。	

空調負荷計算において、以前の書物などでは相当温度差として説明していたものが、近年、実効温度差に変わってきています。これらの数値的な違いはどのようなものでしょうか。

また、熱貫流率も、熱通過率へと変わってきています。これは、表示が〔W〕と〔kcal〕の違いによる使い分けによります。

熱通過率×0.86＝熱貫流率

実効温度差とは、各時刻の相当外気温度と室温の差による伝熱負荷への影響を、実効温度差用応答係数を用いて、畳み込み演算により算出するものです。

なお、実効温度差用応答係数は、壁のタイプにより異なりますが、空気調和・衛生工学会では、「手計算による最大負荷計算法」において8種類の壁タイプに対する実効温度差用応答係数と、どのような構造にも適用できる壁タイプの分類法を示しています。

実効温度差ETDnの求め方

手順①外壁の構造と類似した壁タイプを表3-15から選定します。
（※類似したコンクリート厚と断熱状態から求めます）

手順②表3-16と表3-17を用いて、地域別・壁タイプ別の各方位の時刻別実効温度差を求めます。

壁タイプと選定表

外壁の構成と類似した壁タイプを下表より選定してください。

表3-12　壁タイプ一覧

壁体構成		壁タイプ			
		Ⅰ	Ⅱ	Ⅲ	Ⅳ
断熱なし 普通コンクリート 単層壁 d mm		d=0～5* ～30	30～100* ～140	140～190* ～230	230～320*～
断熱なし 気泡コンクリート 単層壁 d mm		d=0～30	30～130	130～210	210～
内断熱 普通コンクリート 複層壁 外 内 普通コンクリート dmm スチレン発泡板 Lmm 石こう板または同等品 12mm	L=25	—	d=0～100	100～190	190～
	L=50	—	d=0～90	90～180	180～
	L=100	—	d=0～80	80～170	170～
内断熱 普通コンクリート 複層壁 外 内 普通コンクリート dmm スチレン発泡板 Lmm 空気層　半密閉 石こう板 9mm 岩綿吸音板 12mm	L=0	—	d=0～100	100～200	200～
	L=25	—	d=0～90	90～190	190～
	L=50	—	d=0～80	80～180	180～
断熱あり 金属板 複層壁 鋼板 1.5mm ロックウール吹付け Lmm		L=0～30	30～60	60～90	90～
断熱あり 金属板 複層壁 アルミ板 3.0mm 空気層　半密閉 ロックウール吹付け Lmm 石こう板 12mm		L=0～20	20～50	50～80	80～

		Ⅴ	Ⅵ
外断熱　通気層工法 金属板 通気層（空気層　半密閉） グラスウール　75mm 普通コンクリート　dmm		d=0～120*～140	140～150*～
外断熱　密着工法 普通コンクリート 複層壁 金属板 スチレン発泡板　Lmm 普通コンクリート　dmm	L=25	d=0～160	160～
	L=50	d=0～140	140～
外断熱　密着工法 普通コンクリート 複層壁 金属板 スチレン発泡板　Lmm 普通コンクリート　dmm 空気層　半密閉 石こう板　9mm 石綿吸音板　12mm	L=25	d=0～80	80～
	L=50	d=0～60	60～

＊ 空気調和・衛生工学便覧　14版より。
＊ *印のついた寸法について、実行温度差を求め表3-13、表3-14に示している。本表の寸法範囲については、この値を用いる。
＊ 屋根の場合は類似構成の壁とする。

実効温度差 ETDj

表3-13 実効温度差 ETDj　室温26℃

		壁タイプ	Ⅰ				Ⅱ				Ⅲ				Ⅳ				Ⅴ				Ⅵ			
		時刻	9	12	14	16	9	12	14	16	9	12	14	16	9	12	14	16	9	12	14	16	9	12	14	16
札幌	方位	日陰	2	4	5	4	0	3	4	4	0	1	2	3	0	0	1	1	0	1	1	2	0	1	1	2
		水平	23	30	27	18	10	23	27	25	4	13	18	21	5	7	9	13	5	11	15	17	6	10	13	15
		N	4	6	7	5	2	4	6	6	1	2	4	5	1	1	2	2	1	2	3	4	1	2	3	3
		NNE	4	6	7	5	6	5	6	6	3	4	5	5	2	3	3	4	3	3	4	5	2	3	4	4
		NE	10	6	7	5	10	8	7	6	5	7	7	7	2	4	5	5	4	6	6	6	4	5	5	5
		ENE	15	6	7	5	13	10	8	7	6	10	9	8	3	5	6	7	5	8	7	7	5	7	7	7
		E	19	7	7	5	15	13	9	7	6	11	11	9	3	6	7	8	6	9	9	8	5	8	8	8
		ESE	20	9	7	5	14	15	11	8	6	11	11	10	3	6	7	8	5	9	9	9	5	8	8	8
		SE	19	13	7	5	11	15	12	8	4	10	11	10	3	5	7	8	4	8	9	9	4	7	8	8
		SSE	15	15	9	5	7	14	13	10	2	8	10	10	2	3	5	7	3	6	8	8	3	5	7	8
		S	10	17	14	7	2	11	14	12	0	5	9	10	2	2	4	5	1	4	7	8	2	4	6	7
		SSW	4	16	18	13	1	8	14	15	0	3	7	10	2	2	3	5	1	3	6	8	2	3	5	7
		SW	4	15	20	18	1	6	13	17	0	2	6	10	3	2	3	4	2	3	5	8	2	3	4	7
		WSW	4	12	21	22	1	5	11	17	0	2	5	9	3	3	3	4	2	3	5	8	3	3	4	6
		W	4	8	19	23	1	4	9	16	1	2	4	8	3	3	3	4	2	3	4	7	3	3	4	6
		WNW	4	6	15	21	1	4	7	14	0	2	4	7	3	2	3	3	2	3	4	6	2	3	3	5
		NW	4	6	10	17	1	4	6	10	0	2	3	5	2	2	2	3	1	2	3	5	2	2	3	4
		NNW	4	6	7	11	1	4	6	7	0	2	3	5	1	1	2	2	1	2	3	4	1	2	3	3

		壁タイプ	Ⅰ				Ⅱ				Ⅲ				Ⅳ				Ⅴ				Ⅵ			
		時刻	9	12	14	16	9	12	14	16	9	12	14	16	9	12	14	16	9	12	14	16	9	12	14	16
仙台	方位	日陰	5	7	7	6	2	5	6	6	1	3	4	5	2	2	3	3	2	3	4	4	2	3	3	4
		水平	26	34	30	20	12	27	30	28	5	15	21	24	7	9	12	15	7	13	18	20	8	12	15	18
		N	7	9	9	8	4	7	8	8	2	4	6	7	3	3	4	5	3	4	5	6	3	4	5	5
		NNE	8	9	9	8	8	8	9	8	4	6	7	8	4	5	5	6	5	6	6	7	4	5	6	6
		NE	14	9	9	8	12	11	10	9	6	9	9	9	4	6	7	8	6	8	8	8	5	7	8	8
		ENE	19	9	9	8	15	13	11	9	7	12	11	10	5	7	8	9	7	10	10	9	6	9	9	9
		E	22	9	9	8	16	16	12	10	7	13	13	11	5	8	9	10	7	11	11	10	7	10	10	10
		ESE	22	11	9	8	15	17	13	10	7	13	13	12	5	7	9	10	7	11	11	11	6	10	10	10
		SE	21	14	9	8	12	17	13	10	5	12	13	12	4	6	8	10	6	10	11	10	5	9	10	10
		SSE	17	16	10	8	8	15	14	11	4	9	12	12	4	5	7	8	4	8	10	10	4	7	9	9
		S	11	17	15	8	4	12	15	13	2	6	10	12	4	4	5	7	3	6	8	10	4	5	7	9
		SSW	7	17	19	15	3	10	15	17	2	5	8	12	4	4	5	6	3	5	7	10	4	5	7	9
		SW	7	16	22	20	3	8	14	19	2	4	8	12	5	4	5	6	4	5	7	10	4	5	6	9
		WSW	7	13	22	24	3	7	13	19	2	4	7	11	5	5	5	6	4	5	7	10	5	5	6	8
		W	7	10	21	25	3	7	12	19	2	4	6	11	5	5	5	6	4	5	6	9	5	5	6	8
		WNW	7	9	18	23	3	7	10	16	2	4	6	9	5	4	5	6	4	5	6	8	4	5	6	7
		NW	7	9	13	19	3	7	8	13	2	4	6	8	4	4	4	5	3	4	5	7	4	5	5	6
		NNW	7	9	9	14	3	7	8	10	2	4	6	7	4	3	4	5	3	4	5	6	3	4	5	6

		壁タイプ	Ⅰ				Ⅱ				Ⅲ				Ⅳ				Ⅴ				Ⅵ			
		時刻	9	12	14	16	9	12	14	16	9	12	14	16	9	12	14	16	9	12	14	16	9	12	14	16
東京	方位	日陰	6	8	9	8	4	6	8	8	3	4	6	7	4	4	4	5	4	5	5	6	4	4	5	6
		水平	27	36	33	22	13	28	32	30	7	16	23	26	9	11	13	17	9	15	19	22	10	14	17	20
		N	8	10	11	9	5	8	10	10	4	6	7	8	5	5	6	6	5	6	7	8	5	6	6	7
		NNE	10	10	11	9	10	10	10	10	6	8	9	9	5	6	7	8	6	7	8	9	6	7	8	8
		NE	16	10	11	9	14	12	11	11	8	11	11	11	6	8	9	9	8	10	10	10	7	9	9	9
		ENE	20	10	11	9	16	15	12	11	9	13	13	12	6	9	10	11	9	11	11	11	8	10	11	11
		E	23	11	11	9	17	17	13	11	9	15	14	13	6	9	11	11	9	12	12	12	8	11	12	11
		ESE	23	12	11	9	16	18	14	12	8	14	15	13	6	9	11	12	8	12	13	12	8	11	12	12
		SE	21	15	11	9	13	18	14	12	7	13	14	13	6	8	10	11	7	11	12	12	7	10	11	11
		SSE	17	17	11	9	9	16	15	12	5	10	13	13	6	7	8	10	6	9	11	11	6	8	10	10
		S	11	18	16	10	5	13	16	14	4	7	11	12	6	6	7	8	5	7	9	11	5	7	8	10
		SSW	8	17	20	16	5	10	15	18	4	6	9	13	6	6	6	8	5	6	9	11	6	6	8	10
		SW	8	16	23	22	5	9	15	20	4	6	9	13	7	6	7	8	6	6	8	11	6	7	8	10
		WSW	8	14	24	25	5	8	14	21	4	6	8	13	7	6	7	8	6	6	8	11	6	7	8	10
		W	8	11	23	27	5	8	13	20	4	6	8	12	7	6	7	8	6	6	8	11	7	7	8	10
		WNW	8	10	20	25	5	8	11	18	4	6	7	11	7	6	6	7	6	6	7	10	6	7	7	9
		NW	8	10	15	22	5	8	10	15	4	6	7	10	6	6	6	7	5	6	7	9	6	6	7	8
		NNW	8	10	11	16	5	8	9	12	4	6	7	8	6	5	6	6	5	6	7	8	5	6	6	7

		壁タイプ	Ⅰ				Ⅱ				Ⅲ				Ⅳ				Ⅴ				Ⅵ			
		時　刻	9	12	14	16	9	12	14	16	9	12	14	16	9	12	14	16	9	12	14	16	9	12	14	16
大阪	方位	日陰	6	9	10	9	4	6	8	9	4	5	6	7	5	5	5	5	4	5	6	7	5	5	5	6
		水平	25	36	35	26	12	27	33	32	7	16	22	27	10	11	13	17	9	15	19	22	10	14	17	20
		N	7	11	12	11	6	8	10	11	5	6	8	9	6	6	6	7	5	6	7	8	6	6	7	8
		NNE	11	11	12	11	10	10	11	11	6	8	9	10	6	7	7	8	7	8	8	9	7	8	8	9
		NE	17	11	12	11	13	13	12	12	8	11	11	11	6	8	9	10	8	10	10	10	7	9	10	10
		ENE	21	11	12	11	16	16	13	12	8	13	13	13	7	9	10	11	9	12	12	12	8	11	11	11
		E	23	12	12	11	16	18	14	12	9	15	15	14	7	9	11	12	9	12	13	12	8	11	12	12
		ESE	23	14	12	11	15	19	15	13	8	14	15	14	7	9	11	12	8	12	13	13	8	11	12	12
		SE	20	16	12	11	12	18	15	13	7	13	14	14	7	8	10	11	7	11	12	12	7	10	11	12
		SSE	16	18	12	11	9	15	16	13	5	10	13	13	6	7	8	10	6	9	11	11	6	8	10	11
		S	10	18	17	12	5	12	16	15	4	7	10	13	6	6	7	8	5	7	9	11	6	7	8	10
		SSW	7	17	21	18	5	10	15	18	4	6	9	13	7	6	7	8	6	7	9	11	6	7	8	10
		SW	7	15	23	24	5	8	14	20	5	6	9	13	7	7	7	8	6	7	8	11	7	7	8	10
		WSW	7	13	24	27	5	8	14	21	5	6	8	13	8	7	7	8	6	7	8	11	7	7	8	10
		W	7	11	22	28	5	8	12	20	5	6	8	12	8	7	7	8	6	7	8	11	7	7	8	10
		WNW	7	11	19	27	5	8	11	18	5	6	8	11	8	7	7	8	6	7	8	10	7	7	8	9
		NW	7	11	15	23	5	8	10	15	5	6	7	10	7	6	7	7	6	6	7	9	6	7	7	8
		NNW	7	11	12	17	5	8	10	12	4	6	7	9	6	6	6	7	5	6	7	8	6	6	7	8

		壁タイプ	Ⅰ				Ⅱ				Ⅲ				Ⅳ				Ⅴ				Ⅵ			
		時　刻	9	12	14	16	9	12	14	16	9	12	14	16	9	12	14	16	9	12	14	16	9	12	14	16
福岡	方位	日陰	6	9	9	9	4	7	8	9	4	5	6	7	5	5	5	6	5	5	6	7	5	5	6	6
		水平	24	36	35	27	11	26	32	33	7	15	22	26	10	11	13	16	9	14	19	22	10	13	17	20
		N	8	11	11	10	6	9	10	10	5	6	8	9	6	6	6	7	6	6	7	8	6	6	7	8
		NNE	13	11	11	10	9	11	11	11	6	9	9	10	6	7	8	8	6	8	9	9	6	8	8	9
		NE	18	11	11	10	12	14	12	11	7	11	12	11	6	8	9	10	7	10	10	10	7	9	10	10
		ENE	22	11	11	10	14	17	13	12	7	13	14	13	7	9	10	11	8	12	12	12	8	11	11	11
		E	24	14	11	10	15	19	15	12	8	14	15	14	7	9	11	12	8	12	13	12	8	11	12	12
		ESE	23	16	11	10	14	19	16	13	7	14	15	14	7	9	11	12	8	12	13	13	8	11	12	12
		SE	20	17	11	10	11	18	16	13	6	12	14	14	7	8	10	11	7	11	12	12	7	10	11	12
		SSE	15	18	13	10	8	15	16	13	5	10	12	13	6	7	8	10	6	9	11	11	6	8	10	11
		S	9	17	17	12	5	12	15	15	5	7	10	12	6	6	7	8	6	7	9	11	6	7	8	10
		SSW	8	15	20	18	5	9	14	17	5	6	9	12	7	6	7	8	6	7	8	11	6	7	8	10
		SW	8	13	21	24	5	8	13	19	5	6	8	12	8	7	7	8	6	7	8	11	7	7	8	10
		WSW	8	11	21	27	5	8	12	19	5	6	8	12	8	7	7	8	7	7	8	11	7	7	8	10
		W	8	11	20	28	5	8	12	19	5	6	8	11	8	7	7	8	7	7	8	10	7	7	8	10
		WNW	8	11	17	26	5	8	11	17	5	6	8	10	8	7	7	8	6	7	8	10	7	7	8	9
		NW	8	11	14	22	5	8	10	14	5	6	8	10	7	7	7	7	6	7	8	9	7	7	7	8
		NNW	8	11	11	16	5	8	10	11	5	6	8	9	6	6	6	7	6	6	7	8	6	6	7	8

		壁タイプ	Ⅰ				Ⅱ				Ⅲ				Ⅳ				Ⅴ				Ⅵ			
		時　刻	9	12	14	16	9	12	14	16	9	12	14	16	9	12	14	16	9	12	14	16	9	12	14	16
那覇	方位	日陰	5	7	7	6	4	5	6	7	4	4	5	6	4	4	4	5	4	4	5	5	4	4	5	5
		水平	22	35	34	26	9	25	31	31	6	14	20	25	9	10	12	15	8	13	17	21	9	12	16	19
		N	8	9	9	8	6	8	8	8	4	6	7	7	5	5	6	6	5	6	6	7	5	6	6	7
		NNE	14	9	9	8	9	11	9	9	5	9	9	9	5	6	7	7	6	8	8	8	5	7	8	8
		NE	19	9	9	8	11	14	11	9	6	11	11	10	5	7	8	9	6	9	10	9	6	9	9	9
		ENE	22	11	9	8	13	17	13	10	6	13	13	12	6	7	9	10	7	11	11	11	6	10	10	10
		E	23	13	9	8	13	18	13	10	6	13	14	12	6	8	10	11	7	11	12	11	6	10	11	11
		ESE	22	14	9	8	12	17	13	10	6	12	13	12	6	7	9	10	6	11	11	11	6	9	10	10
		SE	18	14	9	8	9	15	13	10	5	10	12	11	6	7	8	9	6	9	10	10	6	8	9	9
		SSE	12	13	9	8	6	12	12	10	4	8	10	10	5	6	7	8	5	7	8	9	5	7	8	8
		S	7	12	12	8	5	8	11	10	4	6	7	9	5	5	5	6	5	6	7	8	5	5	6	7
		SSW	7	10	15	14	5	7	10	13	4	5	7	9	6	5	6	6	5	6	7	8	5	6	6	7
		SW	7	9	17	20	5	7	10	15	4	5	7	9	6	6	6	7	5	6	7	9	6	6	7	8
		WSW	7	9	17	24	5	7	10	16	5	6	7	10	7	6	6	7	6	6	7	9	6	6	7	8
		W	7	9	17	25	5	7	9	16	5	6	7	9	7	6	6	7	6	6	7	9	7	7	7	8
		WNW	7	9	15	24	5	7	9	15	5	6	7	9	7	6	6	7	6	6	7	8	6	7	7	8
		NW	7	9	12	20	5	7	8	13	4	6	6	8	6	6	6	6	5	6	7	8	6	6	7	7
		NNW	7	9	9	15	5	7	8	10	4	5	6	7	6	5	6	6	5	6	6	7	5	6	6	7

備考
(1) 2010年～2019年の気象データによる。
(2) 日影とは、直達及び天空日射量がともにゼロの場合の値を示す。
(3) 設計室温か26℃と異なる場合、表の値に(26-設計室温)を加える。
(4) 屋外設計温度がこの表の地区と大きく異なる場合は、補正を行ってもよい。

表3-14 実効温度差 ETDj　室温28℃

地点		壁タイプ	Ⅰ				Ⅱ				Ⅲ				Ⅳ				Ⅴ				Ⅵ			
		時刻	9	12	14	16	9	12	14	16	9	12	14	16	9	12	14	16	9	12	14	16	9	12	14	16
札幌	方位	日陰	0	2	3	2	0	1	2	2	0	0	0	1	0	0	0	0	0	0	0	0	0	0	0	0
		水平	21	28	25	16	8	21	25	23	2	11	16	19	3	5	7	11	3	9	13	15	4	8	11	13
		N	2	4	5	3	0	2	4	4	0	0	2	3	0	0	0	0	0	0	1	2	0	0	1	1
		NNE	2	4	5	3	4	3	4	4	1	2	3	3	0	1	1	2	1	1	2	3	0	1	2	2
		NE	8	4	5	3	8	6	5	4	3	5	5	5	0	2	3	3	2	4	4	4	2	3	3	3
		ENE	13	4	5	3	11	8	6	5	4	8	7	6	1	3	4	5	3	6	5	5	3	5	5	5
		E	17	5	5	3	13	11	7	5	4	9	9	7	1	4	5	6	4	7	7	6	3	6	6	6
		ESE	18	7	5	3	12	13	9	6	4	9	9	8	1	4	5	6	3	7	7	7	3	6	6	6
		SE	17	11	5	3	9	13	10	6	2	8	9	8	1	3	5	6	2	6	7	7	2	5	6	6
		SSE	13	13	7	3	5	12	11	8	0	6	8	8	0	1	3	5	1	4	6	6	1	3	5	6
		S	8	15	12	5	0	9	12	10	0	3	7	8	0	0	2	3	0	2	5	6	0	2	4	5
		SSW	2	14	16	11	0	6	12	13	0	1	5	8	0	0	1	3	0	1	4	6	0	1	3	5
		SW	2	13	18	16	0	4	11	15	0	0	4	8	1	0	1	2	0	1	3	6	0	1	2	5
		WSW	2	10	19	20	0	3	9	15	0	0	3	7	1	1	1	2	0	1	3	6	1	1	2	4
		W	2	6	17	21	0	2	7	14	0	0	2	6	1	1	1	2	0	1	2	5	1	1	2	4
		WNW	2	4	13	19	0	2	5	12	0	0	2	5	1	0	1	1	0	1	2	4	0	1	1	3
		NW	2	4	8	15	0	2	4	8	0	0	1	3	0	0	0	1	0	0	1	3	0	0	1	2
		NNW	2	4	5	9	0	2	4	5	0	0	1	3	0	0	0	0	0	0	1	2	0	0	1	1

地点		壁タイプ	Ⅰ				Ⅱ				Ⅲ				Ⅳ				Ⅴ				Ⅵ			
		時刻	9	12	14	16	9	12	14	16	9	12	14	16	9	12	14	16	9	12	14	16	9	12	14	16
仙台	方位	日陰	3	5	5	4	0	3	4	4	0	1	2	3	0	0	1	1	0	1	2	2	0	1	1	2
		水平	24	32	28	18	10	25	28	26	3	13	19	22	5	7	10	13	5	11	16	18	6	10	13	16
		N	5	7	7	6	2	5	6	6	0	2	4	5	1	1	2	3	1	2	3	4	1	2	3	3
		NNE	6	7	7	6	6	6	7	6	2	4	5	6	2	3	3	4	3	4	4	5	2	3	4	4
		NE	12	7	7	6	10	9	8	7	4	7	7	7	2	4	5	6	4	6	6	6	3	5	6	6
		ENE	17	7	7	6	13	11	9	7	5	10	9	8	3	5	6	7	5	8	8	7	4	7	7	7
		E	20	7	7	6	14	14	10	8	5	11	11	9	3	6	7	8	5	9	9	8	5	8	8	8
		ESE	20	9	7	6	13	15	11	8	5	11	11	10	3	5	7	8	5	9	9	9	4	8	8	8
		SE	19	12	7	6	10	15	11	8	3	10	11	10	2	4	6	8	4	8	9	8	3	7	8	8
		SSE	15	14	8	6	6	13	12	9	2	7	10	10	2	3	5	6	2	6	8	8	2	5	7	7
		S	9	15	13	6	2	10	13	11	0	4	8	10	2	2	3	5	1	4	6	8	2	3	5	7
		SSW	5	15	17	13	1	8	13	15	0	3	6	10	2	2	3	4	1	3	5	8	2	3	5	7
		SW	5	14	20	18	1	6	12	17	0	2	6	10	3	2	3	4	2	3	5	8	2	3	4	7
		WSW	5	11	20	22	1	5	11	17	0	2	5	9	3	3	3	4	2	3	5	8	3	3	4	6
		W	5	8	19	23	1	5	10	17	0	2	4	9	3	3	3	4	2	3	4	7	3	3	4	6
		WNW	5	7	16	21	1	5	8	14	0	2	4	7	3	2	3	4	2	3	4	6	2	3	4	5
		NW	5	7	11	17	1	5	6	11	0	2	4	6	2	2	2	3	1	2	3	5	2	3	3	4
		NNW	5	7	7	12	1	5	6	8	0	2	4	5	2	1	2	3	1	2	3	4	1	2	3	4

地点		壁タイプ	Ⅰ				Ⅱ				Ⅲ				Ⅳ				Ⅴ				Ⅵ			
		時刻	9	12	14	16	9	12	14	16	9	12	14	16	9	12	14	16	9	12	14	16	9	12	14	16
東京	方位	日陰	4	6	7	6	2	4	6	6	1	2	4	5	2	2	2	3	2	3	3	4	2	2	3	4
		水平	25	34	31	20	11	26	30	28	5	14	21	24	7	9	11	15	7	13	17	20	8	12	15	18
		N	6	8	9	7	3	6	8	8	2	4	5	6	3	3	4	4	3	4	5	6	3	4	4	5
		NNE	8	8	9	7	8	8	8	8	4	6	7	7	3	4	5	6	4	5	6	7	4	5	6	6
		NE	14	8	9	7	12	10	9	9	6	9	9	9	4	6	7	7	6	8	8	8	5	7	7	7
		ENE	18	8	9	7	14	13	10	9	7	11	11	10	4	7	8	9	7	9	9	9	6	8	9	9
		E	21	9	9	7	15	15	11	9	7	13	12	11	4	7	9	9	7	10	10	10	6	9	10	9
		ESE	21	10	9	7	14	16	12	10	6	12	13	11	4	7	9	10	6	10	11	10	6	9	10	10
		SE	19	13	9	7	11	16	12	10	5	11	12	11	4	6	8	9	5	9	10	10	5	8	9	9
		SSE	15	15	9	7	7	14	13	10	3	8	11	11	4	5	6	8	4	7	9	9	4	6	8	8
		S	9	16	14	8	3	11	14	12	2	5	9	10	4	4	5	6	3	5	7	9	3	5	6	8
		SSW	6	15	18	14	3	8	13	16	2	4	7	11	4	4	4	6	3	4	7	9	4	4	6	8
		SW	6	14	21	20	3	7	13	18	2	4	7	11	5	4	5	6	4	4	6	9	4	5	6	8
		WSW	6	12	22	23	3	6	12	19	2	4	6	11	5	4	5	6	4	4	6	9	4	5	6	8
		W	6	9	21	25	3	6	11	18	2	4	6	10	5	4	5	6	4	4	6	9	5	5	6	8
		WNW	6	8	18	23	3	6	9	16	2	4	5	9	5	4	4	5	4	4	5	8	4	5	5	7
		NW	6	8	13	20	3	6	8	13	2	4	5	8	4	4	4	5	3	4	5	7	4	4	5	6
		NNW	6	8	9	14	3	6	7	10	2	4	5	6	4	3	4	4	3	4	5	6	3	4	4	5

地区		壁タイプ	I				II				III				IV				V				VI			
		時刻	9	12	14	16	9	12	14	16	9	12	14	16	9	12	14	16	9	12	14	16	9	12	14	16
大阪		日陰	4	7	8	7	2	4	6	7	2	3	4	5	3	3	3	3	2	3	4	5	3	3	3	4
		水平	23	34	33	24	10	25	31	30	5	14	20	25	8	9	11	15	7	13	17	20	8	12	15	18
	方位	N	5	9	10	9	4	6	8	9	3	4	6	7	4	4	4	5	3	4	5	6	4	4	5	6
		NNE	9	9	10	9	8	8	9	9	4	6	7	8	4	5	5	6	5	6	6	7	5	6	6	7
		NE	15	9	10	9	11	11	10	10	6	9	9	9	4	6	7	8	6	8	8	8	5	7	8	8
		ENE	19	9	10	9	14	14	11	10	6	11	11	11	5	7	8	9	7	10	10	10	6	9	9	9
		E	21	10	10	9	14	16	12	10	7	13	13	12	5	7	9	10	7	10	11	10	6	9	10	10
		ESE	21	12	10	9	13	17	13	11	6	12	13	12	5	7	9	10	6	10	11	11	6	9	10	10
		SE	18	14	10	9	10	16	13	11	5	11	12	12	5	6	8	9	5	9	10	10	5	8	9	10
		SSE	14	16	10	9	7	13	14	11	3	8	11	11	4	5	6	8	4	7	9	9	4	6	8	9
		S	8	16	15	10	3	10	14	13	2	5	8	11	4	4	5	6	3	5	7	9	4	5	6	8
		SSW	5	15	19	16	3	8	13	16	2	4	7	11	5	4	5	6	4	5	7	9	4	5	6	8
		SW	5	13	21	22	3	6	12	18	3	4	7	11	5	5	5	6	4	5	6	9	5	5	6	8
		WSW	5	11	22	25	3	6	12	19	3	4	6	11	6	5	5	6	4	5	6	9	5	5	6	8
		W	5	9	20	26	3	6	10	18	3	4	6	10	6	5	5	6	4	5	6	9	5	5	6	8
		WNW	5	9	17	25	3	6	9	16	3	4	6	9	6	5	5	6	4	5	6	8	5	5	6	7
		NW	5	9	13	21	3	6	8	13	3	4	5	8	5	4	5	5	4	4	5	7	4	5	5	6
		NNW	5	9	10	15	3	6	8	10	2	4	5	7	4	4	4	5	3	4	5	6	4	4	5	6

地区		壁タイプ	I				II				III				IV				V				VI			
		時刻	9	12	14	16	9	12	14	16	9	12	14	16	9	12	14	16	9	12	14	16	9	12	14	16
福岡		日陰	4	7	7	7	2	5	6	7	2	3	4	5	3	3	3	4	3	3	4	5	3	3	4	4
		水平	22	34	33	25	9	24	30	31	5	13	20	24	8	9	11	14	7	12	17	20	8	11	15	18
	方位	N	6	9	9	8	4	7	8	8	3	4	6	7	4	4	4	5	4	4	5	6	4	4	5	6
		NNE	11	9	9	8	7	9	9	9	4	7	7	8	4	5	6	6	4	6	7	7	4	6	6	7
		NE	16	9	9	8	10	12	10	9	5	9	10	9	4	6	7	8	5	8	8	8	5	7	8	8
		ENE	20	9	9	8	12	15	11	10	5	11	12	11	5	7	8	9	6	10	10	10	6	9	9	9
		E	22	12	9	8	13	17	13	10	6	12	13	12	5	7	9	10	6	10	11	10	6	9	10	10
		ESE	21	14	9	8	12	17	14	11	5	12	13	12	5	7	9	10	6	10	11	11	6	9	10	10
		SE	18	15	9	8	9	16	14	11	4	10	12	12	5	6	8	9	5	9	10	10	5	8	9	10
		SSE	13	16	11	8	6	13	14	11	3	8	10	11	4	5	6	8	4	7	9	9	4	6	8	9
		S	7	15	15	10	3	10	13	13	3	5	8	10	4	4	5	6	4	5	7	9	4	5	6	8
		SSW	6	13	18	16	3	7	12	15	3	4	7	10	5	4	5	6	4	5	6	9	4	5	6	8
		SW	6	11	19	22	3	6	11	17	3	4	6	10	6	5	5	6	4	5	6	9	5	5	6	8
		WSW	6	9	19	25	3	6	10	17	3	4	6	10	6	5	5	6	5	5	6	9	5	5	6	8
		W	6	9	18	26	3	6	10	17	3	4	6	9	6	5	5	6	5	5	6	8	5	5	6	8
		WNW	6	9	15	24	3	6	9	15	3	4	6	8	6	5	5	6	4	5	6	8	5	5	6	7
		NW	6	9	12	20	3	6	8	12	3	4	6	8	5	5	5	5	4	5	6	7	5	5	5	6
		NNW	6	9	9	14	3	6	8	9	3	4	6	7	4	4	4	5	4	4	5	6	4	4	5	6

地区		壁タイプ	I				II				III				IV				V				VI			
		時刻	9	12	14	16	9	12	14	16	9	12	14	16	9	12	14	16	9	12	14	16	9	12	14	16
那覇		日陰	6	7	7	6	4	6	6	6	2	4	5	5	3	3	4	4	3	4	4	5	3	4	4	5
		水平	12	7	7	6	7	9	7	7	3	7	7	7	3	4	5	5	4	6	6	6	3	5	6	6
	方位	N	17	7	7	6	9	12	9	7	4	9	9	8	3	5	6	7	4	7	8	7	4	7	7	7
		NNE	20	9	7	6	11	15	11	8	4	11	11	10	4	5	7	8	5	9	9	9	4	8	8	8
		NE	21	11	7	6	11	16	11	8	4	11	12	10	4	6	8	9	5	9	10	9	4	8	9	9
		ENE	20	12	7	6	10	15	11	8	4	10	11	10	4	5	7	8	4	9	9	9	4	7	8	8
		E	16	12	7	6	7	13	11	8	3	8	10	9	4	5	6	7	4	7	8	8	4	6	7	7
		ESE	10	11	7	6	4	10	10	8	2	6	8	8	3	4	5	6	3	5	6	7	3	5	6	6
		SE	5	10	10	6	3	6	9	8	2	4	5	7	3	3	3	4	3	4	5	6	3	3	4	5
		SSE	5	8	13	12	3	5	8	11	2	3	5	7	4	3	4	4	3	4	5	6	3	4	4	5
		S	5	7	15	18	3	5	8	13	2	3	5	7	4	4	4	5	3	4	5	7	4	4	5	6
		SSW	5	7	15	22	3	5	8	14	3	4	5	8	5	4	4	5	4	4	5	7	4	4	5	6
		SW	5	7	15	23	3	5	7	14	3	4	5	7	5	4	4	5	4	4	5	7	5	5	5	6
		WSW	5	7	13	22	3	5	7	13	3	4	5	7	5	4	4	5	4	4	5	6	4	5	5	6
		W	5	7	10	18	3	5	6	11	2	4	4	6	4	4	4	4	3	4	5	6	4	4	5	5
		WNW	5	7	7	13	3	5	6	8	2	3	4	5	4	3	4	4	3	4	4	5	3	4	4	5
		NW	7	9	12	20	5	7	8	13	4	6	6	8	6	6	6	6	5	6	7	8	6	6	7	7
		NNW	7	9	9	15	5	7	8	10	4	5	6	7	6	5	6	6	5	6	6	7	5	6	6	7

備考
(1) 2010年～2019年の気象データによる。
(2) 日影とは、直達及び天空日射量がともにゼロの場合の値を示す。
(3) 設計室温が28°Cと異なる場合、表の値に(28-設計室温)を加える。
(4) 屋外設計温度がこの表の地区と大きく異なる場合は、補正を行ってもよい。

3-9 ガラス面負荷

窓ガラス面からの侵入熱量。

Point

- ▶ 窓が大きくなれば、熱負荷が増大します。
- ▶ 複層ガラス(ペアガラス)やLow-Eガラス(低放射ガラス)などを採用します。
- ▶ 窓等には、ブラインドやカーテン等による省エネルギー対策もできます。

ガラス面負荷

窓ガラス面からの侵入熱量は、日射の透過、吸収後の放射、ガラスの内表面からの対流による熱です。

ガラス面からの負荷は、室内外の温度差による通過率(qG1)と、透過する太陽放射熱(qG2)とに区別して計算します。

ガラス面負荷計算式

	計算3-6	計算例
ガラス面負荷 qG〔W〕	qG=qG1+qG2 qG：ガラス面負荷〔W〕 qG1：ガラス面通過熱負荷〔W〕 qG2：ガラス面日射負荷〔W〕	qG1＝ 80 W qG2＝ 43 W ∴ qG＝ 123 W
ガラス面通過熱負荷 qG1〔W〕	qG1=A×K(toj-ti) A：ガラス面面積〔㎡〕 K：内部遮蔽係数 toj：設計用屋外温度〔℃〕 ti：設計用屋内温度〔℃〕	A＝ 10 ㎡ K＝ 1 toj＝ 33 ℃ ti＝ 25 ℃ ∴ qG1＝ 80 W
ガラス面日射負荷 qG2〔W〕	qG2＝qG2n×A ①外部遮蔽がない時 qG2n＝lG×SC ②外部遮蔽がある時 qG2n＝(lGD×SG＋lGs)×SC ＝{(lG-lGs)×(SG＋lGs)}×SC qG2n：単位面積当りガラス面日射負荷〔W/㎡〕 lG：ガラス面標準日射熱取得〔W/㎡〕 ※P89表参照 lGD：ガラス面標準日射熱取得直達日射成分〔W/㎡〕 lGs：ガラス面標準日射熱取得天空日射成分〔W/㎡〕 ※lGsは、ガラス面標準日射熱取得lGの日影の値を用いる。 SC：遮蔽係数 SG：ガラス面日射面積率 ＝(ガラス面日照面積/ガラス面全面積) A：ガラス面面積〔㎡〕	qG2n＝ 43 W/㎡ A＝ 10 ㎡ ∴ qG2＝ 430 W ①外部遮蔽がない時 l G＝ 43 W/㎡ SC＝ 1 ∴ qG2＝ 43 W ②外部遮蔽がある時 lGs＝ 20 W/㎡ ガラス面日照面積＝ 30 ㎡ ∴ SG＝ 3 lGD＝ 48 W/㎡ SC＝ 1 ∴ qG2＝ 529 W

表3-15 暖房負荷計算で使用する方位係数δ

(構造体・ガラス面負荷用)

方位別	方位係数
陸屋根、最下階の床(空隙床)、ピロティ	1.2
北、北東、北西向き外壁	1.1
東、西向き外壁	1.1
南東、南西向き外壁	1.05
南向き外壁	1

表3-16 各種ガラスの遮蔽係数SC 熱通過率K（外気に面するガラス）

	ガラス種類	熱通過率K〔W/〔m^2・K〕〕			熱通過率K〔W/〔m^2・K〕〕	
		ブラインドなし	明色ブラインド	中間色ブラインド	ガラス	ガラス+ブラインド
複層ガラス	透明ガラス 3mm+透明ガラス 3mm	0.89	0.54	0.63	3.5	3.0
	透明ガラス 5mm+透明ガラス 5mm	0.85	0.52	0.60	3.5	3.0
	透明ガラス 6mm+透明ガラス 6mm	0.83	0.52	0.59	3.4	3.0
	透明ガラス 8mm+透明ガラス 8mm	0.79	0.50	0.57	3.4	2.9
	熱綿吸収ガラス 3mm+透明ガラス 3mm	0.81	0.48	0.56	3.5	3.0
	熱綿吸収ガラス 5mm+透明ガラス 5mm	0.72	0.45	0.51	3.5	3.0
	熱綿吸収ガラス 6mm+透明ガラス 6mm	0.69	0.43	0.49	3.4	3.0
	熱綿吸収ガラス 8mm+透明ガラス 8mm	0.62	0.39	0.44	3.4	2.9
	発色膜熱反射ガラス 6mm+透明ガラス 6mm	0.56	0.4	0.44	3.4	3.0
単層ガラス	透明ガラス 3mm	1.00	0.54	0.66	6.5	5.1
	透明ガラス 5mm	0.97	0.54	0.63	6.4	5.0
	透明ガラス 6mm	0.96	0.53	0.63	6.3	5.0
	透明ガラス 8mm	0.93	0.52	0.62	6.2	4.9
	透明ガラス 10mm	0.90	0.50	0.60	6.0	4.8
	透明ガラス 12mm	0.89	0.50	0.59	5.9	4.8
	熱綿吸収ガラス 3mm	0.93	0.52	0.61	6.5	5.1
	熱綿吸収ガラス 5mm	0.86	0.49	0.56	6.4	5.0
	熱綿吸収ガラス 6mm	0.83	0.48	0.55	6.3	5.0
	熱綿吸収ガラス 8mm	0.77	0.46	0.52	6.2	4.9
	熱綿吸収ガラス 10mm	0.72	0.43	0.48	6.0	4.8
	熱綿吸収ガラス 12mm	0.68	0.41	0.45	5.9	4.8
	透明膜熱線反射ガラス 8mm	0.74	0.48	0.55	6.2	4.9
	発色膜熱線反射ガラス 8mm	0.65	0.44	0.49	6.2	4.9
	熱吸収線反射ガラス 8mm	0.58	0.38	0.42	6.2	4.9
高断熱複層ガラス	透明ガラス 6mm（外側）+低放射ガラス（Low−ε）6mm（内側）	0.60	0.46	0.49	2.6	2.2
高遮熱断熱複層ガラス	低放射ガラス（Low−ε）6mm（外側）+透明ガラス6mm（内側）	0.51	0.34	0.39	2.6	2.2

＊ 空気調和・衛生工学便覧　14版より。
＊ 複層ガラス、高断熱複層ガラス、高遮熱断熱複層ガラスの空気層の厚さは、すべて6mmである。
＊ 単層ガラス、複層ガラスの値は、空気調和・衛生工学会　熱負荷計算小委員会「設計用最大負荷」による。

表3-17 ガラス面標準日射熱取得IG、太陽高度、太陽方位〔W/㎡〕

地区		札幌				仙台				東京			
時刻		9	12	14	16	9	12	14	16	9	12	14	16
太陽高度		49.4°	66.8°	53.0°	31.9°	50.6°	71.5°	55.3°	32.2°	50.3°	74.2°	57.0°	33.0°
太陽方位		−68.6°	11.5°	62.9°	88.6°	−74.4°	13.0°	68.5°	91.3°	−78.4°	11.2°	70.9°	92.3°
方位	日陰	42	44	42	36	42	43	42	36	42	43	42	36
	水平	640	795	679	401	656	828	705	406	654	843	722	419
	N	42	44	42	36	42	43	42	37	42	43	42	38
	NNE	42	44	42	36	55	43	42	36	73	43	42	36
	NE	166	44	42	36	211	43	42	36	245	43	42	36
	ENE	349	44	42	36	379	43	42	36	406	43	42	36
	E	470	44	42	36	478	43	42	36	491	43	42	38
	ESE	507	57	42	36	494	50	42	36	492	50	42	36
	SE	461	140	42	36	427	104	42	36	409	93	42	36
	SSE	333	231	48	36	281	172	42	36	251	147	42	36
	S	148	286	179	37	101	217	129	36	77	180	108	36
	SSW	42	286	343	215	42	220	290	185	42	180	259	173
	SW	42	233	445	435	42	181	405	412	42	147	377	402
	WSW	42	141	469	570	42	115	448	558	42	93	427	552
	W	42	58	413	612	42	56	412	611	42	50	400	609
	WNW	42	44	281	558	42	43	301	569	42	43	301	571
	NW	42	44	112	412	42	43	143	434	42	43	152	440
	NNW	42	44	42	185	42	43	43	214	42	43	44	223

地区		大阪				福岡				那覇			
時刻		9	12	14	16	9	12	14	16	9	12	14	16
太陽高度		47.1°	75.5°	60.6°	36.5°	42.9°	75.5°	65.0°	40.7°	40.5°	79.9°	69.7°	42.9°
太陽方位		−82.7°	−3.8°	68.0°	90.6°	−87.0°	−23.8°	63.7°	88.6°	−94.9°	−55.2°	77.1°	93.9°
方位	日陰	41	43	43	37	40	43	43	40	43	43	43	40
	水平	615	849	756	471	563	850	790	533	528	869	823	562
	N	41	43	43	38	40	43	43	40	48	43	43	45
	NNE	105	43	43	37	150	43	43	40	234	43	43	40
	NE	300	43	43	37	359	43	43	40	434	45	43	40
	ENE	455	43	43	37	506	43	43	40	551	64	43	40
	E	527	44	43	37	563	66	43	40	577	90	43	40
	ESE	512	71	43	37	530	113	43	40	511	107	43	40
	SE	411	119	43	37	407	152	43	40	355	108	43	40
	SSE	231	156	43	37	207	166	44	40	137	92	43	40
	S	57	166	113	37	43	149	116	40	40	66	57	40
	SSW	41	147	245	187	40	95	224	198	40	47	127	142
	SW	41	102	345	407	40	62	300	407	40	43	204	352
	WSW	41	58	381	550	40	43	320	538	40	43	248	502
	W	41	43	348	599	40	43	280	578	40	43	244	563
	WNW	41	43	251	555	40	43	190	527	40	43	229	533
	NW	41	43	119	418	40	43	84	384	40	43	115	413
	NNW	41	43	43	200	40	43	43	70	40	43	50	215

空気調和・衛生工学便覧　14版より。

表3-18 ガラス面日照面積率算定用数値

夏期の見掛けの太陽高度の正接（tanφ、上段）及び壁面に対する太陽方位角の正接（tanγ、下段）

地区		札幌				仙台				東京			
時刻		9	12	14	16	9	12	14	16	9	12	14	16
方位	N								27.57 −43.80				16.17 −24.88
	NNE	59.41 50.90				10.08 8.22				6.36 5.18			
	NE	2.91 2.29				2.48 1.77				2.19 1.51			
	ENE	1.62 0.96				1.55 0.78				1.46 0.68			
	E	1.25 0.39				1.26 0.28				1.23 0.20			
	ESE	1.17 −0.02	12.18 5.13			1.23 0.12	18.15 5.98			1.23 −0.19	18.14 5.02		
	SE	1.27 −0.44	4.22 1.51			1.40 0.56	5.65 1.60			1.45 −0.66	6.38 1.50		
	SSE	1.68 −1.04	2.81 0.67	16.55 12.42		1.98 −1.28	3.68 0.71			2.15 −1.48	4.26 0.67		
	S	3.20 −2.56	2.38 0.20	2.91 1.95	25.39 40.86	4.54 −3.59	3.07 0.23	3.93 2.53		6.01 −4.88	3.61 −0.20	4.72 2.89	
	SSW		2.33 −0.20	1.74 0.85	1.53 2.26		3.03 −0.17	2.08 1.03	1.74 2.85		4.26 −0.67	2.32 1.13	1.88 2.72
	SW		2.80 −0.66	1.40 −0.32	0.86 0.95		3.53 −0.62	1.57 0.43	0.91 1.05		6.38 −1.50	1.71 0.49	0.96 1.08
	WSW		4.17 −1.48	1.33 −0.08	0.67 0.39		5.15 −1.40	1.44 0.02	0.69 0.44		18.21 −5.04	1.54 0.06	0.72 0.46
	W		11.73 −4.93	1.49 −0.51	0.62 −0.02		13.30 −4.33	1.55 −0.39	0.63 0.02			1.63 −0.35	0.65 0.04
	WNW			2.05 −1.18	0.68 −0.44			2.01 −0.97	0.67 −0.39			2.06 −0.89	0.69 −0.37
	NW			4.32 −3.10	0.90 −1.05			3.62 −2.30	0.87 −0.96			3.52 −2.06	0.88 −0.92
	NNW				1.73 −2.59			85.57 −59.27	1.56 −2.27			25.67 −16.62	1.55 −2.16

地区		大阪				福岡				那覇			
時刻		9	12	14	16	9	12	14	16	9	12	14	16
方位	N				69.84 −94.56				10.01 11.69				13.83 −14.85
	NNE	4.11 3.69				2.79 2.82				1.85 1.93			
	NE	1.76 1.30				1.39 1.11				1.12 0.84	31.50 5.54		
	ENE	1.24 0.57				1.03 0.48	174.41 45.00			0.90 0.32	10.34 1.56		
	E	1.03 0.13	57.87 14.96			0.93 0.05	96.1 2.27			0.86 −0.09	6.81 0.69		
	ESE	1.11 −0.27	8.70 2.02			0.99 −035	5.36 0.96			0.96 −0.52	5.72 0.22		
	SE	1.36 −0.77	5.13 0.87			1.25 −0.90	4.16 0.39			1.32 −1.19	5.68 −0.18		
	SSE	2.16 −1.74	4.07 0.34			2.16 −2.10	3.88 −0.02	32.40 15.10		2.82 −3.15	6.65 −0.64		
	S	8.41 −7.75	3.87 −0.07	4.75 2.48		17.87 −19.18	4.23 −0.44	4.84 2.02	34.56 40.16		9.81 −1.44	12.11 4.37	
	SSW		4.31 −0.49	2.54 1.02	1.98 2.49		5.61 −1.05	2.85 0.88	2.12 2.25		26.31 −4.60	4.66 1.41	2.91 2.96
	SW		5.86 −1.14	1.93 0.43	1.06 1.02		10.70 −2.57	2.26 0.34	1.19 0.95			3.19 0.63	1.41 1.14
	WSW		12.05 −2.96	1.78 0.01	0.80 0.43			2.15 −0.07	0.92 0.39			2.74 0.17	1.04 0.50
	W			1.92 −0.40	0.74 0.01			2.39 −0.49	0.86 −0.02			2.77 −0.23	0.93 0.07
	WNW			2.49 −0.98	0.80 −0.40			3.25 −1.14	0.94 −0.44			3.31 −0.71	0.98 −0.34
	NW			4.54 −2.35	1.03 −0.98			6.68 −2.95	1.25 −1.05			5.08 −1.59	1.23 −0.87
	NNW			192.40 −108.25	1.83 −2.34				2.39 −2.60			16.17 −5.90	2.09 −2.02

※負値は、壁面から見て太陽が左側にあるときです。

3-10 非空調室との温度差

隣室や廊下が非空調の場合に考慮します。

Point

- 隣室の用途に気を付けてください。
- 空調設備が設置してあり、使用する時間がほとんどない場合にも考慮します。
- 隣室が厨房やボイラ室のように、高温となる場合は設定室温に注意します。

非空調室との温度差

非空調室との温度差の計算式

	計算3-7	計算例
内壁負荷 qn〔W〕	qn=KA⊿t〔W〕 K：壁体の熱通過率〔W/㎡・K〕 A：構造体の面積〔㎡〕 ⊿t：空調室と非空調室との温度差〔℃〕	K = 1.2 W/㎡・K A = 15 ㎡ ⊿t = 3 ℃ ∴ qn = 54 W
非空調室との温度差 ⊿t〔℃〕	⊿t=r(to-tr) r：非空調隣室温度差係数。 一般に冬期・夏期とも0.3～0.5(下表参照)。 to：外気温〔℃〕 tr：空調室の温度〔℃〕	r = 0.3 to = 34 ℃ tr = 27 ℃ ∴ ⊿t = 2.1 ℃

【非空調隣室温度差係数〔r〕】

非空調室			暖房	冷房
事務室	廊下	非空調	0.4	0.4
		一部還気方式	0.3	0.3
		還気方式	0.1	0.1
	便所	還気による換気	0.4	0.4
		外気による換気	0.8	0.8
倉庫ほか			0.3	0.3
集合住宅			0.3	0.3
戸建住宅	非空調室		0.6	0.9
	廊下		0.6	0.7

①接する室が厨房等熱源のある室の場合

⊿t＝to－tr＋2

②空調温度差のある冷房室又は暖房室と接している場合

⊿t＝ta－tr

ta：隣接室屋内温度〔℃〕

③土壌に接する壁・床等の負荷は含めません。

3-11 すきま風熱負荷

すきま風の量は、換気回数法、すきま長法、外壁面積法などがあります。

Point

- すきま風は敵／味方か、どちらでしょうか。
- 熱負荷計算で、すきま風は非常に重要な要素です。
- 扉や窓等の開閉などからも外気が室内に侵入します。

すきま風熱負荷

(1)すきま風量

①窓サッシのすきま風量

- 全空気方式、ファンコイルユニット・ダクト併用方式等で室内を正圧に保つことが期待できる場合は、含めなくてよいです。
- すきま風量を計算する場合は、最多風向面に最も近い外壁二面に取り付けるサッシに対して計算します。
- 設計用風速は、気象台、地方公共団体等のデータによりますが、データのない場合は、6 m/sとします。ただし、暖房設備では、8 m/sとします。

  窓サッシのすきま風量　QI〔㎥/h〕の計算式は、窓面積法により計算します。

QI＝A×Qi（窓面積法）

A：サッシ面積〔㎡〕

Qi：サッシの単位面積当たりのすきま風量〔㎥/(㎡・h)〕

表3-19 アルミサッシのすきま風の量〔㎥/(㎡・h)〕

風　速　〔m/s〕		2	4	6	8	10
引違い	A	0.07	0.16	0.25	0.35	0.46
	B	1.42	2	2.4	2.7	3
	C	5.1	7	8.4	9.6	10.5
片引き	A	―	0.021	0.039	0.059	0.077
	B	0.57	0.11	0.16	0.21	0.26
	C	0.078	0.18	0.28	0.4	0.52
内倒し	A	0.07	0.094	0.112	0.13	0.14
	B	0.14	0.23	0.3	0.4	0.52
	C	0.068	0.19	0.34	0.52	0.72
すべり出し	A	0.03	0.04	0.049	0.056	0.062
	B	0.05	0.14	0.27	0.42	0.6
	C	0.23	0.56	0.93	1.3	1.7
回転窓	A	0.012	0.031	0.058	0.09	0.12
	B	0.054	0.16	0.27	0.4	0.56
	C	0.22	0.5	0.81	1.01	1.05
引違い二重サッシ	A	0.044	0.11	0.18	0.27	0.36
	B	0.96	1.75	2.5	3.2	3.9
	C	1.6	3.3	5.1	7.1	9

風　速　〔m/s〕			2	4	6	8	10
住宅用	引違い	A	1.1	2.3	3.4	4.7	5.9
		B	2.8	6.4	10.5	14.5	19
		C	5	10.5	16	22	27
	ＢＬ形、防音	A	0.06	0.11	0.15	0.2	0.24
		B	0.13	0.28	0.48	0.66	0.86
		C	1.1	2.3	3.4	4.7	5.9

注）A、B、Cは気密性の度合いを示し、Aは良好、Bは中程度、Cは不良とします。

窓サッシのすきま風量の計算式

窓サッシのすきま風量〔㎥/h〕	計算3-8	計算例
	QI＝A×Qi（窓面積法） A　：サッシ面積〔㎡〕 Qi：サッシの単位面積当たりのすきま風量〔㎥/(㎡・h)〕	A＝ 30 ㎡ 窓サッシの種類＝ 引違い 推奨風速＝ 6 m/s グレード＝ B ∴　Qi＝ 2.4 ㎥/(㎡・h) ∴　QI＝ 72 ㎥/h

②-1　ドアのすきま風量（冷房の場合）

冷房室が外気に面したドアを有する場合は、すきま風を考慮します。

外気に面したドアの開閉によるすきま風量は、換気回数法により計算します。

すきま風量　QI〔㎥/h〕の計算式

QI＝n×V　（換気回数法）

n：換気回数

（入口が風上側の場合　n＝2、それ以外の場合　n＝1）

V：室容積〔㎥〕

ドアのすきま風量（冷房）の計算式

ドアのすきま風量（冷房）	計算3-9	計算例
	QI＝n×V　（換気回数法） n：換気回数 （入口が風上側の場合　n＝2 それ以外の場合　n＝1） V：室容積　〔㎥〕	n＝ 2 回 V＝ 96 ㎥ ∴　qE＝ 192 ㎥/h

②-2　ドアのすきま風量（暖房の場合）

すきま風量　QI〔㎥/h〕の計算式

QI＝n×V　（換気回数法）

n：換気回数

（入口が風上側の場合　n＝3～4、それ以外の場合　n＝1～2）

V：室容積〔㎥〕

ドアのすきま風量(暖房)の計算式

ドアのすきま風量(暖房)	計算3-10	計算例
	Ql＝n×V　(換気回数法) n：換気回数 (入口が風上側の場合　n＝3～4 それ以外の場合　n＝1～2) V：室容積　〔㎥〕	n＝ 3 回 V＝ 96 ㎥ ∴　qE＝ 288 ㎥/h

(2)すきま風熱負荷

すきま風負荷　qL〔W〕の計算式

$$qL = qLS + qLL$$

$$qLS = 0.33 \times QI(toj - ti)$$

$$qLL = 833 \times QI(xoj - xi)$$

qLS：すきま風による顕熱負荷〔W〕
qLL：すきま風による潜熱負荷〔W〕
QI：　すきま風量〔㎥/h〕
toj：　設計用屋外温度〔℃〕
ti：　設計用屋内温度〔℃〕
xoj：　設計用屋外絶対湿度〔kg/kg(DA)〕
xi：　設計用屋内絶対湿度〔kg/kg(DA)〕

すきま風熱負荷の計算式

	計算3-11	計算例
すきま風による顕熱負荷 qLS〔W〕	顕熱(qLS) qLS＝0.33×Ql(toj－ti) Ql：すきま風量〔㎥/h〕 toj：設計用屋外温度〔℃〕 ti：　設計用屋内温度〔℃〕	定数＝ 0.33 Q l＝ 50 ㎥/h toj＝ 34.7 ℃ ti＝ 28 ℃ ∴　⊿t＝ 6.7 ℃ ∴　qLS＝ 111 W
すきま風による潜熱負荷 qLL〔W〕	Ql＝n×V　(換気回数法) Ql：すきま風量〔㎥/h〕 xoj：設計用屋外絶対湿度〔kg/kg(DA)〕 xi：　設計用屋内絶対湿度〔kg/kg(DA)〕 ※絶対湿度の単位に注意！	定数＝ 833 Q l＝ 50 ㎥/h xoj＝ 0.0188 kg/kg (DA) xi＝ 0.00107 kg/kg (DA) ∴　⊿x＝ 0.01773 ∴　qLS＝ 738 W

3-12 室内発熱負荷

室内で発生する熱量は、冷房負荷の場合は無視できません。

Point

- 照明器具、人体からの発生熱、および室内器具からの発生熱が対象です。
- 設置数は、計画時と施工後では異なる場合もありますので余裕を見込んでください。
- 概略計算式も利用してください。

照明負荷

照明による負荷は、照明器具の消費電力とします。

ただし、消費電力が不明の場合は、設計照度を基に表3-27を使用します。

照明負荷ｑE〔W〕の計算式

ｑE＝A×WL

A： 室面積〔㎡〕

WL：単位面積当たりの照明器具の消費電力〔W/㎡〕

表3-20 各室の設計照度と単位面積当たりの照明器具の消費電力 〔W/㎡〕

設計照度〔lx〕	室の名称	LED照明		蛍光灯		
		下面開放形	ルーバー有	下面開放形	ルーバー有	アクリルカバー有
750	事務室、上級室、設計室、製図室	10	11	16	18	25
500	電子計算室、会議室、講堂、厨房、監視室、制御室	7	8	11	12	17
300	受付、食堂	4	5	7	7	10
200	電気室、機械室、書庫、湯沸室、便所、洗面所、更衣室	3	3	5	5	7
150	階段室	2	3	4	4	5
100	玄関ホール、廊下、倉庫	2	2	3	3	4
75	車庫	1	2	2	2	3

建築設備設計基準（平成30年版）

照明負荷の計算式

照明器具の計算式	計算3-12	計算例
	qE＝A×WL A： 室面積〔㎡〕 WL：単位面積当たりの照明器具の消費電力〔W/㎡〕	A＝ 150 ㎡ WL＝ 8 W/㎡ ∴ qE＝ 1200 W

人体熱負荷

各室人員数は、表3-21の人員密度により算出します。

但し、在室人員に外来者を加えた人員数がこの値と大きく異なる場合は実状に合わせて補正を行ってください。

人体負荷　qH〔W〕の計算式

$$qH = qHS + qHL$$
$$qHS = n \times qHSP$$
$$qHL = n \times qHLP$$

qHS：　人体からの発生顕熱量〔W〕
qHL：　人体からの発生潜熱量〔W〕
qHSP：1人当たりの発生顕熱量〔W/人〕
qHLP：1人当たりの発生潜熱量〔W/人〕
n：　各室人員数〔人〕

表3-21 室内の人員密度および人体の発熱量

室　名	人員密度〔人/㎡〕	室内温度が28℃の場合		室内温度が26℃の場合	
		顕熱ＳＨ〔W/人〕	潜熱ＬＨ〔W/人〕	顕熱ＳＨ〔W/人〕	潜熱ＬＨ〔W/人〕
事務室	0.1～0.2　(0.15)	55	66	69	53
会議室	0.3～0.6　(0.5)	55	62	67	49
講堂	0.3～1.0　(0.7)	51	47	64	34
食堂	0.5～1.0　(0.8)	65	81	79	67

注）通常の場合は、（　）内の値を用いてもよいです。

人体熱負荷の計算式

	計算3-13	計算例
在室予想人員数の算定	n＝A×a A：　室面積〔㎡〕 a：　人員密度〔人/㎡〕	A＝ 50 ㎡ a＝ 0.2 人/㎡ ∴　n＝ 10 人
人体熱負荷〔W〕	**顕熱(SH)＝単位発熱量K1〔W/人〕×人数〔n〕** **潜熱(ＬH)＝単位発熱量K2〔W/人〕×人数〔n〕** K1：顕熱の単位発熱量〔W〕 K2：潜熱の単位発熱量〔W〕 ※表3-21参照	顕熱(SH) K1＝ 55 W/人 n＝ 10 人 ∴　ＳＨ＝ 550 W 潜熱(LH) K2＝ 66 W/人 n＝ 10 人 ∴　ＳＨ＝ 660 W

その他の内部発熱負荷

室内における事務機器による負荷は、その室の使用目的に応じて、また、ＯＡ機器導入計画等を考慮して計算します。ただし、複写機、大形事務機器等は、その都度負荷として計算します。

その他の内部発熱負荷　qM〔W〕の計算式

$$qM = qm1 + qm2$$
$$qm1 = P1 \times A \times \phi$$
$$qm2 = P2 \times \phi$$

qm1：事務機器、ＯＡ機器による負荷〔W〕
qm2：複写機、大形事務機器等による負荷〔W〕
P1：　事務機器、ＯＡ機器の消費電力〔W/㎡〕
　　一般事務室（＝10～15）、ＯＡ化を考慮した事務室（＝15～30）
P2：　複写機、大形事務機器等消費電力〔W〕
A：　室面積〔㎡〕
φ：　負荷率（≒0.6）

その他の内部熱負荷の計算式

	計算3-14	計算例
その他の内部発熱負荷〔W〕	qM＝qm1＋qm2 qm1：事務機器、ＯＡ機器による負荷〔W〕 qm2：複写機、大形事務機器等による負荷〔W〕	q m1＝ 300 W q m2＝ 1,080 W ∴ q M＝ 1,380 W
	qm1＝P1×A×φ qm2＝P2×φ P1：事務機器、ＯＡ機器の消費電力〔W/㎡〕 一般事務室（＝10～15） ＯＡ化を考慮した事務室（＝15～30） P2：複写機、大形事務機器等消費電力〔W〕 A：室面積〔㎡〕 φ：負荷率（≒0.6）	P 1＝ 10 W/㎡ A＝ 50 ㎡ φ＝ 0.6 ∴ q m1＝ 300 W P 2＝ 1,800 W φ＝ 0.6 ∴ q m2＝ 1,080 W

器具発熱負荷

	計算3-15
器具発熱負荷〔W〕	H＝qE×P×n〔W〕 H：負荷〔W〕 qE：単位負荷〔W/台〕 P：同時使用率〔%〕 n：台数〔台〕

計算例

機器名	qE	台数n	熱負荷〔W〕
パソコン	200	4	800
計			800

P＝ 0.7

∴ H＝ 560 W

3-12 室内発熱負荷

3-13 計算に必要な参考資料

空調負荷計算に必要な参考資料の主なものを示します。

Point

- 直接計算に必要な計算式や数値は、各自で収集しておいてください。
- 自分の便利グッズを蓄積していってください。経験値も含めてです。
- 忘れないためにも、各自で便利ノートの作成をお勧めします。

表3-22 吹出し温度差⊿tsの最高許容値

単位：〔℃〕

吹出し口取付高さ〔m〕		2	2.5	3	3.5	4	5	6
アネモスタット	円形	13.4	15.2	16.3	17	17.3	17.7	17.8
	角形	11.2	13.4	14.5	15	15.6	15.9	16.2
天井ライン型	SL形	5.3	6.7	7.8	8.6	9.2	10	10.6
パン型		10.3	11.2	12.1	12.9	13.7	15.4	17.1
ユニバーサル	風量大	6.4	7.4	8.4	9.2	10.1	12	13.8
	風量小	9.2	10	11	11.9	12.9	14.8	16.6

表3-23 天井高の高い室での貫流負荷割増係数

強制対流暖房	1.05～1.1
自然対流暖房	1～1.05
放射暖房	1（床暖房）
	1～1.05（天井暖房）

表3-24 必要外気量（外気負荷）

	事務室	レストラン デパート	会議室	劇場 観客席	アパート・住宅 ホテル客室	ロビー 入口ホール
推奨値	5	10	15	25	3	3
最小値	3	6	10	25	2	2

外気全熱負荷

計算式
qo'=(1-η)qo qo:全熱交換器を用いない場合の外気全熱負荷〔W〕 η:全熱交換器の効率 ＊回転式の場合は75%(風速3m/sec、給排気風量比1.0)。 ＊静止式の場合は60～65%。

空調の風量計算

	計算3-16	計算例
風量計算	Q=3600qs/1.206⊿T Q：必要風量(給気量)〔㎥/h〕 qs：室内顕熱負荷〔kW〕 ⊿T：室温と吹出し空気温度との差〔K〕 ＊温度差の場合⊿T=⊿tとする。	qs＝ 4.5 kW ⊿T＝ 5 ℃ ∴ Q＝ 2,687 ㎥/h 45 ㎥/min
	Q=qs/0.29⊿t ※現在は、SI単位を使用するので不採用です。	qs＝ 3900 kcal/h ⊿T＝ 5 ℃ ∴ Q＝ 2,690 ㎥/h 45 ㎥/min

必要送風量

	計算3-17	計算例
必要送風量	**■冷房時** Q＝3600SH／Cp×ρ(tr－ts) ＝SH／0.33(tr－ ts) **■暖房時** Q＝3600SH／Cp×ρ(ts－tr) ＝SH／0.33(ts－tr) Q：送風量〔㎥/h〕 SH：室内顕熱負荷〔W〕 Cp：空気の定圧比熱≒1000[J/(kg・K)] ρ：空気の密度＝1.2kg/㎥(標準空気20℃) tr：室内温度[℃] ts：送風温度[℃]	**■冷房時** SH＝ 4500 W tr＝ 26 ℃ ts＝ 21 ℃ ∴ Q＝ 2,727 ㎥/h 45.5 ㎥/min **■暖房時** SH＝ 4500 W tr＝ 22 ℃ ts＝ 27 ℃ ∴ Q＝ 2,727 ㎥/h 45.5 ㎥/min

熱負荷計算

＊ 計算数値は参考値です。

室内負荷		室記号	105	階	1	室名	事務室	
室面積	130.5 ㎡	階高	m	天井高	2.8 m	室容積	365.4	㎡
温湿度条件	夏 DB 26℃ RH 50% x＝ 0.0105			冬 DB 22℃ RH 40% x＝ 0.0066				

	方位	構造体の種類	寸法[m×m]	面積A[㎡]	熱通過率K	夏期 9時 温度差[℃]	9時 間欠運転係数	9時 冷房負荷[W]	12時 温度差[℃]	12時 冷房負荷[W]	14時 温度差[℃]	14時 冷房負荷[W]	16時 温度差[℃]	16時 冷房負荷[W]	冬期 ⊿t[℃]	方位係数	暖房負荷[W]
壁体負荷・ガラス面通過熱負荷	N	IW5	14.5＊2.8	40.6	2.7	1.74	1	191	2.46	270	2.61	286	2.25	247	6.06	1	664
	E	IW2	9＊2.8	25.2	2.8	1.74	1	123	2.46	174	2.61	184	2.25	159	6.06	1	428
	S	OW3	14.5＊1.1	15.95	1.2	4	1	77	7	134	11	211	12	230	20.2	1	387
	W	IW2	9＊2.8	25.2	2.8	1.74		123	2.46	174	2.61	184	2.25	159	6.06	1	428
	S	OG1	12.6＊1.6	20.16	6.3	5.8		737	8.2	1,041	8.7	1,105	7.5	953	20.2	1	2,566
	床	C-1		130.5	1.7	1.74		386	2.46	546	2.61	579	2.25	499	6.06	1	1,344
	天井	C-1		130.5	1.7	1.74		386	2.46	546	2.61	579	2.25	499	6.06	1	1,344
	構造体等負荷 小計					2,022			2,884		3,128		2,745		7,160		

	方位	ガラス種類	寸法[m×m]	面積[㎡]	9時 単位負荷	9時 冷房負荷[W]	12時 単位負荷	12時 冷房負荷[W]	14時 単位負荷	14時 冷房負荷[W]	16時 単位負荷	16時 冷房負荷[W]
ガラス日射負荷	S	OG1	12.6＊1.6	20.16	74.7	1,506	174.6	3,520	104.8	2,113	34.9	704
	ガラス面日射負荷 小計				1,506		3,520		2,113		704	

		照明負荷 qE[W]	潜熱LH [W]	顕熱 SH [W] 9時	12時	14時	16時	冬期 潜熱[W]	顕熱[W]
室内発生負荷	照明負荷	10		1,305	1,305	1,305	1,305	—	0
	人体負荷[人]	16	848	1,104	1,104	1,104	1,104	0	0
	機器一般[W]	15		1,958	1,958	1,958	1,958	—	—
	大型機器[W]	600		600	600	600	600	—	—
	その他[W]			0	0	0	0	0	0
	室内発生負荷 小計		848	4,967	4,967	4,967	4,967	0	0

			9時	12時	14時	16時	冬期
外気負荷[W]			890	979	957	944	1,039
計 [W]			10,232	13,197	12,012	10,207	8,199
集計	補正係数	余裕係数 (1.0～1.1)	1,023	1,320	1,201	1,021	820
		夏期：送風機負荷係数(1.05)	512	660	601	510	
		冬期：間欠運転係数(1.0～1.1)					820
		余裕係数×送風機負荷(間欠運転)係数	512	660	601	510	410
	室内全熱負荷合計 [W]		12,278	15,837	14,415	12,248	10,249
	単位面積当たりの負荷 [W/㎡]		94	121	110	94	79

第4章
空気線図

湿り空気線図とは、線図上に、乾球温度、湿球温度、露点温度、絶対湿度、相対湿度、エンタルピなどを記入し、その中から2つの値を求めることにより、湿り空気の状態が分かるようにした線図のことです。空気線図、湿度線図ともいいます。空気線図といえば、主に「湿り空気h－x線図」を指すのが一般的になっています。

線図から、空気の状態や熱的変化を知ることができます。

4-1 空気線図の基礎

空気線図は空気の状態を導く物差しです。

Point

- 線図の2項目の値が決まれば残りの特性値を求めることができます。
- 線図のような座標のことを斜交座標といいます。
- 空気線図に用いられる専門用語も覚えましょう。

湿り空気

水分を含んでいる空気のことを**湿り空気**と呼びます。これに対して、全く水分を含まない空気を**乾き空気**といいます。

空気線図

線図に示されている線について説明します。

乾球温度

垂直に伸びた線。一定の線が垂直ではなく傾いています。

湿球温度

斜めに伸びた線。

相対湿度

放射状に伸びた線。

絶対湿度

水平に伸びた線。

比エンタルピ

左上から右下に斜めに伸びた線。

比体積

斜めに伸びた線。空気1kgの体積〔m^3〕。

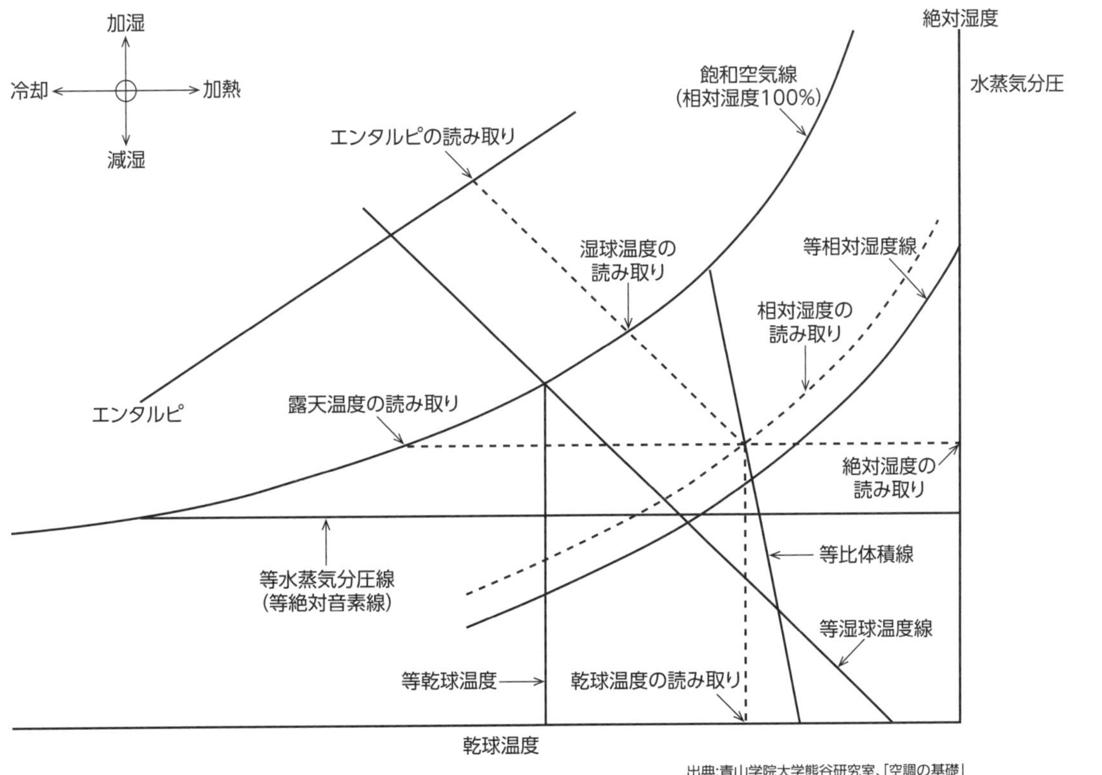

図4-1 湿り空気線図の見方

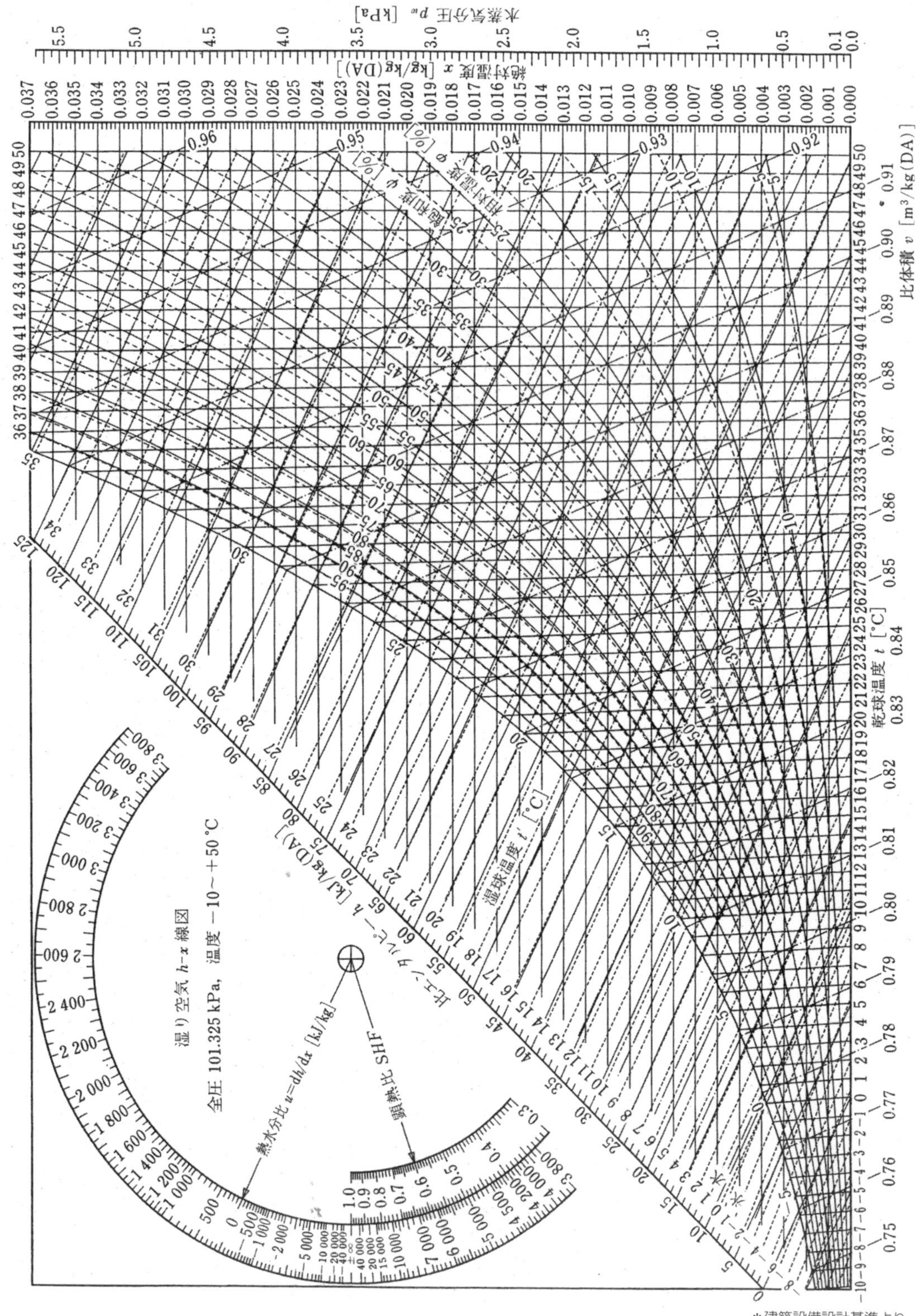

＊建築設備設計基準より

図4-2 湿り空気h-x線図（標準大気圧）

4-2 湿り空気の用語

空気線図に使われている用語の説明です。

Point

- ▶ 空気中に水蒸気を含んだ空気を湿り空気といいます。
- ▶ 用語を知れば、技術の擁護となります。
- ▶ 湿り空気は、乾き空気と状態によって変化する水分の量との混合した理想気体です。

湿り空気の用語

空気線図を読み解く際に理解が必要な用語を解説します。

乾球温度DB〔℃〕

空気の温度で、乾いた感熱部を持つ**温度計(乾球温度計)**で測った温度をいいます。一般に温度といえば**乾球温度**を指します。

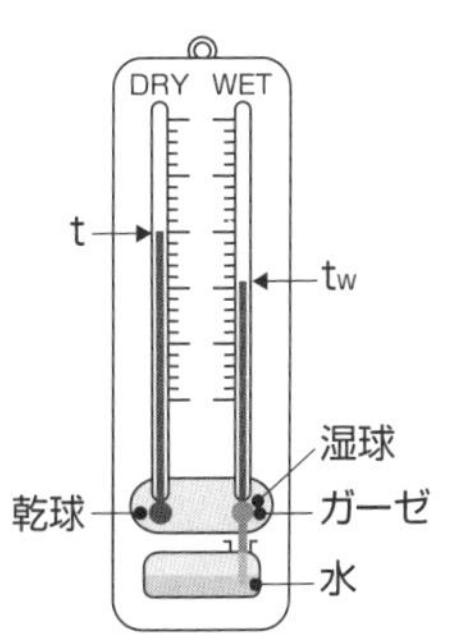

図4-3 乾球・湿球計

湿球温度WB〔℃〕

温度計の感温部を布で包み、その一端を水につけ、感熱部を湿らせた**温度計(湿球温度計)**で測った温度をいいます。

空気の温度と布の温度との差によって、空気から熱伝達があり、一方、湿球の水分の水蒸気分圧と空気中の水蒸気分圧の差による水分の蒸発があり、そのため蒸発の潜熱が水から空気へ移動します。その蒸発のために湿球の温度が下がり、熱伝達と蒸発とがつりあって湿球の温度が一定となります。これが**湿球温度**です。

絶対湿度x〔kg/kg'〕

湿り空気中に含まれている乾き空気1kgに対する水分の重量で、x〔kg/kg'〕で表します。湿り空気の諸状態量は、このx〔kg〕の水分と1kgの乾き空気との混合した湿り空気(1＋x)〔kg〕について表すことが一般的です。その場合、湿り空気の単位を特に〔kg'〕で表示します。

湿り空気の諸計算を行う場合、この乾き空気1kgと水分の合計重量を(1＋x)kg＝kg'と表示しますが、20℃の場合、最大で0.0148kgなので、1＋x≒1としています。

相対湿度RH〔%〕

湿り空気の水蒸気分圧とその温度における飽和空気の水蒸気分圧との比を百分比で示します。

計算式
相対湿度ψ=Pw/Pws×100〔%〕 Pw：その空気の水蒸気分圧〔kPa〕 Pws：その空気と同じ温度の飽和空気水蒸気分圧〔kPa〕

飽和度〔%〕

湿り空気の絶対湿度と、その温度における飽和空気の絶対湿度との比をいいます。

飽和空気とは、それ以上その温度では水蒸気を含むことができない状態のことで、このとき関係湿度は100%です。このときの温度は、その圧力での**飽和水蒸気圧**の温度と等しくなります。空調で扱われる湿度範囲では、相対湿度とほぼ一致します。

露点温度DP〔℃〕

ある湿り空気が冷たい面に触れ、その表面がくもって結露が生じた時、その表面温度をその空気の**露点温度**といいます。

比較湿度ψ〔%〕

湿り空気の絶対湿度xと、その温度における飽和空気の絶対湿度xsとの比を百分率で表したものを、**比較湿度**または飽和度と呼びます。比較湿度ψ〔%〕は次式で与えられます。

$$\psi = 100 \times (x/xs)$$

一般の空調で取扱う常温では、相対湿度と比較湿度とは実用的にはほぼ同じ値として考えてよいです。

飽和湿り空気

ある温度で最大限水蒸気を含んだ空気のことをいいます。

相対湿度100%で、状態点が空気線図で空気線図の飽和曲線より上にある状態になります。なお、湿り空気の水蒸気分圧が飽和水蒸気圧を上回っても、水蒸気が凝縮しないことがあり、これを**過飽和状態**といいます。

過飽和状態の水蒸気は不安定であり、微小な粒子などを核として急速に凝縮するか、低温の場合は凝固して氷晶となります。自然界ではこの現象により雲が発生しますが、人工降雨ではヨウ化銀などの微粒子を過飽和状態の空気中に散布して水蒸気の凝縮を促します。

湿り空気線図

定圧のもとで、空気の状態値や状態の数値および相互関係をグラフに描いたのが**湿り空気線図**です。この線図は、ある状態の2つの値が決まれば、線図上の1点として表示し、同時に残りのすべての状態値を知ることができます。

比エンタルピ

完全な乾き空気は、普通私たちのまわりにはありませんが、空気のことを調べていくときにはまずここからスタートしないと、空気のことはよく理解できないでしょう。

比エンタルピの「比」というのは「何かと比べた」という意味です。その「何か」とは0〔℃〕の乾き空気が持っている熱量のことです。

計算式
h=ha+hwx=1.006t+(2501+1.805t)x h:湿り空気の比エンタルピ〔kJ/kg(DA)〕 ha:乾き空気の比エンタルピ〔kJ/kg〕 hw:水蒸気の比エンタルピ〔kJ/kg〕 t:乾球温度〔℃〕 x:絶対湿度〔kg /kg(DA)〕

飽和水蒸気圧

乾き空気にどんどん、水を蒸発させていくと、あるところで限界になります。つまり、それ以上水を含むことができなくなるのです。このときの、水蒸気の圧力は、温度によって一定です。この圧力を**飽和水蒸気圧**といいます。

湿り空気はとても複雑な性質を持っていて、その状態を簡単に計算することができません。この飽和水蒸気圧が温度によって一意的に決まるという性質こそが、湿り空気を解き明かしていくうえでの最初の手がかりになってくれます。

水蒸気分圧

混合気体では、その1つの成分だけで全容積を占めると仮定したときに示すと予想される圧力を**分圧**といいます。各成分の分圧の和は、混合気体の圧力に等しくなります。湿り空気は乾き空気と水蒸気の混合気体と考えられるので、水蒸気の分圧を考え、pw〔kPa〕で表します。これと絶対湿度xとの関係は、次の式で表されます。

計算式
x=0.622×(pw/P-pw) x:絶対湿度〔kg/kg(DA)〕 P:湿り空気の全圧〔kPa〕

顕熱比

計算式
全熱=顕熱+潜熱 **顕熱比=顕熱/全熱**

別の表現ですれば、ある空間を冷房する場合、**顕熱負荷**が**全熱負荷**に占める割合をいいます。**SHF**(**装置顕熱比**)で表します。

4-2 湿り空気の用語

4-3 空気線図の基礎構成

空気線図の基本的な見方を説明します。

Point

- 空気熱の変化を空気線図で読み取りましょう。
- 空気線図マスターの秘訣は、何度も何度も線図をなぞって覚えることです。
- 空気線図は、空気のいろいろな情報が得られる非常に便利な図です。

空気線図の使い方

空気線図は、湿り空気がいろいろな状態にあるときのポイントを2次元座標にプロットしてチャートにしたものです。

○座標軸が斜めに交わっています。これを斜交座標といいます。

○水の3つの姿(水、氷、水蒸気)が、0.01℃の時に持つことができます(水の3重点)。

空気線図の見方

下図の略図を、空気線図になぞらえて、次の例題で確認しましょう。

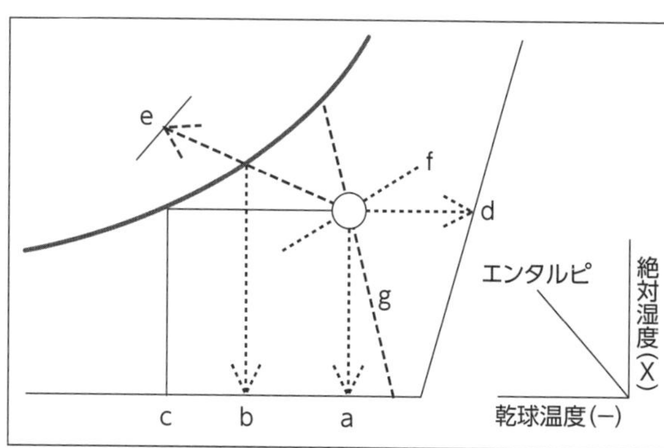

a:乾球温度(D、B)
b:湿球温度(W.B)
c:露点温度(D、P)
d:絶対湿度
e:エンタルピ
f:相対湿度(R、H)
g:比堆積

図4-4 湿り空気h-x線図の見方

【例題】

乾球温度24℃(a)、湿球温度17℃の時(b)、その空気の相対湿度(f)、露点温度(c)、絶対湿度(d)、比エンタルピ(e)、比容積(g)を求めてください。

【解答】

相対湿度:50%、露点温度:12.9℃、絶対湿度:0.0092〔kg/kg(DA)〕、比エンタルピ:8〔kJ/kg(DA)〕、比容積:0.854〔m^3/kg(DA)〕

空気の加熱

乾球温度17℃、相対湿度47%の空気を30℃まで暖めると、空気中の絶対湿度は変わらないので、露点温度一定で変化します。その状態変化は、下図に示され、加熱後の相対湿度は47～21%に減少し、かなり乾いた状態となります。

加熱前後の比エンタルピは32～44〔kJ/kg(DA)〕に増加します。すなわち、空気量が1kgであれば約12kJの加熱用エネルギーを必要とするのです。

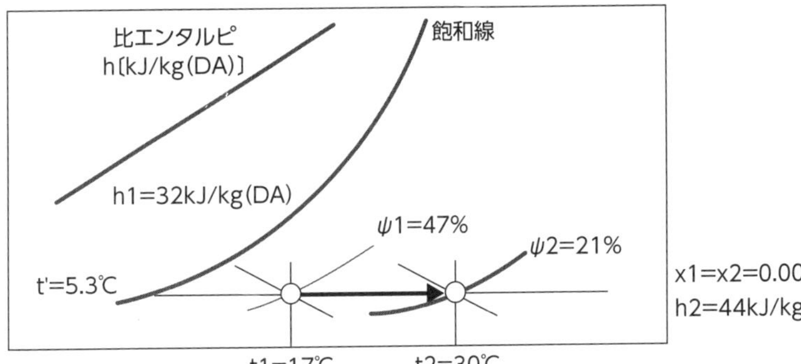

図4-5 空気の加熱の湿り空気h-x線図

空気の冷却

冷却面の温度が空気の露点温度より高ければ顕熱のみの変化となり、絶対湿度が変わらず加熱と逆の状態変化となります。これを**冷却**といいます。

冷却面の温度が空気の露点温度より低ければ、空気中の湿分が冷却器表面に露を生成し除却されます。このような変化を**冷却減湿**といいます。

除湿量

乾球温度27.5℃、相対湿度55%の空気を14℃まで冷却すると下図の変化となります。冷却後の相対湿度は88%、冷却(減湿)に必要な熱量は、比エンタルピの差 **h1－h2＝24〔kJ/kg(DA)〕**となります。

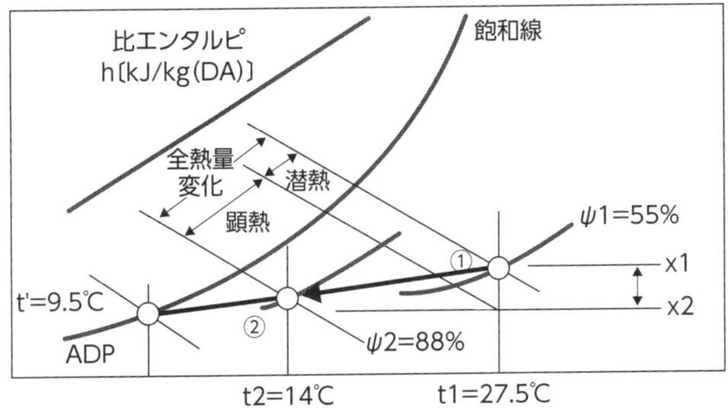

図4-6 空気の冷却の湿り空気h-x線図

4-3

空気線図の基礎構成

 顕熱比とバイパスファクタ

下図の空気の冷却減湿過程の始点①と終点②を直線で結び、延長したその直線と、飽和線の交点を**装置露点温度(ADP)**と呼びます。装置露点温度(ADP)は一般に冷却コイルの入出口温度の平均値とほぼ一致します。

また、①と②を結ぶ直線の傾きは**装置顕熱比(SHF)**といわれ、全熱量変化のうちの顕熱変化分の比率を表すものです。冷却コイル出口の空気の状態はこの線上のある点に止まります。それは装置露点温度上にある飽和空気と空気が全く冷却されずにもとの状態のまま冷却コイルのすきまを素通りした空気の混合状態で模式化できます。

素通り空気をバイパス空気、ADP上の空気をコンタクト空気と呼びます。バイパス空気の全空気に対する割合をバイパスファクタ(BF)といいます。

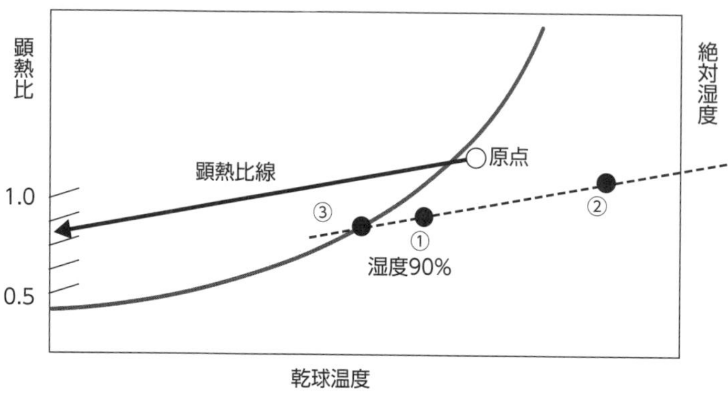

図4-7　顕熱比とバイパスファクタの湿り空気h-x線図

顕熱qSと潜熱qLは、負荷計算で求めます。

顕熱比は、SHF＝qS/qS＋qL＝qS/qT(全熱)から求めます。顕熱比が求められれば、左の縦軸に点をとり、それと原点とを結びます。

次に②がわかっているので、**顕熱比線**と平行に②を通る線を引きます。この線上に、吹出空気が乗ることになります。

では、この線上のどこに乗るのかというと、相対湿度90%の位置が①になります。これは、吹出空気が相対湿度90%で設計されるからです。

空気の除湿

湿度の高い日本では、食品、医薬品、塗装などの産業分野で広く除湿装置が利用されています。その目的は、材料･食品の品質維持、防錆、防カビ、乾燥および結露防止などです。

除湿の方法を、原理で分類すると、①**冷却式除湿**、②**吸着式除湿**、③**吸収式除湿**、④**圧縮式除湿**となります。

冷却式除湿

その空気の露点以下の温度の冷却面に空気が接すると、空気中の水蒸気が凝縮し露として除去できます。このような操作を除湿といいます。この操作では空気の冷却も同時に行われることとなるので、このプロセスを冷却減湿といいます。

下図は、乾球温度t1＝27.5〔℃〕、絶対湿度x1＝0.0127〔kg/kg(DA)〕の空気①を、t2＝14〔℃〕、x2＝0.088〔kg/kg(DA)〕まで冷却減湿したあと、初期温度t3＝27.5〔℃〕まで加熱した例です。

冷却減湿に要した冷却熱量が24〔kJ/kg(DA)〕で、加熱に要した熱量が50－37＝13k〔J/kg(DA)〕となり、除湿だけに用いた熱量はその差の11〔kJ/kg(DA)〕で、図中のAで表示されます。

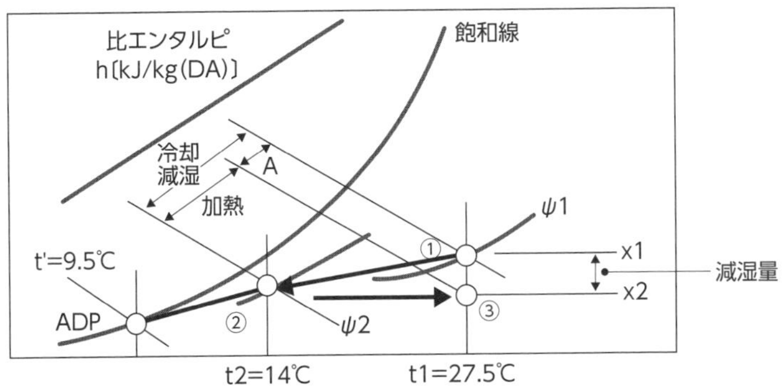

図4-8 空気の冷却の湿り空気h-x線図

吸着式除湿

シリカゲルや活性アルミナを用いて水分を固体吸着する方法を吸着除湿といいます。使用される各種の吸着剤の性質を下図に示します。

表4-1 吸着剤の種類

	活性炭	シリカゲル	活性アルミナ
見掛け比重	0.7～0.9	0.7～1.3	1.5～1.7
気孔率〔%〕	50～60	40～50	40～50
表面積〔m^2/g〕	500～800	600	200～350
水湿潤熱〔kJ/kg〕	39.8	121.8	59
再生温度〔℃〕	105～120	150～180	170～300

吸収式除湿

一般に多用されるものは、液体吸収剤を利用して空気中の水分を吸収するもので、吸収剤には塩化リチウム、トリエチレングリコール、臭化リチウム、塩化カリウムなどがあります。

圧縮式除湿

空気中に含み得る水分量は、その空気の圧力にほぼ逆比例して低下することを利用した除湿法を圧縮式除湿といいます。

空調プロセスの表示の仕方

ここでは、代表的な空調システムとして、**単一ダクト方式**について、空気線図上での動きについて説明します。下図の①～⑤は、冷房、暖房時のh－x線図のナンバリングと連動しています。

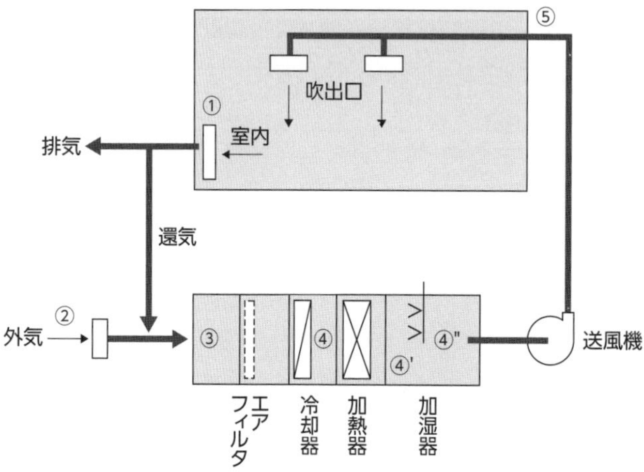

図4-9 単一ダクト方式

冷房

冷房時、室内空気①t1＝26〔℃〕、ψ1＝50〔%〕、外気②t2＝32〔℃〕、ψ2＝68〔%〕とし、室内空気と外気の混合割合を3：1とします。

混合後の空気は①と②を結ぶ直線上にあり、それぞれの質量比(G1/G2)の逆比に按分した点となり、その状態点③は、t3=27.5〔℃〕、ψ3=55〔%〕、h3＝61〔kJ/kg(DA)〕となります。この混合空気③を冷却器で冷却すると、その空気状態は装置露点温度(tADP＝9.5〔℃〕)へ向かって動き、BF＝0.2の点④まで冷却減湿され、その空気状態はt4=14〔℃〕、ψ4=88〔%〕となります。

この空気を送風機によって室内に供給すると、送風機の温度上昇とダクトでの熱取得により1～2℃の温度上昇があり、実際の空気⑤は約16℃で吹出口から室内に供給されます。

熱量的には全空気量G＝G1＋G2とすると、**室内負荷**＝(h1－h5)G、**外気負荷**＝(h3－h1)G、**冷却器負荷**＝(h3－h4)G、**送風機・ダクト取得熱量**＝(h5－h4)Gとなります。

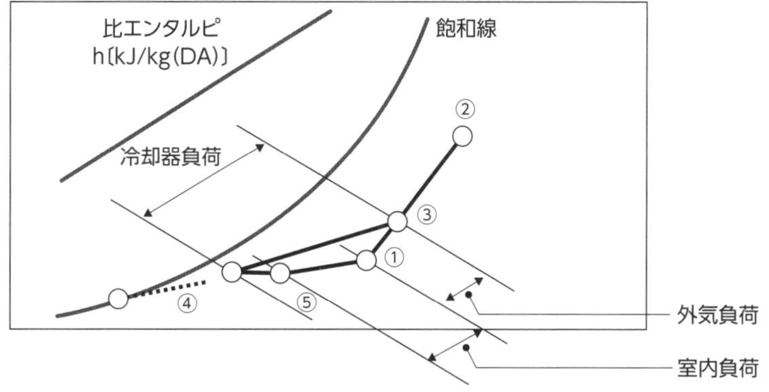

図4-10 空調プロセス（単位ダクト方式）冷房の場合

暖房

暖房時、室内空気①t1＝22℃、ψ1＝45%、外気を②t2＝2℃、ψ2＝38%とすると、混合後の空気③t3＝17℃、ψ3＝46%となります。この③の空気を、④'の空気状態t'4＝30℃まで加熱すると、ψ'4＝21%となり、これを室内潜熱負荷に見合う絶対湿度状態まで加湿します。

室内潜熱負荷は、すきま風漏入量や窓面での結露による湿度低下と人体からの湿分発生を差し引いて算定され、必要とされる吹出し空気状態④"が決定されます。

加湿方式として蒸気加湿で行った場合には、必要とされる状態点④"へ向けてt4"＝40℃、ψ4"＝30%と変化します。

また、加湿方式を循環水噴霧加湿で行った場合には、加湿量に見合う加熱が必要となり、加熱器出口温度はt'4＝36.2℃となります。下図に循環水噴霧加湿の空気線図上の動きを破線で示します。

この④"の空気を送風機で室内へ供給する時、送風機による温度上昇とダクトでの熱損失が同等であるとみなし、④"＝⑤で室内へ送られると考えることができます。

冷房時と同様、熱量的には、**室内負荷**＝(h5－h1)G、**外気負荷**＝(h1－h3)G、**加熱器負荷**＝(h4"－h3)G、**加湿器負荷**＝(h"4－h'4)G、**加湿量**＝(x4"－x4')Gとなります。

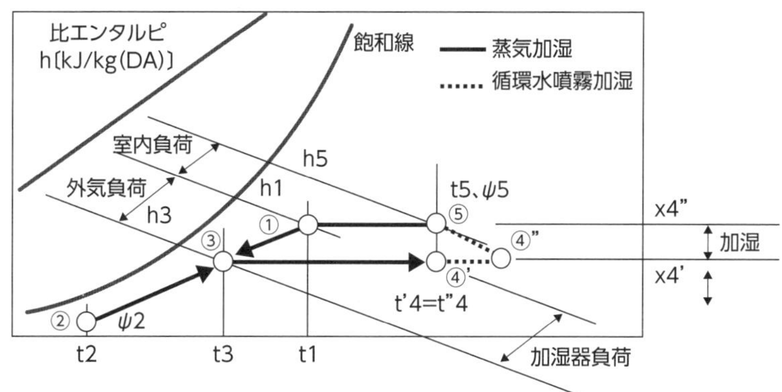

図4-11 空調プロセス（単一ダクト方式）暖房の場合

第5章 空調・熱源機器の負荷

装置負荷の要素は、空調方式によっても異なります。室内の熱負荷計算が求められると、空調機器装置負荷分を加算しなければなりません。正確にその数値を求めることは非常に難しいので、通常はパーセントの値によって簡便に求めています。計算漏れのないように簡便法を積み上げていきましょう。

5-1 空調機負荷

空調機負荷は、熱負荷計算＋装置負荷となります。

Point

- ▶ 空調機負荷では、装置負荷分を加えないと能力不足となります。
- ▶ 装置負荷の要素は、空調システムによっても異なります。
- ▶ 詳細計算が必要なものもありますが、通常は概略%値を用います。

空調機負荷とは

熱負荷計算では、室ごとの熱負荷計算をしたあとに、空調機等の選定を行いますが、室ごとの熱負荷計算の数値だけでは能力的な不足が発生します。種々のロスを加算して能力を決定する必要があるのです。それが**空調機負荷**です。

空調機負荷計算

空調機負荷は、下式により求めます。

	計算5-1	計算例
空調機負荷	qT＝qs＋qL＋qF＋qD＋qB＋qR qT：空調機負荷〔W〕 qs：室内顕熱負荷〔W〕 qL：室内潜熱負荷〔W〕 qF：外気負荷〔W〕 qD：ダクトにおける熱負荷〔W〕 qB：送風機負荷*〔W〕 qR：再熱負荷など*〔W〕 ＊暖房負荷計算の場合は計上しない。	qs＝ 1200 W qL＝ 800 W qF＝ 600 W qD＝ 120 W qB＝ 100 W qR＝ 80 W ∴ qT＝ 2900 W

ダクト(風道)系における熱負荷

ダクト系における熱負荷(qD＋qB)は、一般的には、下表のような室内顕熱負荷に対する%値によって簡便に求めて不都合はありません。

表5-1 ダクト系の熱負荷

給気ダクトが短い場合	5%
一般の場合	10%
高速ダクトなどの送風機静圧が高い場合	15%

ただし、詳細に検討する場合は、**ダクト材通過熱負荷**や**送風機負荷**によります。

また、コイル能力には、コイル内外面への汚れの付着等に起因する熱交換性能の低下や、将来の負荷増への対応等を考慮して、さらに10～15%の余裕を見込む場合もあります。

外気負荷

外気負荷は、外気量に外気と室内空気の比エンタルピ差を乗じて算出します。

外気負荷 qo〔W〕の算定

外気負荷の算定	計算5-2	計算例
	qo＝0.333Qo(hoj－hi)〔W〕 Qo：外気量〔m³/h〕 hoj：外気の比エンタルピー〔kJ/kg (DA)〕 hi：室内空気の比エンタルピー〔kJ/kg (DA)〕 N：人員数〔人〕 Qp：1人当りの外気量〔m³/h･人〕 (＝30 一般事務所の場合)	N＝ 30 人 Qp＝ 30 m³/h・人 ∴Qo＝ 900 m³/h hoj＝ 84.4 hi＝ 58.3 定数＝ 0.333 ∴ qo＝ 7,822 W

全熱交換器を用いる場合の外気全熱負荷qo'〔W〕

負荷の算定	計算5-3	計算例
	■全熱交換器を用いる場合 qo'＝(1－η)qo qo：全熱交換器を用いない場合の外気全熱負荷〔W〕 η：全熱交換器の効率 回転式＝75% 静止式＝60～65%	qo＝ 7,822 W η＝ 0.65 ∴ qo'＝ 2,738 W

表5-2 全熱交換器の種類

全熱交換器の種類	η値
回転式(風速3m/sec、給排気風量比1.0)	75%
静止式	60～65%

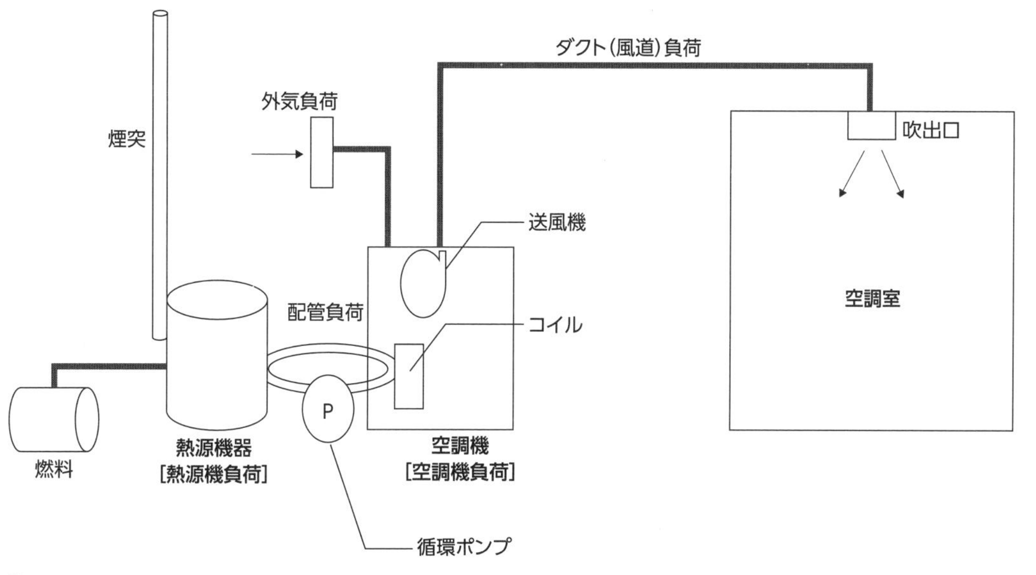

図5-1 空調機負荷概要図

加湿量

加湿量は、外気取入量とすきま風量の和に、外気と室内空気の絶対湿度の差を乗じて算出します。

	計算5-4	計算例
加湿量の算出	Gs＝1.2Qo (xi－xo)〔kg〕 xo：外気の絶対湿度〔kg /kg (DA)〕 xi：室内空気の絶対湿度〔kg /kg (DA)〕 Qo：外気取入量とすきま風量の和〔m³ /h〕	xi＝ 0.0015 kg /kg (DA) xo＝ 0.0013 kg /kg (DA) Qo＝ 1400 m³/h 定数＝ 1.2 ∴ Gs＝ 0.336 kg

ダクト材通過熱負荷

ダクトにおける熱負荷には、ダクト材(保温を含む)を通じて失う熱量と、空気漏えいによる損失があります。前者は、ダクト材の熱通過率・ダクト長さ･ダクト表面積等をもとにした定常伝熱の式から計算します。簡便に求めるには、室内顕熱負荷に対する%値で求めます。一般的には1 ～ 3%の範囲とします。

ダクトからの漏気量は施工に影響され、平均して5%前後、多いときは10%にもなるといわれており、無視できないので注意しましょう。この漏えい損失に対しては、送風量を割増し(通常は0 ～ 10%)をして対応します。

送風機負荷

送風機の発熱量は、送風機の圧力が高くなると、この負荷は室内顕熱の10%以上にもなりますので、注意が必要です。

5-2 熱源負荷の決定

空調機負荷と同様に、諸設備から発生する熱損失(取得)量を加算します。

Point

- 負荷計算は、概略値による計算が大半です。
- 初級者は、概略値ではなく詳細に数値を求めましょう。
- 熟練者としてのロスの概略値は日頃の技術の蓄積からです。

熱源負荷の要素

熱源負荷には、**空調スペースの負荷**と**外気負荷**とに分けられ、これに空調を行うための諸設備から発生する**熱損失(取得)量**を加えたものです。

空調スペースの負荷は、各室の負荷計算より算出されます。一般に空気搬送系からの熱損失(取得)は、この負荷計算の過程で概略値として計算される場合が大半です。

ここでは、概略値ではなく、詳細に求めることが必要な場合のための計算を述べます。

熱源負荷の計算

熱源負荷の計算手順とその説明を次に示します。

①負荷量の算出

空調スペース負荷(建物負荷、内部負荷)です。各室の熱負荷計算をし、系統ごとに集計され、ゾーン別熱源の最大負荷量を求めます。ここでまとまるのが「熱負荷計算書」です。

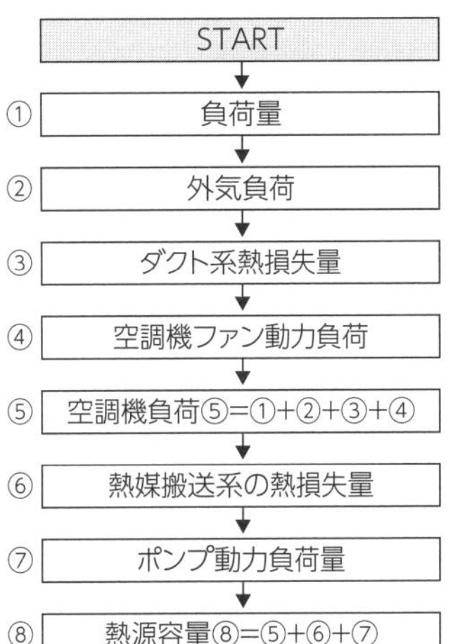

図5-2 熱源負荷の計算

②外気負荷の算出

換気のために室内に取り入れる外気の保有熱量(温度、湿度)を外気負荷といいます。全熱交換器を利用する場合は排熱回収分を計算します。

③ダクト系熱損失計算

ダクトからの空気漏れ、伝導熱損失量を計算します。ただし、ダクトが短い場合は無視します。

④空調機ファン動力負荷

送風機ファン動力による熱取得量を計算します。ファンの設置位置により計算式が異なります。

⑤空調負荷の算出

空調機負荷による機器の選定をします(ゾーンごと空調機の負荷、水量、コイル仕様などを選定する)。

⑥熱媒搬送系の熱損失量の計算

配管等の熱媒搬送系からの熱損失量を計算します。概算値は、冷水配管:0～2%、温水配管:2～7%、蒸気配管：5～10%です。

⑦ポンプ動力負荷量の計算

ポンプ動力による熱取得量を計算します。概算値は、空調機負荷の2～4%程度を上乗せします。

⑧熱源容量の決定

負荷を合計し、熱源機容量を決定します。最後に運転状況により異なりますが、間欠運転の場合は熱源機の立上がりに要する熱負荷を上乗せします。概算値は、冷凍機：5%、温水ボイラ：5～10%、蒸気ボイラ：5～15%です。

5-3 熱機器容量の決定

熱負荷計算後に熱源機等の選定を行います。

Point

- 負荷計算の数値では不足している、種々のロスを加算して能力を決定します。
- 負荷が足りないと機能が果たせませんが、多すぎると不経済です。
- 熱源機器には、立上がり負荷を忘れずに算入してください。

熱源負荷計算

熱源負荷は、下式により求めます。

	計算5-5	計算例
熱源負荷計算	qRM＝qT＋qP＋qPM＋qSA qRM：熱源負荷〔kW〕 qT：空調機負荷〔kW〕 qP：配管の熱損失〔kW〕 qPM：ポンプの負荷*〔kW〕 ＊暖房負荷計算の場合は計上しない。 qSA：装置蓄熱負荷〔kW〕 ＊空調機負荷の冷凍機＝0～5%、ボイラ＝5～15%	qT＝ 240 kW qP＝ 156 kW qPM＝ 0.8 kW qSA＝ 10 kW ∴ qRM＝ 406.8 kW

配管系の熱負荷および装置蓄熱負荷(qP＋qPM＋qSA)は、一般的に装置負荷の2～3%として差し支えありません。

配管材通過熱負荷

配管から周囲への単位長さ当たりの熱損失は、次式によって求めます。

	計算5-6	計算例
配管材通過熱負荷	qP＝(ti－tr)/R R＝1/2π{1/ro·α1＋1/λo×ln(r1/r0)＋1/λ1×ln(r2/r1)＋……＋1/λn(rn＋1/rn)＋1/n＋1×α2} qP：単位長さ当りの配管からの熱損失〔kW/m・h〕 ti、tr：配管内温度、周囲温度〔℃〕 R：配管の貫流熱抵抗〔kW/m·K〕 α1、α2：配管内側·外側の表面積伝達率〔W/㎡·K〕 r0、r1：円管の内外半径〔m〕 rn：各保温材の外半径〔m〕 λo：円管の熱伝導率〔W/m·K〕 λn：各保温材の熱伝導率〔W/m·K〕	ti＝ 45 ℃ tr＝ 38 ℃ R＝ 0.045 kW/m・K ∴ qP＝ 156 kW/m・K

一般には、空調機負荷に対して、下記の数値を上乗せします。

表5-3 空調機負荷に対する上乗せ

冷水配管	0〜2%
温水配管	2〜7%
蒸気配管	5〜10%

ポンプ負荷

ポンプの消費するエネルギーは、そのほとんどが管内の水中に散逸するものとみなしてよく、送風機と同様に次式で求めます。

	計算5-7	計算例
ポンプ負荷	qPM＝0.163×（γ・Q・H/ηp） qPM：ポンプからの熱負荷〔kW〕 γ：水の密度〔kg/㎥〕 Q：水量〔㎥/min〕 H：揚程〔m〕 ηp：ポンプ効率	γ＝ 1 kg/㎥ Q＝ 0.15 ㎥/min H＝ 15 m ηp＝ 0.45 定数＝ 0.163 ∴ qPM＝ 0.8 kW

一般には、冷房に対して空調機負荷の2 〜 4%程度を上乗せする場合が多いです。

装置蓄熱負荷（立上りに要する熱負荷）

機器の大小、立上り時間の設定、安全率の見方など、各社各人による判断が多様で、多くの慣用値が流布されています。一般には、空調機負荷に対して、右の数値を上乗せします。

表5-4 空調機負荷に対する上乗せ

冷凍機	0〜5%
温水ボイラ	5〜10%
蒸気ボイラ	10〜15%

熱源機器容量の決定

建物負荷は、時刻別最大負荷値を基準とします。規模の大小によって、負荷係数が異なる場合があるので注意が必要です。また、熱源機器別に、配管負荷や装置負荷も異なります。機器の、経年劣化も考慮しましょう。

①一般の空調設備は、間欠運転するものとし、その始動は、原則として必要開始1時間前とします。
②熱源機器の能力は、気象変化または使用勝手を考慮のうえ、建物時刻別負荷集計の最大値を基準として必要な補正を行い決定します。

冷熱源機器

	計算5-8	計算例
冷凍能力	HRC＝K1×K2×K3×K4×K5×qm qm：建物時刻別冷房負荷集計の最大値〔W〕 K1：ポンプ負荷係数 K2：配管損失負荷係数　(＝1.05) K3：装置負荷係数 K4：経年係数(＝1.05) K5：能力補償係数(＝1.05)	qm＝ 3,240 W K1, K2, K3 ＝ 1.05 K4＝ 1.05 K5＝ 1.05 ∴ HRC＝ 3,751 W
加熱能力	HRh＝K2×K3×K4×K5×qh qh：暖房負荷の集計値〔W〕 K2：配管損失負荷係数(＝1～1.05) K3：装置負荷係数(＝1～1.1) K4：経年係数(＝1.05) K5：能力補償係数(＝1.05)	qh＝ 3,240 W K2＝ 1,05 K3＝ 1,1 K4＝ 1,05 K5＝ 1,05 ∴ HRC＝ 4,126 W

パッケージ形空調機

	計算5-9	計算例
冷凍能力	Hc＝K4×K5×qm qm：建物時刻別冷房負荷集計の最大値〔W〕 K4：経年係数(＝1.05) K5：能力補償係数(＝1.05)	qm＝ 3,240 W K4＝ 1.05 K5＝ 1.05 ∴ Hc＝ 3,572 W
暖房能力・ヒートポンプ	Hh＝K4×K5×qh qh：暖房負荷の集計値〔W〕 K4：経年係数(＝1.05) K5：能力補償係数(＝1.05)	qh＝ 3,240 W K4＝ 1.05 K5＝ 1.05 ∴ Hh＝ 3,572 W
補助ヒーター容量	Hw＝Hh−Hho Hh：必要暖房能力(W) Hho：選定した空気熱源ヒートポンプ式パッケージ形空調機の使用条件における暖房能力〔W〕	Hh＝ 3,572 W Hho＝ 3,200 W ∴ Hw＝ 372 W

温熱源機器

	計算5-10	計算例
①熱交換器のない場合	H=K2・K3・K4・K5(q1+q2) K2：配管損失係数 (温水=1～1.05　蒸気=1～1.2) K3：装置負荷係数 (温水=1～1.1　蒸気=1～1.2) K4：経年係数(=1.05) K5：能力補償係数(=1.05) q1：暖房負荷(空調機負荷)〔W〕 q2：暖房以外の負荷(給湯等)〔W〕	q1 = 3,600 W q2 = 0 W K2 = 1.05 K3 = 1.1 K4 = 1.05 K5 = 1.05 ∴ H = 4,584 W
②熱交換器のある場合	H=(HE+K2・K3・K4・q3)K5 HE：熱交換器の交換熱量〔W〕 K2：配管損失係数 (温水=1～1.05　蒸気=1～1.2) K3：装置負荷係数 (温水=1～1.1　蒸気=1～1.2) K4：経年係数(=1.05) K5：能力補償係数(=1.05) q3：熱交換器を除く負荷〔W〕	HE = 3,000 W K2 = 1.05 K3 = 1.1 K4 = 1.05 q3 = 1,000 W K5 = 1.05 ∴ H = 4,423 W

5-4 外気負荷

換気のために室内に取入れる外気の保有熱量（温度、湿度）を外気負荷といいます。

Point

- ▶ 冷房期には外気を室内温度まで冷却減湿する冷房負荷となります。
- ▶ 暖房期には外気を室内温湿度まで加熱、加湿する暖房負荷となります。
- ▶ 外気取入れ制御による省エネルギーも考慮しましょう。

外気負荷の計算

外気負荷は下記計算式で求めます。

	計算5-11	計算例
外気負荷の計算	Los＝0.33×Qo×⊿t LoL＝0.83×Qo×⊿x Los：外気量による顕熱負荷〔W〕 LoL：外気量による潜熱負荷〔W〕 Qo：外気取入れ量〔m³/h〕 ⊿t：室内外乾球温度差〔℃〕 ⊿x：室内外絶対湿度差〔kg/kg(DA)〕	Qo＝ 3,000 m³/h ⊿t＝ 7 ℃ ∴ Los＝ 6,930 W ⊿x＝ 0.012 kg/kg (DA) ∴ LoL＝ 30 W

全熱交換器を用いる場合

	計算5-12	計算例
外気負荷の計算	■全熱交換器を用いる場合 Lo'＝(1－η)Lo Lo＝Los＋LoL Lo'：全熱交換器を用いる場合の外気全熱負荷〔W〕 Lo：全熱交換器を用いない場合の外気全熱負荷〔W〕 η：全熱交換器の効率 (回転式＝75%、静止式＝60～65%)	Lo＝ 6.960 W η＝ 0.65 ∴ Lo'＝ 2,436 W

表5-5 全熱交換器の効率

全熱交換器の種類	η〔%〕	条件
回転式の場合	75	風速:3m/sec、給排気風量比:1.0
静止式の場合	60～65	

5-5 ダクト系の熱損失

ダクト系の熱損失には、非空調空間(屋外を含む)を通過する場合や空気の漏えいによるものがあります。

Point

- ダクトが短い場合は無視します。
- 空気の漏えいも通常は無視します。
- 送風量のみ割増をし、特別な場合をのぞいてダクト系の熱損失は無視します。

ダクト系からの熱損失(取得)

ダクト通過熱負荷

ダクトにおける熱負荷は、ダクトが屋外や非空調空間を通る時に生じます。ダクトが短い場合は、この熱負荷は無視します。

ダクト通過熱負荷は、非空調空間を通るダクト表面積とダクト熱通過率を求め、非空調空間の温度を仮定して求めます。が、一般には簡便に、室顕熱負荷の1 ～ 3%程度と仮定することが多いです。

この他に、ダクトからの空気漏えいによる熱負荷も存在します。

表5-6 ダクト工法と空気漏れ量

ダクト工法	漏れ量
ピッツバーグ工法	5～10%
ボタンパンチ工法	10～15%

	計算5-13	計算例
ダクト通過熱負荷	$qD = qs \times \eta$ qD：ダクト通過熱負荷〔W〕 qs：室顕熱負荷〔W〕 η：負荷係数(=1 ～ 3%)	qs = 3,000 W η = 0.02 ∴ qD = 60 W

空気の漏れは、ダクトの施工精度にもよりますが、非空調空間での漏れが大きいと思われる場合は見込みますが、通常は無視して送風量のみ割り増しをして設計します。

送風機による熱負荷

<table>
<tr><th></th><th>計算5-14</th><th>計算例</th></tr>
<tr><td rowspan="3">送風機による負荷</td><td>■送風機のみ空調機内にあるとき
QF＝We

We：電動機出力〔W〕</td><td>We＝ 3.7 W
∴ QF＝ 3.7 W</td></tr>
<tr><td>■送風機・電動機とも空調機内にあるとき
QF＝We/ηm

QF：送風機による負荷 〔W〕
We：電動機出力 〔W〕
ηm：電動機効率(下表参照)

電動機効率

出力〔kW〕 ｜ 0～0.4 ｜ 0.75～3.7 ｜ 5.5～15
効率〔ηm〕 ｜ 0.6 ｜ 0.8 ｜ 0.85</td><td>We＝ 3.7 W
ηm＝ 0.8
∴ QF＝ 2.96 W</td></tr>
<tr><td>■送風量・送風機静圧および静圧効率がわかっているとき
QF＝2.8×10−4×QPs/ηs

Q：送風量〔m³/h〕
Ps：送風機の静圧〔Pa〕
ηs：送風機の静圧効率</td><td>定数＝ 2.8
係数＝ 0.0001
Q＝ 4000 m³/h
Ps＝ 60 Pa
ηs＝ 0.01
∴ QF＝ 6,720 W</td></tr>
</table>

5-6 冷却コイル負荷

熱交換器の熱交換部の熱損失負荷計算です。

Point

- 広義には冷却器と同義語として用いられます。
- コイルの能力は、空気入口温度、湿度、通過風速、主管内水速、フィンピッチ、材質、列数、水温差等の条件により変化します。

コイル負荷・加湿装置負荷計算法

空調機に要求される処理熱量

空調機に要求される処理熱量	計算5-15	計算例
	■空調機に要求される処理熱量 QAc＝qs＋qL＋qos＋qoL＋qF＋qD QAc：空調機に要求される処理熱量〔W〕 qs：室顕熱負荷〔W〕 qL：室潜熱負荷〔W〕 qos：外気顕熱負荷〔W〕 qoL：外気潜熱負荷〔W〕 qF：送風機による熱負荷〔W〕 qD：ダクト通過熱負荷〔W〕	qs＝ 100 W qL＝ 30 W qos＝ 45 W qoL＝ 15 W qF＝ 10 W qD＝ 5 W ∴ QAc＝ 205 W

冷房での空気状態変化計算

冷房での空気状態変化計算	計算5-16	計算例
	tD＝tR－(qs/0.33Q) xD＝xR－(qL/833Q) ts＝tD－{(qF＋qD)/0.33Q} xs＝xD tM＝koto＋(1－ko)tR xM＝koxo＋(1－ko)xR ko＝Qo/Q tD：室内吹出し空気温度〔℃〕 tR：室内温度〔℃〕 ts：送風空気(送風機入口)温度〔℃〕 to：外気温度〔℃〕 tM：混合空気温度〔℃〕 xD：室内吹出し空気絶対湿度〔kg /kg (DA)〕 xR：室内絶対湿度〔kg /kg (DA)〕 xs：送風空気(送風機入口)絶対湿度〔kg /kg (DA)〕 xo：外気絶対湿度〔kg /kg (DA)〕 xM：混合空気絶対湿度〔kg /kg (DA)〕 Q：空調機送風量〔㎥ /h〕 Qo：取入れ外気量〔㎥ /h〕 ko：外気量比	tR＝ 28 ℃ Q＝ 40 ㎥/h 定数＝ 0.33 定数＝ 833 xR＝ 0.014 kg/kg (DA) Qo＝ 20 ㎥/h to＝ 5 ℃ ko＝ 0.5 xo＝ 0.03 kg/kg (DA) ∴ tD＝ 20.4 ℃ ∴ xD＝ 0.0131 kg/kg (DA) ∴ ts＝ 19.3 ℃ ∴ xs＝ 0.0131 kg/kg (DA) ∴ tM＝ 16.5 ℃ ∴ xM＝ 0.022 kg/kg (DA)

冷却コイル負荷

	計算5-17	計算例
冷却コイル負荷	Qcc＝QAc Qcc：冷却コイル負荷〔W〕 QAc：空調機に要求される処理熱量〔W〕	QAc＝ 205 W ∴ Qcc＝ 205 W
冷却コイル通過風量	Qc＝Q{(tR－ts)/(tR－tc)} Qc：冷却コイル通過風量〔m³/h〕 tR：室内温度〔℃〕 ts：送風空気(送風機入口)温度〔℃〕 tc：冷却コイル出口空気温度〔℃〕	Q＝ 40 m³/h tR＝ 28 ℃ ts＝ 20 ℃ tc＝ 18 ℃ ∴ Qc＝ 32 m³/h

暖房での空気状態変化計算

	計算5-18	計算例
暖房での空気状態変化計算	0.00033Q(h2－h1)＝Lh1 1.2Q(x2－x1)＝L ∴ u＝(h2－h1)/(x2－x1)＝hL u：熱水分比〔J/kg〕 h1：加湿装置入口空気エンタルピ〔J/kg〕 h2：加湿装置出口空気エンタルピ〔J/kg〕 L：加湿量〔kg/h〕 hL：噴霧蒸気あるいは噴霧水のエンタルピ〔J/kg〕	Q＝ 120 m³/h h2＝ 0.045 J/kg h1＝ 0.044 J/kg x2＝ 0.004 x1＝ 0.003 定数＝ 0.00033 定数＝ 1.2 ∴ Lh1＝ 0.0000396 ∴ L＝ 0.144 kg/h ∴ u＝ 1 J/kg ∴ hL＝ 1 J/kg

加熱コイル負荷と再熱負荷

<table>
<tr><th></th><th>計算5-19</th><th>計算例</th></tr>
<tr><td rowspan="2">加熱コイルと再熱負荷</td><td>

■加熱コイル負荷
QHc＝0.333Q(tH－tM)
Qsp＝0.00033Q(hs－hH)
L＝3600Qsp/u
あるいは、
L＝(qL＋qoL)/694

QHc：加熱コイル負荷〔W〕
Qsp：加湿装置負荷〔W〕
tH：加熱コイル出口空気温度〔℃〕
tM：外気と設計室内空気との混合空気温度〔℃〕
Q：空調機送風量〔㎥/h〕
hs：要求送風空気(送風機入口)エンタルピ〔J/kg〕
hH：加熱コイル出口空気エンタルピ〔J/kg〕
L：加湿量〔kg/h〕
u：熱水分比〔J/kg〕
qL：室潜熱負荷〔W〕
qoL：外気潜熱負荷〔W〕

QAc＝QHc＋Qsp

QAc：空調機に要求される処理熱量〔W〕
</td><td>
Q＝ 120 ㎥/h
tH＝ 45 ℃
tM＝ 40 ℃
∴ QHc＝ 198 W

hs＝ 25 J/kg
hH＝ 18 J/kg
∴ Qsp＝ 0.2772 W

u＝ 6000 J/kg
∴ L＝ 0.16632 kg/h

qL＝ 100 W
qoL＝ 60 W
∴ L＝ 0.230548 kg/h

∴ QAc＝ 198 W
</td></tr>
<tr><td>

■再熱負荷
QHc＝0.33Q(ts－tc)

QHc：加熱コイル負荷(再熱負荷)〔W〕
ts：送風空気(送風機入口)温度〔℃〕
tc：冷却コイル出口空気温度〔℃〕
</td><td>
ts＝ 28 ℃
tc＝ 18 ℃
Q＝ 120 ㎥/h
定数＝ 0.33

∴ QHc＝ 396 W
</td></tr>
</table>

5-7 配管系等の熱負荷

配管内の熱媒による熱負荷は、正確に算出することは困難です。

Point

- 配管周囲温度や保温状態によって、配管熱損失は異なります。
- 経年劣化によっても異なるので正確な熱負荷計算は困難です。

配管系における熱負荷

配管系統の熱負荷

基本的には、冷温水などの熱媒温度と、配管系統の近傍空気との温度差⊿t〔℃〕と、配管・バルブ・断熱材などの熱通過率K〔kW/(m^2・℃)〕、および表面積S〔m^2〕の積和から、熱損失量(受熱量)Qp〔kW〕を求めます。

一般的概算値は、空調機負荷に対して、下表の数値を上乗せします。

表5-7 配管種目別上乗せ数値

配管種目別	上乗せ数値
冷水配管	0～2%
温水配管	2～7%
蒸気配管	5～10%

計算シート 熱負荷計算シート

＊計算数値は参考です。

No.	階	位置(場所)	管径 A〔mm〕	数量〔m〕	HASS107の2.7.4(2) a		
					被覆厚〔mm〕	1m当たりの熱損失[W/m]	熱損失〔W〕
14	1	機械室	100	160	40	10.2	1,632
		廊下	100	10	40	8.5	85
		シャフト	100	29	40	8.5	247
			80	21	40	7	147
			65	7	40	6.2	43
			50	207	40	5.2	1,076
		床下	32	900	30	4.4	3,960
	計 ①						7,190
	設計流量時の輸送熱量 ②						581,000
	熱損比 (①/②) 〔%〕						1.24

ポンプ入力による熱負荷

　ポンプの電動機の電力が、いずれ熱エネルギーとなって管内の水に伝えられます。この負荷は、冷房に対しては熱源負荷の増大を、暖房に対しては熱源負荷の軽減を意味します。一般的概算値として、空調機負荷の2～4%程度を熱源負荷として上乗せする場合が主流です。

立上りに要する熱負荷

　運転開始時の熱源負荷に上乗せされます。設定の見方や判断が多様で、一般には、下記の慣用値が用いられています。

表5-8　立上りに要する熱負荷

	空調機負荷に対する上乗せ数値〔%〕
冷凍機	0～5%
温水ボイラ	5～10%
蒸気ボイラ	10～15%

第6章 空調機器の設計

空調システムは、空調機、熱源機のボイラや冷凍機、ポンプ、配管、ダクトなどのさまざまな機器等で構成されています。本章では空調方式を把握しながら、空調機やボイラ、冷凍機、冷却塔などの主な機器について説明します。

6-1 空調設備の装置

空気調和の基本構成を説明します。

Point

▶ 空調機の種類は、多様な種類、形式があります。

▶ メーカーカタログや技術資料等を参照して、使用目的に合致した機器を選定しましょう。機器の設置面積や質量をよく検討しなければなりません。

空気調和設備の装置

空気調和を行う方式はたくさんあり、建物の使用目的や立地条件などによってそれぞれに適応した空調方式が採用されます。しかし、どの方式も空気調和の4要素をその目的にあった条件に調整し、この調和空気を室内に均一に分布させるのに必要な主機や補機、付属品などの装置をまとめて空気調和設備といい、基本的には空気調和装置(空気調和機)、熱源装置、熱運搬装置、自動制御装置により構成されます。

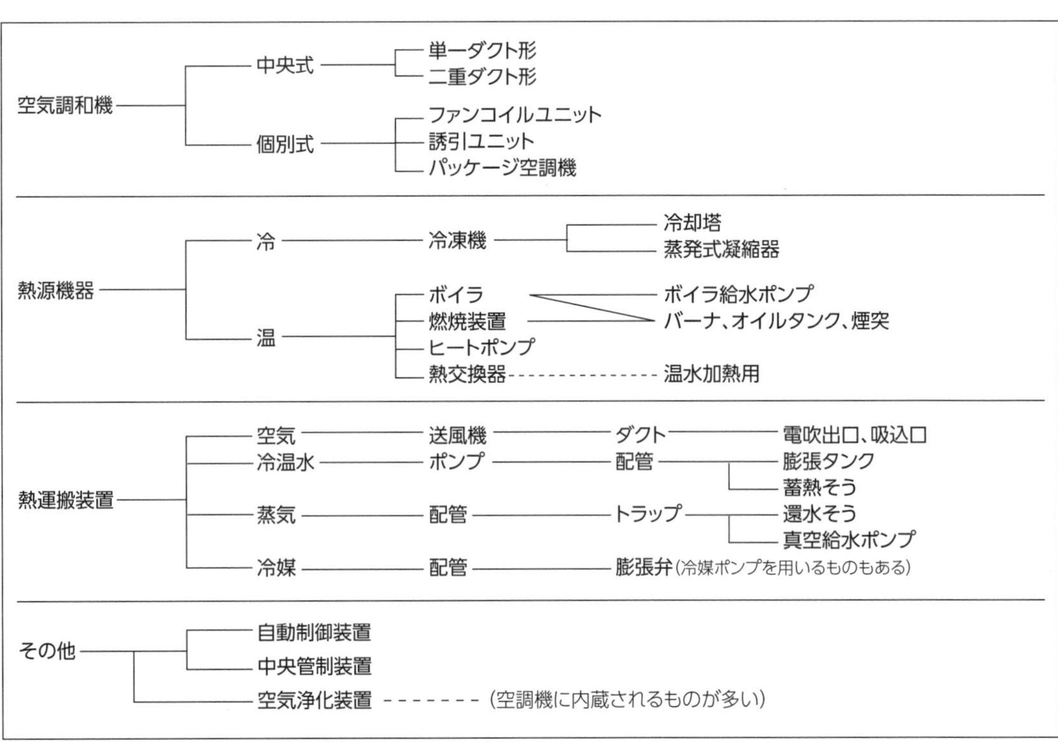

図6-1 空調設備に使用される機器構成

6-2 中央式空気調和機

中央方式に使用される主な空調機を示します。

Point

- エアハンドリングユニットは総合空気調和機です。
- 送風する空気を浄化し、その温度、湿度を調整する装置です。
- 送風機、冷却・加熱コイル、加湿器、エアフィルタおよびケーシング等から構成されます。

空気調和機の種類

中央式空気調和機

空気調和装置は空気を浄化、冷却・減湿、加熱・加湿を行うセクションですが、このセクションに送風機をセットし、各室内に送風するための機能を加味したものを**空気調和機**といいます。

空気ろ過器、**空気冷却器**、**減湿器**、**空気加熱器**、**加湿器**および**送風機**などの機器を、ケーシングにまとめたユニットを空気調和機といい、**中央式空気調和機**と**個別式空気調和機**とに大別されます。

中央式空気調和機は、全体制御方式やゾーン制御方式において、中央の空調機室に配置するものをいい、中央式空調機は施設形空調機、エアハンドリングユニット、**マルチゾーン空調機**に分類されます。

施設形空調機

現場組立て式空調機といい、大規模建物の中央空調機、または1次空調機として用いられる大形の空調機です。冷熱源(冷水)や温熱源(温水)の供給を受けて、空気との熱交換を行う熱交換部分(空気加熱器、空気冷却器など)と、空気をろ過したり送風する空気処理部分をそれぞれ単独に現場で組立て、その間を連絡ケーシングでつないで一体としたものをいいます。

マルチゾーン空調機

1台で数ゾーンの空調を行うようにしたものです。送風機は普通押込み式で、空気冷却器と空気加熱器とに空気を送り、出口でこの2つの空気をダンパで適当に混合して、そのゾーンの必要な送風温度に調整する調整ダンパセクションを数個組合せてマルチゾーン空調機はできています。

エアハンドリングユニット

空気調和ユニットともいい、中形、小形の中央式空調機の設備費の低廉、施工の省力化などの目的で、メーカー工場で各機器を1つのケーシング内に組込みパッケージ化したものをいいます。

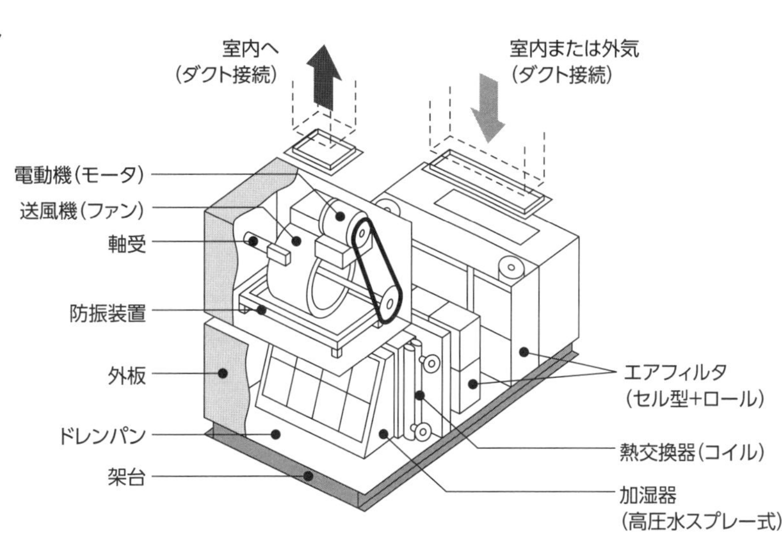

図6-2 エアハンドリングユニット

6-3 エアハンドリングユニット

送風する空気を浄化し、温度、湿度を調整する装置で、加湿除湿を含む総合空調機です。

Point

- 主として大規模空調に適用されます。
- ダクトにより調和空気を必要な室内に送気する機器です。
- 目的に合わせて空調機に組込む構成部品の組合せを変え、各現場ごとに設計されます。

エアハンドリングユニット

ファンを風量と静圧に応じてオーダーメイドするため、常に高効率域で設計が可能となります。また、日常のメンテナンス性を向上させることも可能です。

エアハンドリングユニットの設計手順

①形式構成決定

容量決定、設計作業に入る前に、空調機の種類、基本構成(冷却・加熱コイル構成、加湿装置の種類、エアフィルタ形式、混合箱の必要性等)をよく検討します。

②風量算定

一般事務室等(顕熱比SHF＝0.7～0.9)を対象とする冷房では、冷水入口温度を7℃程度とし、再熱コイルを設けないのが一般的です。ただし、顕熱比が著しく小さいか、湿度の制御精度が厳しく要求される場合には再熱コイルを考慮します。

③番手選定

④冷却加熱コイル選定

水加湿方式の場合や冷却コイル正面風速が3m/sec以上の場合には、エリミネータを設けます。

図6-3 設計手順

⑤加湿器選定

加湿に蒸気を使用する場合は、圧力50kPa以下の低圧蒸気加湿とします。

⑥エアフィルタの選定

エアフィルタの種類は、その目的と性能に合致したものを選定します。

⑦送風機の選定

外気と再循環空気を混合する必要のある場合は、混合箱を設けます。

⑧機器仕様のチェック

その他、材質(塩害、有害ガス等)、防音、防振、耐震、凍結防止など特殊な条件の有無を含め十分検討します。

⑨⑩

その他の事項も忘れずに確認してください。

 エアハンドリングユニットの分類

表6-1　分類法と種類

分類法	組立方法による分類	機能による分類	設置方法による分類	用途による分類
種類	現場組立形 ユニット形	単一ダクト形 マルチゾーン形 二重ダクト形 システム形	垂直形 水平形 懸垂形 (モータ直結形)	事務室用 電算室用 クリーンルーム用 外気処理用

機器選定法(ユニット形空調機の場合)

①風量によって形番を選定します。

②選定した形番のコイル正面面積を基準としてコイル類を決定します。

③加湿器を決定します。

④エアフィルタを決定します。

⑤送風機の各要素を決定します。

⑥コイル正面風速は2.5 ~ 3.0m/sec程度とし、メーカーカタログ等により形番を選定します。

チェックポイント

空調機は、処理風量と構成によりほぼ寸法が決定してしまいますので、形番決定の段階で、基本的な納まり、スペース等を必ずチェックしなければなりません。

 エアハンドリングユニットの算定

	計算6-1	計算例
送風量	**■送風量 Qs〔㎥/h〕** Qs=ΣQr=qrs/Cp×ρ(t1−t5) ≒qrs/0.33⊿tc Qr：各室送風量〔㎥/h〕 qrs：各室の時刻別室内冷房顕熱負荷の最大値〔W〕 Cp：空気の定圧比熱≒1.006KJ/kg・K ρ：空気の密度≒1.2kg/㎥ t1：室内空気温度〔℃〕 t5：吹出空気温度〔℃〕 ⊿tc：冷房吹出温度差〔℃〕	qrs= 11,520 W t1= 26 t5= 15.4 ⊿tc= 10.6 ℃ 定数= 0.33 ∴ Qs= 3,293.3 ㎥/h
コイル能力	**■コイル冷却能力 Hc〔W〕** Hc=0.278Qs×ρ(h3c−h4c) **■コイル加熱能力 Hh〔W〕** Hh=0.278Qs×ρ(h4h−h3h) Qs：送風量〔㎥/h〕 ρ：空気の密度≒1.2kg/㎥ h3c：コイル入口冷却空気の比エンタルピ〔KJ/kg'〕 h4c：コイル出口冷却空気の比エンタルピ〔KJ/kg'〕 h3h：コイル入口加熱空気の比エンタルピ〔KJ/kg'〕 h4h：コイル出口加熱空気の比エンタルピ〔KJ/kg'〕	定数= 0.278 Qs= 3,293.3 ㎥/h ρ= 1.2 kg/㎥ h3c= 50 KJ/kg' h4c= 40 KJ/kg' h3h= 30 KJ/kg' h4h= 35 KJ/kg' ∴ Hc= 10,986 W ∴ Hh= 5,493 W

加湿量	■加湿量 Gs〔kg /h〕 Gs=1.2Qs(X5－X4)/η Qs：送風量〔m³ /h〕 X5：加湿器出口空気の絶対湿度〔kg /kg '〕 X4：加湿器入口空気の絶対湿度〔kg /kg '〕 η：加湿率 (蒸気式=1.0、水噴霧=0.3、水加圧噴霧=0.4)	定数＝ 1.2 Qs= 3,293.3 m³/h X5= 0.007 kg/kg' X4= 0.0065 kg/kg' η＝ 0.3 ∴ Gs= 6.59 kg/h
	■蒸気加湿の加湿熱量 Hs〔W〕 Hs=k×Gs k：加湿常数 (≒2680 KJ/kg) Gs：加湿量〔kg /h〕	k= 2,680 KJ/kg Gs= 6.59 kg/h ∴ Hs= 17,652 W
冷温水量	■冷温水量 Lew〔L/min〕 Lew=14.3Hc/⊿twc Hc：コイル冷却能力〔KW〕 ⊿twc:冷水出入口温度差〔℃〕(通常は、5℃程度とする)	定数＝ 14.3 Hc= 10,986 kW ⊿twc= 5 ℃ ∴ Lew= 31,421 L/min
加熱蒸気量	■加熱蒸気量 G〔kg /h〕 G=Hh/628 Hh：コイル加熱能力〔W〕	Hh= 5,493.2 W ∴ G= 8.7 kg/h

 エアハンドリングユニットの容量

表6-2 エアハンドリングユニットの容量

風量〔m³/h〕	冷却能力 6列		加熱能力〔KW〕6列				機外静圧〔Pa〕 コイル列数（上段4列、下段6列）								
	水量〔L/分〕	能力〔KW〕	50〔℃〕	55〔℃〕	60〔℃〕	65〔℃〕	200 150	300 250	400 350	500 450	600 530	700 630	800 750	900 850	1000 950
2000	37	13	14.5	16.2	18.6	20.9	78Pa								
2240	42	14.5	16.2	18.6	20.9	23.2	0.75kw								
2500	47	16.2	18.6	20.9	23.2	26									
2800	53	18.6	20.9	23.2	26	29									
3150	60	20.9	23.2	26	29	32.5		88Pa							
3550	67	23.2	26	29	32.5	36.6		1.5kw							
4000	75	26	29	32.5	36.6	41.2								適用範囲外	
4500	83	29	32.5	36.6	41.2	46.5									
5000	93	32.5	36.6	41.2	46.5	52.3									
5600	105	36.6	41.2	46.5	52.3	58.1		117Pa							
6300	118	41.2	46.5	52.3	58.1	65.1		2.2kw							
7100	133	46.5	52.3	58.1	65.1	73.2									
8000	150	52.3	58.1	65.1	73.2	82.5									
9000	167	58.1	65.1	73.2	82.5	93			127Pa						
10000	187	65.1	73.2	82.5	93	104.6		3.75kw							
11200	210	73.2	82.5	93	104.6	116.2									
12500	234	82.5	93	104.6	116.2	130.2				137Pa			137Pa		
14000	267	93	104.6	116.2	130.2	145.3		5.5kw				7.5kw			11kw
16000	300	104.6	116.2	130.2	145.3	162.7								137Pa	

条件

- コイル面風速は2.5m/sec以下とする。
- 冷水温度は入口7℃、出口12℃とする。
- コイル入口条件：夏29℃（DB）、22℃（WB）、冬16℃（DB）
- エアフィルタは機外静圧として扱う。
- 水量、冷却能力、暖房能力はコイル列数が6列の場合を表しており、コイル列数が4列の場合は、これを1.12で除して求める。

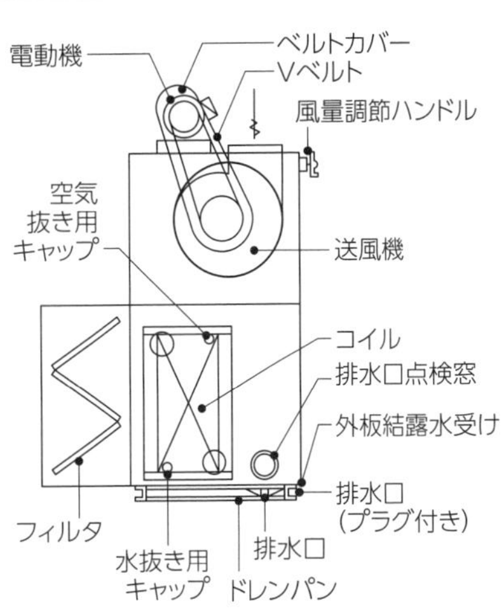

図6-4 エアハンドリングユニット

6-3 エアハンドリングユニット

6-4 パッケージ形空調機

エアハンドリングユニットと同じく、ケーシング内に各機器が組込まれています。

Point

- 事前に設置場所の検討をします。
- 多くの機種から適合したものを選定します。
- 能力設計条件は許容範囲内で選定します。

パッケージ形空調機

種類も多く、直吹形とダクト形の別があります。これら各種のものは、その形式により、冷却能力に対する風量や吸込空気条件の範囲が限定されますので、注意が必要です。それぞれの用途や目的に適合したものを選定してください。

パッケージ形空調機の選定手順

パッケージ形空調機は、多様な種類、形式がありますのでメーカーのカタログや技術資料を参照して使用目的によく合致したものを選定します。

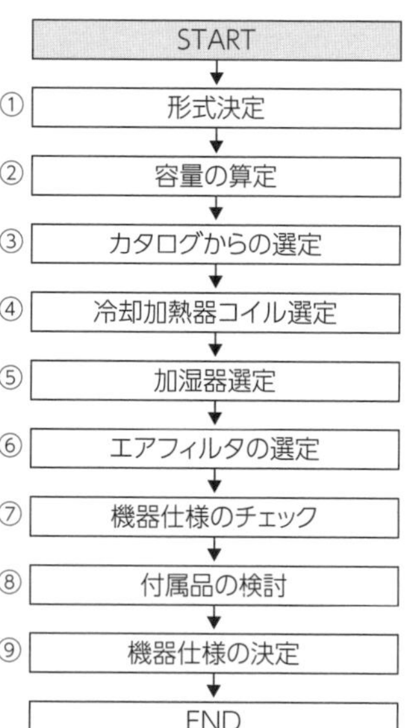

図6-5 選定手順

①形式決定

容量決定、設計作業に入る前に、空調機の種類、基本構成(冷却・加熱コイル構成、加湿装置の種類、エアフィルタ形式、混合箱の必要性等)をよく検討します。

②容量算定

選定基礎となる必要風量を算定します。

③カタログからの選定

風量算定のあと、送風機の番手を選定します。

④冷却加熱コイル選定

一般事務室等(顕熱比SHF＝0.7 ～ 0.9)を対象とする冷房では、冷水入口温度を7℃程度とし、再熱コイルを設けないのが一般的です。ただし、顕熱比が著しく小さいか、湿度の制御精度が厳しく要求される場合には再熱コイルを考慮します。

⑤加湿器選定

水加湿方式の場合や冷却コイル正面風速が3m/sec以上の場合には、エリミネータを設けます。加湿に蒸気を使用する場合は、圧力50kPa以下の低圧蒸気加湿とします。

⑥エアフィルタの選定

エアフィルタの種類は、その目的と性能に合致したものを選定します。外気と再循環空気を混合する必要のある場合は、混合箱を設けます。処理風量より送風機の番手を決定し、基本的な納まり、スペース等を考慮して選定します。

⑦機器仕様のチェック

送風機、冷却コイル、加熱コイル、加湿器、エアフィルタ等の機器仕様をチェックします。

⑧付属品の検討

標準的なもの以外に取付ける付属品があるかどうかを検討します。

⑨機器仕様の決定

その他、材質(塩害、有害ガス等)、防音、防振、耐震、凍結防止など特殊な条件の有無を含め十分検討し決定します。

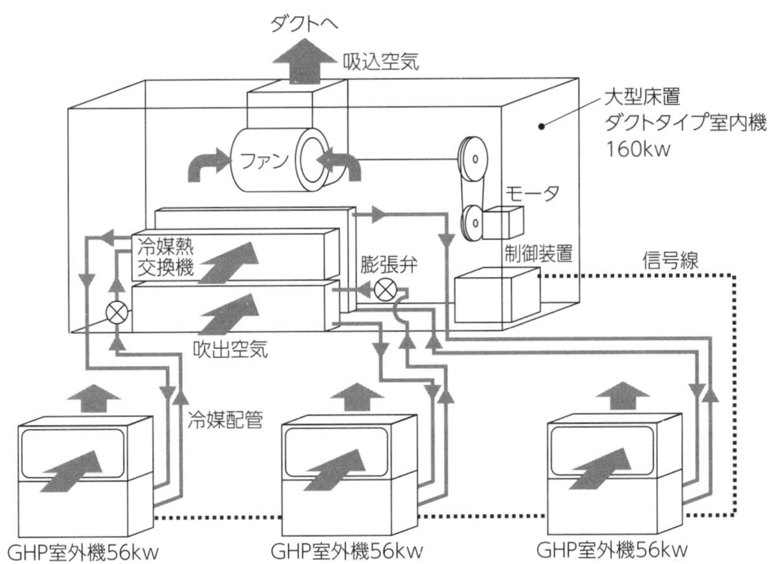

図6-6 パッケージ形空調機

機器選定法

①室内負荷と空調機の吸込み空気条件、冷却水条件等から必要な冷却(加熱)能力を満足するものをカタログから選定します。

②選定した機種の風量、機外静圧等の必要性能をチェックします。

③チェック後、機器を最終選定します。

パッケージ形空調機は規格品のため、必要能力と機器能力とは必ずしも一致しません。したがって、必要能力の許容範囲を確認し選定します。

パッケージ形空調機の種類と特徴

表6-3 パッケージ形空調機の種類と特徴

種類	能力範囲		使用法	使用箇所
	圧縮機容量〔kW〕	送風量〔m³/h〕		
水冷式	2.2～90	1400～60000	冷却塔と組合せて使用される標準形で、最も多く使用されています。	事務室、銀行、飲食店、店舗、医院など(1台当たり空調面積2000m²以下)。
空冷式	2.2～15	1400～11000	室内機と室外機に分割されます。冷却塔は不要です。	事務室、銀行、飲食店、店舗、医院など(1台当たり空調面積350m²以下)。
水熱源ヒートポンプ	2.2～30	1400～24000	井水が多量に利用できる場合に用いられます。	事務室、銀行、飲食店、店舗、医院など(1台当たり空調面積650m²以下)。
空気熱源ヒートポンプ	2.2～30	1400～22000	大気汚染防止に最適。寒冷地では暖房能力に不安あり。室内機と室外機に分割されます。	事務室、銀行、飲食店、店舗、医院など(1台当たり空調面積700m²以下)。
低風量用	15～90	9600～52000	潜熱負荷の大きい場合、外気取入れ量の多い場合、吹出し温度を下げてダクトを小さくしたい時などに使われます。	地下街、劇場、研究室、スーパーマーケットなど。
低温用	2.2～22	2400～27000	生鮮食料品などの貯蔵庫用として用います。室温10℃程度の特殊形です。	生鮮食品、穀物類・茶などの貯蔵庫、その他の低温室(10℃前後)。
全外気用	2.2～90	600～27000	病院の手術室のように全外気の空調を行う場所に使われます。	手術室、回復室、分娩室、研究所や製品工場などの全外気空調の場合に使われます。
電算機室用	3.75～22	9000～27000	電算機室用として、上吸込み下吹出しの構造です。	電算機室。

チェックポイント

①一般に冷房能力より暖房能力の方が小さいので、必ず設計条件での暖房能力をチェックします。

②空冷タイプの場合、室内機と室外機との距離、配置には冷媒配管長さと高低差に制限があります。この限界を超える場合は能力の減少となりますので必ずチェックします。

③室内に設置する場合は、騒音値をチェックします。

④標準付属品以外のエアフィルタを使用した場合は、内蔵送風機の静圧が不足しないかをチェックします。

⑤組込み可能な加湿器の容量や電気ヒータには、形番により限界がありますので注意します。

⑥冷房専用を設置する場合は、空調機の総容量と冷却塔の総容量は、特別な場合をのぞいて一致させるようにします。

6-5 空気熱源ヒートポンプパッケージ形空気調和機

空気を熱源とするヒートポンプパッケージエアコンです。水を熱源とする水熱型もあります。

Point

- ▶ 空冷型も水冷型も、冷媒充填量が同等です。
- ▶ 個別制御性に優れています。
- ▶ 水冷の方が空冷に比べて、高効率です。

空気熱源ヒートポンプパッケージ形空気調和機

表6-4 圧縮機屋内形

形番 ACP			8	14	20	28	40	56	63	80
定格冷房能力〔kw〕	50Hz		7.1	12.5	18	25	36	50	56	71
	60Hz		8	14	20	28	40	56	63	80
定格暖房能力〔kw〕	50Hz		8	13.2	21.2	26.5	40	56	63	80
	60Hz		9	15	23.6	30	45	63	71	90
圧縮機電動機出力〔kw〕			2.2	3.75	5.5	7.5	11	15	19.6	22
送風機	直吹形	電動機出力〔kw〕	0.4	0.4	0.4	0.75	1.5〜2.2	2.2〜3.75		
	送ダクト形	標準風量〔m³/分〕	22〜25	40〜45	60〜70	80〜90	130〜145	160〜200		
		電動機出力〔kw〕	0.4〜0.75	0.4〜0.75	0.75〜1.5	1.5〜2.2	2.2〜3.755	3.7〜5.5	5.5〜7.5	5.5〜7.5
		標準風量〔m³/分〕	22	40	60	80	130	165	200	240
		機外静圧〔Pa〕	29〜98	147〜245	147〜294	196〜392	245〜392	294〜490	343〜490	343〜490
	屋外電動機出力〔kw〕		0.13	0.15	0.55	0.72	0.8	1.2	1.4	1.6
法定冷凍能力〔t〕	50Hz		1.4	2.3	3.2	4.5	7.8	9	11	13.1
	60Hz		1.7	2.7	4.2	5.5	8.3	11	13.1	16
運転質量〔kg〕	屋内機		130	235	260	490	600	890	950	1000
	屋外機		50	90	120	140	260	330	440	450
暖房用補助電気ヒータ容量〔kw〕			2〜3	3〜5	5〜8	8〜10	10〜14	14〜18	18〜24	18〜24
加湿器	加湿能力〔kg/h〕		1.2	2.4	3.6	4.8	7.8	7.8	10.4	10.4
	消費電力〔kw〕	パン形	1	2	3	4	6	6	8	8
		超音波形	0.06	0.12	0.18	0.24	−	−	−	−

*温度条件は、JIS B 8616による。
*電動機出力は「以下」表示とする。
*電源は、三相200Vとする。

表6-5 圧縮機屋外形

形番 ACP		5	5.6	6.3	7.1	8	9.4	10	11.2	12.5	14	16	20
定格冷房能力〔kw〕	50Hz	4.5	5	5.6	6.3	7.1	8	9	10	11.2	12.5	14	18
	60Hz	5	5.6	6.3	7.1	8	9.5	10	11.2	12.5	14	16	20
定格暖房能力〔kw〕	50Hz	5	5.6	6.7	7.5	8	9	10.6	11.2	13.2	14	16	20
	60Hz	5.6	6.3	7.5	8.5	9	10.1	11.8	12.5	15	16	18	22.4
圧縮機電動機出力〔kw〕		1.5	1.6	1.8	2	2.2	2.5	3	3	3.75	3.75	4.5	5.5
送風機電動機出力〔w〕	屋内機	85	85	85	100	100	150	150	150	160	160	230	340
	屋外機	65	65	70	70	125	175	175	175	185	185	250	380
法定冷凍能力〔t〕	50Hz	0.8	0.9	1.1	1.2	1.4	1.5	2	2	2	2.2	2.4	3.4
	60Hz	0.9	1.1	1.5	1.6	1.7	1.8	2.6	2.6	2.6	2.7	3	4.2
暖房用補助電気ヒータ容量〔kw〕		1.6	1.6	2.1	2.1	2.1	2.1	2.1	2.6	3.5	3.5	3.5	5.1
加湿器	加湿能力〔kg/h〕	1.2	1.2	1.2	1.2	1.2	1.2	1.2	1.2	1.2	2.4	2.4	3.6
	消費電力〔kw〕	1	1	1	1	1	1	1	1	1	2	2	3

*温度条件は、JIS B 8616による。
*電動機出力は「以下」表示とする。
*電源は、三相200Vとする。

表6-6 JIS B 8616による空冷式ヒートポンプの温度条件

	室内側空気状態		室外側空気状態	
J冷房	27℃ DB	19℃ WB	35℃ DB	–
暖房	20℃ DB	–	7℃ DB	6℃ WB

*室内外ユニット間の冷媒配管は片道5m水平とする。

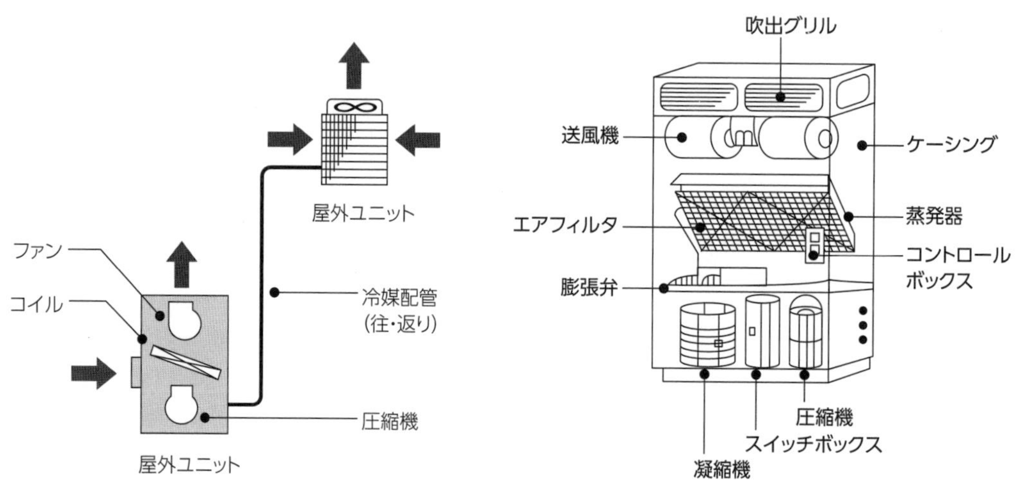

図6-7 空気熱源ヒートポンプパッケージエアコン 図6-8 水熱源ヒートポンプパッケージエアコン

6-6 ファンコイルユニット

ファンコイルユニットの設置で、省エネ空調も可能になります。

Point

- 種類は設置場所で選定しましょう。
- 機器の騒音チェックを忘れずに行いましょう。
- 熱負荷と気流にも注意しましょう。

ファンコイルユニット

室内から空気をとり、エアフィルタで塵埃を取りのぞき、水熱源の熱交換器で温度・湿度を調整し、送風機で空調場所へ送風する、比較的小型で簡易な空調機です。

選定手順

①形式決定

室内のどこに設置するのがよいのか、その設置場所で形式が決まります。

②容量の算定

一般には、冷水出入口温度差と全熱負荷より水量を算出し、この水量と冷水入口温度、入口空気条件(DB、WB)とから顕熱負荷により形番を選定します。選定した形番で全熱能力と暖房能力をチェックします。冷水出入口温度差は、標準の場合5℃、省エネ形の場合は8～10℃程度です。

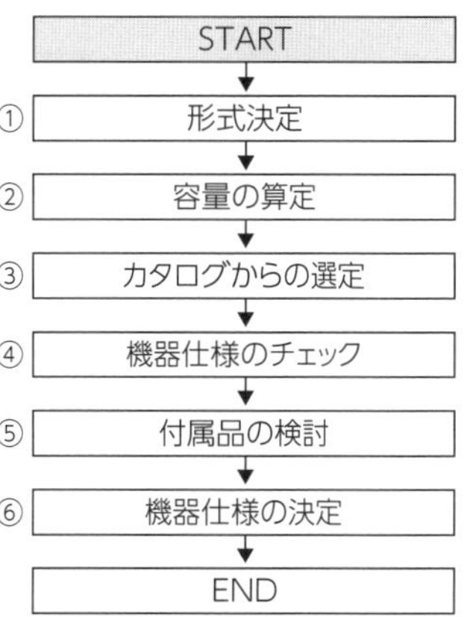

図6-9 選定手順

③カタログからの選定

1台当たりの水量や能力があまりに大きい場合は、台数を増やすなどの対処をします。

④機器仕様のチェック

メーカーのカタログにあるファンコイルユニットの能力表示は、一般に風量最大の場合であるので、騒音が問題となりそうな室では騒音をチェックします。多数のファンコイルユニットを選定する場合は、あらかじめ各形式、形番ごとに水量、能力等の選定基準を決定しておき、それに基づき各室の対応形番と台数を決定していくとよいでしょう。

⑤付属品の検討

リモコンやフィルタなどの付属品を検討します。

⑥機器仕様の決定

熱負荷の容量等で、熱負荷のみならず換気回数、配置などをチェックし、空気の分布上問題があれば、台数の増減を考慮します。台数を減らして1台当たりの容量を大きくとることのないように注意します。

ファンコイルユニットの種類

表6-7 ファンコイルユニットの区分

区分	種類
見え掛り区分	露出形、隠蔽形
設置形態区分	床置形、天井吊形、ローボーイ形、カセット形、壁掛形、ホテル形
性能区分	標準形、二パス形、二コイル形、高温度差小水量形、外気導入形、大容量形
その他	電気集塵器付形

■床置形ファンコイルユニット

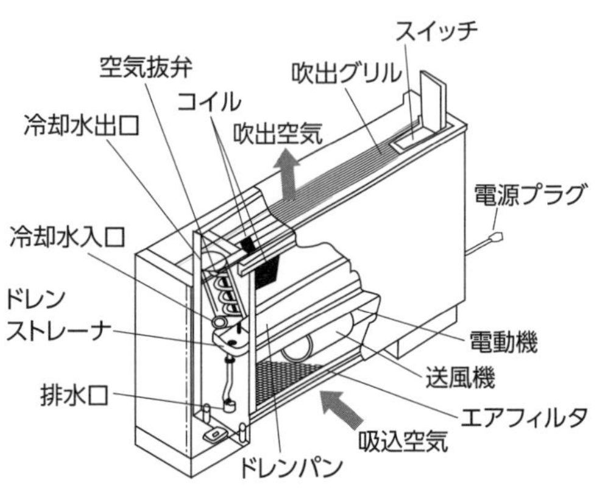

■天井吊り形ファンコイルユニット

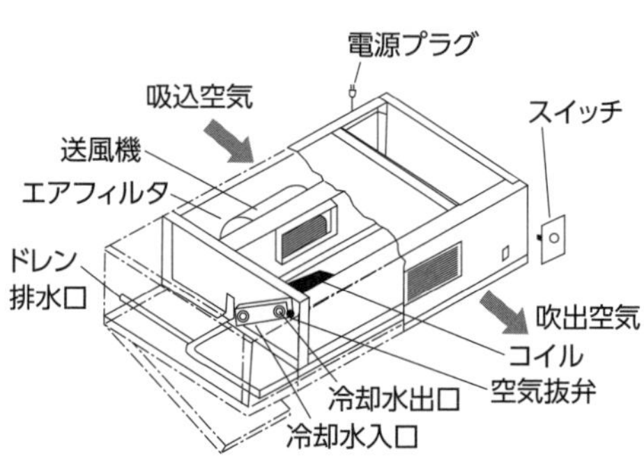

■床置ローボーイ形ファンコイルユニット（露出形）

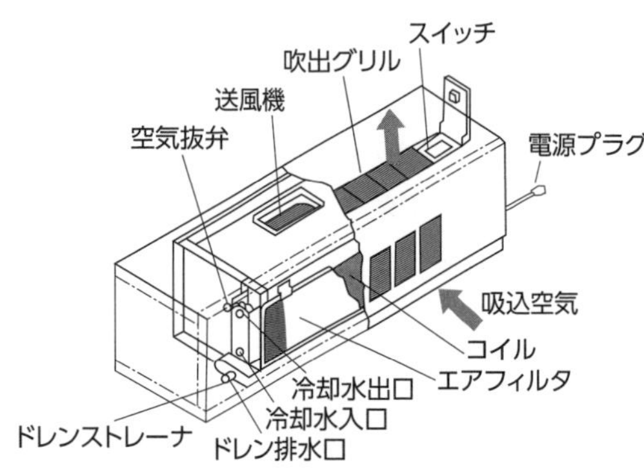

■天井カセット形ファンコイルユニット

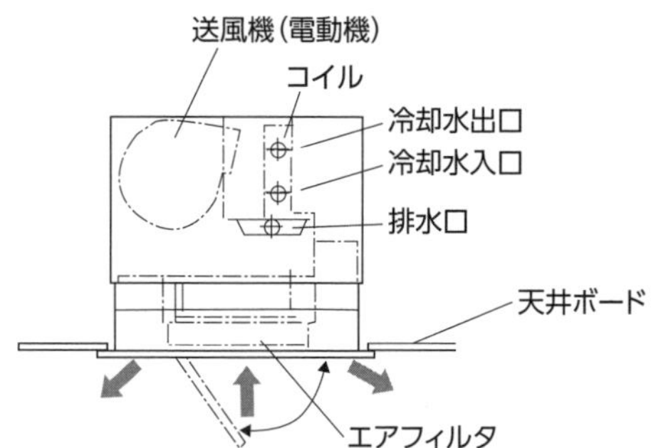

図6-10 ファンコイルユニットの例

表6-8 ファンコイルユニット（床置形・天井吊り形）

形番	風量〔m^3/h〕	騒音レベル〔dB(A)〕	冷房能力		暖房能力〔kW〕〔kcal/h〕	水量〔L/分〕	コイル損失〔KPa〕〔mH_2O〕	入力値〔VA〕	
			顕熱量〔kW〕〔kcal/h〕	全熱量〔kW〕〔kcal/h〕				50Hz	60Hz
FCU 2	>280	<36	>1.04	>1.33	>1.94	4	<13.7	<55	<60
			(900)	(1150)	(1670)		(1.4)		
FCU 3	>420	<39	>1.56	>1.99	>2.93	6	<17.6	<60	<65
			(1350)	(1720)	(2520)		(1.8)		
FCU 4	>560	<39	>2.09	>2.67	>3.91	8	<19.6	<65	<70
			(1800)	(2300)	(3370)		(2.0)		
FCU 6	>840	<41	>3.13	>4.01	>5.86	12	<24.5	<90	<100
			(2700)	(3450)	(5040)		(2.5)		
FCU 8	>1120	<42	>4.19	>5.33	>7.80	16	<28.4	<130	<140
			(3610)	(4590)	(6710)		(2.9)		

出典：国土交通省

表6-9 ファンコイルユニット（天井カセット形）

形番	風量〔m^3/h〕	騒音レベル〔dB(A)〕	冷房能力		暖房能力〔kW〕〔kcal/h〕	水量〔L/分〕	コイル損失〔KPa〕〔mH_2O〕	入力値〔VA〕	
			顕熱量〔kW〕〔kcal/h〕	全熱量〔kW〕〔kcal/h〕				50Hz	60Hz
FCU 2	>320	<40	>1.19	>1.52	>2.24	5	<15.6	<65	<70
			(1030)	(1310)	(1930)		(1.6)		
FCU 3	>480	<42	>1.80	>2.29	>3.34	7.5	<18.6	<75	<85
			(1550)	(1970)	(2880)		(1.9)		
FCU 4	>640	<43	>2.39	>3.05	>4.45	10	<22.5	<100	<110
			(2060)	(2630)	(3830)		(2.3)		
FCU 6	>960	<44	>3.59	>4.58	>6.69	15	<27.4	<130	<150
			(3090)	(3940)	(5760)		(2.8)		
FCU 8	>1280	<45	>4.79	>6.10	>8.91	20	<31.3	<170	<190
			(4120)	(5250)	(7670)		(3.2)		

出典：国土交通省

■天井カセット形

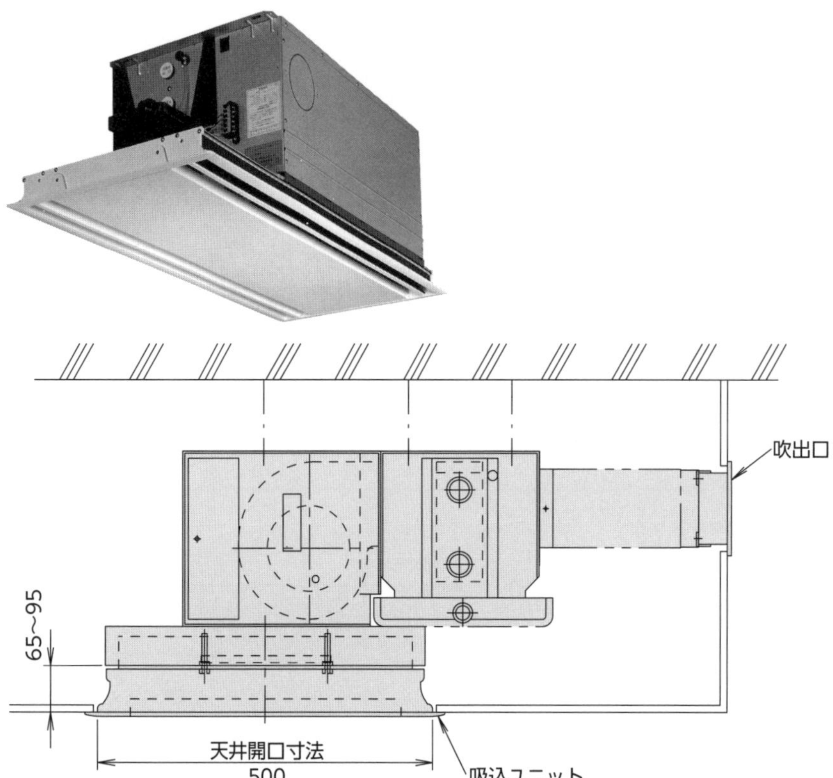

■天井埋込み形

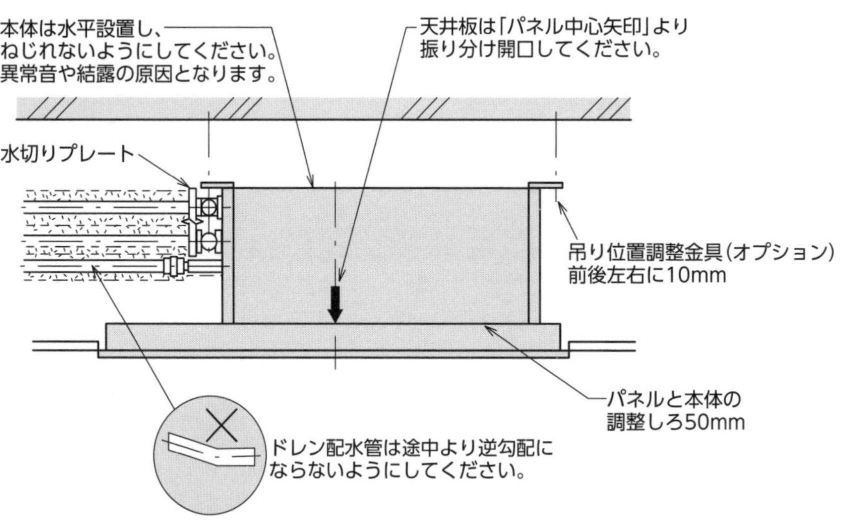

図版提供：木村工機株式会社

図6-11 ファンコイルユニット

6-7 冷却・加熱コイルの設計

さまざまな空調機に組込まれて使用されている熱交換器の熱交換部です。

Point

- コイルのメーカーをまず決定します。性能がメーカーにより異なるためです。
- 列数などは、過大にならぬよう、適正品を選定しましょう。
- 形状もさまざまなので、設置しやすいものを選定してください。

冷却・加熱コイルの設計

冷却コイルは、管内を流れる低温の水やブラインまたは冷媒によって管の外側の流体を冷却する熱交換部です。その逆に加熱する熱交換部を**加熱コイル**といいます。管が螺旋状(コイル状)に巻かれているものを指す用語ですが、これらに限らずさまざまな熱交換部を指して用いられています。

設計手順

冷温水コイルの設計手順

①形式決定

コイルの種類、形式には、エロフィンコイル、プレートフィンコイル、直膨コイル、ハイフィンコイルなどがありますが、空調で用いるのはほとんどがプレートフィンコイルです。

②風量の算定

コイル選定の時、風量、風速は標準空気として計算します。

③水量の算定

コイルの性能はメーカーによって異なりますので、あらかじめメーカーを決め、そのメーカーのカタログや技術資料によって選定をします。設計段階での計算は概略計算と考えてください。

④正面積算定

空気通過所要面積〔m^2〕= 風量〔m^3/h〕/通過風速2.0～3.0〔m/sec〕

START
① 形式決定
② 風量の算定
③ 水量の算定
④ 正面積算定
⑤ コイルサイズ決定
⑥ 伝熱係数決定
⑦ 濡れ面係数決定
⑧ 対数平均温度差決定
⑨ コイル列数決定
⑩ 空気圧損算出
⑪ 水圧損算出
⑫ コイル仕様のチェック
⑬ コイル仕様の決定
END
温水コイルの場合

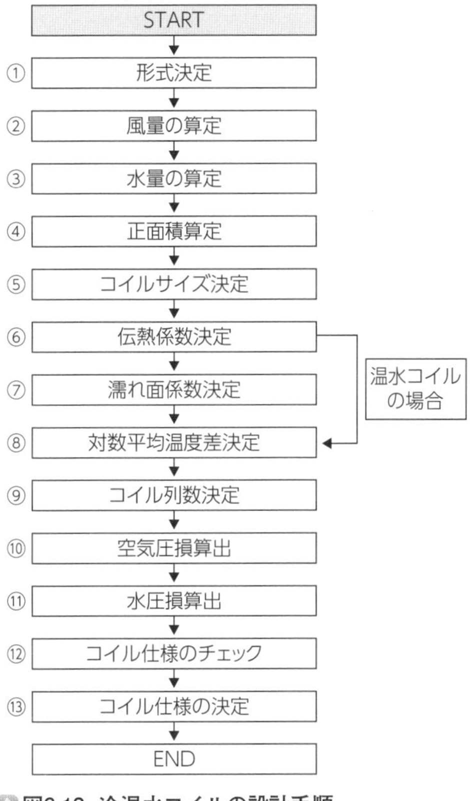

図6-12 冷温水コイルの設計手順

⑤コイルサイズ決定

冷温水コイルの列数は最大10列程度とするのが、空気の圧力損失からみて望ましいでしょう。

⑥伝熱係数、⑦濡れ面係数、⑧対数平均温度差の決定

メーカー製品カタログや技術資料より決定します。

⑨コイル列数決定

列数の決定に当たっては、空気の流れのムラやコイルの汚れ等による性能劣化を考慮して15%程度の安全率を見込みます。

⑩空気圧損、⑪水圧損の算出

メーカー製品カタログや技術資料より決定します。

⑫コイル仕様のチェックと⑬決定

コイルの材質、フィンピッチ等のチェックと設置場所(寒冷地域など)の適応などを考慮して決定します。

蒸気コイルの設計手順

蒸気コイルの設計手順は、冷温水コイルの設計手順に準じます。

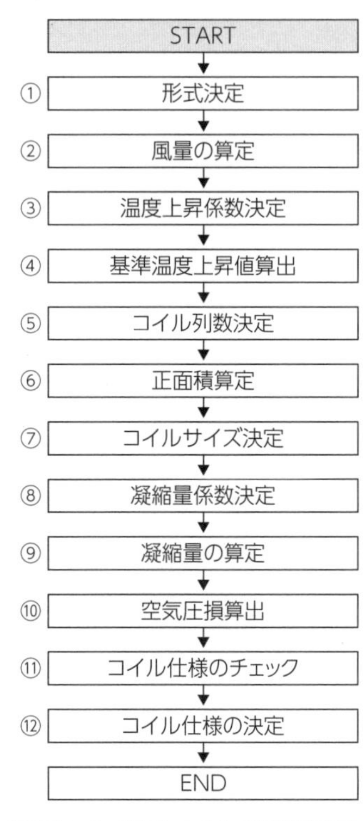

図6-13 蒸気コイルの設計手順

コイルの種類と形式

空調で用いられるのは、ほとんどプレートフィンコイルです。

表6-10 コイルの種類と特徴

種類	特徴	用途
エロフィンコイル	熱膨張に対応できる	蒸気コイルに適する
プレートフィンコイル	放熱面積が大きい	冷水・温水コイルに適する
直膨コイル	低い表面温度が得られる	低圧蒸気にも使われるパッケージ等冷媒コイル用
ハイフィンコイル	フィンとチューブが単一材となっている	化学工業用

空調機に組込まれるコイルの能力は、空気入口温度、湿度、熱交換器（コイル）通過風速、面風速、フィンピッチ、材質、列数、入口水温、水温差等の条件により変化します。

■プレートフィンコイルの標準寸法

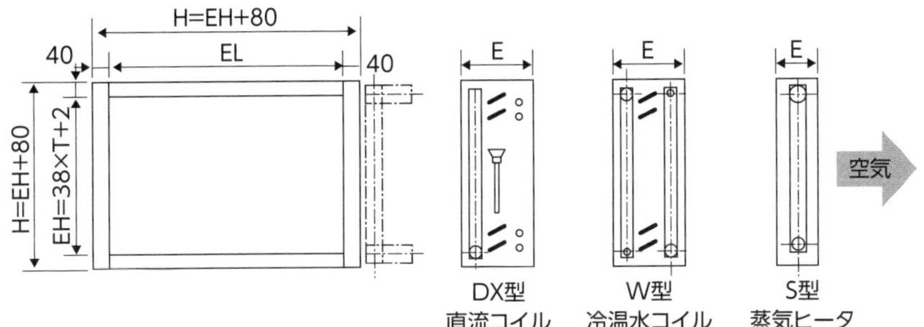

列数	1	2	3	4	6	8	10
Emm	200		280		360	440	520

図6-14 プレートフィンコイルの標準寸法

選定法

①コイルの性能はメーカーによって異なるので、あらかじめメーカーを決め、そのメーカーのカタログや技術資料によって選定を行います。設計段階での計算は概略計算と考えるべきです。

②冷温水コイルの列数は最大10列程度とするのが、空気の圧力損失からみて望ましく（低温の場合をのぞく）、それ以上となる時は、冷水条件、温水条件等を変更することも考えます。

③蒸気コイルは一般に1列か2列が標準品です。それ以上の列数を必要とする場合は個々に蒸気トラップを設けます。

④蒸気コイルは過大な容量のものを選ぶと制御性が悪くなるので、適切なものを選びます。コイル選定の時、風量、風速は標準空気として計算します。

チェックポイント

①冷温水入口温度と温度差

- 蓄熱方式の場合、コイル入口冷水温度は冷凍機出口冷水温度より高くなります。
- 冷水コイル兼用の温水コイルの場合、列数が比較的多くなるので、温水温度は低くてよいでしょう。

②コイル配置と通過風速

- 冷温水コイルの場合、カウンタフローを採用して対数平均温度差を大きくとるようにします。
- 外気用温水コイル等で管内流体が凍結を起こす恐れがある場合は、パラレルフローを採用します。
- 冷温水コイル通過風速は、2～3m/secとします（標準＝2.5m/sec）。
- コイルが濡れ面となり、風速が3m/sec以上になる場合には、エリミネータを取付けて水滴の飛散を防止します。
- 蒸気コイルの通過風速は、一般に3m/sec前後とします（最大＝5m/sec）。

③サーキットの選定

・サーキットの選定は管内流速によります。

・管内流速は0.6～1.5m/sec程度にします。

・シングルフロー(SF)の流速を1とすると、ダブルフロー(DF)は1/2となります。

④フィンピッチ

・フィンピッチ表示には25.4mm(1インチ)間のフィン枚数で示される場合もあります。

・コイル表面に霜ができる場合には、フィンピッチ4.2～13mmを用います。

・加熱のみの場合には、フィンピッチ2mm程度のものを採用してよいでしょう。

⑤コイルの材質

・管は銅を使用します。

・フィンは、アルミニウム、銅を使用します。

・酸分、塩分の多い空気の場合は、アルミニウムフィンは避けます。

⑥ヘッダの形式

・ヘッダおよび管ベンドの部分が取外しのできないもの(TH)、管ベンド部をプラグベンドとし、取外し清掃のできるもの(PB)、ヘッダ部分を取外し清掃のできるものもあります。

⑦その他

・列数の決定では、空気の流れムラやコイルの汚れによる性能劣化を考慮し15%程度の安全率を見込みます。ただし、算出列数が3列以下の時は、安全係数1.15を用いず下表によります。

表6-11 コイル算出列数3列以下の時の決定列数

算出列数	～0.39	0.40～1.13	1.14～2.25	2.26～3.00
必要列数	1	2	3	4

6-8 加湿器の設計

気化式、水噴霧式、蒸気式などがあります。

Point

- 気化式は、常温の水を蒸発させることにより加湿を行うものです。
- 水噴霧式は、常温の水を微細な水滴にすることにより加湿を行うものです。
- 蒸気式は、蒸気を利用して加湿する方式です。

加湿器

家庭用の加湿器には、**スチーム式**、**超音波式**、**気化式**、**ハイブリッド式**などがあります。機器内部に収容されている水分を空気中に放出し、加湿します。

加湿器の設計手順

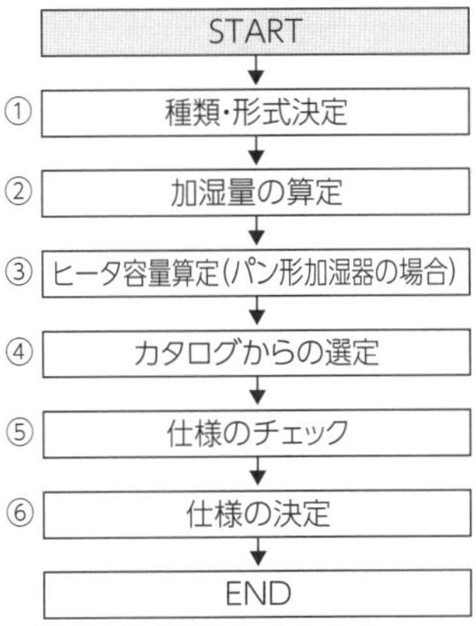

①種類・形式の決定

加湿器には種類も多く、それぞれの容量、制御性などの特徴があるので、使用条件や目的に最適なものを選びます。

②加湿量の算定

後述する「加湿器の容量算定」(154ページ)を参照してください。

③ヒータ容量算定

パン形加湿器の場合です。メーカー製品カタログより算定してください。

④カタログからの選定

②、③の計算データより、メーカーカタログから機種を選定します。

⑤⑥仕様チェックと決定

必要加湿量と空気条件、風量等の仕様に問題がないかのチェックを行います。

START
↓
① 種類・形式決定
↓
② 加湿量の算定
↓
③ ヒータ容量算定(パン形加湿器の場合)
↓
④ カタログからの選定
↓
⑤ 仕様のチェック
↓
⑥ 仕様の決定
↓
END

図6-15 設計手順

加湿器の種類と形式

表6-12 加湿器の主な形式

形式		構造・原理	特徴	適用
方式	名称			
蒸気式	ノズル式	生蒸気の飽和蒸気をノズルより噴射する。	●高湿度を得やすい。 ●コストは安い。 ●清かん剤成分が粉塵になる。	蒸気のある場合の一般的な空調の加湿
	蒸気拡散管式	絞り現象を利用して飽和蒸気を加熱蒸気に変えて噴射する。	●臭気、粉塵がない。 ●高価であり取扱いに要注意。 ●比例制御で高精度な湿度が得られる。	高精度な湿度制御の必要な場合
	蒸気発生式	電熱コイル、電極板、赤外線灯などで、水を加熱蒸発させる。	●安価・取扱いも簡単。 ●小形軽量で水処理の必要性なし。 ●スケール発生あり。	パッケージ用
気化式	回転式	水を含ませた給湿エレメントを回転させ蒸発させる。		ダクト内に取付け
	毛細管式	吸水性の高い繊維に毛細管現象によって水を含ませ蒸発させる。	●加湿材への不純物の堆積が速い。	ビル用マルチ
	滴下式	給湿エレメントに水滴を落として水を含ませ蒸発させる。	●送風温度が高いほど効果あり。	ダクト内に取付け
水噴霧式	高圧噴霧式	ポンプで水の圧力を上げて、小孔径ノズルから噴射する。	●粒子は粗いが安価。 ●制御性はよいが、シャフトシールからの漏水がある。 また、スケールによりつまりやすい。	蒸気のない一般的な空調での加湿
	超音波式	高周波振動で水を霧化する。	●良好な加湿ができるが、ON／OFF制御。 ●コストはやや高い。 ●給水のスケール処理費が高価。	パッケージ、エアハンドリングユニット、ファンコイル、室内直接用などに用いる
	遠心式	モータにより円盤を高速回転し、遠心力により水滴を霧状にする。		

加湿器の容量算定

	計算6-2	計算例
加湿器容量算定	**■蒸気噴霧の場合** Gs=1.2Qs(X1－X2) Hs=is×Gs/3600 Gs：加湿量〔kg /h〕 Hs：加湿熱量〔kW〕 Qs：送風量〔m³ /h〕 X1：加湿器出口空気の絶対湿度〔kg /kg (DA)〕 X2：加湿器入口空気の絶対湿度〔kg /kg (DA)〕 is：蒸気のエンタルピ〔kJ/kg (DA)〕	X1= 0.0082 kg /kg X2= 0.0061 kg /kg Qs= 10000 m³ /h 定数= 1.2 ∴ Gs= 25.2 kg /h is= 2676 kJ/kg ∴ Hs= 18.7 kW

■少量の水を噴霧する場合 Gs=1.2Qs(X1－X2)/ηw X1：加湿器出口空気の絶対湿度〔kg /kg〕 X2：加湿器入口空気の絶対湿度〔kg /kg〕 Qs：送風量〔m³ /h〕 ηw：加湿器効率 (水噴霧加湿=0.3、水加圧噴霧加湿=0.4)	X1= 0.0054 kg/kg X2= 0.0014 kg/kg Qs= 900 m³/h 定数= 1.2 ηw= 0.3 ∴ Gs= 14.4 kg/h
■パン型加湿器(電熱式)の場合 Hs=1150ivC(Xw－X)A He=Hs/860 iv：水温に等しい飽和水蒸気のエンタルピ〔kJ/kg〕 v：水面の風速〔m/s〕 C：蒸発係数=0.0152v+0.0178 Xw：水面上の水温に等しい飽和空気の絶対湿度〔kg /kg〕 X：水面上の空気の絶対湿度〔kg /kg〕 A：水面の面積〔m²〕 He：電熱器容量〔kW〕	定数= 1,150 iv= 32 kJ/h v= 6 m/s C= 0.109 Xw= 0.0054 kg/kg X= 0.0014 kg/kg A= 0.25 m² ∴ Hs= 4.0112 kcal/h ∴ He= 0.00466419 kW

選定法

必要加湿量と空気条件、風量等からカタログにより選定します。

1台の加湿器で十分な加湿量が得られない場合には、2台または3台設置することも考慮します。

チェックポイント

・水加湿方式の場合は、スプレ水量と有効加湿量が異なり、有効加湿量はスプレ水量の30～45%程度であるので、給水量、排水量等に注意します。

表6-13 加湿器の加湿方式と種類

用途別分類	加湿方式	加湿器の種類・(機種名)
業務用・産業用	●気化方式 水をその温度の水蒸気に気化して加湿する方法。	●気化式加湿器(滴下浸透気化式・透湿膜式) ●蒸気式加湿器
	●蒸気方式 水を100℃または100℃以上の蒸気にして噴霧する方法。	●電力利用型蒸気発生器(電極式・電熱式・PTCヒータ式・赤外線式・パン型) ●一次蒸気スプレー式(単管式・二重管式)
	●水噴霧方式 微細な水滴を直接空気に噴霧する方法。	●二次蒸気スプレー式 ●水噴霧式加湿器(超音波式・高圧スプレー式・二流体式・遠心式)
家庭用加湿器	–	●スチームファンタイプ(蒸気方式) ●スチーム/気化ハイブリッドタイプ(蒸気方式/気化方式) ●超音波式(水噴霧方式)

■床置型

滴下浸透気化式加湿器の
床置パッケージエアコンへの組込イメージ

■コンパクト型

滴下浸透気化式加湿器の
コンパクト型エアハンドリングユニットへの組込イメージ

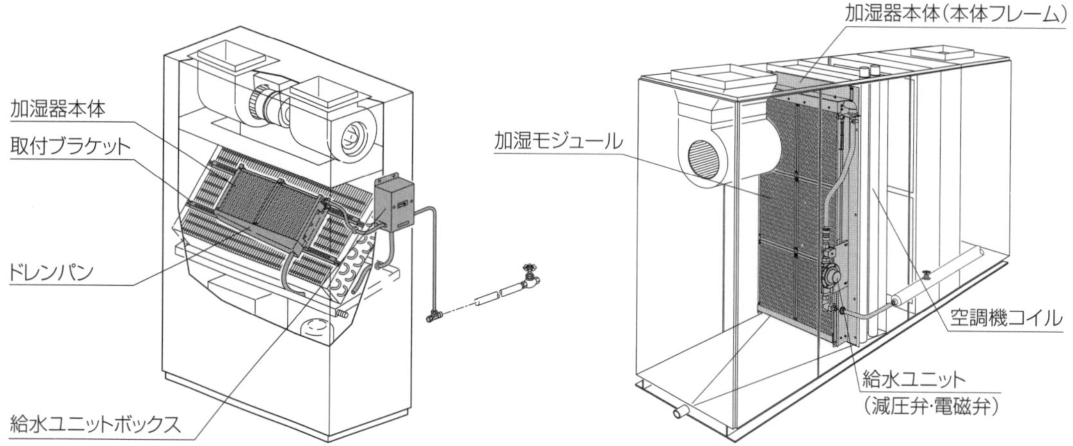

図版提供：ウェットマスター株式会社

図6-16 加湿器の空調機器内への取込みイメージ

■気化式

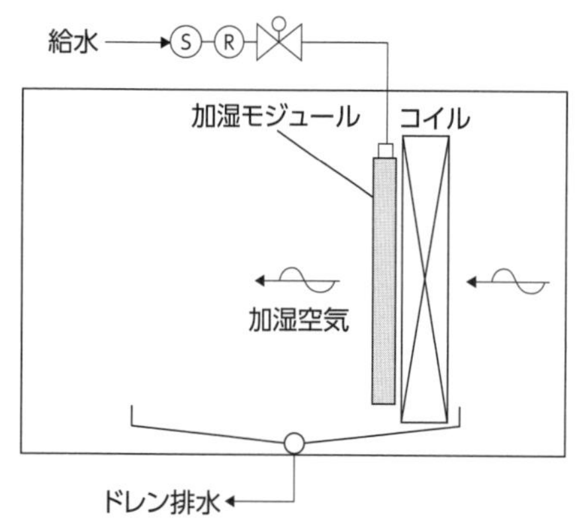

■蒸気式

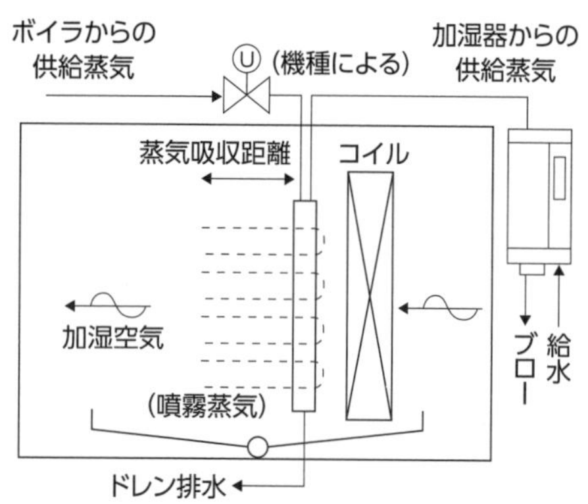

■水噴霧式

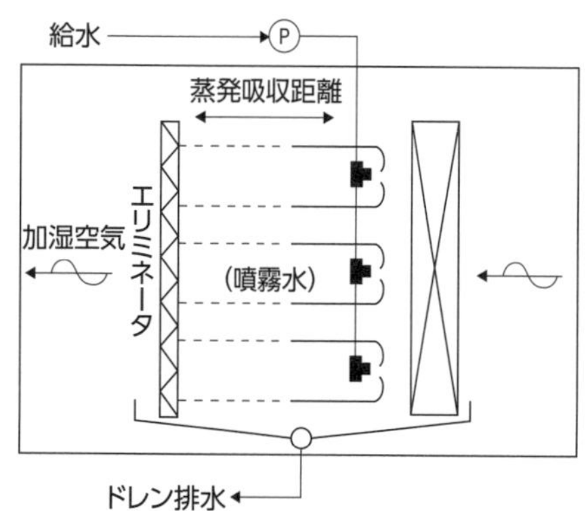

図6-17 加湿器の仕組み

6-9 エアフィルタの設計

空気中からゴミや塵埃を取りのぞき、清浄空気にする目的で使用するものです。

Point

- 空気の清浄度を高めましょう。
- 目的に最適なものを選定しましょう。
- 効率表示は重量法・計数法や比色法で表現されます。

エアフィルタ

エアフィルタの課題は、低圧損失、高捕集率と省エネルギーです。素材等の開発もすすみ今後の注目される分野です。

設計手順

①除去因子の確認

ここでは浮遊粉塵を処理対象とするにはエアフィルタ、硫黄酸化物にはエアワッシャ、臭気の除去に対しては活性炭エアフィルタを用います。

②ろ過方式、③捕集効率の算定

「ビル衛生管理法」の基準を満たすためのろ過方法や捕集効率の算定等は、(社)日本空気清浄協会の「空気清浄装置設置基準」に定められています。

④種類、形式の決定

⑤⑥⑦

メーカー製品カタログ等から選定し、仕様および性能のチェックを行い寸法·抵抗値を決定します。

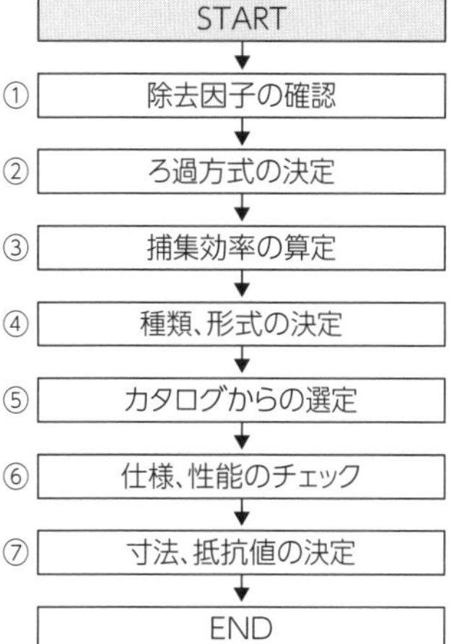

図6-18 設計手順

エアフィルタの種類

静電式

空気経路内で発生させた高圧電界により荷電した粉塵を、吸引付着力により捕集する方法。捕集された粉塵は電極板下流に設けられた、ろ材によって捕集する方法が一般的であり、ビル空調の比較的微細な粉塵用として用いられます。

ろ過式

天然素材、ガラス繊維などの無機質繊維の空間を空気が通過する時に、衝突、遮り、拡散などによって、繊維空間より大きい粒子を付着捕集します。捕集後は洗浄して再利用するものと、新品と交換するものがあります。粗塵の捕集用から高性能なフィルタまで多くの種類があり､用途によって使い分けます。特に、高性能のフィルタとしてHEPAフィルタやULPAフィルタがあり、工業用クリーンルーム、バイオクリーンルームなどで利用されています。

写真提供：進和テック株式会社

図6-19　自働再生型エアフィルターサイクリーナー

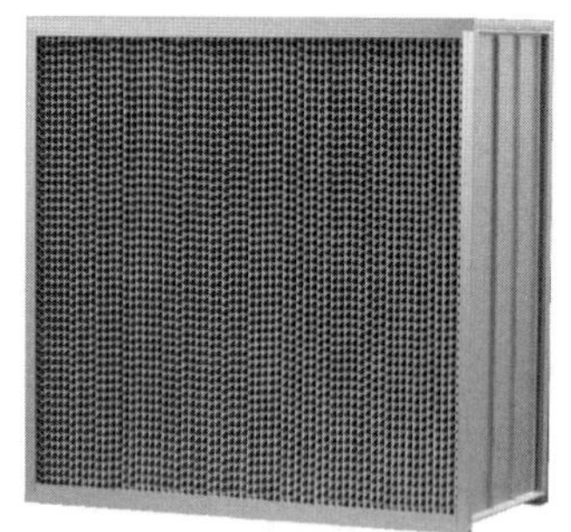

写真提供：進和テック株式会社

図6-20　HEPAフィルタ

粘着式

粘着材を塗布した金網などに粉塵を衝突させて除去する方法。比較的大きな粉塵用に用いられます。

吸着式

活性炭などによる物理的吸着とイオン交換樹脂等による化学反応をともなう吸着があります。有害ガスの除去に用いられます。

エアフィルタの性能別分類

表6-14　エアフィルタの種類と性能

種類	形式	適応粉塵の粒径〔μm〕	粉塵捕集率〔%〕		
			重量法	比色法	計数法
粗塵用エアフィルタ	パネル型、自動巻取型、自動洗浄型	5以上	70～90	15～40	5～10
中性能エアフィルタ	バグ（袋）型、ろ材折込型	1以上	90～96	50～80	15～50
高性能エアフィルタ	バグ（袋）型、ろ材折込型	1以上	98以上	85～95	50～90
	静電式		98以上	70～95	60～75
超高性能エアフィルタ	ろ材折込型	1以上	—	—	99.97以上

選定法

①「ビル衛生管理法」の適用を受ける場合は、その基準である室内浮遊粉塵量0.15mg/m^{3}以下を満足させるように選定しなければなりません。

②浮遊粉塵に対するエアフィルタの選定は、室内発塵量、外気塵埃濃度、送風量などから必要捕集効率を計算し、その効率を基準にしてエアフィルタの種類を決定します。

または、あらかじめエアフィルタの種類と効率を決定し、室内粉塵濃度が基準（0.15mg/m^{3}以下）を満足することを確認する方法をとってもよいでしょう。

③必要補修効率のものが得られない時は、エアフィルタを2段に設置することも考えます。

④エアフィルタの通過面風速は、原則として2.5m/secとして選定します。

⑤カタログより、処理風量、捕集効率に見合ったエアフィルタを選定し、寸法、空気抵抗値を決定します。

⑥送風機必要静圧を計算する時のエアフィルタの圧力損失は、初期空気抵抗値の1.5～2.0倍とします。

フィルタ効率の計算法

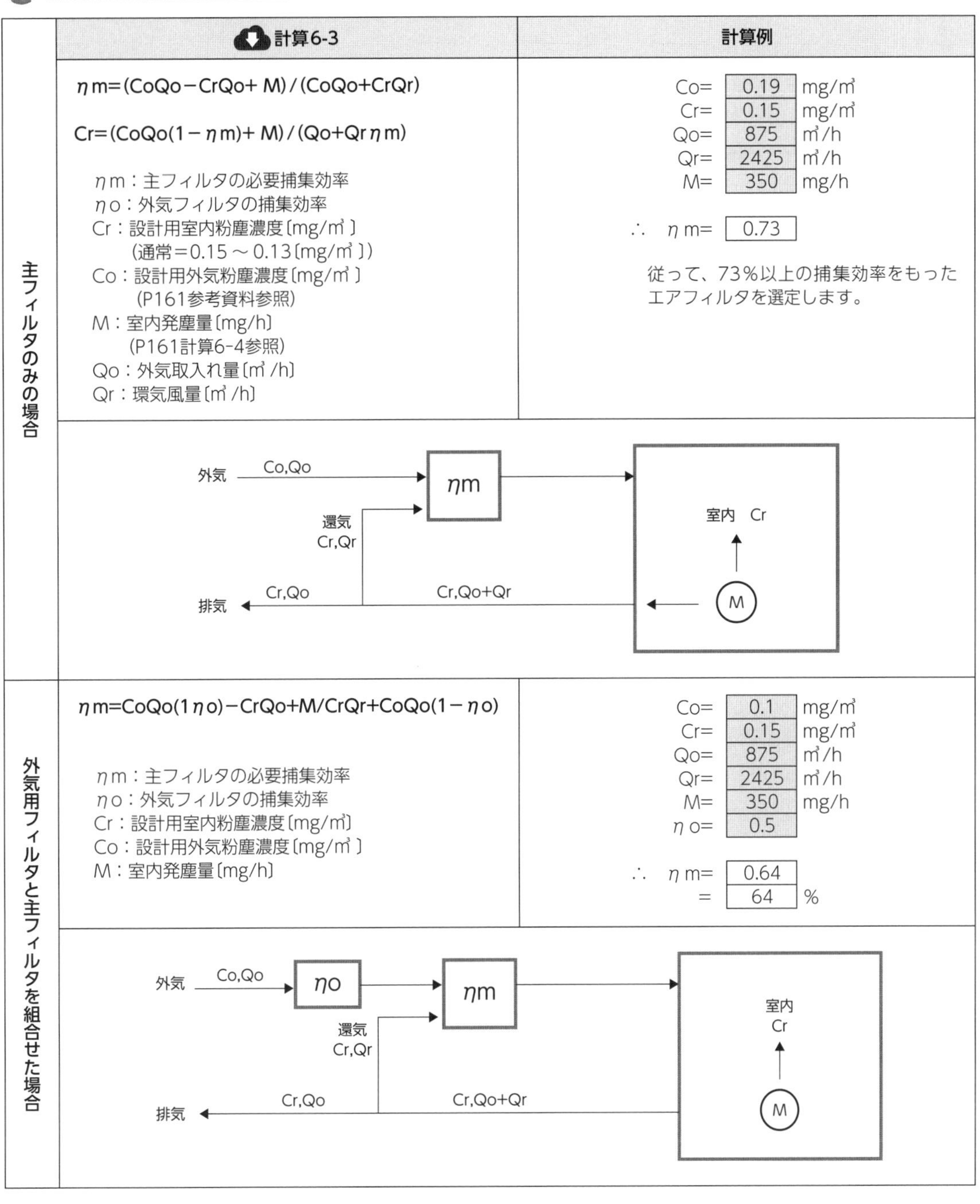

	計算6-3	計算例
主フィルタのみの場合	$\eta m=(CoQo-CrQo+M)/(CoQo+CrQr)$ $Cr=(CoQo(1-\eta m)+M)/(Qo+Qr\eta m)$ ηm：主フィルタの必要捕集効率 ηo：外気フィルタの捕集効率 Cr：設計用室内粉塵濃度〔mg/m³〕 （通常＝0.15～0.13〔mg/m³〕） Co：設計用外気粉塵濃度〔mg/m³〕 （P161参考資料参照） M：室内発塵量〔mg/h〕 （P161計算6-4参照） Qo：外気取入れ量〔m³/h〕 Qr：環気風量〔m³/h〕	Co= 0.19 mg/m³ Cr= 0.15 mg/m³ Qo= 875 m³/h Qr= 2425 m³/h M= 350 mg/h ∴ ηm= 0.73 従って、73%以上の捕集効率をもったエアフィルタを選定します。
外気用フィルタと主フィルタを組合せた場合	$\eta m=CoQo(1\eta o)-CrQo+M/CrQr+CoQo(1-\eta o)$ ηm：主フィルタの必要捕集効率 ηo：外気フィルタの捕集効率 Cr：設計用室内粉塵濃度〔mg/m³〕 Co：設計用外気粉塵濃度〔mg/m³〕 M：室内発塵量〔mg/h〕	Co= 0.1 mg/m³ Cr= 0.15 mg/m³ Qo= 875 m³/h Qr= 2425 m³/h M= 350 mg/h ηo= 0.5 ∴ ηm= 0.64 = 64 %

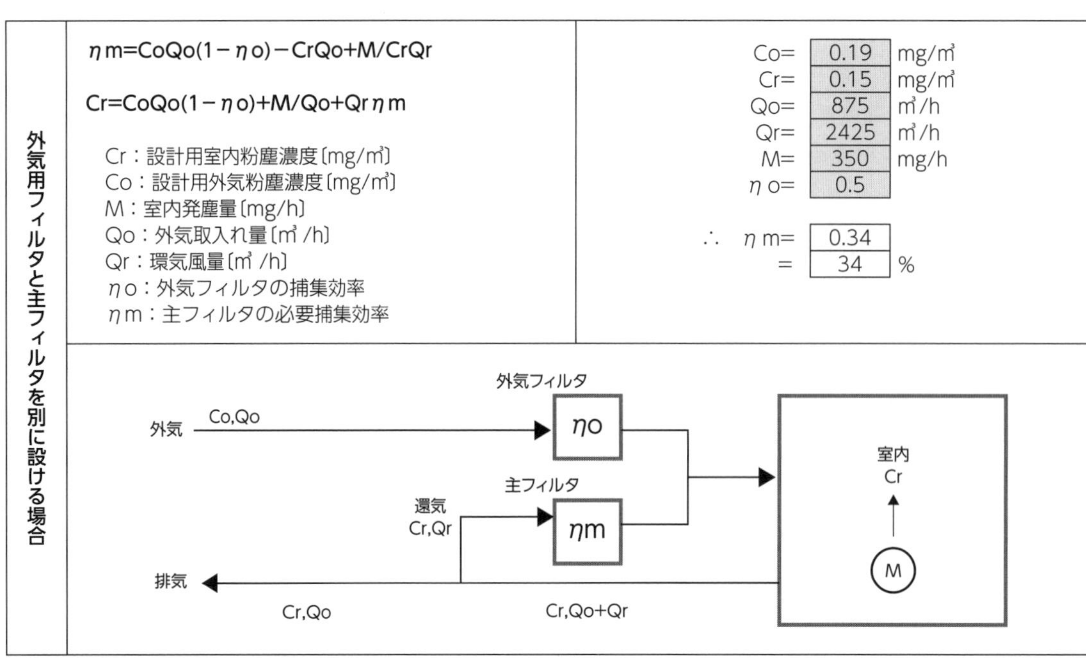

エアフィルタの計算資料

表6-15 エアフィルタの性能比較

分類	フィルタの種類		初期空気抵抗〔Pa〕	捕集効率〔%〕重量法	捕集効率〔%〕比色法	計数法 JIS14種	計数法 JIS13種	保守方式	保守方式
乾式フィルタ	パネル形		55	25	15	5	―	定期洗浄	パッケージ ファンコイル
			80(非再生)	50	20	10	―	交換	粗塵用
			120(再生)	50	15	5	―	定期洗浄	粗塵用
	自動巻取り形		同上	50	20	10	―	自動更新	粗塵用
	折込み形	中性能	140	95	60	50	―	ユニット交換	一般空調
		高性能	170	99	90	70	―	ユニット交換	一般空調
		HEPA	250	100	100	―	99.97	ユニット交換	クリーンルーム
	袋　形		170	100	90	70	―	ユニット交換	一般空調
	自動再生式		140	―	50	―	―	自動再生	一般空調
静電気フィルタ	ろ材誘電形		80	99	80	60	―	自動更新	一般空調
	電気集塵器		80	100	90	70	―	自動更新	一般空調

表6-16 エアフィルタの性能評価

用途	試験方法	試験粉体の種類
事務所	計数法	JIS Z 8901(14種)
店舗	比色法	JIS Z 8901(11種)
外気処理	比色法	JIS Z 8901(11種)

表6-17　設計用外気粉塵濃度(Co)

グレード	対応地域	設計値〔mg/m^3〕	備考
1	空気のきれいな郊外	0.13	●数値が与えられている場合は、その値を使用する。 ●空調設備が日中しか運転しない場合は、その数値に0.96を乗じた値とする。
2	郊外	0.15	
3	商・住・混合地区	0.17	
4	商業地区	0.19	
5	工業地区	0.21	
東京都内全域(東京都衛生局指導による)		0.1	

設計用室内粉塵濃度(Cr)

$$Cr = 0.15 \sim 0.13 \text{〔}mg/m^3\text{〕}$$

室内発塵量(M)

	計算6-4	計算例
室内発塵量	■室内発塵量 M 〔mg/h〕 M=K1×α×n K1:標準単位発塵量〔mg/h・人〕=10 α:喫煙頻度による係数 禁煙室等 α=0.5 一般事務室 α=1.0 会議室等 α=1.5 n:平均在室人員〔人〕	K1= 10 mg/h・人 α = 1 n= 35 人 ∴ M= 350 mg/h

エアフィルタの計算

空気中の粉塵量の標示法および除去効率

	計算6-5	計算例
計数法	■空気1mL中に含まれる粉塵数で表す η=(1−C2/C1)×100〔%〕 η：除去効率〔%〕 C1：上流側の粒子数〔個/ml〕 C2：下流側の粒子数〔個/ml〕	C1= 10000 個/mL C2= 1000 個/mL ∴ η = 90 %
重量法	■空気1m^3中に含まれる粉塵の重量をmgで表す η=(1−W2/W1)×100〔%〕 η：除去効率〔%〕 W1：上流側粉塵重量〔mg/m^3〕 W2：下流側粉塵重量〔mg/m^3〕	W1= 350 mg/m^3 W2= 180 mg/m^3 ∴ η = 48.6 %

比色法	η={1－(t1/t2×E2/E1)}×100〔%〕 t1：上流側の試験用ろ紙に対するサンプリング時間〔min〕 t2：下流側の試験用ろ紙に対するサンプリング時間〔min〕 E1：上流側の試験用ろ紙の粉塵付着による不透明度〔O.D.〕 E2：下流側の試験用ろ紙の粉塵付着による不透明度〔O.D.〕 または、 η={1－(Q1/Q2×E2/E1)}×100〔%〕 Q1：上流側のサンプル空気量〔㎥/h〕 Q2：下流側の空気量〔㎥/h〕	t1= 3 min t2= 5 min E1= 0.1 E2= 0.05 ∴ η = 70 % Q1= 200 ㎥/h Q2= 350 ㎥/h ∴ η = 71.4 %

エアフィルタの捕集効率と室内粉塵濃度計算式

η=M+Co·Qo(1-ηo)-C·Qo/C·Qr+Co·Qo(1-ηo)
C=M+Co·Qo(1-ηo)(1-η)/Qo+Qr·η

η：粉塵除去率〔%〕
M：室内発塵量〔mg/h〕
Co：外気粉塵濃度〔mg/㎥〕(=0 .10)
Qo：外気取入量〔㎥/h〕
ηo：外気フィルタの捕集効率
C：室内粉塵濃度〔mg/㎥〕(≦0 .15)
Qr：還気量〔㎥/h〕

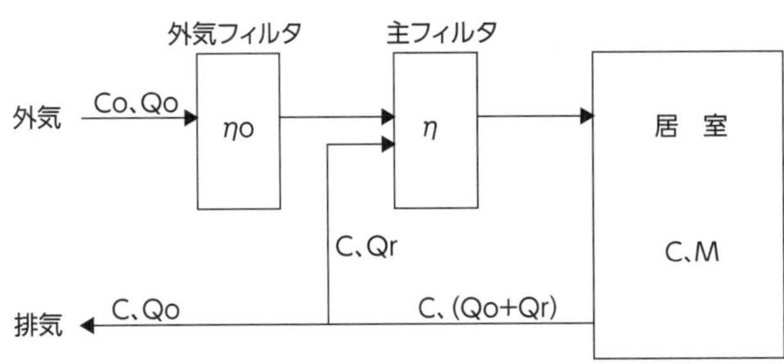

図6-21　空気清浄装置構成系統図

表6-18　クリーンルームに用いられるフィルタの例

フィルタの用途(名称)	フィルタ効率〔%〕			抵抗〔Pa〕(初期～最終)
	重量法	比色法	DOP	
最終フィルタ(ULPA)	―	―	0.1μm 99.999	250～500
最終フィルタ(HEPA)	―	―	0.3μm 99.97	
最終フィルタ(準HEPA)	―	99以上	0.3μm 95	120～250
中間フィルタ	―	90～95	60～70	140～270
中間フィルタ	―	60～70	20～30	120～240
プレフィルタ	80～90	―	―	60～120

なお、大気中の微粒子量については、ダウンロードサービス「ちょこっと計算　第6章」を参照してください。

6-10 放熱器類の設計

温水、蒸気を用いる暖房用機器です。

Point

- 部屋に合った放熱器を選びます。
- 機器は、性能と機能を重視して選定します。
- ボイラなどの熱源から供給される温水や蒸気によって室内を暖める暖房機器です。

放熱器類

暖房用機器で、温水や蒸気の熱を放熱する装置、あるいは機械要素です。

ラジエータ、コンベクタ、ベースボードヒータの選定手順

①形式の決定

放熱器の種類および形式を決定します。種類はたくさんありますので、目的に合致したものを選定してください。

②③容量、必要能力の算定

必要能力の算出は次式によります。

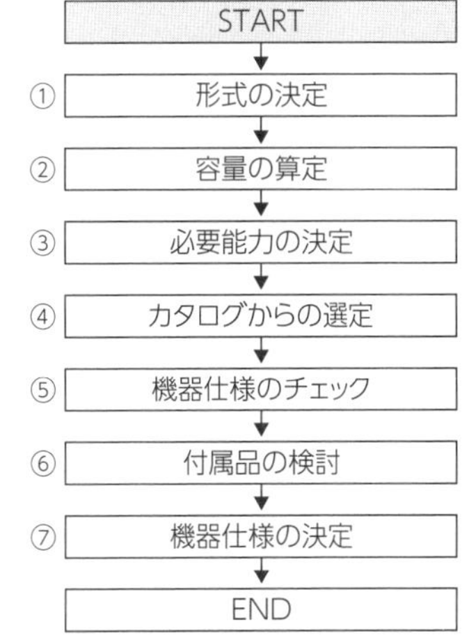

図6-22 選定手順

	計算6-6	計算例
必要能力の算出(蒸気式の場合)	qB=K1K2q G=3600qB/γ qB：放熱器必要能力〔kW〕 q：室内暖房負荷〔kW〕 K1：経年係数(=1.05) K2：能力補償係数(=1.05) G：蒸気量〔kg/h〕 γ：蒸気の蒸発潜熱〔kJ/kg≒2257〕	K1= 1.05 K2= 1.05 q= 10 kW ∴ qB= 11.025 kW γ= 2,257 kJ/kg ∴ G= 18 kg/h
必要能力の算出(温水式の場合)	qP=K1K2q Lw=14.3qP/⊿t qP：パネルラジエータ必要能力〔kW〕 q：室内暖房負荷〔kW〕 K1：経年係数(=1.05) K2：能力補償係数(=1.05) Lw：温水量〔L/min〕 ⊿t：温水出入口温度差〔=10℃〕	K1= 1.05 K2= 1.05 q= 10 kW ∴ qP= 11.025 kW ⊿t= 10 ℃ ∴ Lw= 16 L/min

④⑤⑥⑦

カタログから機器仕様のチェック、付属品の検討をし、機器を決定します。

ユニットヒータの選定手順

ラジエータ、コンベクタ、ベースボードヒータの選定手順に準じてください。

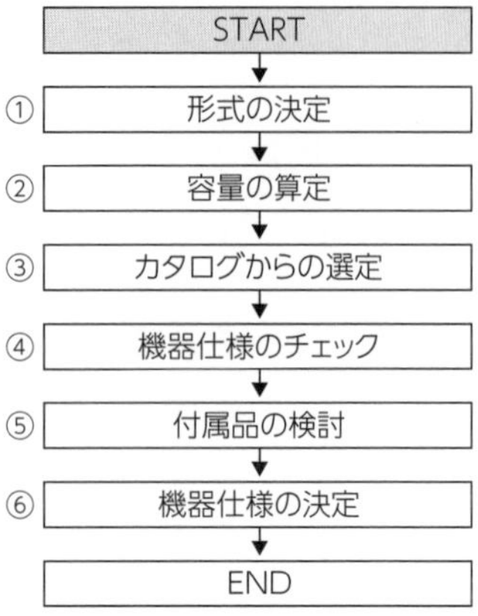

図6-23 選定手順

表6-19 各種放熱器の種類と特徴

機器名	構造	熱媒	形式	特徴・用途
鋳鉄製放熱器（ラジエータ）	鋳鉄製の中空の節（セクション）を必要数を組立てたもの。	蒸気・温水	床置形と壁掛形があり、柱も高さも各種ある、JIS規格あり。	輻射熱も利用するので、快感上はよいが、重量が重くスペースを要し、コストも割高で、最近は採用例がありません。
鋼板放熱器（パネルラジエータ）	薄鋼板を波形にプレス加工したもの2枚をもなか状に溶接し、組合わせたもの。	温水	壁掛形で、パネルが1重と2重のものがある。長さ600～1900mm。	輻射熱も利用し、薄くてスペースをとらないので、一般住宅用等に適す。耐圧が300kPa程度であるので注意を要します。
コンベクタ（対流放熱器）	フィン付エレメントをケーシングに内蔵したもの。	蒸気・温水	床置形と壁掛形があり、高さ3種類、長さ各種あり、JIS規格あり。	放熱器として、最も一般的で、宿泊施設、一般事務所、学校等でよく用いられます。
ベースボードヒータ（幅木放熱器）	フィン付エレメントをケーシングで覆った高さの低い対流放熱器。	蒸気・温水	床置形と壁掛形があり、高さ2種類、長さ各種あり、JIS規格あり。	放熱面積当りのコストはコンベクタより安いが、ケーシングが堅固でない。学校、事務所等で用いられます。

ラジエータ、コンベクタ、ベースボードヒータの選定法

①放熱器類は、目的に合致したものを選定します。

②必要能力(相当放熱面積EDR等)の算出は次式によります。

EDRの算出

計算6-7	計算例
■必要能力(相当放熱面積EDR等)の算出	K= 1.4 qr= 1,800 W qo= 520 W
EDR=Kqr/qo q=Kqr	∴ EDR= 4.85 ㎡ ∴ q= 2,520 W
EDR：必要相当放熱面積〔㎡〕 K：補正値(熱媒体又は室温による補正) qr：室内暖房負荷〔W〕 qo：標準放熱量〔W〕 蒸気＝750W/㎡、温水＝520W/㎡ q：必要放熱量〔W〕	
■供給平均温度と室温の差〔℃〕	ts = 70 ℃ tr = 22 ℃ ∴ 温度差＝ 48.0 ℃
ts-tr　又は {(tw1＋tw2)/2}-tr	∴ K＝ 1.4
ts：熱媒(蒸気)の温度〔℃〕 tr：室内温度〔℃〕 tw1：放熱器出口温水温度〔℃〕 tw2：放熱器入口温水温度〔℃〕	tw1= 55 ℃ tw2= 60 ℃ tr= 22 ℃ ∴ 温度差＝ 35.5 ℃
	qr= 1800 W qo= 520 W ∴ EDR= 4.85 ㎡

標準放熱量〔qo〕

熱媒	標準放熱量〔W/㎡・h〕	標準状態	
		熱媒〔℃〕	室内〔℃〕
蒸気	0.76	102	18.5
温水	0.53	80	18.5

③熱媒に温水を使用する場合､放熱器の能力は平均温水温度で決まるため､同一能力を出そうとするには、入口温度が高ければ温度差は大きくとれます。一般には、温水入口温度85℃程度で、温度差は10℃程度とすることが多いです。

④放熱器の高さは、窓下の高さを考慮して行います。

ユニットヒータの選定方法

①形式には、取付け方法により、天吊形(下吹タイプ)と壁掛形(横吹タイプ)があり、コイル列数は、1列・2列があります。目的に合致したものを使用します。

②ユニットヒータ1台当たりの必要能力は、室内負荷/設置台数で算出します。

③選定は、必要能力と吸込空気条件と入口蒸気圧力(入口温水温度)によりカタログから行います。

④コイル列数は室容積に比べて相対的に熱負荷が小さい場合は1列、大きい場合には2列のものを選定した方がよいでしょう。

⑤取付け方法や取付け高さによって暖房効果が異なるので、配置や取付け方法も考慮して機器を選定します。

⑥選定に当たっては、取付け高さと居住域、到達距離をチェックするとともに、騒音などもチェックします。

6-11 エアコンの「判断基準」

エアコンの性能向上に関する製造事業者等の判断基準です。

Point

- ▶ エアコンの判断基準は、2006年10月1日から施行されています。
- ▶ エアコンの判断基準は、製造事業者側の判断基準です。
- ▶ グリーン購入法は、購入者側の判断基準です。

エアコンの「判断基準」

地球温暖化にもオゾン層にも影響を与えてしまうエアコン、その影響を最小限にとどめるためにも、環境にやさしいエアコンを購入したいものです。そんな製品を購入する際に知識として知っておきたいのがグリーン購入法です。

グリーン購入法とは

正式名称を「国等による環境物品等の調達の推進等に関する法律」といいます。2001年4月1日に施行されました。環境負荷の低減に努める事業者から優先して購入することを指します。

グリーン購入法の基準等

対象：冷房能力28kW以下のエアコン（水冷、スポットのぞく）

目標：2007年冷凍年度（2006年10月～）より

　　　ただし、ルームエアコンは2004年冷凍年度（2003年10月～）

目標COP：エネルギー消費効率が区分ごとの基準を下回らないこと。

表6-20 グリーン購入法の対象になるエアコン

冷暖房用タイプ エアコン形態		冷房能力〔kW〕				
		～2.5	～3.2	～4.0	～7.1	～28.0
直吹形	壁掛形	5.27	4.9	3.65	3.17	3.1
	天井埋込カセット形	3.96	3.96	3.2	3.12	3.06
	天井吊形・床置形					
ダクト接続形	天井埋込ダクト形	—	—	3.02	3.02	3.02
	ビルトインHタイプ					
マルチタイプ（室内機個別運転）		—	—	4.12	3.23	3.07

その他：冷媒にオゾン層を破壊する物質が使用されていないこと。

ビル用マルチと店舗用の違いとは

店舗用に比べ、**ビル用マルチエアコン**の方が定価が高い分、店舗用と同じ仕切りでも値段は高くなると思われます。

ビル用マルチエアコンの定価が高い理由

①室内機に冷媒制御用に電子膨張弁が組込まれている。
②集中制御等のシステムに対応している。
③デマンド、夜間静音運転、バックアップ運転等の先進の電力制御を搭載している。

ビル用マルチエアコン設置の検討

①室外機の設置スペースが小さくてすむ。
②配管が系統ごとに一系統でよい(大きい組合せの場合は室外機側で分岐)。
③個別空調が可能。
④室外機に対して50～130%まで接続可能(室内機の容量)。
⑤氷蓄熱、冷暖フリー等多彩な空調ニーズに対応。
⑥スーパー配線方式によりシステム内の連絡配線と集中制御配線が一系統でよい。
⑦配管長が150mまで対応している。
⑧省エネである。
⑨室外機の修理の場合は、その系統に接続されている室内機が全て使用できない。
⑩冷暖房切替タイプの場合は、その室外機に接続されている室内機の冷暖房切替は同じなので店舗等でビルマルを使う場合は注意が必要。
⑪価格が高い。

店舗用エアコン設置の検討

①個別空調が可能。
②スーパーインバータなどにすれば、かなりの省エネになる。
③故障の場合でも、個別に対応できる。
④集中制御配線等が必要な場合は、システム内の連絡配線とは別に集中制御配線が必要となる。
⑤1対1の場合、配管の数も室外機ごとに必要であり、配管が多くなる。
⑥室外機の設置場所の問題。

イニシャルコストは、ビルマルの方が高くなるが、ランニングコストを比較検討する余地があります。機器費は高くなっても配管工事費はビルマルの方が安い場合もあります。300m^{2}程度の事務室空調なら迷うところです。

エアコンの比較

①店舗用で完全に個別(1対1)(スーパーインバータ)。
②店舗用でツインまたはトリプル同時運転マルチ(スーパーインバータ)。
③ビル用マルチエアコン(インバータ)。

室外機の設置場所の問題さえクリアできるなら、②がよいでしょう。

6-12 熱源装置の選定フロー

空調機の熱源の必要容量がどの位になるのかはシミュレーションが必要となります。

Point

- ▶ 熱源の決定は、空調機器の選定よりも重要です。
- ▶ 動力源の選定は、長期展望が必要です。
- ▶ 機種の選定にも、時代の流れを反映させてください。

熱源装置の選定

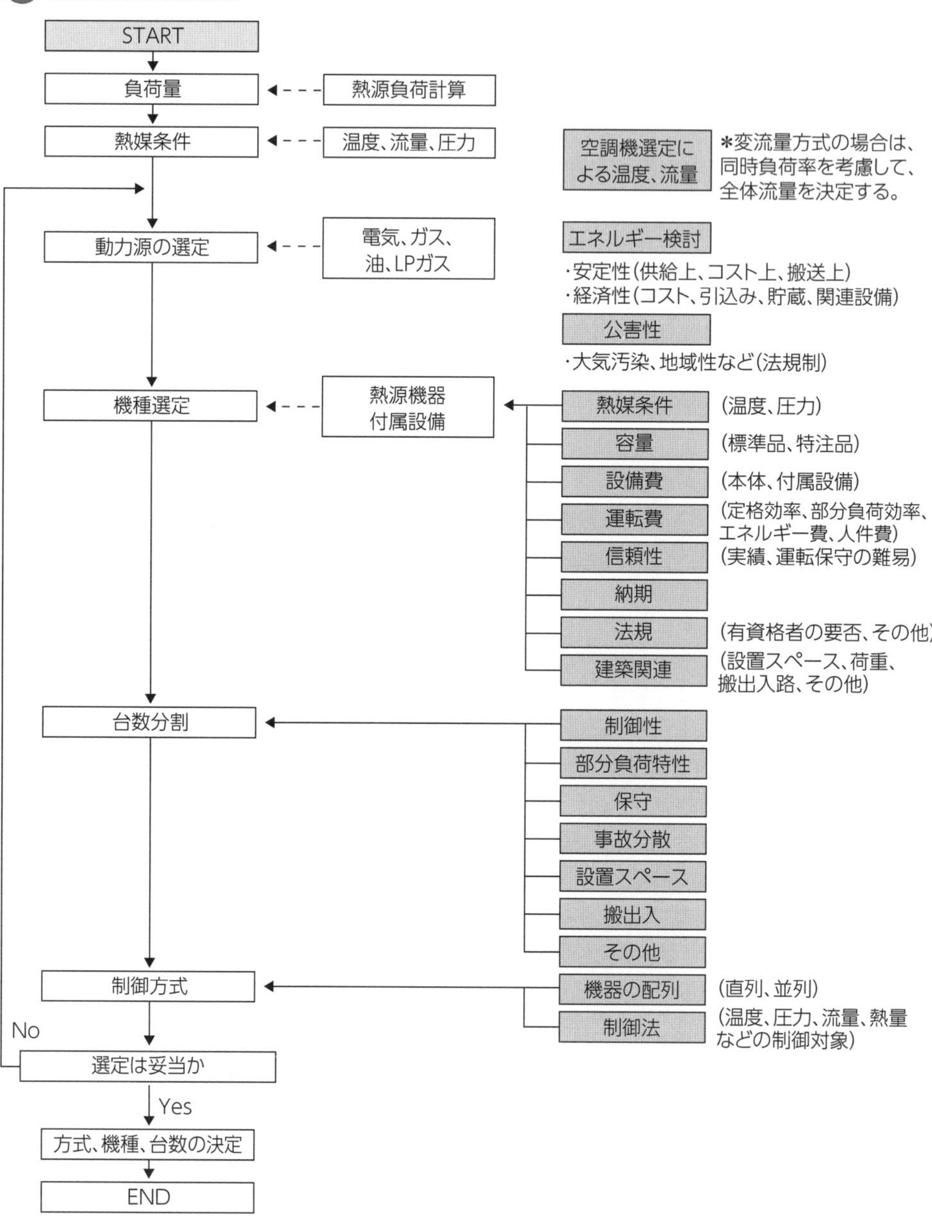

図6-24 選定フロー

6-13 ボイラ

燃料を燃焼させて得た熱を水に伝え、
蒸気や温水に換える熱交換装置を持った熱源機器です。

Point

- ボイラは、汽缶、カマともいいます。
- 法規上の分類で、簡易ボイラ、小型ボイラ、大型ボイラがあります。
- 構造による分類で、貫流ボイラ、煙管ボイラ、鋳鉄ボイラ等があります。

ボイラ用語

実際蒸発量〔kg/h〕

所定の蒸気圧力、給水温度における毎時間当たりの蒸発量。これは蒸気圧力、給水温度により異なります。

換算蒸発量または相当蒸発量〔kg/h〕

大気圧において100℃の飽和水から100℃の飽和蒸気を発生させる場合の蒸発量 2,257KJ/kg。

換算蒸発量または相当蒸発量	計算6-8	計算例
	G1＝G×(i2－i1)/2.257〔kg/h〕 G1：換算蒸発量〔kg/h〕 G：実際蒸発量〔kg/h〕 i1：給水のエンタルピ〔KJ/kg〕 i2：発生蒸気のエンタルピ〔KJ/kg〕	G= 5,000 kg/h 給水温度= 25 ℃ 定数= 4.187 ∴ i1= 104.7 kJ/kg i2= 2,598.8 kJ/kg 定数= 2,257 ∴ G1= 5,525.3 kg/h

伝熱面積

加熱管の燃焼ガスに触れる面の面積の和をもって表します。目安として、1000kg /hで約20 ～ 25m²位です。

蒸発係数

実際蒸発量に対する換算蒸発量の比、目安1.2程度です。

蒸発率

伝熱面の単位面積当たりの毎時蒸発量〔kg /m²h〕、目安55kg /m²程度です。

ボイラ効率

ボイラ効率η〔%〕	計算6-9	計算例
	$\eta=\{(G\times(i2-i1))/(C\times HL\times 3600)\}\times 100$ η：ボイラ効率〔%〕 G：実際蒸発量〔kg /h〕 i1：給水のエンタルピ〔KJ/kg〕 i2：発生蒸気のエンタルピ〔KJ/kg〕 C：燃料消費量〔kg /h〕 HL：燃料低位発熱量〔kW/kg〕 【燃料発熱量〔kW/kg〕】	G= 12,000.0 kg/h 給水温度＝ 24.0 ℃ 定数＝ 4.187 ∴ i1= 100.5 kJ/kg i2= 2,775.0 kJ/kg C= 780.0 燃料＝ 灯油 HL＝ 12.1 kW/kg ∴ η＝ 94.5 %

	高位発熱量	低位発熱量
灯油	12.9	12.1
A重油	12.6	11.9
都市ガス13A	12.5	11.3

燃料発熱量

・高位発熱量：燃料中の水分が全部液体のままであると考えた場合の発熱量。

・低位発熱量：燃料中の水分が全部気体になると考えた時の発熱量で、排ガス温度が露点より高い場合はこの方が実際的で、普通ボイラの効率計算にはこの値を用いる。

表6-21 燃料発熱量

	高位発熱量〔kw/kg〕	低位発熱量〔kw/kg〕
灯油	12.9	12.1
A重湯	12.6	11.9
都市ガス13A	12.5	11.3

乾き度・湿り度

飽和蒸気中に含まれている水分の割合、乾き度の高いほど良質の蒸気です。

乾き度99とは蒸気99kgに対し水分1kgの状態です。

ボイラ容量の決定

ボイラ容量＝暖房負荷＋給気負荷＋配管の熱損失＋予熱負荷

ボイラ取扱資格者等（ボイラおよび圧力容器安全規則）

■ボイラ取扱資格者等（ボイラおよび圧力容器安全規則）

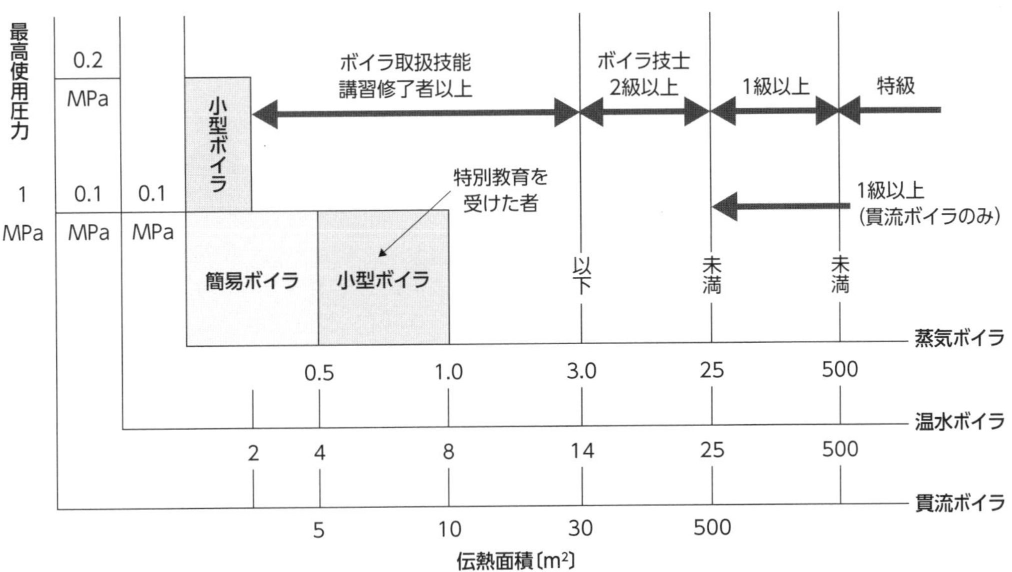

＊ 温水発生機は、ボイラに該当しないため制限はない。

図6-25　資格の区分

ボイラ法規の要点

ボイラ室

①伝熱面積が$3m^2$より大きいボイラは、専用のボイラ室に設置する。

②ボイラ室には2箇所以上の出入口を設ける。

③ボイラ最上部から天井までは1.2m以上離す。

④ボイラ側面から壁までは0.45m以上離す。胴内径＜500ϕ、長さ＜1.0mのボイラは0.3m以上離す。

⑤煙道外面から0.15m以内にある可燃物は金属以外の不燃材料で被覆する（煙突または、煙道が100mm以上不燃性材料で被覆されている場合をのぞく）。

⑥サービスタンクはバーナーから水平距離で2m以上離す（適当な障壁を設けた場合をのぞく）。

安全弁

伝熱面積≦50m^2では1個、＞50m^2では2個設置する。作動圧力は最高使用圧力の6%アップ以内とする。

圧力計、水高計

最大使用圧力の1.5倍以上、3倍以下のものとする。

給水装置

2個以上を必要とする。給水能力は最大蒸発量以上。 最高使用圧力より1kg f/cm^2以上高い水頭圧をもつ給水管は給水装置とみなす。

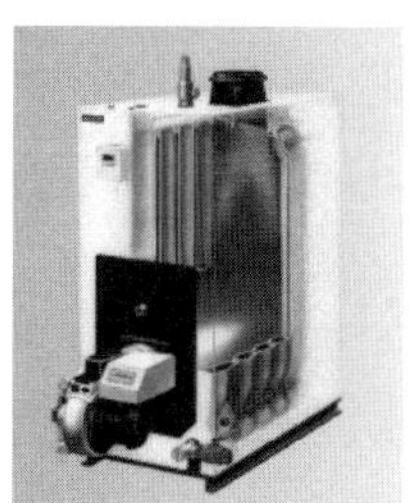
鋳鉄ボイラ

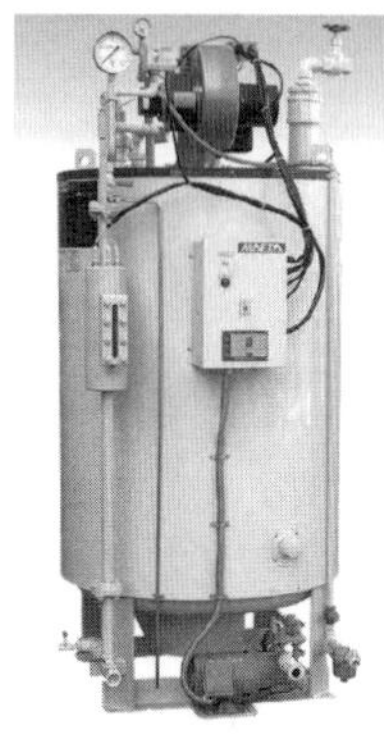
貫流ボイラ

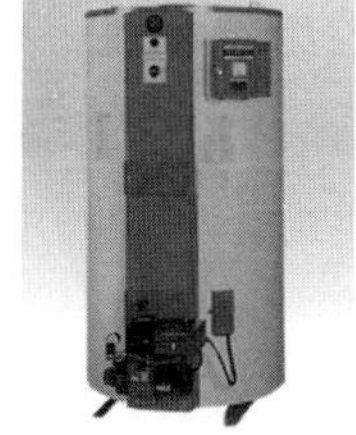
温水ボイラ

写真提供：株式会社前田鉄工所

図6-26 ボイラの種類

セクショナルボイラの使用範囲

蒸気では最高使用圧力1kgf/cm^2以下、温水では水頭圧50m以下、温水温度120℃以下とする。

鋼製ボイラの水圧試験

最高使用圧力≦0.43MPa ……………… **最高使用圧力×2**

最高使用圧力≦0.43 ～ 1.5MPa …… **最高使用圧力×1.3＋3**

最高使用圧力＞1.5MPa ……………… **最高使用圧力×1.5**

煙突

表6-22 煙突の種類

	使用熱源	
	重油、軽油、灯油、コークス、ガス	石炭その他の燃料を使用する場合
ボイラの煙突の最小高さ〔m〕	9m以上	15m以上

煙突の高さ計算式

	計算6-10	計算例
煙突高さ計算	$h \geqq (1/Av^2) \times (VQ/3600)^2 \times \{(0.02L/\sqrt{Av}) + 0.3n + 0.6\} + 0.2(Pb - Zf)$ h：煙突の接続口の中心から頂部までの高さ〔m〕 Av：煙突の有効断面積〔㎡〕 V：燃料の単位当り排ガス量〔㎥/kg、㎥/㎥〕 ＊ 7.42N〔㎥/kg〕→200℃換算→(273＋200)/273＝1.733 ∴ 7.42×1.733＝12.85〔㎥/kg〕 Q：燃料消費量〔kg/h、㎥/h〕 L：煙突の煙道接続口中心から頂部までの高さ〔m〕 n：煙突の曲りの数 Pb：ボイラ内通風抵抗〔Pa〕 燃焼時強制排気のため(＝0) Zf：送風機の通風力〔Pa〕 *Pb－Zf＝0で計算してください！	h= 9 m 煙突口径= 0.7 φm Av= 0.38465 ㎡ V= 12.85 ㎥/kg、㎥/㎥ Q= 240 kg/h、㎥/h L= 2 m n= 3 個 Pb= 0 Pa Zf= 0 Pa ∴ h= 8 m 判定= OK

煙突の通風力

	計算6-11	計算例
煙道の通風力Z1〔Pa〕	$Z1 = Hf \cdot g(\rho a - \rho g1)$ Hf：煙道の通風高さ〔m〕 ρa：外気の密度〔kg/㎥〕 ρg1：煙道内排ガスの平均密度〔kg/㎥〕 g：重力加速度(=9.81)	Hf= 2 m 外気温度= 24 ℃ ρa= 1.194949495 kg/㎥ 煙道排ガス温度= 65 ℃ ρg1= 1.05 kg/㎥ g= 9.81 ∴ Z1= 2.8 Pa
煙突の通風力Z2〔Pa〕	$Z2 = Hc \cdot g(\rho a - \rho g2)$ Hc：煙突高さ〔m〕 ρa：外気の密度〔kg/㎥〕 ρg2：煙突内排ガスの平均密度〔kg/㎥〕 g：重力加速度(=9.81)	Hc= 9 m 外気温度= 20 ℃ ρa= 1.211262799 kg/㎥ 煙突排ガス温度= 60 ℃ ρg2= 1.065765766 kg/㎥ g= 9.81 ∴ Z2= 12.8 Pa

煙突工事

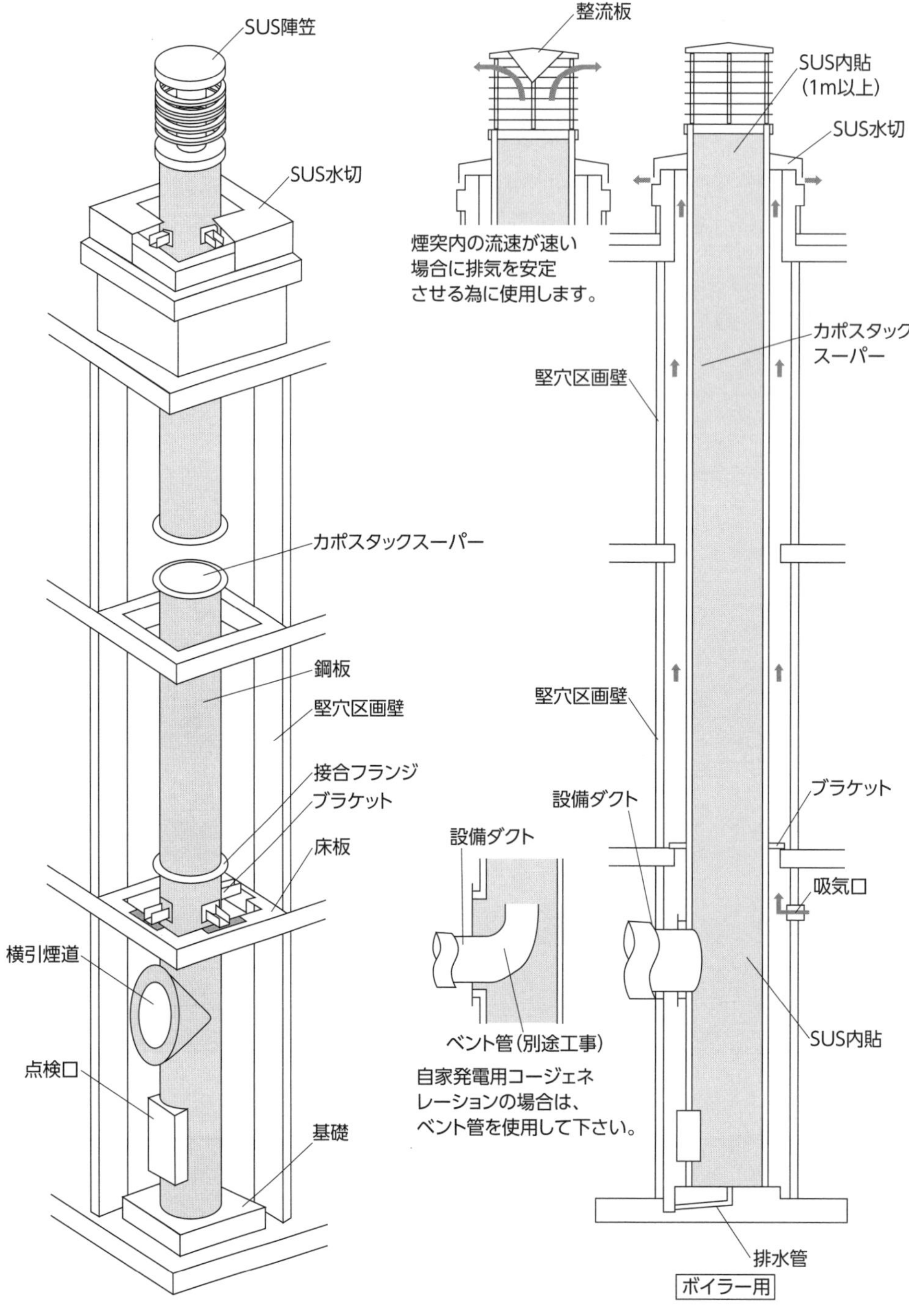

＊ 煙突内の排ガス流速は、25m/sec以下に設計して下さい。

図6-27 煙突工事の例

6-14 冷凍機

温度を氷点下まで下げるため、
ヒートポンプの原理で熱を移動させる熱源設備です。

Point

- ▶「冷たい熱」を作りだす大きな機械です。
- ▶ 冷凍機の原理を成すものを冷凍サイクルと呼んでいます。
- ▶ 熱の授受のために用いられる作動流体を冷媒と呼びます。

冷凍機の要領

	計算6-12	計算例
1日の冷凍能力	■遠心式冷凍機 R=Hrc/1.2〔トン〕 R：1日の冷凍能力〔トン〕 Hrc：原動機の定格出力〔kW〕	Hrc＝ 20 kW ∴ R＝ 16.67 トン
	■吸収式冷凍機 R=Hre/27800〔トン〕 Hre：発生器加熱用熱入力〔kJ〕	Hre＝ 45,000 kJ ∴ R＝ 1.62 トン
	■往復動式・その他 R=V/C V：標準回転数における1時間のピストン押しのけ量〔m³〕 C：圧縮機の気筒1個の体積〔cm³〕 【係数C】	V＝ 128 m³ 冷媒ガスの種類＝ R410A 気筒体積＝ 2 C＝ 5.70 ∴ R＝ 22.46 トン

冷媒ガスの種類	圧縮機の気筒１個の体積〔cm³〕	
	5000以下	5000以上
R134a	14.4	13.5
R12	13.9	13.1
R22	8.5	7.9
ｱﾝﾓﾆｱ(R717)	8.4	7.9
R502	8.4	7.9
R407C	9.8	9.2
R410A	5.7	5.3
R404A	8.2	7.7

凝縮器用冷却水の出口温度(t1)の求め方

<table>
<tr><th>凝縮器用冷却水の出口温度〔t1〕の求め方</th><th>計算6-13</th><th>計算例</th></tr>
<tr><td></td><td>

t1=(t1´+50.4Q+14.3kW)/q

Q：冷凍能力〔t〕
t1'：冷却水入口温度〔℃〕
kW：圧縮機の軸動力〔kw〕
q：冷却水量〔L/min〕

【t1´の値】

井水	20℃
河水	27～30℃
冷却塔	30～32℃

</td><td>

t1´= 30 ℃
Q= 50 t
kW= 22 kW
q= 350 L/min

∴ t1= 8.2 ℃

</td></tr>
</table>

蒸発温度と凝縮温度の求め方

<table>
<tr><th>蒸発温度と凝縮温度の求め方</th><th>計算6-14</th><th>計算例</th></tr>
<tr><td></td><td>

θ1-θ2=Q×860/G
(凝縮器の冷却水の場合は、1.25Q/G)
⊿Tm=R/U･F
log θ1/θ2=θ1-θ2/2.3⊿Tm
t2=t1+⊿Tm

蒸発温度=t2-θ2
凝縮温度=t2+θ2

Q:冷凍能力 (kW/hr)
G:冷却水量 (kg /hr)

冷却塔方式	12 L/min/トン(32℃)
井水	8 L/min/トン(18℃)
冷水	13 L/min/トン

R:1冷凍トン当り熱量=3866W
F:1冷凍トン当り外表面積

蒸発器用	0.76～0.86 m²/トン
凝縮器用	0.66～0.76 m²/トン

U:総括伝熱係数

蒸発器用	470～740W/m²K
凝縮器用	640～870W/m²k

*但し、スケールファクタを0.0002とする。
θ1:入口温度差〔℃〕
θ2:出口温度差〔℃〕
⊿Tm:平均温度差〔℃〕
t1:蒸発器の冷水又は凝縮器の冷却水入口温度〔℃〕
t2:蒸発器の冷水又は凝縮器の冷却水出口温度〔℃〕

</td><td>

Q= 22 kW/h
G= 720 kg/h

∴θ1－θ2= 26.3 ℃

R= 3866 W
U= 640 W/m²K
F= 0.76 m²/トン

∴ ⊿Tm= 7.9 ℃

</td></tr>
</table>

6

空調機器の設計

算定手順

上記計算式①、②、③から$\theta 1$、$\theta 2$を求め、④からt2を求めます。

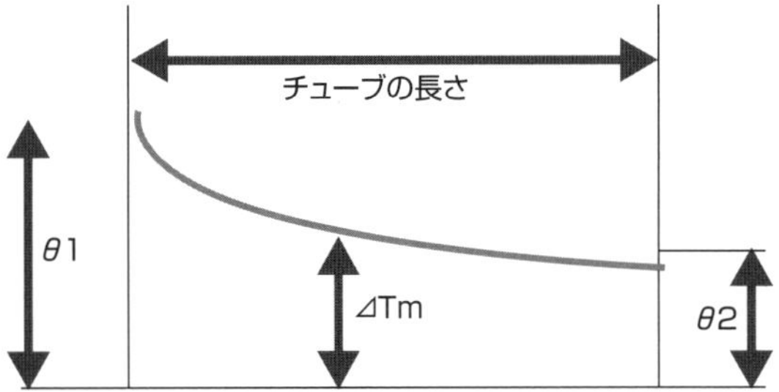

図6-28 出口温度の求め方

冷凍機械責任者資格と冷凍容量

常用の温度または温度35℃において、圧力が1MPa(ゲージ圧)以上となる圧縮ガス、または0.2MPa(ゲージ圧)以上となる液化ガスを扱う冷凍機の場合は、資格が必要となります。

表6-23 冷凍機械責任者資格

冷凍能力〔冷凍トン/日〕	冷凍機械責任者資格種別
300以上	第1種
100以上300未満	第1種または第2種
20以上100未満	第1種、第2種、または第3種

冷凍機に関する法規

表6-24 冷凍機と火気の保安距離(冷凍保安規則第10条1号)

火気設備の区分	条件	距離〔m〕	
		≧50t	≧20t
伝熱面積が14m²を超える温水ボイラ、定格熱出力が500000kcal/hを超える火気設備	耐火防熱壁を設けていない場合	5以上	1.5以上
	耐火防熱壁を設けてある場合、または温度過昇防止措置を講じてある場合	2以上	0.8以上
伝熱面積が8m²を超え、14m²以下の温水ボイラ定格熱出力が300000kcal/hを超え500000kcal/h以下の火気設備	耐火防熱壁を設けていない場合		1.0以上
	耐火防熱壁を設けてある場合、または温度過昇防止措置を講じてある場合	1.0以上	0.5以上
伝熱面積が8m²以下の温水ボイラ定格熱出力が300000kcal/h以下の火気設備	耐火防熱壁を設けていない場合		1.0以上

＊ 上表中のtは法定冷凍トンのことです。
＊ 冷凍機の保守管理距離は、前面1.2m、側面及び裏面は1.0m以上必要です。

表6-25 冷凍機室の換気量Q〔m^3/h〕

	計算式	備考
法定冷凍トン20～100未満の場合	Q=0.4×60T	T:法定冷凍トン
法定冷凍トン100以上の場合	Q=2×60T0.65	

6-15 チリングユニット

チラーユニットやウォーターチラーともいいます。

Point

- 5℃～10℃の冷水を作る機器です。
- 冷水を冷媒とする冷房装置の冷熱源として用いられます。
- 水冷式冷房専用チラーだけでなく、空冷式ヒートポンプチラー等もあります。

チリングユニット

ターボ冷凍機以外の蒸気圧縮装置(主に往復冷凍機)に、運転設備一式を1台の架台に組込みユニットとした水冷却装置です。

表6-26 チリングユニットの性能

型番			R-9	R-15	R-22.4	R-30	R-45	R-60	R-90	R-132	R-170	R-200	R-265	R-335
冷却能力〔kW〕		50Hz	7.8	12.8	19.4	25.8	39	51.7	78	115	146	176	230	293
		60Hz	8.7	14.6	21.8	29.3	43.9	58.5	87.8	129	166	195	258	337
冷水	水量〔L/min〕	50Hz	22	37	56	74	112	148	222	330	419	505	660	840
		60Hz	25	42	63	84	126	168	252	369	475	559	741	937
	水圧損失〔KPa〕	50Hz	34.3	36.3	58.8	53	53	54.9	52	59.8	39.2	40.2	43.1	61.8
		60Hz	37.3	45.1	72.6	64.7	68.6	67.7	65.7	59.8	51	53.9	58.8	79.4
冷却水	水量〔L/min〕	50Hz	36	60	90	120	180	240	360	480	600	720	960	1200
		60Hz	39	65	97.5	130	195	260	390	520	650	780	1040	1300
	水圧損失〔KPa〕	50Hz	35.3	39.2	36.3	58.8	43.1	48.8	44.1	49	47.1	58.8	66.7	57.9
		60Hz	50	39.2	47.1	66.7	60.8	73.5	58.8	65.7	61.8	76.5	76.5	74.5
圧縮機　電動機出力〔kW〕			2.2	3.75	5.5	7.5	11	15.4	22	30	37	45	60	75
運転重量〔kg〕			200	230	340	375	550	777	920	1280	1440	1720	2450	2760
法定冷凍能力〔トン〕		50Hz	1.5	2.4	3.7	4.5	7.6	9.8	13.5	18.8	22.4	28.8	37.5	44.9
		60Hz	1.8	2.9	4.5	5.4	8.3	11.8	16.2	22.2	26.4	29.8	44.5	53.2

* 冷水出入口温度は、7℃、12℃とする。
* 冷却水出入口温度は、32℃、37℃とする。
* 電源は、三相200V。
* 電動機出力は、「以下」表示とする。

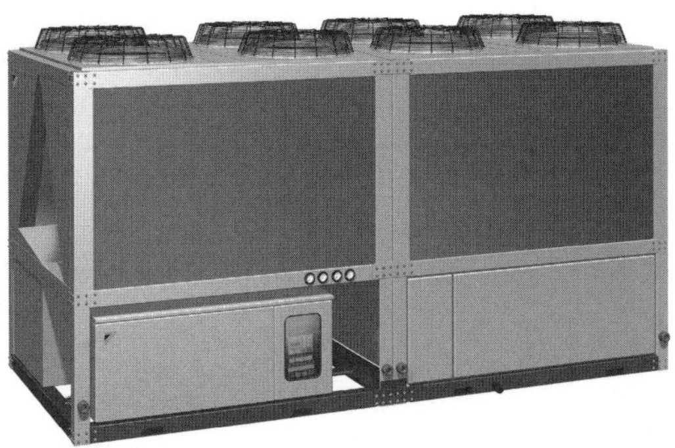

写真提供：ダイキン工業株式会社

図6-29 チリングユニット

表6-27 空気熱源ヒートポンプチリングユニットの性能

型番			R-7.5	R-12.5	R-19	R-25	R-37.5	R-50	R-75	R-118	R-150	R-180	R-236	R-300
冷却能力〔kW〕		50Hz	6.7	11.2	17	22.4	33.5	45	67	106	132	160	212	265
		60Hz	7.5	12.5	19	25	37.5	50	75	118	150	180	236	300
冷水	水量〔L/min〕	50Hz	19	32	49	64	96	129	192	304	378	459	608	760
		60Hz	21	36	54	72	107	143	215	338	430	516	677	860
	水圧損失〔KPa〕	50Hz	23.5	40.2	20.6	32.4	27.5	33.3	33.3	46.1	42.2	67.7	56.9	60.8
		60Hz	30.4	47.1	27.5	39.2	33.3	42.2	43.1	57.9	53.9	87.3	71.6	78.5
圧縮機　電動機出力〔kW〕			2.2	3.75	5.5	7.5	11	15	24.3	33	37	52	66	74
運転重量〔kg〕			253	237	495	575	970	1085	1625	2254	3380	3300	4300	5240
法定冷凍能力〔トン〕		50Hz	1.5	2.2	3.4	6.2	9.3	12.4	13.6	18.6	22	28.5	37.2	43.5
		60Hz	1.7	2.7	4.1	7.5	11.3	15	16.5	22.1	26.5	34.6	44.2	52.5

＊ 冷水出口温度は、7℃、温水出口温度は、45℃とする。
＊ 外気温度は、冷房時35℃(CB)、暖房時7℃(WB)、6℃(WB)とする。
＊ 電源は、三相200Vとする。
＊ 電動機出力は、「以下」表示とする。

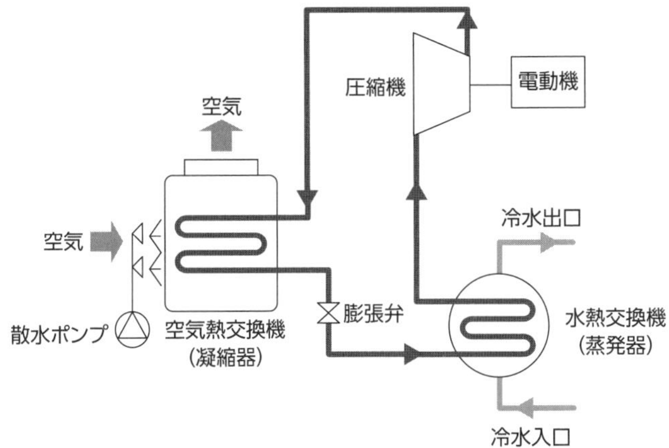

図6-30 空気熱源ヒートポンプチリングユニットの系統図

表6-28 直だき吸収冷温水機（二重効用）の性能

形番	20	30	40	50	60	70	80	90	100	200	300	400	500
冷凍能力〔kw〕	70	105	140	176	209	244	279	314	349	698	1047	1395	1744
冷温水流量〔L/min〕	200	300	400	500	600	700	800	900	1000	2000	3000	4000	5000
冷却水流量〔L/min〕	330	500	670	830	1000	1170	1330	1500	1670	3330	5000	6670	8330
電源容量〔KVA〕	3	3.5	5	5.2	5.5	5.5	7.8	7.8	7.8	10.9	14.4	19.9	20.7
冷凍時入力〔kw〕	63	95	126	157	188	220	251	283	314	629	943	1257	1571
加熱能力〔kw〕	70	105	140	174	209	244	279	314	349	698	1047	1395	1744
加熱時入力〔kw〕	76	115	152	189	227	265	303	341	379	759	1138	1516	1896
冷温水損失水頭〔KPa〕	70	70	70	70	70	98	93.5	65	105	75	115	112	74
冷却水損失水頭〔KPa〕	72	83	83	98	106	72	98	65	112	85	120.6	105.3	120.6
必要保有水量〔L〕	800	1000	1100	1200	1300	1400	1600	1800	2000	2200	2400	2600	2800
運転質量〔kg〕	1750	2500	3200	3400	3900	4700	6000	6200	6400	10500	15000	21000	25100

*冷凍時入力、加熱時入力は、低位発熱量を基準とする。
*冷水出入口温度は、7℃、12℃とする。
*温水出口温度は、55℃とする。
*冷却水出入口温度は、37.5℃、32.0℃とする。
*電源容量は「以下」表示とする。
*加熱能力は、冷凍能力と等しい時の値である。
*電源は、三相200Vとする。
*電源容量はガスだきの値とする。油直だきの場合は、燃料種別により電源容量が増える。
*形番200以上は参考とする。

	計算6-15	計算例
チラーの選定手順	■チラー選定方法 ① 循環水の温度を決める。 ② 冷却方式を決める。 ・空冷式　・水冷式 ③ 冷却能力を決める。 負荷＜冷却能力 ④ ポンプの揚程を決める。 循環水の全揚程＜ポンプの揚程	
冷却能力の決定	■循環水負荷（装置）からの出口温度、入口温度がわかっている場合 **Q＝0.07×Cb×γb×Lb×(Tout−Tin)** Q：負荷容量〔kW〕 Cb：循環水の比熱〔cal/g℃〕 γb：循環水の密度〔g/cm³〕 Lb：循環水流量〔L/min〕 Tout：負荷出口温度〔℃〕 Tin：負荷入口温度〔℃〕	Cb＝ 1.0 γb＝ 1.0 Lb＝ 12 L/min Tout＝ 35 ℃ Tin＝ 30 ℃ ∴ Q'＝ 4.2 kW 安全率＝ 1.2 ∴ Q＝ 5.04 kW
ポンプの揚程	■循環水の全揚程を求める **循環水の全揚程＝循環経路の圧力損失〔Mpa〕÷循環水の密度〔g/m³〕×100** *循環水の全揚程は循環経路の圧力損失に比例し循環水の密度に反比例します。循環経路の圧力損失は、配管径、配管長、負荷の形状などにより決まります。	

6-16 冷却塔

クーリングタワーともいいます。冷凍機の冷却水を冷却するために用いられています。

Point

- ▶ 冷凍機の冷却水は使用されると温度が上昇します。
- ▶ 冷却塔の形状は、丸形と角形の2タイプがあります。
- ▶ 構造・冷却方法として開放式と密閉式の2種類があります。

冷却塔の原理

冷凍機で使用された冷却水は水温が上昇します。温度が上昇した冷却水は、冷却塔内で送風機により強制的に送り込んだ外気と接触し温度が下がり再度冷凍機に送られます。冷却塔は、このように冷却水を効率よく循環利用するために、なくてはならない装置です。開放式冷却塔では、冷却水と外気を直接接触させて一部の冷却水が蒸発することで残りの冷却水を冷やしています。

常温では水の蒸発の潜熱は約2,500kJ/kgで、比熱は4.2kJ/kg・Kですから、1%の水の蒸発によって残りの水の温度は、約6℃下がることになります。

2500/(4.2 × 100)＝5.95≒6.0℃

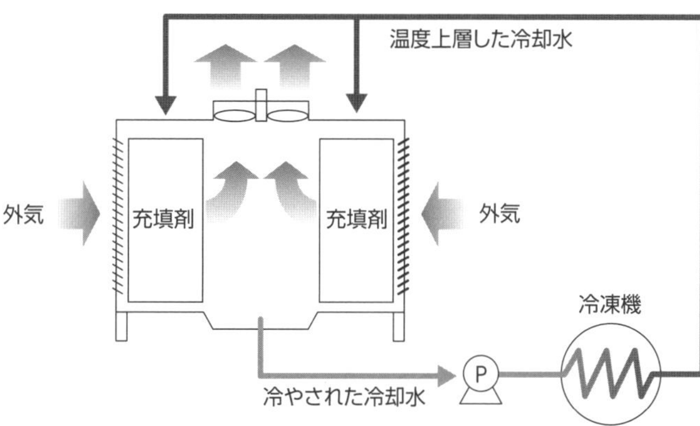

図6-31 冷却塔の仕組み

冷却塔の種類

冷却塔(低騒音型)

冷却能力 Hct〔kW〕

計算6-16	計算例
■圧縮式冷凍機の場合 Hct=K1×HRc HRc：冷凍機の冷凍能力〔kW/h〕 K1：冷却係数(=1.3)	K1= 1.3 HRc= 30 kW ∴ Hct= 39 kW
■吸収式冷凍機の場合 Hct=HRc+qs+qA=K2×HRc HRc：冷凍機の冷凍能力〔kW/h〕 K2：冷却係数 (下表参照)	HRc= 30 kW qs= 5.5 kW qA= 4 kW ∴ Hct= 39.5 kW K2= 1.86 ∴ Hct= 55.8 kW

一重効用吸収冷凍機	2.7
二重効用吸収冷凍機	1.86
直焚き吸収冷温水機	1.86

qs：再生器における必要加熱量〔kw〕
qA：溶液ポンプの仕事に相当する熱量〔kw〕

冷却水量 Lct〔L/min〕

計算6-16	計算例
Lct=14.3Hct/(tc1－tc2) tc1：冷却水入口温度〔℃〕 tc2：冷却水出口温度〔℃〕	定数= 14.3 Hct= 55.8 kW tc1= 37.5 ℃ tc2= 32 ℃ ∴ Lct= 145 L/min

	入口温度	出口温度
圧縮式冷凍機	37℃	32℃
一重効用吸収冷凍機	40℃	
二重効用吸収冷凍機	37.5℃	
直焚き吸収冷温水機	37.5℃	

表6-29 圧縮式冷凍機用

記号 CT		3	5	7.5	10	15	20	30	40	50	60	80	100
冷却能力〔kW〕	50Hz	12.5	20.9	31.4	41.8	62.7	83.7	125	167	209	251	334	418
	60Hz	13.6	22.6	34	45.3	68	90.7	136	181	226	272	362	453
冷却水量〔L/min〕	50Hz	36	60	90	120	180	240	360	480	600	720	960	1200
	60Hz	39	65	97.5	130	195	260	390	520	650	780	1040	1300
電動機出力〔kW〕		0.1	0.1	0.2	0.25	0.4	0.75	0.75	1.5	1.5	1.5	2.2	2.2
塔内圧力損失〔KPa〕		20	23	25	27	29	31	33	35	36	37	38	39
騒音値〔dB(A)〕	50Hz	46	48.5	50.5	52	54.5	56	58	59.5	60.5	61.5	63	64
	60Hz	49	51.5	53.5	55	57.5	59	61	62.5	63.5	64.5	66	67
運転重量〔kg〕		50	90	135	190	270	350	510	620	735	850	2050	2390

＊冷却水出入口温度は、32℃、37℃とする。
＊湿球温度は、27℃(WB)。
＊電源は、三相200Vとする。

表6-30 直だき吸収冷温水機用(二重効用)

記号 CT		20	30	40	50	60	70	80	100
冷却能力〔kW〕		130	195	260	325	390	455	520	652
冷却水量〔L/min〕		340	510	680	850	1020	1190	1360	1700
電動機出力〔kW〕		1.25	1.75	2.2	2.5	4.4	5.5	5.5	5.5
塔内圧力損失〔KPa〕		34.5	37	39	40	41.5	42	43	44
騒音値〔dB(A)〕	50Hz	58	60	61.5	62.5	63.5	64.5	65	66
	60Hz	61	63	64.5	65.5	66.5	67.5	68	69
運転質量〔kg〕		710	1050	1390	1725	2240	2850	3000	3000

＊ 冷却水出入口温度は、32℃、37.5℃とする。
＊ 外気温度は、27℃(WB)。
＊ 電源は、三相200Vとする。

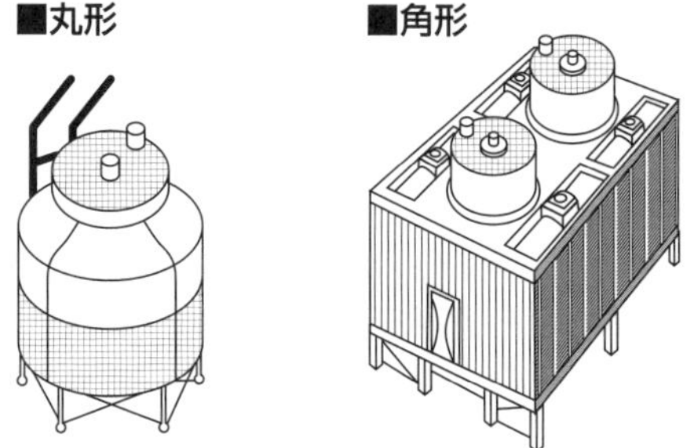

図6-32 開放型冷却塔の形状

第7章
空調方式の分類

建築への環境工学的提案として、重要な要素を占めるものに空調方式の選定があります。省エネを考慮して、ゾーニング計画を立て、その区域ごとの制御をどのように行うかを整理しながら空調方式を選定するという重要な問題です。

空調設備の方式は、何を中心として分類するかによって多様に分かれます。本章では熱源を中心にその分類を行います。熱源の中央方式は空調の基本となる方式で、一般的に中央機械室に熱源として冷凍機およびボイラを設け、空気調和機により空調を行う方式です。熱源分散方式は、コンプレッサを内蔵したパッケージユニットを必要に応じて分散設置する方法です。分散方式は、パッケージユニットの高級化、簡便性から近年採用する例が増加しています。

種々の空調方式の特徴等を知り、最適な方式を選定できるようにしましょう。

7-1 空調方式の検討

室調機のゾーン数、熱源の中央化または分散化といった具体的な内容の検討からはじめます。

Point

- 空調方式の1つの構成要素にゾーニング計画があります。
- 外壁・外部ゾーンをペリメーターゾーン、内部ゾーンをインテリアゾーンに分けます。

空調方式の概要

空調方式は、組合せによっては無数の方法があります。従来の分類方式は、個別か中央か、空気か水かであったが、今日の多様化に対して適当とはいえなくなりました。

空調方式の分類

建物で各室の空調は、大別して3つの要素に分類できます。

①建物外皮からの熱の出入り処理

②内部の熱や汚染空気の発生処理

③生命活動のための外気導入にともなう熱・湿度・塵埃の処理

空調方式を構築する際は、上記の3要素の処理方法を、各々単独に計算しておき、諸条件項目に適合した方式を選択します。

諸条件項目には、建築計画、熱源計画、運営管理、省エネルギー性、アメニティ（快適性）、経済性、安全信頼性、将来のリニューアル性などがあります。

表7-1 空調方式の分類

<table>
<tr><th rowspan="2">要素</th><th colspan="3">インテリア空調</th><th>ペリメーター空調</th></tr>
<tr><th>外気処理</th><th colspan="2">内部処理</th><th>外壁処理</th></tr>
<tr><td>目的</td><td>外気取入れや排気にともなう処理を行う</td><td colspan="2">照明・OA機器・人体の発熱処理、人体によるCO_2・たばこ煙・発じん・発汗処理、隙間風による温湿度・塵埃処理</td><td>外壁からの熱負荷処理
①受入れ熱（夏期）:
日射熱／天空放射熱／伝熱
②熱損失（冬期）:伝熱</td></tr>
<tr><td>方法</td><td>除じん、全熱交換、冷却、加熱、CO_2制御、外気冷房、始業前の外気カット、減湿、加湿</td><td colspan="2">冷却、加熱、気流分布</td><td>冷却、加熱</td></tr>
<tr><td rowspan="4">方式</td><td rowspan="4">①外気処理空調機
エアハンドリングユニット
またはパッケージ
（性能:上記方法）
②外気処理換気
（単独給排気）
（性能:除じん、全熱交換）
③内部処理に含む</td><td rowspan="2">エアハンドリングユニット</td><td>●AHU（二管式または四管式）+単一ダクト方式（CAVまたはVAV）</td><td rowspan="4">①ファンコイルユニット
（二管式または四管式）
②集中FCU+単一ダクト
（CAVまたはVAV）
③ウォールスルーHP
④直接暖房
（蒸気・温水・電気）
⑤ペリメータレス空調方式
（二重サッシ内排気、
またはインテリア空調と兼用）
⑥誘引ユニット
⑦放射暖房・冷房</td></tr>
<tr><td>●AHU（四管式）+二重ダクト方式</td></tr>
<tr><td rowspan="2">パッケージ</td><td>●大・中型パッケージ（水冷式または冷媒式）+単一ダクト（CAVまたはVAV）</td></tr>
<tr><td>●小型分散パッケージ単一ダクトまたは直吹出し（ビル用マルチエアコン）
（水冷式または冷媒式）</td></tr>
</table>

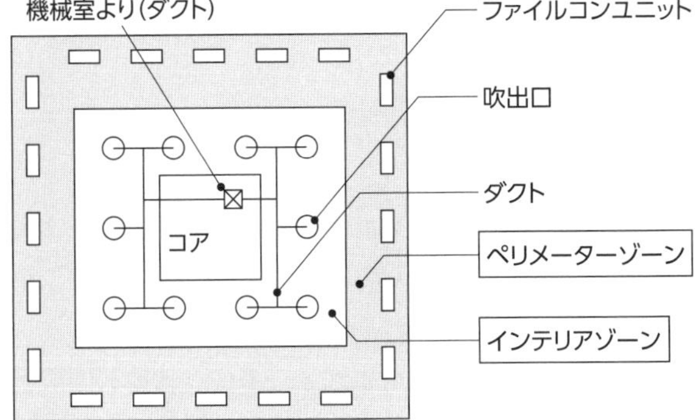

図7-1 インテリアゾーンとペリメーターゾーン

表7-2 複合方式(主対象:インテリアゾーン)

方式名称	アンビエント空調	タスク空調
ターミナルFCU方式	単一ダクトCAV	FCU
ターミナルパッケージ方式	単一ダクトCAV	小型分散パッケージ(水冷または冷媒式)
ペアダクト方式(変形二重ダクト)	単一ダクトCAV	単一ダクトVAV
天井・床吹出方式	床吹出CAV	単一ダクトVAV(天井)
全床吹出方式	床吹出CAV	床吹出VAVまたはターミナルクーラ
放射冷暖房方式	天井または床放射パネル	単一ダクトVAV
ターミナルリヒート方式	単一ダクトCAVまたはVAV	ターミナルリヒート

空調の種類

アンビエント空調

ambient(取囲む)、すなわち周辺の空調で、ベース空調ともいわれ、室全体の空気環境(空気浄化・外気導入・最小換気量の確保・湿度を主体)を制御する空調です。

タスク空調

task(仕事)、すなわち作業域に対する空調で、事務室においてはOA機器などの発熱に対処する温度制御を目的とした、個別空調を指します。

これらの方式は、インテリア空調を主目的としており、ペリメーター空調には、前ページ表の①～⑦の組合せが必要となることもあります。

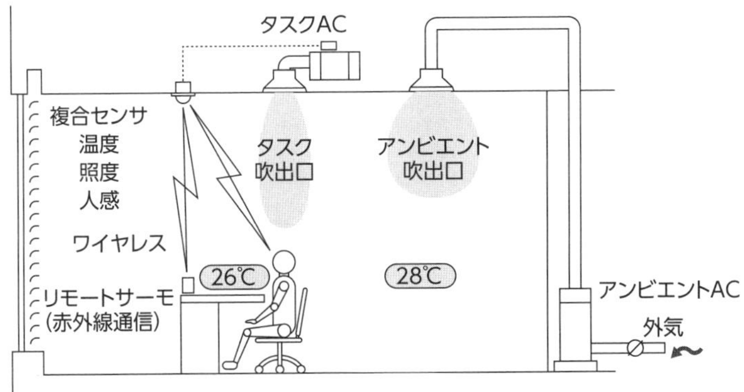

図7-2 アンビエント空調とタスク空調

空調の将来展望

地球環境と空調システム

地球環境問題から省エネルギーの必要性はより高まり、室内環境の向上と同時に省エネルギー性向上の方式が主流となるでしょう。

ライフサイクルCO_2や省エネルギー評価法などの評価手法ができ、従来の経済ベースから資源エネルギーの節約手法に発展し、経済的に不利な点は各種補助金制度で補うという行政制度のバックアップも必要となってくるかもしれません。

空調方式は、熱源方式の影響度がより高くなります。新しい空調方式や省エネルギー型機器の開発が活発化し、これからは大きく変革する時代に突入したといえるでしょう。

長寿命化

これからは、保守管理スペースの確保と省資源のための長寿命設計が重要となります。対人用空調は進歩発展にともない、方式の陳腐化が予想されますが、熱の供給系は100年後も不変です。設備部位に予め寿命目標を立て、**ライフサイクルコスト・ライフサイクルエネルギー・ライフサイクルCO_2**などの評価を加えて計画すべきでしょう。

快適性向上

温度・湿度・空気清浄(塵埃・CO_2)・気流の4要素が主体の現在の空調には、含まれていないものに、放射熱・空気質があります。

快適性と省資源は相反するとは限らず、両立できるシステムを構築することが現実となるでしょう。そのプロセスでライフスタイルの見直しや快適性の必要性と許容範囲も論議していかなくてはならないでしょう。

省エネルギー

現状を鑑みると、抜本的省エネルギー設計を行わなければならないでしょう。省エネの可否の決定手法を確立し、正しい使用法・運転法を見直し、早急に達成可能としなければなりません。

7-2 空調方式の選定

建築と設備の情報交換が選定を決めます。

Point

- 熱源エネルギーの選定は、コストと共に安定供給が可能かの状況判断も必要です。
- 将来のフレキシビリティといった項目も忘れずに検討しましょう。
- エネルギーコスト(単価)は事前に準備しておきましょう。

空調方式の選定

建築への環境工学的提案と同様に、重要な要素を占めるものは空調方式の選定です。

空調設備技術者にとって、空調方式を決定するということは、仕事の半ばを終了したに等しいことです。

空調システムの**イニシャルコスト**、**ランニングコスト**の比較検討には概略の熱負荷計算を行い、熱源機器の容量を算出し、年間の運転時間や機器の出力ベースのエネルギー単価を算出した上で、各コストの算出を行います。

パソコンには、Excelによる比較検討書を作成し、常に試算できるようにしておきましょう。

空調方式の選定手法(計画建物に最も適合した空調方式を選定する場合)

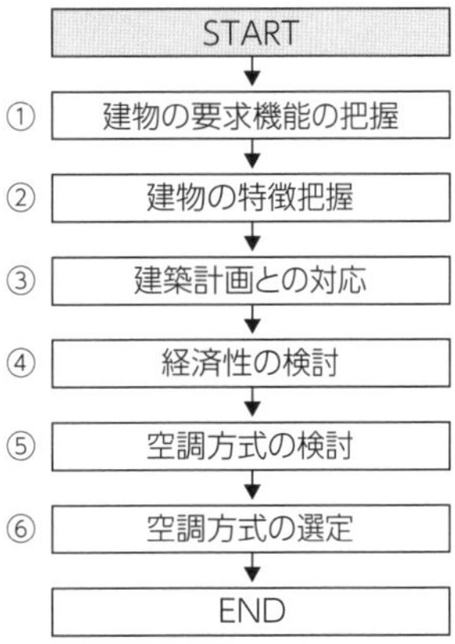

①建物の要求機能の把握

用途と使われ方、法規、立地条件などを調査します。

②建物の特徴把握

設計条件、空調環境のグレード(個別制御・期間・年間空調・運転時間)とゾーニング・系統区分を把握します。

③建築計画との対応

機器類の配置・構造・スペース(基幹設備空間)、配管・ダクトスペース(経路設備空間)、天井高・階高・天井伏せ(端末設備空間)との対応を確認します。

START
↓
① 建物の要求機能の把握
↓
② 建物の特徴把握
↓
③ 建築計画との対応
↓
④ 経済性の検討
↓
⑤ 空調方式の検討
↓
⑥ 空調方式の選定
↓
END

図7-3 選定方法

④経済性の検討

設備費(イニシャルコスト+ランニングコスト)、経常費(ライフサイクルコスト)、省エネルギー性を検討します。

⑤空調方式の検討

熱源方式(電気・ガス・灯油・地域冷暖房・未利用エネルギー)、換気方式(第1種・第2種・第3種)、排煙方式(機械・自然・天井チャンバー・加圧)を検討します。

⑥空調方式の選定

個別空調、快適環境、OA負荷対応などを選定します。

上記の項目をそれぞれの段階に応じて、必要な情報を建築設計者・設備設計者との間で交換しながら繰り返し行います。

環境提案型技術

室内環境、自然環境、都市環境(都市設備)に対する提案を行う技術です。

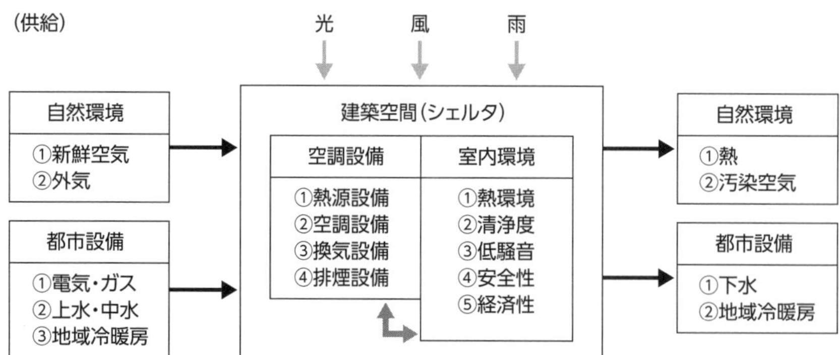

図7-4 環境提案型技術

空調方式選定のための参考資料

表7-3 方位別ゾーンの負荷の性質

外部ゾーン	東側	朝8時の冷房負荷が最大で午後は小さくなる。
	西側	朝の冷房負荷は小さいが、午後4時の負荷が最大となる。冬の北西風のあるときは、暖房負荷は北側に次いで大きい。
	南側	夏の冷房負荷は大きくないが、中間期(4月、10月)の正午の冷房負荷は夏の東西面と同程度になる。
	北側	冷房負荷は小さいが、日射がなく冬の風当たりが強いので、暖房負荷は他のゾーンに比べて大きくなる。
内部ゾーン		暖房負荷は少なく、冬でも午前中の予熱負荷を除けば電灯、人員のための冷房負荷のみとなる。 ただし、最上階の内部ゾーンは終日、暖房負荷を生じさせる。

表7-4 冷温熱源のシステム評価

	冷温熱源システム	固定費	運転費	人件費	装置信頼度	占有空間
一般方式	電動冷凍機+温水ボイラ(石油、ガス)	A	B	B	A	B
	電動冷凍機+蒸気ボイラ(石油、ガス)	A	B	B	A	B
ヒートポンプ方式	電動ヒートポンプ(空気)	D	C	A	A	D
	電動ヒートポンプ(井水)	A	A	A	A	A
熱回収方式	電動ヒーポン(熱回収)+補助熱源(電熱)	B	A	A	A	B
	電動ヒーポン(熱回収)+補助熱源(空気熱源)	D	A	A	A	C
	電動ヒーポン(熱回収)+補助熱源温水ボイラ(石油、ガス)	B	A	A	A	B
	電動ヒーポン(熱回収)+補助熱源蒸気ボイラ(石油、ガス)	B	A	A	A	B
全化石燃料方式	吸収冷凍機+蒸気ボイラ(石油、ガス)	B	B	B	A	C
	吸収冷凍機+温水ボイラ(石油、ガス)	C	B	B	A	C
	組合せ方式+蒸気ボイラ(石油、ガス)	D	A	C	B	D
	蒸気タービン駆動ターボ冷凍機+蒸気ボイラ(石油、ガス)	D	A	C	A	B
	ガス直焚き冷温水発生機	C	B	B	B	A
	ガスエンジン駆動ターボ冷凍機+蒸気ボイラ(ガス)	D	C	C	B	B
	ガスエンジン駆動ターボ冷凍機+温水ボイラ(ガス)	D	C	C	B	B

＊ 評価の順位は、Aを最高評価とし、B、C、Dと続くものとします。

空調評価資料

前述の評価は、ある程度の経験を有した技術者ができる概括的方法です。大きな評価をするには適していますが、初心者にはダウンロードサービス「ちょこっと計算集.xlsx」ブックの「第7章_コスト算定シート」を参考に数字で検討することをお勧めします。

イニシャルコスト・ランニングコスト

ダウンロードサービス「ちょこっと計算集.xlsx」ブックの「第7章_コスト算定シート」を参考にしてください。

エネルギー単価は、当該地の最新版の単価を採用してください。

7-3 主な空調方式

これからはパーソナル空調が主流になっていくでしょう。

Point

- 熱源機器を、機械室など建物内の一部に集中させる方式を中央式といいます。
- 中央熱源を持たない方式を個別式といいます。
- パーソナル空調は、個人好みの温熱環境を作り、省エネ効果も図るものです。

中央式と個別式

中央式、**個別式**とは、1台の空調機が受け持つ空間の数、面積、制御に着目した場合の分類です。過去では中央式が空調設備の代名詞のような時もありましたが、最近ではアメニティの追求と個人の要求を重要視する傾向が強く、大規模な建物にも採用できる機器が開発され、個別式の採用例が多くなりつつあります。

中央式には、空調対象室の負荷処理の手段により、全空気方式、水･空気方式、水方式があります。また、中央式と個別式の分類として熱源システムに着目し、熱源を中央機械室に集中したものを中央式、各空間専用に熱源を分散設置したものを個別式と呼ぶ場合もあります。

中央式

大型空調機器が単一空間専用ではなく、複数の空間を受持つ場合、中央式と呼びます。中央式には、下記のような特徴があります。

- 大きな空調機で処理するため、高度の空気処理が可能で、さまざまな空気要求に対応が可能である。
- 機械室のスペース、ダクトスペースが必要であり、大きくなる。
- 部分運転が行いにくく個別の制御が難しい。
- ダクトによる空気搬送のためのエネルギーが必要。ダクト経路が長くなるとダクトからの熱ロスが大きくなる。
- 空調機が空調対象室と離れた機械室にあるため遮音対策、騒音対策が行いやすい。

個別式

各空間ごとに専用の空調機器を設置する方式です。多室空調をするとき1台の室外機に複数の室内機を接続するマルチタイプも採用例が増加しています。個別式には、下記のような特徴があります。

- 部分運転が容易にできる。
- 個別制御が容易にできる。
- 取り扱いが容易にできる。
- 空調機が空調対象室内あるいはその近辺に設置される場合があるので、室内への騒音対策を十分考慮する必要がある。
- 加湿を必要とする場合には、各室内空調機までの水配管が必要。
- 外気の導入に関して制約のある室内空調機もあり、換気を別システムとして設置する必要が生じる。
- 室外機の騒音対策、意匠面での配慮が必要となる場合がある。

■個別式空調方式

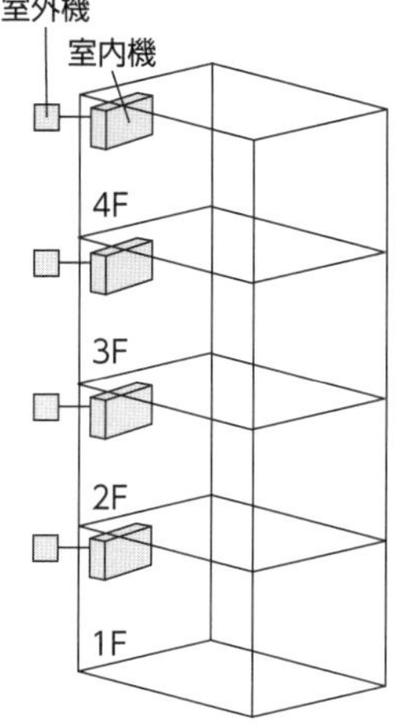

■セントラル空調方式

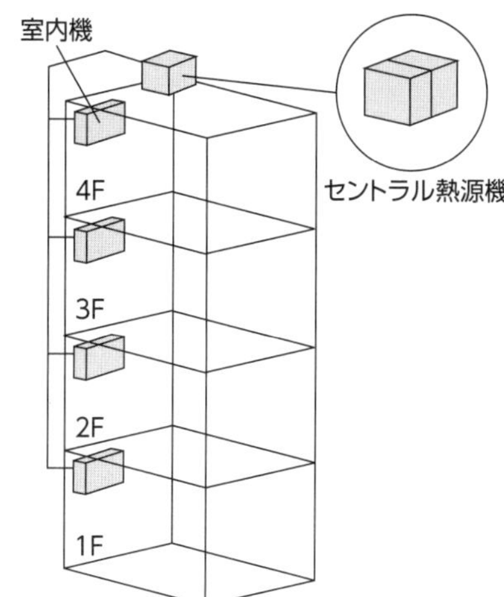

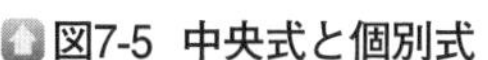
図7-5 中央式と個別式

全空気方式

熱媒を室外の空調機で熱交換し、室内へ空気のみを送る方式です。

冷却、減湿、加熱、除塵処理を行った空気を室内に送り、導入外気分の空気を排気し、残りを還気として空調機に戻し処理をして再び対象室に送ります。さらに、細かく分けると、**定風量単一ダクト方式、可変風量単一ダクト方式、二重ダクト方式、マルチゾーン方式**などの方式があります。

単一ダクト方式(CAV：Constant Air Volume System方式)

空調機で処理した空気を対象室に供給し空調を行う方式です。温度の制御は送風温度制御により行います。送風温度の調整は冷却コイル、加熱コイルを通過する熱媒の量を制御することにより行います。

吹出風量が一定で、配分を変えることはできないため、代表室による制御、または各室の平均温度による制御(リターン制御)となり、各室ごとの負荷変動要求には変動できません。この点を補うために、各室へのダクトの分岐個所に再熱器(リヒータ)を設置し、各室の温度により再熱器で吹出温度を制御する方式があり、単一ダクト再熱方式と呼ばれています。

可変風量方式(VAV：Variable Air Volume System方式)

吹出空気温度を一定にし、各室ごとの可変風量ユニット(VAVユニット)により、送風量を変化させ室温を制御する方式です。

各室ごとに必要分だけの空気を送ることができるため送風動力の節減が可能であり、不要な部屋の送風を停止し、省エネルギーを図ることもできますが、必要外気量の確保の対策、循環風量を絞った運転時の空気の清浄度確保対策を考慮して方式を構築する必要があります。

二重ダクト方式

部屋ごとの混合箱で、温風・冷風を混合して室温を制御する方式で、温風と冷風のダクトを設けることから二重ダクト方式と呼ばれています。冷暖房を各室ごとに別々に行うことができ、個別制御が可能である点、負荷変動、間仕切変更への対応がしやすいなどの長所があります。

マルチゾーン方式は、冷風温風を混合して温度制御を行う点では二重ダクト方式と似ていますが、空調機内に混合機能を持つマルチゾーン空調機による方式を呼び、工場などで採用されることがあります。しかし、冷風と温風を混合して利用することは省エネルギーの観点からは好ましくありません。最近は利用されていません。

風量計算（室温と吹出し空気温度差による場合）

風量計算（室温と吹出し空気温度差による場合）	計算7-1	計算例
	Q＝3600qs/1.2⊿t Q：給気量〔㎥／h〕 qs：室内顕熱負荷〔kW〕 ⊿t：室温と吹出し空気温度との差〔℃〕 ＊t〔℃〕からT〔K〕の換算は、T＝t+273.15だが、温度差は⊿t＝⊿T。	qs＝ 8.33 kW ⊿t＝ 10 ℃ ∴ Q＝ 2,499 ㎥/h

水・空気方式

室内にコイルを持つ機器を設置し室内空気と熱交換を行うと同時に、室外の空調機からの空気による空調を並行して行う方式です。

ペリメーターゾーンの（外周部）顕熱処理を室内ユニットに送った水で処理し、インテリアゾーンの（内部）負荷と潜熱負荷を空気で処理する方式、空気は換気主体とし室内負荷の大部分を水で処理する方式など、目的により水と空気の負荷分担割合は自由に設定可能であり、下記のような特徴があります。

- 負荷変動の大きなペリメーターゾーンに制御性がよく、搬送に有利な水を利用し、除塵、加湿などは空調機で行うなど、総合的に効率のよい方式を組むことができます。
- 室内の水配管による水損事故の可能性があるため、漏水を極度に嫌う用途の室には採用できません。
- 水側設備と空気設備の2つのシステムが必要で、比較的大規模の建物に最適です。
- ペリメーターゾーンとインテリアゾーンが別制御のため、混合熱ロスが生じる可能性があります。

ダクト併用ファンコイルユニット方式

ペリメーターゾーンをファンコイルユニット、インテリアゾーンを空調機で空調を行う方式です。

ファンコイルユニットは、熱源からの冷水または温水をコイルに流し、ファンで室内空気を循環させて冷却または加熱を行う機器です。空気吸込口にコイル保護のフィルタを備え、凝縮水用のドレンパンを備えています。

床置型、天井隠蔽型、天井カセット型があります。

室内負荷の大半をファンコイルユニットで処理し、空気側は外気処理のみとする**外調機＋ファンコイルユニット**の方式も採用例が多いです。

誘引（インダクション）ユニット方式

中央空調機からの高圧空気をノズルから吹出し室内の空気を誘引して、冷水または温水コイルを通過させ、1次空気と混合して室内に吹出す機器です。

水と1次空気を冷温の別熱媒として使用し、4管式と同様多様な負荷に対応可能です。留意点としては、ペリメーターへのダクトを下階スラブ下設置とした場合、床のダクト貫通部の防火区画処理などの処置が必要です。また、高圧1次空気の送風用動力が大きいため、最近はまったく使われていません。

冷媒方式

外気を採熱源として、冷媒で外気と室内空気との間の熱搬送を行う方式です。

冷房専用機とヒートポンプによる冷暖房兼用機があります。冷媒による熱搬送は空気や水によるそれに比し、搬送エネルギーを節約できること、小容量タイプに適していることからさまざまなタイプが製品化され、近年普及がめざましい分野です。

機器は、コンパクトに工場製作されていますので、設置スペースが小さく、運転操作や保守が容易です。

一体型

すべての構成機器を一体化したもので、外壁部分に組み込む形で設置します。

ウインド型ルームエアコン

窓枠を利用して設置します。主として住宅や個室などで使用されますが、現在はあまり採用されていません。

ウォールスルー型ルームエアコン

外壁部に外気との熱交換用の給排気口を設け、室内にパッケージユニットを設置するものです。床置型と天井隠蔽型があります。

スプリット型

室内機と室外機に分けた機種です。圧縮機を室外機に納めるタイプと室内機に収納するタイプがあります。

スプリット型ルームエアコン

電源コンセントと外壁用の配管用開口部(スリーブ)があれば、あとからでも設置可能です。そのため、住宅用冷暖房の主流となっています。

スプリット型パッケージエアコン

ルームエアコンより容量の大きい機種で、天吊型、天井カセット型、床置型、天井埋込型など各種のタイプが豊富です。

ビル用マルチタイプエアコン

1台の室外機に最大8台程度の室内機が接続できるタイプで、室内機ごとの運転·制御と、室外機内の圧縮機のインバーターにより冷媒変流量制御など省エネルギー性にも優れ、大規模建物にも採用されています。EHP·GHP·KHPと、それぞれ熱源に電気·ガス·灯油を利用するエンジンヒートポンプタイプも普及しています。

冷媒自然循環型

蒸発した冷媒は上昇し、液化した冷媒は下降します。その原理を利用して圧縮機を用いず、動力なしに冷媒を自然循環させて冷暖房するものです。最上部に冷熱源、最下部に温熱源を配置し、中間に室内機を設置して冷房･暖房を切替運転するものや、電算機室用冷房専用タイプがあります。

放射冷暖房

放射冷暖房方式は天井、床、壁や室内設置パネルの表面を加熱または冷却して、人体との放射熱交換を盛んにし、温熱快適感を高めるものです。

他の方式に比べて、室内空気温度を、冷房時はより高く、暖房時はより低くして、同じ快適感を得ることができるため、室内熱負荷が低減されます。また、アトリウムのような高天井空間やエントランスホールのような外気が侵入しやすい室に有効です。

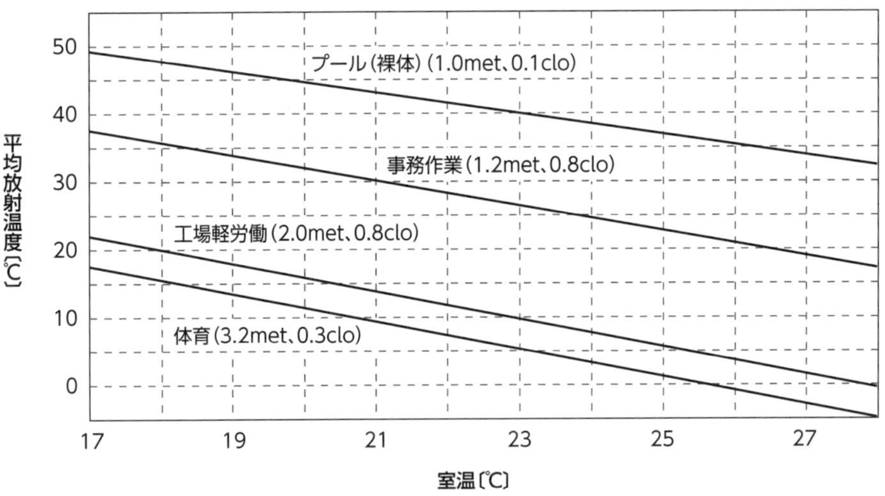

図7-6 各種作業状態での予想平均申告(快感)(PMV)=0とする室温と平均放射温度の関係

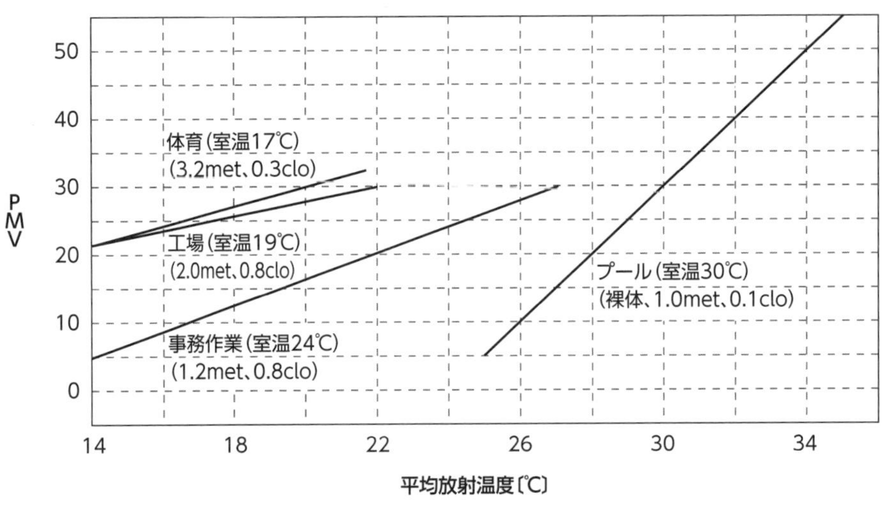

図7-7 平均放射温度による予想平均申告(快感)(PMV)の変動

 metとclo

メット(met)とは、代謝量の単位です。人体の1metは、椅座安静状態の代謝量で58.2〔W/m^2〕(50〔kcal/m^{2}h〕)です。通常の事務作業時は、1.1～1.2metです。

クロ(clo)とは、着衣量の単位です。衣服の断熱性を表します。1cloは0.155〔℃ m^2/W〕(0.18〔℃ m^2/kcal〕)です。

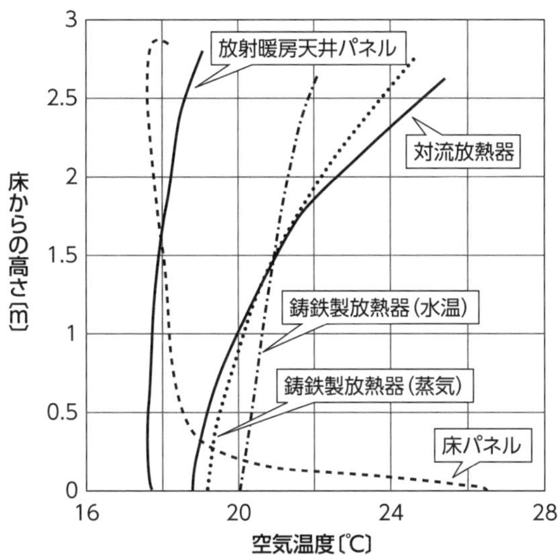

図7-8　各種暖房方式の室内上下の温度分布

 放射冷暖房の種類

床面方式

床面にパイプを埋込み、冷水または温水により床面を冷却または加熱します。電力による床暖房方式もあり、夜間電力を利用する夜間地区熱方式が近年普及しています。冷房では足元が冷えやすくなるので、床表面温度は23℃程度までに抑えることが望ましいでしょう。

天井方式

パイプ内を流れる冷水・温水で天井パネルを冷却・加熱する方法です。天井裏の空間に冷風・温風を供給し天井パネルを冷却・加熱する方法と、電熱ヒータで天井パネルを加熱する方法があります。放射面を大きく取りやすいので、放射熱効果を得やすい一方、天井が低いほど頭部への放射熱の影響が大きくなり、不快感をもたらすこともあるので要注意です。

壁方式

採用例はあまりないのですが、特殊な例として室内プールの壁面に温水を流したり、二重壁内をガスエンジン排熱で加温して、壁面放射効果を利用することもあります。

室内設置パネル方式

放射パネルを天井面や壁面に取付ける放射暖房方式です。燃焼ガスや電熱によりパネル表面温度を加熱し、赤外線や遠赤外線を放射します。特に表面温度が高い赤外線方式は、天井の高い工場、倉庫、プール、体育館、外気の侵入しやすい建物出入口などによく使われます。

7-4 熱源方式

最新のエネルギー事情を常に意識することが大切です。

Point

- どの熱源を採用しますか。その基準は何ですか。
- 電気、ガス、灯油それとも自然エネルギーの活用ですか。
- 都市インフラを考慮して、地域性や環境も思案して計画しましょう。

熱源方式

熱源設備の計画・設計・選定に当たり、最も考慮すべき基本的事項には、①エネルギー事情(エネルギー消費構造の推移)、②地球環境問題、③エネルギーの有効利用、④熱源方式の多様化(新しい方式)などがあります。ここでは、その背景・問題点を解説します。

エネルギー事情

日本のエネルギー消費量は、1960年代以降の高度経済成長により飛躍的に増大した後、1973年と1979年の2度にわたるオイルショックによる産業構造の変化、省エネルギー意識の高揚と施策の徹底により、わずかに低下傾向を示しましたが、生活レベルの向上、アメニティ指向の高まり、OA機器の普及、物流革命にともなう車社会の浸透などにより、漸増傾向となっています。

表7-5 部門別エネルギー消費量(需要量)の推移と予測

年度	エネルギー需要量(原油換算100万KL)	需要量(100万KL)と構成比率〔%〕					
		産業部門		産業部門		産業部門	
		需要量	比率	需要量	比率	需要量	比率
1973	285	188.1	66	51.3	18	45.6	16
1975	270	167.4	62	54	20	51.3	19
1979	301	177.59	59	63.21	21	60.2	20
1982	268	147.4	55	61.64	23	58.96	22
1985	293	158.22	54	70.32	24	64.46	22
1986	294	155.82	53	70.56	24	64.68	22
1987	308	163.24	53	77	25	67.76	22
1988	325	172.25	53	81.25	25	71.5	22
1989	336	178.08	53	84	25	73.92	22
1990	349	181.48	52	87.25	25	80.27	23
2000	391	191.59	49	109.48	28	86.02	22
予測							
2010	434	203.98	47	134.54	31	95.48	22

通産省資源エネルギー庁資料より

年平均伸び率は、産業・運輸部門は微増であるのに対し、民生部門だけは高い伸び率となっております。これは、人々の快適性・利便性・安全性志向の高まりの反映です。

1次エネルギー供給構成の推移

1973年のオイルショックを契機として、脱石油と原子力・天然ガスへの依存度が漸増の傾向にあります。化石燃料資源に乏しく、全エネルギーの輸入依存度が84%（石油99.7%、石炭91.0%、天然ガス96.1%など）と高い日本では、消費と供給の両面からエネルギー事情を観察する必要があります。

地球環境問題

地球環境問題は、現象面で捉えますと、下記の9項目に大別されますが、これらは単独での問題が存在するのではなく、相互に関連した問題なのです。その基本課題は、地球環境の保護と経済発展です。

表7-6 地球環境問題の9項目

問題	概要
地球温暖化	人間活動起源の温室効果ガスによる地球全体の平均気温上昇にともなう海面上昇や砂漠等の乾燥化など。
オゾン層破壊	フロンなどのオゾン層破壊による有害紫外線（UV−B）の地表面到達と生物への影響。
酸性雨	化石燃料燃焼にともなうSOx・NOxの大気汚染と酸性雨にともなう森林・植物の消滅。
砂漠化	森林・植物の乱伐と地球温暖化・酸性雨などの併作用にともなう土地の砂漠化。
熱帯雨水の減少	世界でも代表的なアマゾン・フィリピンなどでの森林の伐採と都市化への乱開発。
有害廃棄物の越境移動	主に酸性雨の現象が、国境を越えて他国に影響すること（大気汚染全般を含みます）。
野生生物の絶滅	人間活動に起因する自然破壊にともない、生活圏のなくなった野生生物が絶滅の危機にある。
開発途上国の公害問題	人口急増と高度経済発展にともなう大気・河川汚染問題。
海洋汚染	生産活動にともなう河川水汚染に起因する汚染。

上記の諸問題のなかで、特に空調設備に関連の深い「地球温暖化」と「オゾン層破壊」については、傾注しなければなりません。

地球温暖化問題

地球温暖化問題は、人間活動によってCO_2、CH4、N_2O、フロンなどの温室効果ガスの大気中の濃度が上昇し、地球全体の平均気温が、短期間に著しく上昇する現象です。

表7-7 温室効果ガス別の、地球温暖化への寄与率

温室効果へ寄与するガス名	含有率	発生源
二酸化炭素（CO_2）	55%	化石燃料の燃焼約80%、森林伐採約20%
メタン	15%	
亜酸化窒素	6%	
フロン11、12	17%	
その他のフロンなど	7%	
合計	100%	

CO_2は、地球温暖化への寄与率が最も大きく、年率約0.5%程度の割合で増加しております。特に、その80%が化石燃料に起因し、経済活動の伸びと深い関係を持つ点で、空調設備との関連があります。

オゾン層破壊問題

成層圏には、太陽光の作用により酸素から生成されるオゾンを多く含むオゾン層が広がっています。オゾン層は、太陽光線に含まれる有害な波長の紫外線(UV－B)の大部分を吸収するので、地表の生物は浴びることがほとんどなく、生命の維持が保たれているのです。

しかし、近年このオゾン層が減少し、オゾンホールが観測されております。

表7-8 オゾン層を破壊する物質

オゾン層破壊物質名	対応
フロン(フッ化ハロゲン炭化水素)	2000年全廃
特定フロン(CFC-11・12・113・114・115の5種類)	1996年1月全廃
ハロン	1994年1月全廃
四塩化炭素	

オゾン層破壊係数(ODP)が小さく、特定フロンの代替フロンとされているフロン(HCFC－21･22･123･124･141･142など34種)は、2020年に95%、2030年に全廃が決定されています。

冷熱業界に特に影響の大きい特定フロンは、代替フロンの開発･実用化が進み、メーカーはODPが0のフロン(例えばHFC－134aなど)を冷媒とした機種を開発してます。

機種選定に当たっては、特に使用冷媒の国際規制について十分配慮する必要がありますし、代替フロン安全性試験(PAFT)および性能などの技術評価の動向に注目しなければなりません。

エネルギーの有効利用(エクセルギーの考え方)

エクセルギーは、エネルギーの質を評価する指標の1つで、「可逆サイクルによって系の保有するエネルギーのうちで、外界の条件に応じて変換できる最大エネルギーをいい、有効エネルギーともいう。系の保有するエネルギーより、有効エネルギーを引いた残りを無効エネルギー(あるいはアネルギー)という」と説明されています。

熱源設備におけるエネルギーの有効利用の考え方は次のようになります。

①冷暖房･給湯に必要な熱媒温度は、環境温度に極めて近いので、エクセルギーは小さくてよい。
②化石燃料や電力はエクセルギーが大きい。
③化石燃料の燃焼により得られるエネルギーや電力を、そのまま冷暖房･給湯用エネルギーとしてのみ用いるのは、極めて効率のわるいエネルギー利用法である。
④化石燃料を用いる場合は、まずエクセルギーの大きい(価値の高い)エネルギー(電力や高圧蒸気などをいう)を発生させた後、その排熱を各種の形態で回収し、さまざまな用途に並列的あるいは段階的に利用し、環境温度と同レベルになるまで徹底的に使い切るという姿勢が肝要となります。
⑤前記④の熱回収過程では、利用可能な自然エネルギーや未利用エネルギーなどを組合わせて活用したり、温度レベルに合わせて用途を工夫することなどにより、総合的なエネルギー利用効率をさらに上げることも可能となる。

エクセルギーの考え方は、熱源システム評価の手法として示唆に富む考え方です。

未利用エネルギーの利用

未利用エネルギーとは、人間の生活・業務・生産活動の結果、生じてくる各種温度レベルの熱エネルギーのことです。エクセルギーは小さくとも、建築設備分野への利用可能なものは、自然界に豊富に存在し、その活用が都市環境に生態学的に有意の影響を与えないと考えられる自然エネルギーをいいます。

表7-9 未利用エネルギーの種類と分類(温度レベル)

区分	種類	温度レベル		
		低<50℃	中50〜100℃	高100℃<
都市排熱	生活排熱・業務排熱	冷房排熱 生活排水 調理排熱		固形廃棄物 燃焼排熱
	産業排熱	冷房換気排熱 各種排水 プロセス排熱	蒸気ドレン プロセス排熱	ボイラ排熱 プロセス排熱
	都市設備 インフラストラクチュア	変電排熱 排水処理場 発電排熱 地中送電ケーブル 下水道 工業用水道 地下鉄・地下街		ごみ処理場排熱 発電排熱
	表水・井水	河川水・池水 海水・運河水		
自然エネルギー	その他	地熱 太陽熱	太陽熱	太陽熱

未利用エネルギーは、一般に下記の特徴があります。

①広範囲に希薄に分布しています(密度は低い)。

②季節および時間による変動が大きい。

③需要地との距離がある例が多い。

この活用には、エネルギーの回収・貯蔵・輸送面での、さらなる技術開発と行政的対応が必要となります。

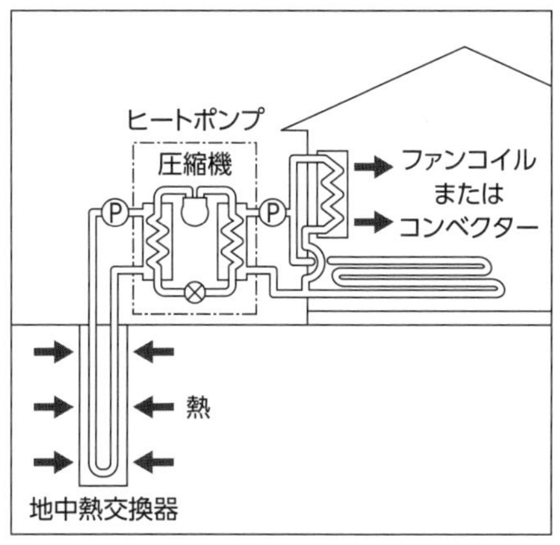

図7-9 地中熱発電

日本のすべての地域で利用できる自然エネルギーが地中熱です。

熱源方式の多様化

熱源方式の動向と、その時代の要請に適合した方式を構築することが肝要です。現時点における熱源方式の動向は、次の項目に集約されます。

①冷房は電気、暖房と給湯はガスまたは油というように、熱媒発生という従来の方式から脱却し、電力使用の平準化(昼/夜)、ガス使用の平準化(冬/夏)という行政的要請も関連し、複数のエネルギー源使用と未利用エネルギーの有効利用を導入した熱源方式(ベストミックスシステムと呼ばれています)。

②エネルギー有効利用評価基準として、1次エネルギー評価が定着し、コスト評価ではライフサイクルコスト(LCC)評価が普遍化し、両面からの種々の方式比較から、コージェネレーションシステム(CGS)が、産業分野のみならず一般の業務用建物へも採用されはじめています。

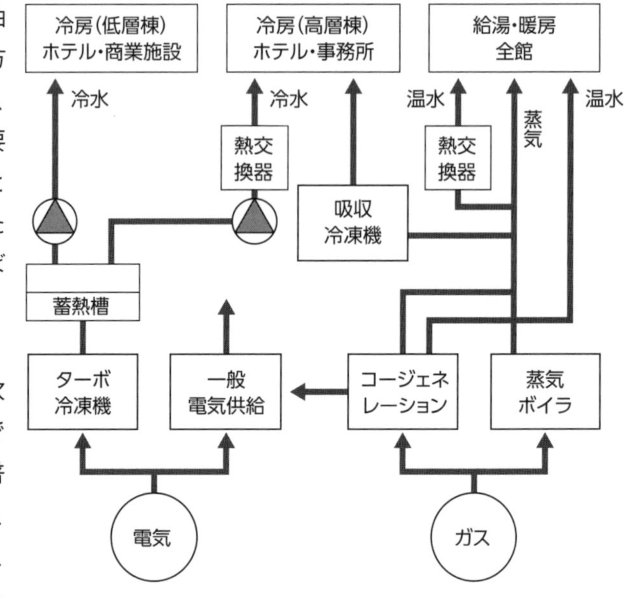

図7-10 ベストミックス熱源

③コージェネレーションシステムのなかでも、従来からのガスタービン・ガス機関・ディーゼル機関に加えて、燃料電池が実用化に向かっています。

④蓄熱方式も、従来からの水蓄熱に加えて、さまざまな形式の氷蓄熱システムが普及してきました。さらに、化学反応用潜熱蓄熱システムも一部実用化されています。
氷蓄熱システムでは、冷凍機の成績係数の低下の不利を、冷水の低温輸送・送水量低減・送風量の低減などの手法により省エネルギー化することでカバーでき、深夜電力利用によるコストメリットで、業務用建物を主に採用例が増えています。

⑤地球環境問題への貢献と都市インフラの整備、およびエネルギー有効利用の観点から、地域暖冷房プラントでは、熱源方式に未利用エネルギー(都市排熱・河川水・海水など)の有効利用を導入したり、電力・ガス・灯油のベストミックスを採用するとともに、コージェネレーションシステムや蓄熱方式を導入する例も増えています。

⑥利便性、安全性、個別制御性などの利点が評価され、従来、中小規模建物にしか用いられなかった空気熱源小型ヒートポンプパッケージが、メーカーの開発意欲とあいまって、大規模ビルへも普及しています。

7-5 熱源方式の選定

熱源設備の選定手順です。

Point

- ▶ 熱源は、安定性、経済性と環境事情を考慮しましょう。
- ▶ 空調機器の固定費と変動費を検討し選定します。
- ▶ 台数分割検討は忘れないで行いましょう。

熱源方式の選定

熱源設備選定手順と諸要素を次に示します。

①熱負荷計算より負荷量を算出します。
②負荷量を基に、所要容量を算定します。
③エネルギーを考慮しながら、機器の検討をします。
④一般事項(熱媒条件など)から固定費(機器および付帯設備を含む)、変動費(維持管理費など)や信頼性を考慮して、機器の概要を選定します。
⑤選定した機器類を、建築関連事項(設置スペース、騒音等)やその他の事情を鑑みて、方式・機種を決定します。
⑥機器の台数の分割を検討します。
⑦これまでの総合的判断を加えて、最終決定をします。

熱源方式の選定で、特に注意しなければならない検討に、エネルギー問題があります。

熱源は環境への影響・信頼性・安全性・経済性を考慮して、公害の少ない方式の選定を目指さなければなりません。

電気、ガス、油等を日本だけで考えるのではなく、世界の情勢を考慮して選定します。また、熱源機器は高効率運転・保守が容易な方式とします。と同時に、効率運転・機器の保守・更新等の運用に対応するものとします。

省エネルギー対策は設備関係のみで対応するのではなく、環境負荷の低減が図れる建築性能を有していることが重要です。

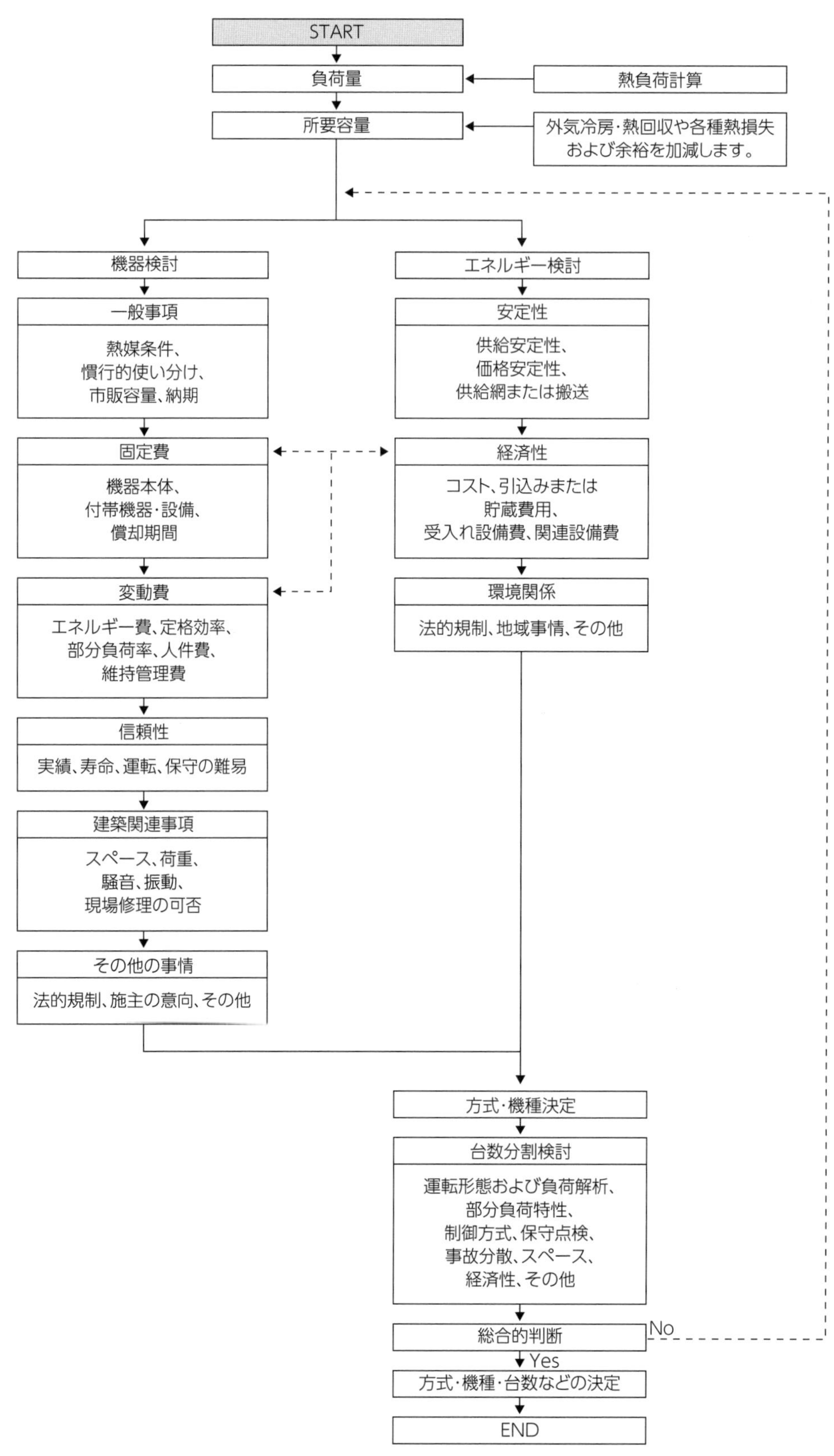
START
負荷量
熱負荷計算
所要容量
外気冷房・熱回収や各種熱損失
および余裕を加減します。
機器検討
一般事項
熱媒条件、
慣行的使い分け、
市販容量、納期
固定費
機器本体、
付帯機器・設備、
償却期間
変動費
エネルギー費、定格効率、
部分負荷率、人件費、
維持管理費
信頼性
実績、寿命、運転、保守の難易
建築関連事項
スペース、荷重、
騒音、振動、
現場修理の可否
その他の事情
法的規制、施主の意向、その他
エネルギー検討
安定性
供給安定性、
価格安定性、
供給網または搬送
経済性
コスト、引込みまたは
貯蔵費用、
受入れ設備費、関連設備費
環境関係
法的規制、地域事情、その他
方式・機種決定
台数分割検討
運転形態および負荷解析、
部分負荷特性、
制御方式、保守点検、
事故分散、スペース、
経済性、その他
総合的判断
No
Yes
方式・機種・台数などの決定
END

図7-11 選定手順

7-6 熱源方式とエネルギー

熱源の歴史的変遷を熟慮しましょう。

Point

- エネルギーは何を中心に考えますか。
- 冷熱源と温熱源の組合せは、何が一番適しているでしょうか。
- 熱源の見通しは、20年後を想定して考えましょう。

熱源方式とエネルギー

各種熱源方式とそのエネルギーの組合せについては、歴史的変遷と現状、今後の方向性などを考慮し、各種比較評価項目ごとに定性的評価を行わなければなりません。

表7-10 方式とエネルギーの組合せ

エネルギー	冷熱源	組合せ	温熱源
電気	電動冷凍機 ヒートポンプ		電気ボイラ 電熱器 ヒートポンプ
石油・ガス	吸収冷凍機 蒸気タービン駆動冷凍機 内燃機関駆動ヒートポンプ 直だき冷温水発生機		ボイラ 内燃機関駆動ヒートポンプ 直だき冷温水発生機
太陽熱	吸収冷凍機 ランキンサイクル冷凍機 乾燥剤装置		吸収冷凍機 ランキンサイクル冷凍機 乾燥剤装置

表7-11 冷温熱源方式の変遷

年代		～1950年代(後)	1950(後)～1960年代(前)	1960(前)～1970年代(後)	1980年～現在(オイルショック)
段階		従来方式	第1次変革	第2次変革	第3次変革
原因(背景)		−	①機器の開発発展 ②建物の大型化・軽質化にともなう年間空気調和 ③高度経済成長	①機器の開発発展継続 ②超高層建物 ③公害問題・環境規制 ④エネルギー消費量急増	①機器の開発発展継続 ②大空間・インテリジェントビル ③中流意識・アメニティ志向 ④省資源・省エネ志向 ⑤地球環境問題
冷熱源		電力	電力 B重油	電力 都市ガス 軽質油	電力 都市ガス 軽質油
		電動冷凍機	電動冷凍機 吸収冷凍機	電動冷凍機 二重効用吸収冷凍機 冷温水発生機	電動冷凍機 二重効用吸収冷凍機 冷温水発生機 ヒートポンプ
温熱源		B重油	B重油	軽質油 都市ガス 電力	電力 都市ガス 軽質油
		ボイラ	ボイラ	ボイラ 冷温水発生機 ヒートポンプ	ボイラ 冷温水発生機 ヒートポンプ

熱源方式の見通し

さまざまな要因が関連しますが、次の3点がキーワードとなるでしょう。

①総合的なエネルギー利用効率の向上。

②地球環境にやさしいこと。

③未利用エネルギー(自然エネルギーを含む)の有効利用。

熱源方式の選定上の要素

熱源方式の選定･決定のためには、エネルギー選択にはじまり、設備費、運転費、環境問題(地球環境問題、大気汚染、水質汚染、騒音公害問題、行政規制対象問題も含む)などの要因に関し、その重要性に応じたグレードを設定し、意思決定をします。その要因を、エネルギー・コスト･環境の3要素に大別して考えなければなりません。

エネルギー

①エネルギーの安定供給･信頼性

常に必要量を安定供給することが第一義です。選択･決定に際して考慮すべき項目は次の点です。

②エネルギー源の安定確保

建物位置への都市エネルギー(電力･都市ガスなど)の供給網の有無と、石油燃料の輸送･貯蔵を含む安定供給の信頼性を検討します。

③非常用エネルギーの対応

複合エネルギーシステムとしてのシステム構築熱源方式のエネルギーとして、1つのエネルギー供給が遮断されても、他のエネルギーが確保(非常用エネルギー)されており、熱源方式の機能として、常に熱媒供給が可能となるようなシステム構築が必要となります。

地域暖冷房プラントや実験動物施設などでは、本項を第一優先とします。

④機器の容量分割の必要性

機器容量を分割し、複数台の熱源機器の並列運転により、全容量を賄う方式を構築することは、信頼性の向上ばかりでなく、負荷と容量制御の点から省エネ上も有効です。

⑤信頼性評価の必要性

熱源機器本体の信頼性だけでなく、補機類や熱媒供給管路まで含めた熱源方式全体としての信頼性検討の必要があります。

省エネルギー

熱源方式の省エネルギーを検討する場合、関連要因が多いので、総合的にまとめて定量評価する手法が必要となります。

①1次エネルギー評価の必要性

建築物などで使用する電力·ガス·石油·地域熱供給などのエネルギー（2次エネルギー）を、天然ガス·原油などの1次化石燃料レベルでのエネルギーに換算し、MJ、kWh、などの単位で表したものを1次エネルギーといいます。1次エネルギーへの換算には、エネルギーの変換·移送·精製のための諸効率が勘案された換算係数が必要となります。

表7-12 各種エネルギーの1次エネルギー換算値

エネルギー種別	1次エネルギー換算値	備考
重油	40.6042MJ/L	1kcal=4186Jで換算
灯油	37.2554MJ/L	
液化石油ガス（LPガス）	50.232MJ/kg	
電力	9.4185MJ/kWh	
都市ガス（13A）	46.046MJ/m^3(N)	実勢値による

*省エネの効率的利用の評価指数

表7-13 省エネルギーの効率的利用の評価指数

評価法の種類	内容説明	備考
原単位評価	建物の年間1次エネルギー消費量を延べ床面積当たりで表示	建物用途別評価に採用
効率的評価	熱源機器の性能評価に用いる成績係数（COP）	本体の定格値と補機類も勘案し、期間で評価する
エネルギー消費係数	システム成績係数の逆数に相当し、空調エネルギー消費係数（CEC）	日本の省エネルギー法

②省エネルギー手法の基本的な考え方

自然エネルギーを含む未利用エネルギーを有効活用し、1次エネルギー消費量を減らす工夫をします。
化石燃料を直接用いる時は、発生したエクセルギーを段階的に有効利用して、0になるまで使い切る工夫をします。
機器は、高効率機器の採用を原則とし、負荷率頻度に基づき、適切に機器容量分割を行い、部分負荷特性のよい機器を使う工夫をします。
その評価指標としては、IPLVなどの期間成績係数の考え方が役立ちます。

表7-14 熱源方式の省エネルギー手法

項目	概要	手法例	備考
基本事項	エクセルギーの考え方により、化石燃料起源の高品位エネルギーは、環境温度に順化するまで徹底的に利用します。	①エネルギーの多段温度レベルでの熱(回収)利用システムの構築	
自然エネルギー・排熱エネルギー利用の優先	太陽・地熱・風力・海洋エネルギーなどの再生可能な自然エネルギーの利用をまず考え、次いで都市排熱・建物排熱などのエネルギーを回収利用できるシステムを考慮します。	①太陽エネルギーのパッシブ利用各手法 ②太陽光発電・太陽電池システム ③排熱のヒートポンプのヒートソースとしての利用システム	地熱・風力・海洋の各エネルギー利用は立地制約が大きい
エネルギー効率の向上 (高効率機器の採用)	熱源機器は、経済性成立の範囲内で高効率機器を採用するとともに、部分負荷対応として容量分割・台数制御を行い、効率の評価は補機を含めて期間成績係数(IPLV)で行います。	①高効率機器の採用 ②容量分割・台数制御 ③IPLVによる評価 ④熱媒温度の適正化にともなう効率向上	
熱媒温度の適正化	熱媒温度(冷水・温水)は環境温度の±20℃以下で必要十分なことが多いので、特殊用途以外は、熱媒温度は環境温度に近づけます。	①2次側システムに合わせて必要十分な熱媒温度設定を行います。 ②温度差が大きい時は大温度差利用システムとし、2次側搬送システムの低減を図ります。	夜間電力利用のコストメリットで氷蓄熱を行うときは、大温度差利用システムが望ましいです。
負荷との整合	建物の熱負荷(冷暖房・給湯)の期間・時刻変動およびコージェネレーションシステムの場合は、電力負荷との整合性についても十分に検討します。	①熱負荷のシミュレーション分析 ②容量分割・台数制御	コージェネレーションシステムでは排熱利用がシステム向上の決め手となります。
熱回収方式の検討	建物排熱はヒートポンプのヒートソースとして利用することが、システム効率向上になることが多いです。	①熱回収方式の採用	
蓄熱・蓄エネルギー	蓄熱・蓄エネルギーは、大前提であり適切な蓄熱方式採用を検討します。	①蓄熱方式の採用	
省資源への配慮	水資源の浪費は、省エネに反します。建物内での水資源の循環利用を検討します。	①冷却塔ブロー水の回収利用	

コスト

熱源方式の選択に当たっては、1次エネルギー消費量の低減とともに、現実的にはその経済性の評価が大きな要因となります。

①エネルギーコストの推移

空調設備分野で経済性評価時に、簡易法として使用される電力・ガス料金のフラットレート試算法があります。計画・設計時の経済性評価に当たっては、地域ごとのその時点での最新データを使用すると共に、電力・ガス会社の最新の料金体系に基づくデータを使用し厳正に行います。

②ライフサイクルコスト評価

LCC（ライフサイクルコスト）は、建築や設備システムの生産（建設）から廃棄に至るまでに要するエネルギーを金額に換算したコストをいいます。一般には、建設費・保守管理費・撤去処分費の合計として求めます。が、算定には、金利、物価変動（エネルギー単価変動率を含む）、設備の稼働劣性係数、保全劣性係数などを考慮します。

算定法には、現価法と終価法がありますが、通常は現価法が用いられます。

初期投資額（建設費）を含め、毎年の維持修繕費・運転費などの一切の費用を現在価値に換算して算出する方法です。

③電力・都市ガスの料金体系

電力・ガス料金は各会社ごとに少しずつ異なりますが、その料金体系の仕組みはそれぞれにほぼ同様です。

環境

従来からの大気・水質汚染・騒音問題などに関連した各種の法規制に対する評価に加えて、地球温暖化問題、オゾン層破壊問題など、および自然エネルギー利用の際の広い意味での環境アセスメントに関連する要素、例えば井水、海水、河川水、大気などについても、ヒートソース・ヒートシンクとして利用した際の、環境熱汚染および資源量などについても考慮し、熱源方式決定の時の検討要因の1つとする必要があります。

7-7 主な熱源方式

冷熱源と温熱源の分類や種類を解説します。

▶ **Point**
- ▶ 冷凍機の種類と使用冷媒を確認しましょう。
- ▶ フロンの種類も熟知する必要があります。
- ▶ 温熱源も環境や省エネルギーを考慮して決定しましょう。

冷熱源方式

現在、空調分野で使用されている冷凍機は、0.7kW ～ 35,000kWクラスまで、機種･使用冷媒･容量ともに多岐にわたります。それらの分類を下表に示します。

表7-15 空調用各種冷凍機の分類

冷凍方式			種類	使用冷媒				容量範囲〔kW〕
				R123	R134a	R22	LiB+H_2O	
蒸気圧縮	容積式	往復動式	小型冷凍機		○	○		0.7 ～ 42
			高速多気筒冷凍機		○	○		28 ～ 560
		回転式	ロータリー冷凍機		○	○		0.7 ～ 18
			スクリュー冷凍機		○	○		35 ～ 10200
			スクロール冷凍機			○		3.5 ～ 53
	遠心式		密閉形遠心冷凍機	○	○			280 ～ 10500
			開放形遠心冷凍機	○		○		280 ～ 35000
熱利用	吸収式		単効用吸収冷凍機				○	175 ～ 6300
			二重効用吸収冷凍機				○	280 ～ 17500
			直焚き吸収冷温水機				○	26 ～ 5300

表7-16 フロンの種類

フロンの種類			オゾン破壊係数(ODP)	地球温暖化係数(GWP)	用途(空調機および冷凍機関係)	備考
特定フロン	CFC	R11	1.0	1.00	遠心冷凍機 業務用冷凍機	塩素を含みオゾン破壊の可能性が高い化合物
		R12	1.0	3.05		
		R113	0.8	1.30		
		R114	0.8	4.15		
		R115	0.6	9.60		
	混合冷媒	R502	0.3	5.10	業務用冷凍機	R115とR22の混合冷媒
	ハロン	R13B1	10.0		二元冷凍機	塩素の替りに臭素を含む化合物
指定フロン	HCFC	R22	0.055	0.36	空調機 冷凍機 遠心冷凍機	塩素を含む水素があるためオゾン破壊の可能性が低い化合物
		R123	0.02	0.02		
		R124	0.022	0.1		
代替フロン	HFC	R32	0	0.13	カーエアコン 冷凍機 遠心冷凍機	塩素を含まずオゾン破壊の恐れがない化合物
		R134a	0	0.25		
		R125	0	0.84		
		R143a	0	0.47		
		R152a	0	0.03		

＊オゾン破壊係数：R11を1.0として求められたオゾン破壊の推定値
＊地球温暖化係数：R11を1.0として求められた地球温暖化の推定値

電動冷凍機

冷媒蒸気圧縮サイクルを電動機で駆動する冷凍機でし。圧縮機の形式から容積式と遠心式に大別されます。

定格時の効率

冷凍機やヒートポンプの効率を表すのに、成績係数が一般に使用されています。

成績係数(Coefficient of Performance：COP)

	計算7-2	計算例
電動冷凍機(定格時の効率)	ε＝E0/E1 ε：成績係数(COP) E0：熱源機器の目的とする出力エネルギー E1：熱源機器の全入力エネルギー	E0＝ 20 kW E1＝ 10 kW ∴ ε＝ 2.0
	εc＝qE/W＝(h3－h1)/(h4－h3) ……冷房 εh＝qc/W＝(h4－h1)/(h4－h3) ……暖房 εc：冷房成績係数 εh：暖房成績係数 qE：蒸発器での吸熱量 qc：凝縮器での放熱量 W：圧縮機の仕事量 h1～h4：モリエ線図上の各位置のエンタルピ ＊蒸発温度が高く、凝縮温度がより低いほど、成績係数の値は高くなる。	h1＝ 400 kJ/kg h3＝ 310 kJ/kg h4＝ 236 kJ/kg ∴ qE＝ －90 ∴ qc＝ －164 ∴ W＝ －74 ∴ εc＝ 1.22 ∴ εh＝ 2.22

吸収冷凍機

熱源は、蒸気、重油、灯油、都市ガスなどを直接燃焼させ、冷水･温水を得ることができ、冷凍サイクルは一重効用型から二重効用型が主流となり、国内では大型冷凍機分野の80%を占めるに至っています。

表7-17 吸収冷凍機の種類

種類	熱源の種類	サイクル	熱源条件	冷凍能力〔kW〕	暖房能力〔kW〕
吸収冷温水機	直火式	一重効用型 二重効用型	燃料：都市ガス・灯油など 燃料：都市ガス・灯油など	35～70 26～5300	47～93 22～4500
	低温水 直火式併用型	一重・二重効用型	一重：温水温度80～90℃ 二重：燃料：都市ガス・灯油	260～1800	93～930
吸収冷凍機	蒸気式	一重効用型 二重効用型	標準蒸気圧力0.1MPa(G) 標準蒸気圧力0.8MPa(G)	180～6300 280～17500	
	高温水式	一重効用型 二重効用型	標準温水温度140～160℃ 標準温水温度190～200℃	350～6300 350～17500	
	低温水式	一重効用型	標準温水温度80～90℃	110～1800	
	低温水 蒸気併用型	一重・二重効用型	一重：温水温度80～90℃ 二重：標準蒸気圧力0.8MPa	260～1800	
温水吸収 ヒートポンプ	蒸気式 直火式	一重効用型 二重効用型	蒸気圧力：仕様により異なる 燃料：都市ガス・灯油		430～9200 430～5000
蒸気発生 ヒートポンプ	排熱式	一重効用型	廃蒸気仕様：仕様により異なる		700～3500

表7-18 各種吸収冷凍機の定格成績係数（概略値）

種類	成績係数	熱源条件・備考
一重効用吸収式	0.7	蒸気圧力0.1MPa（G） 冷却水32℃→40℃
二重効用吸収式	1.2	蒸気圧力0.8MPa（G） 冷却水32℃→37.5℃
直焚き吸収冷温水機	1.1 （暖）0.9	都市ガス・灯油など　低位発熱量基準 冷却水32℃→37.5℃

その他の冷凍機

低温冷凍機

エチレングリコール水溶液などのブライン（不凍液）を5℃以下に冷却する冷凍機です。

水冷式と空冷式があり、ユニット型でブラインチラーと呼ばれています。

冷凍冷蔵倉庫・環境試験室など、低温・低湿度の特殊用途室の冷却に用いられています。

製氷冷凍機

R22を用いた容積圧縮機を使用し特殊な製氷装置を組合わせたシステムとしているものが主流です。

吸着冷凍機

温排熱を熱源とし、シリカ系の吸着剤と冷媒（水）の可逆反応にともなう発吸熱現象を利用して冷熱を発生させる冷凍機です。18～1000kWの範囲で実用化レベルに達してきました。加熱温度が比較的低温域まで使えることから、今後排熱回収用として、特に燃料電池の排熱回収用の用途が期待されています。

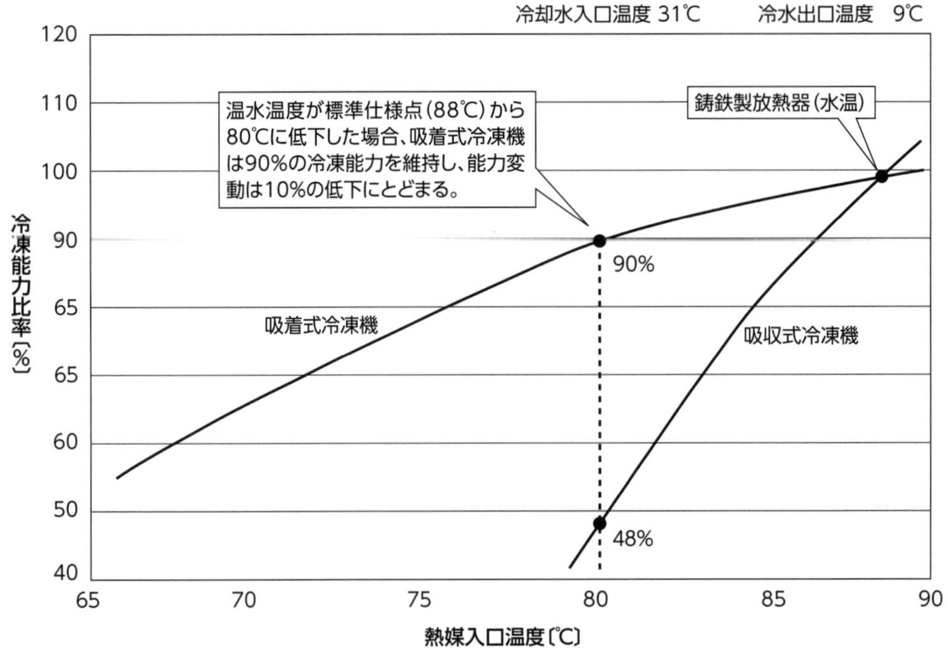

図7-12 吸着式冷凍機と急集積冷凍機の性能比較曲線

温熱源方式

温熱源の主な熱媒は、温水·温風です。

エネルギー源として、石油、ガス、電気、地熱蒸気、太陽熱、廃ガス等があり、さらにヒートポンプとするときは地下水、大気、室内発生熱等が加わります。

ボイラ

表7-19 ボイラの分類と比較

種類	容量〔kW〕	圧力〔MPa〕	効率〔%〕	長所	短所	用途
炉筒煙管式	300〜19000	〜1.6	85〜90	負荷変動に対して安定性あり、水面広く給水制御容易、水処理は比較的簡単、パッケージ化されており高効率で現場工事はほとんど不要。	保有水量が多いため起動時間が長い、耐圧部は分離できないため分割搬入不能。	大規模建物の蒸気ボイラとして使用。地域冷暖房用としても使用。
水管式(パッケージ型)	300〜25000	〜2.0	85〜90	保有水量が少なく、起動時間は短い、高圧用途にも対応できる。	負荷変動に弱く、水処理複雑。比較的高価。	大規模な病院・ホテルなど高圧蒸気を多量に必要とするところのほか、地域冷房の蒸気タービン用に使用。
セクショナル式(鋳鉄製組合せ)	60〜3000	〜0.1(蒸気用) 〜0.5(温水用)	80〜90	分割搬入可、寿命長い、取扱い・給水処理容易・安価、保有量は比較的少なく、沸上りも早い。	低圧・小容量、材質もろい、内部清掃困難。	中小規模建物に適す、蒸気用のほか普通温水ボイラとして使用。
小型貫流式	〜1250	〜1.0	80〜90	保有水量は極めて少なく、起動時間短い。軽量で据付面積小。伝熱面積 $10m^2$ 以下はボイラ法規適用除外。	負荷変動に弱く、対策としてアキュムレータなどが必要。厳密な水処理を要す。寿命はやや短い。	工場プロセス用は別として、使用例は比較的少ない。大型貫流式は、大容量地域暖房用高温水ボイラとして用いられている。
鋼板製立て型	〜350	〜0.1	80〜90	据付面積小。取扱い容易、水処理不要、安価。	低圧・小容量。腐食に弱く、やや寿命短い。	住宅の暖房・給湯用に多く使用。中小規模建物にも使用される。近年、防食保護を施したものや、無圧開放式が開発されている。
真空式	〜750	〜0.5	85〜90	腐食に強く寿命長い。多回路可能。伝熱面積に関係なく運転資格不要。	缶内が複雑で高価。	中小規模建物などの業務用途に適す。

ヒートポンプ方式

表7-20 各種ヒートポンプ方式の比較

熱搬送流体		冷房・暖房切替回路	適用機器の名称	特徴
採熱側	放熱側			
空気	空気	冷媒回路切替	空気熱源ヒートポンプパッケージユニット ヒートポンプルームエアコン ・往復動式 ・ロータリー式	●冷媒弁のみでサイクルが切換えられるので装置が簡単。 ●全体をユニット化したパッケージ式やルームエアコンが多く使用されている。 ●蓄熱ができない。
		空気回路切替		●空気の流れ方向を切換えるためダクトが複雑で、スペースが大となる。 ●現在はあまり利用されていない。 ●蓄熱ができない。 ●冷媒回路を切換えないので故障が少ない。
	水	冷媒回路切替	空気熱源ヒートポンプチリングユニット ・往復動式 ・スクリュー式 ・遠心式	●放熱側が水回路であり蓄熱槽を用いて、冷凍機容量を小さくし、外気温度の高いときに高効率のヒートポンプ運転ができる。 ●各種の容量のユニット化したヒートポンプが使われている。 ●大型機種はファンの消音に注意する。
		水回路切替		●外気が0℃以下では水を使えないのでエチレングリコールなどのブラインを使用して−10℃ぐらいの外気から採熱する。 ●ブラインはキャリオーバにより消耗する。ブラインの濃度管理や夏期の水との切替など保守が煩雑である。 ●使用例は少ない。
水	空気	冷媒回路切替	小型ヒートポンプ水冷ユニット ・往復動式 ・ロータリー式	●全体を小型のユニットにし、水回路を共通にして熱回収ヒートポンプ方式とした小型ヒートポンプ水冷ユニットが多用されている。 ●冷媒のみでサイクルを切換えられるので装置が簡単である。 ●中・小型機に適している。
	水	冷媒回路切替		●蓄熱槽を利用できる。 ●空調機側が冷媒・水の熱交換器のため、コンパクトである。 ●大型機にも適している。 ●採熱側を蓄熱槽とし、冷温水同時取出しが可能となる。
		水回路切替		●水回路で切換えるため、冷媒回路が簡単になる。 ●大型機にも適している。 ●冷温水同時利用可能。 ●蓄熱槽を利用できる。
		切替無(ダブルバンドル凝縮器)	ダブルバンドルコンデンサ型ヒートポンプ ・往復動式 ・スクリュー式 ・遠心式	●中・大型の熱回収ヒートポンプの方式として使用されている。 ●冷媒および水回路とも切替不要で、安定した運転が可能。 ●蓄熱槽を利用できる。 ●冷温水同時利用可能。

電気式

電気を熱源として、直接電気加熱により暖房する場合であり、これには直接空気加熱、床面加熱、温水加熱による温水暖房等がありますが、いずれも1kW当たり860kcalの出力のものです。暖房負荷が少なく、暖房期間の短いものの利用が多いです。

太陽熱利用式

太陽熱集熱器、蓄熱槽、補助ボイラ、ヒートポンプまたは吸収冷凍機、ポンプ、配管等の設備により装置は成り立っています。近い将来用として期待されています。

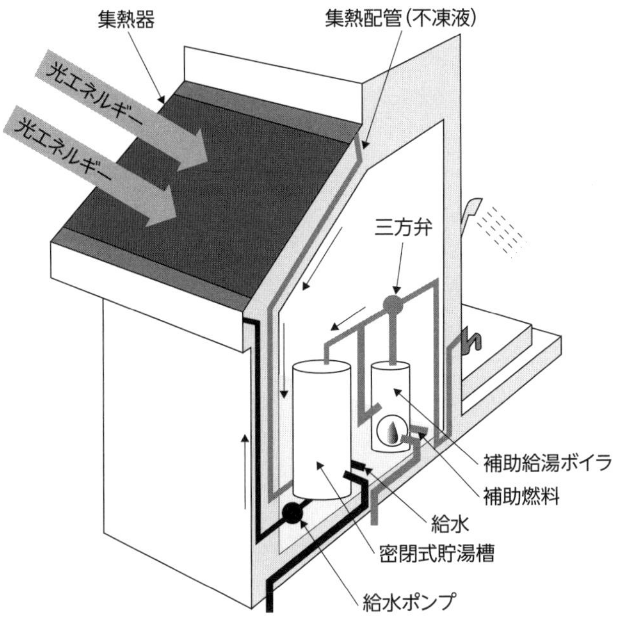

図7-13 太陽熱利用

その他

蓄熱式、熱回収式、排熱利用式など、それぞれが開発・研究が進められています。

第8章 配管の設計

空調設備での配管といえば、冷温水管、冷却水管、冷媒管、ドレン管、給水管、ガス管、油管などがあります。この配管の中には液体や気体ガスが通ります。

実際に配管の中を液体が流れるときには何らかの抵抗があります。この抵抗は圧力損失といわれ、流れる水と管壁との間には摩擦力が生じ流れに対する抵抗となります。これを摩擦損失といい、この摩擦損失が小さいほど水が流れやすいということになります。

この摩擦損失は、流れる速度の2乗、および配管の長さ、管壁の粗さに比例し、配管の管径に反比例します。ダルシー・ワイズバッハの式で表されています。

配管の管種を選定し、より摩擦損失を小さくして水の流れをよくするように管径を求められなければなりません。管内を流れる液体や気体ガスの特性を知り、最適な設計を学びましょう。

8-1 空調用配管

給排水給湯設備の配管設計と原則は同様ですが、
その使用方法などに違いがあります。

Point

- 配管の中を通るものは何かということを、よく知ることがスタートです。
- 配管計算では、継手や弁類の相当管長も忘れずに含みましょう。
- 配管支持と伸縮対策も考慮しましょう。

空調設備配管の種類

空調設備で利用される液体や気体などの流体には、次のように多種類があります。

①冷水、温水
②水蒸気とその凝縮水
③冷媒(液、ガス)
④液体燃料(灯油、軽油、重油など)
⑤気体燃料(都市ガス、LPガスなど)
⑥空気

これらの流体を搬送するための配管系の設計のための基本法則も、設計手順も、流体の種類にかかわらずほとんど同じです。

表8-1 空調設備で利用される液体や気体

目的	流体	配管の種類	使用温度・圧力範囲・用途
熱搬送	水	冷水配管	5～10℃
		冷温水配管	冷水5～10℃、温水40～50℃
		温水配管	100℃未満、一般に40～80℃
		高温水配管	100℃以上、一般に120～180℃
		冷却水配管	20～40℃
	不凍液	不凍液配管	氷蓄熱(−10～−5℃)、ソーラーシステム
	蒸気	(低圧)蒸気配管	0.1MPa未満、一般に0.01～0.05MPa
		(高圧)蒸気配管	0.1MPa以上、一般に0.1～1.0MPa
	冷媒	冷媒配管	フロン
	空気	空調ダクト	重油、灯油
物質搬送	燃料	油配管	都市ガス、プロパン、ブタン
		ガス配管	冷却コイルなどの凝縮水
	水	ドレン配管	補給水用など
		給水配管	−
		排水配管	−
	空気	換気ダクト	−
		排煙ダクト	−
その他	水	膨張管	−
	空気	通気管	−
		圧縮空気配管	計装用

表8-2　空調用配管材料

種類	管の名称	記号	規格	適用
鋼管	水道用亜鉛めっき鋼管	SGPW	JISG3442	1MPa以下、−15～350℃の蒸気・水・油・ガス・空気など
	配管用炭素鋼鋼管	SGP	JISG3452	1MPa以下、−15～350℃の蒸気・水・油・ガス・空気など (黒管)蒸気、高温水、油、冷媒など (白管)冷温水など
	圧力配管用炭素鋼鋼管	STPG	JISG3454	350℃程度以下の圧力配管 蒸気、高温水、冷温水など
	一般配管用 ステンレス鋼鋼管	SUS304 TPDほか	JISG3448	1MPa以下の水、冷温水・給水・冷却水など
	配管用ステンレス鋼鋼管	SUS304 TPDほか	JISG3459	耐食・低温・高温用 冷温水・冷却水など
ライニング鋼管	水道用硬質塩化ビニル ライニング鋼管	SGP-VAほか	JWWAK116	1MPa以下の水、給水・冷却水など
	水道用ポリエチレン粉体 ライニング鋼管	SGP-PAほか	JWWAK132	1MPa以下の水、給水・冷却水など
	給湯用硬質塩化ビニル ライニング鋼管	C−VA	WSP043	85℃以下、1MPa以下の水 冷温水・給湯など
銅管	銅および銅合金継目無管	C-1220 K・L・M	JISH3300	K:高圧用、L:中圧用、M:一般用 冷温水、冷媒、給湯など
プラスチック管	硬質塩化ビニル管	VP VU	JISK6741	一般流体輸送用 排水・通気用
	耐熱性硬質塩化ビニル管		JISK6776	90℃以下の水　冷温水など
	架橋ポリエチレン管	PN10 PN15	JISK6769	95℃以下の水 冷温水、冷却水、床暖房など
	ポリブデン管		JISK6778 JPBPA102	90℃以下の水 冷温水、冷却水、床暖房など

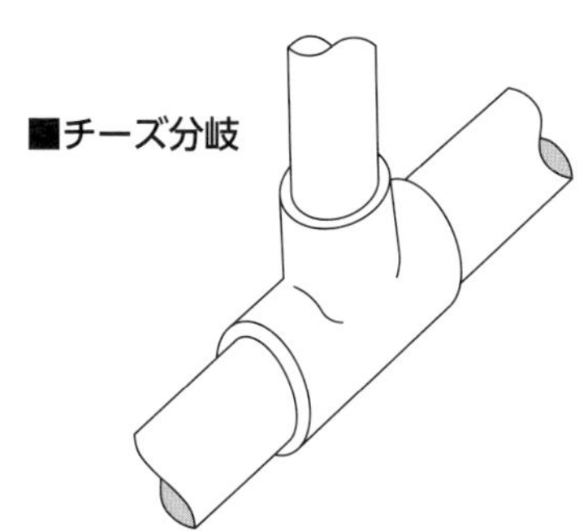

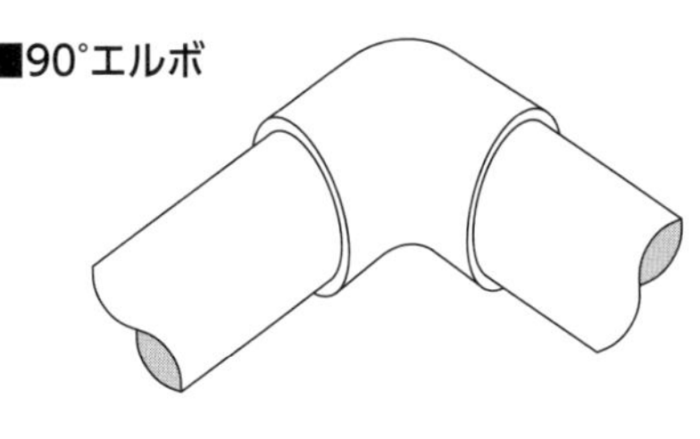

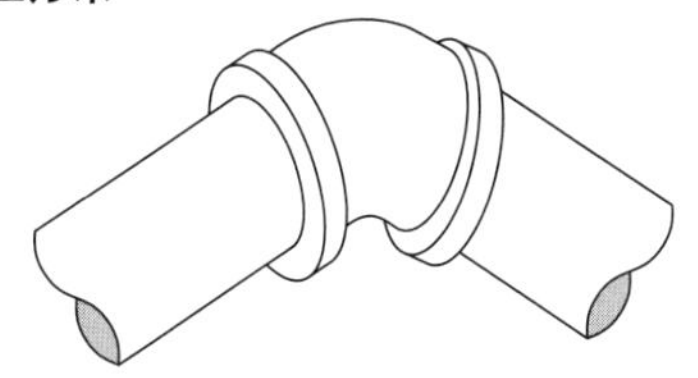

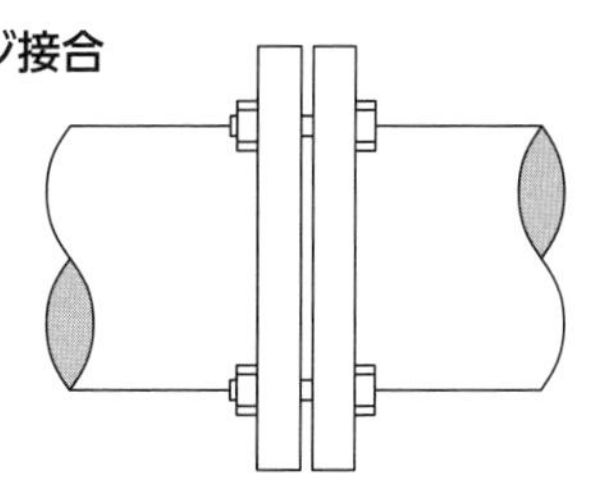

図8-1　配管継手類

8-2 冷温水配管

配管は、赤錆なしで安価で長持ちするものを選びましょう。

Point

- 配管サイズの決定は、単位摩擦損失と管内流速で決まります。
- 一般的な単位摩擦損失は、200 ～ 600Pa/mです。
- 管内流速は、基本的に配管サイズの小さい物ほど流速を抑えます。

冷温水配管の設計手順

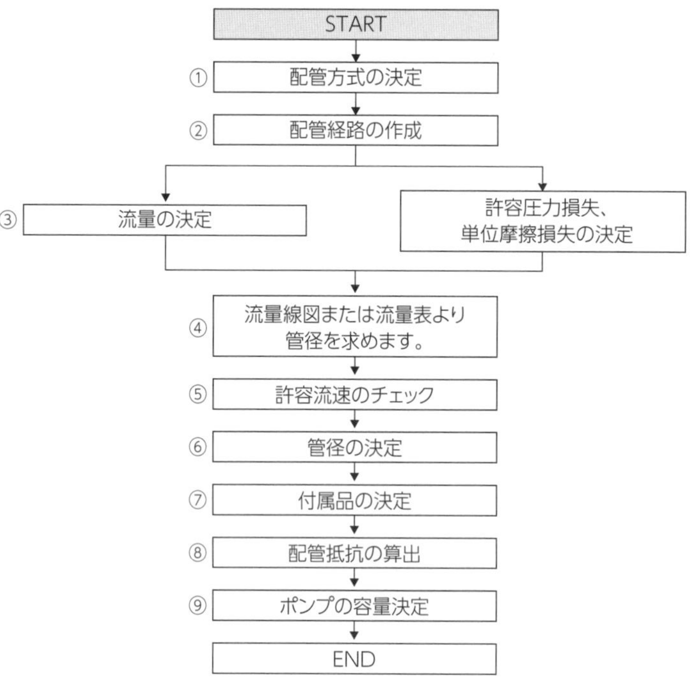

図8-2 設計手順

①密閉回路方式やリバースリターン方式などの配管方式を決定します。

②配管経路の作成をします。

③許容圧力損失や単位摩擦損失を決め、管の受持ち流量を決定します。

④流量線図または流量表より管径を求めます。

⑤⑥管径と流量より流速をチェックしますが、流速が速すぎる場合は管サイズを太くして流速を落とします。通常の流速は1.0 ～ 2.0m/sec程度とします。その確認で管径を決定します。

⑦弁等の付属品も決定します。

⑧最後に配管抵抗の算出をします。その抵抗より循環ポンプの揚程を算定します。

⑨循環流量とポンプ揚程を算出し、口径や電動機出力のポンプ仕様を決定します。

配管の流量線図

配管の抵抗を、計算式を用いて計算するのは大変です。そこで、一般に利用されている管種を選定し、その管に対して、管内流れの摩擦抵抗の算定式による流量線図を用いています。

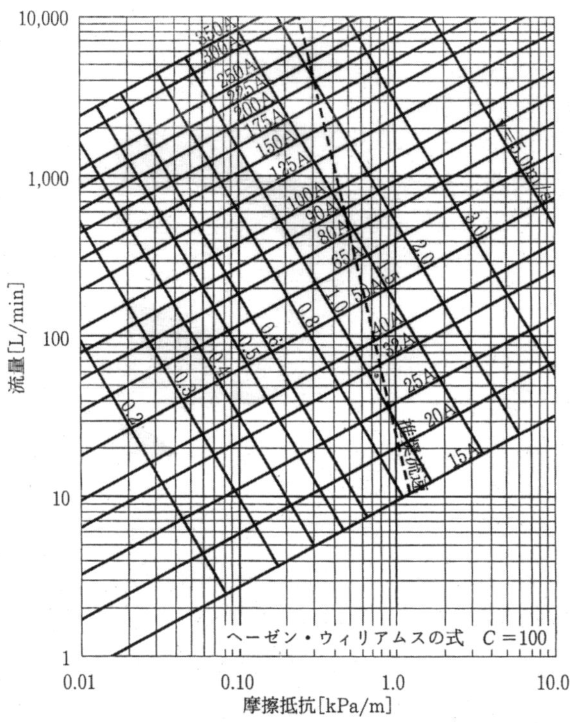

備考　この線図は、消火設備の配管には適用しない。

建築設備設計基準(国土交通省より)

図8-3　配管流線図(配管用炭素鋼鋼管)

表8-3　配管用炭素鋼鋼管局部抵抗の相当長

呼び径〔mm〕	90°エルボ	45°エルボ	90°T分流	90°T直流	仕切弁	玉形弁	アングル弁	逆止弁スイング型	逆止弁衝撃吸収式	Y形ストレーナー
15	0.6	0.36	0.9	0.18	0.12	4.5	2.4	1.2		1.38
20	0.75	0.45	1.2	0.24	0.15	6	3.6	1.6		2.18
25	0.9	0.54	1.5	0.27	0.18	7.5	4.5	2		3
32	1.2	0.72	1.8	0.36	0.24	10.5	5.4	2.5		4.62
40	1.5	0.9	2.1	0.45	0.3	13.5	6.6	3.1	4.2	5.47
50	2.1	1.2	3	0.6	0.39	16.5	8.4	4	3.8	8
65	2.4	1.5	3.6	0.75	0.48	19.5	10.2	4.6	3.8	11.45
80	3	1.8	4.5	0.9	0.63	24	12	5.7	4	14.11
100	4.2	2.4	6.3	1.2	0.81	37.5	16.5	7.6	2	21.62
125	5.1	3	7.5	1.5	0.99	42	21	10	2	31.57
150	6	3.6	9	1.8	1.2	49.5	24	12	2	41.17
200	6.5	3.7	14	4	1.4	70	33	15	2.8	54.83
250	8	4.2	20	5	1.7	90	43	19	1.7	70.37

*フート弁は、アングル弁と同じとする。
*ストレーナーは、スクリーン7メッシュ程度とする。
*この表は、消火設備の配管には適用しない。

建築設備設計基準(国土交通省より)

冷温水配管法の分類

水配管は、種々の見方から分類することができます。

一過式と循環式

パッケージ形空調機の冷却水として、供給された水管は、使用された水をそのまま捨ててしまう使い方を一過式といいます。最近ではこのような方法は用いられません。理由は、水の無駄使いであること、および井水等の場合は地盤沈下等の原因にもなるからです。

一度使用した水を冷却塔で冷却して再利用しているような利用法を循環式といいます。冷却水のみでなく、冷水配管や温水配管でも一般に採用されています。

開放式と密閉式

循環式配管で、機器等で大気に開放されているような配管方式を開放式といい、逆に大気中に開放されていない場合を密閉式といいます。

配管系内で水温が変化すると水は膨張、収縮します。膨張すると容器内で非常に大きな圧力となり、容器等を破壊する場合もあります。また、収縮すると、小さなすきまからも空気が系内に入り込み、水の流れや熱交換器の伝熱を妨げてしまいます。したがって、密閉式の場合は、このような水の膨張、収縮を吸収するために**膨張水槽**を設けます。

膨張水槽には、配管系の最高所に設置して水槽内で水面が大気に触れている**開放式膨張水槽**と、配管系の任意の場所に取付け、膨張水は系外に逃し、収縮したときはポンプで圧送したりするものや、膨張水槽内に不活性ガスを封入して、このガスの容積変化によって水の膨張収縮を吸収する方法があります。このような後述した膨張水槽を**密閉式膨張水槽**といいます。

なお、開放式膨張水槽で水面が大気圧に開放されているものは、開放式配管とは呼びません。注意が必要です。

■開放式

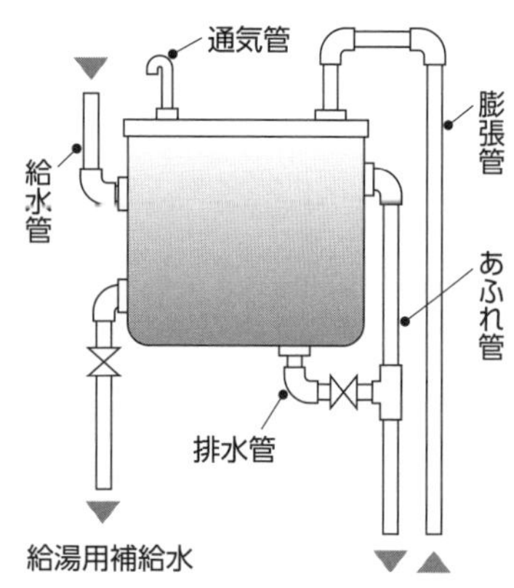

■密閉式膨張水槽

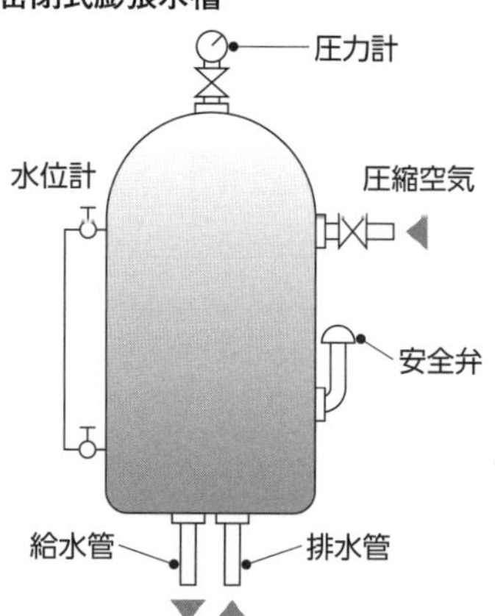

図8-4 開放式と密閉式

直接還水法と逆還水法(リバースリターン)

多数の放熱器類に、1つの配管系に接続されている場合に、配管スタート側に近い放熱器から遠方の放熱器へと供給管が配されます。

放熱器からの還水は、遠方から近くに設置してある放熱器の方へと戻ってきます。このような配管系を**直接還水法**といいます。

これに対して、供給管は直接還水法と同じですが、還水管は一度遠方の方まで回ってから配管スタート点まで戻ってきます。この配管法を**逆還水法(リバースリターン)**といいます。

逆還水法は、放熱器等への全配管長が等しくなり、全抵抗もほぼ等しくなるため、流量のバランスがとりやすくなります。ただし、配管スペースを多く必要とし配管工費も高くなるので、1本の主管に連なる最初の機器と最後の機器との間の配管長が30m程度以内の場合は、あまり用いられていません。

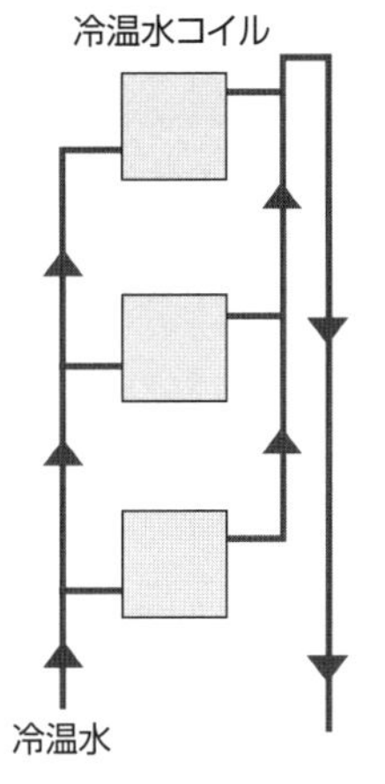

図8-5 逆還水法(リバースリターン)方式

単位摩擦損失

水配管の設計に当たっては、一般に管長1m当たりの摩擦抵抗による圧力損失(これを**単位摩擦損失**という)を決めて**流量線図**を用いて管径を決めています。

1つの配管系に接続してある各機器の所要流量を求めておき、管系の末端から上流側に向かって流量を加えて、各部分での流量を求め、その流量に対して流量線図により各部の管径を決めていくと比較的容易に管径を求めることができます。

単位摩擦損失としては、通常300～1000Pa/m程度の値が用いられますが、最終的には配管費とポンプ動力費との和が最も経済的になるように選ぶ必要があります。一般には、配管系の全管長が長いものほど単位摩擦損失は小さい方が経済的になります。

推奨水速

配管内の水速がある程度以上になると、水に含まれている空気泡、砂、ゴミ等による管内壁の侵食や、騒音の発生(**ウォーターハンマー**)などがありますので、**許容最大流速**以下の水速にする必要があります。

表8-4 管内水速

運転時間〔h/年〕	水速〔m/sec〕
1500	3.6
2000	3.5
3000	3.3
4000	3.0
6000	2.7
8000	2.4

運転時間〔h/年〕	水速〔m/sec〕
25程度	0.5～1.0
50～100	1.0～2.0
125以上	2.0～3.6

表8-5　配管サイズ選定表

管径〔A〕	冷温水管		備考
	冷水管通水量〔L/min〕	温水管通水量〔L/min〕	
20	～17	～14	
25	18～32	15～28	
32	33～65	29～54	
40	66～95	55～80	
50	96～180	81～150	
65	181～320	151～290	
80	321～530	291～450	
100	531～1200	451～920	
125	1201～1900	921～1700	
150	1901～3000	1701～2500	
200	3001～6200	2501～5300	
250	6201～	5301～	
300			流速(最大) ～40A:1.2m/sec以下 ～100A:2.1m/sec以下 125A～:2.7m/sec以下
1選定条件	管摩擦抵抗 0.17kPa/m	管摩擦抵抗 0.15kPa/m	

表8-6　機器抵抗の概略値

機器名称	抵抗〔KPa〕	備考
ターボ冷凍機		メーカーごとに異なりますので必ず確認しなければなりません。
蒸発器	30 ～ 80	
凝縮器	50 ～ 80	
吸収式冷凍機		メーカーごとに異なりますので必ず確認しなければなりません。
蒸発器	40 ～ 100	
凝縮器	50 ～ 140	
冷却塔	20 ～ 80	噴霧圧に注意してください。
冷温水コイル	20 ～ 50	水速0.8～1.5m/sec程度。
熱交換器	20 ～ 50	—
ファンコイル	10 ～ 20	大容量のものは抵抗が大きいので要注意。
自動制御弁	30 ～ 50	最小30kPa程度はとってください。

8-3 冷媒配管

冷凍サイクルを完結するために各機器の間を連結して、冷媒がうまく循環するようにする配管です。

Point

- 冷媒配管の三原則は、①乾燥 ②清潔 ③気密です。
- 冷媒配管に使用される配管材料は主として銅管です。
- 管径は、冷媒循環量、配管相当長および管内流速によって決定します。

冷媒配管の設計

冷凍サイクルにおいて、システム内を循環しながら熱エネルギー移動の役割を受持つ作動流体を**冷媒**と呼びます。

冷媒として利用される物質には80種類以上あり、通常冷媒の種別を番号によって称呼していますが、これは米国の**ASHRAE規格**に定められているものです。冷媒ガスは、フロン規制でオゾン層を破壊する物質に関するモントリオール議定書が採択され、特定フロン・指定フロン等が段階的に規制強化されています。これからは新代替フロンHFC（Hydro Fluoro Carbonの略）の、塩素を含まず水素を含んだ、オゾン破壊がないものを使用しなければなりません。主なものにR－407C、R－410A等があります。この冷媒ガスを使用する屋外･室内空気熱交換器との間を冷媒管で結びます。

配管の設計手順

①冷媒配管方式の決定

冷媒配管方式には、**ライン分岐**、**ヘッダー分岐**およびこれらの分岐方式を組合わせる方式があります。

②冷媒配管経路の作成

冷媒管のサイズ、配管長、高低差等は、各メーカーにより異なりますので、メーカーの資料や担当者との協議が必要です。

③冷媒管サイズの決定

各メーカーには細かく設定されていますので、メーカー資料を参照してください。

④冷媒管の設計

外気温による補正、冷媒配管の長さおよび高低差による補正や室内吸込空気温度による補正値があります。

⑤⑥⑦⑧冷媒配管の決定

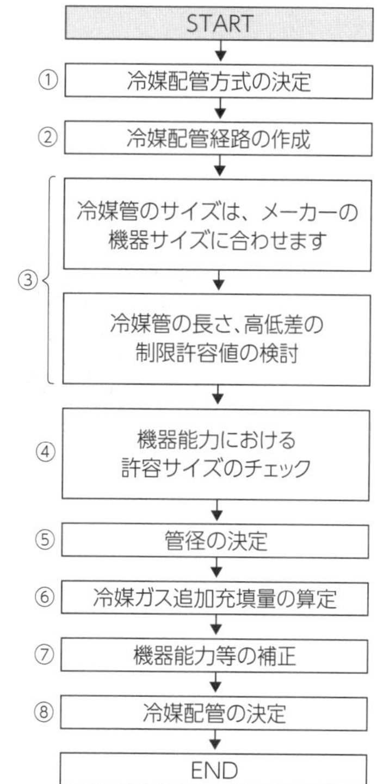

図8-6 設計手順

表8-7 冷媒管のサイズ

システム容量	液管[mmφ]	ガス管[mmφ]
14.0kW	9.5	15.9
16.0～22.4kW		19.1
28.0kW		22.2
33.5～40.0kW	12.7	25.4
45.0kW		28.6
50.4～68.0kW	15.9	
72.8～101.0kW未満	19.1	31.8
101.0kW以上		38.1

室内ユニット合計	液管[mmφ]	ガス管[mmφ]
～16.0kW未満	9.5	15.9
16.0～22.4kW		19.1
22.4～33.0kW		22.2
33.0～47.0kW	12.7	28.6
47.0～71.0kW	15.9	
71.0～101kW	19.1	31.8
101kW以上		38.1

冷媒配管方式

室内ユニットと屋外ユニットの配管方式には、屋外機1対室内機1の専用形と、1つの屋外ユニットに対し複数台の室内ユニットを設置するマルチ形があり、マルチ形の配管方式にはライン分岐、ヘッダー分岐およびこれらの分岐方式の組合せ方式があります。

■専用形

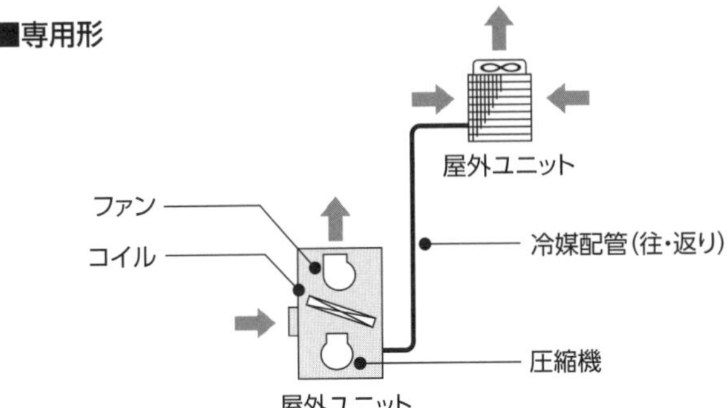

■ライン分岐方式

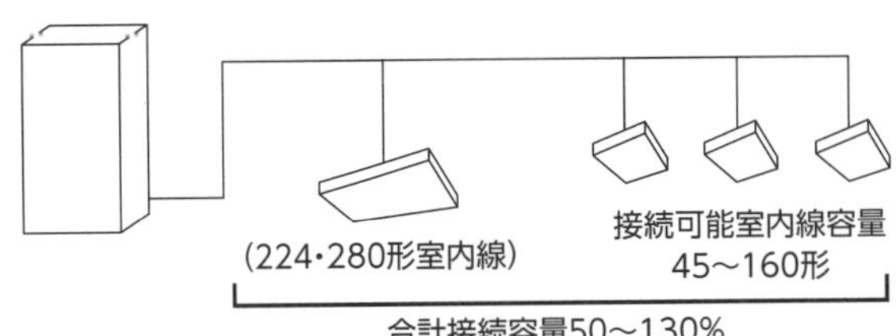

図8-7 冷媒配管の方式(1) 専用形とマルチ形(ライン分岐)

■ヘッダー分岐方式

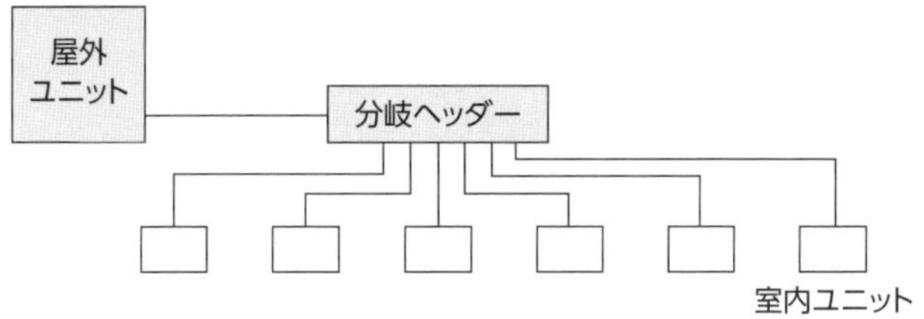

■ライン分岐・ヘッダー分岐複合方式

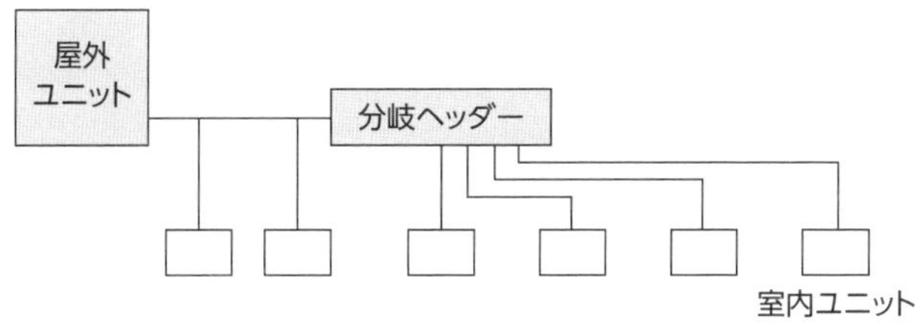

図8-8 冷媒配管の方式(2) マルチ形(ヘッダー分岐と複合方式)

冷媒配管設計時にメーカーに確認すること

①冷媒管の材質

配管施工のしやすさ、冷媒ガスに対し材質が変化しない等の理由から「銅管」が使用されます。中冷媒用銅管はリン脱酸銅管(JIS C 122T)が多く使用されています。微量のリンを含むため、水素脆化を起こさず、かつ軟化温度もやや高いので、ろう接続として適しているからです。

②冷媒配管方式

単独形かマルチ形かの別と、マルチタイプの場合の配管方式は、ライン分岐、ヘッダー分岐、ライン分岐＋ヘッダー分岐複合方式が可能なのか否かの確認が必要です。

③冷媒配管長の制限

各配管方式別による冷媒管の総延長、最遠配管長さ、第1分岐以降の最遠配管長や、室内機と屋外機間の高低差、室内と室内間の高低差等にメーカーによる制限値がありますので確認が必要です。

特に注意する点は、ヘッダー分岐後の再分岐配管ができない場合がありますので注意が必要です。

④冷媒管継手等の相当長

表8-8 主な継手部品の直管相当長さ(m)

	吸込み管または太管(ガス管)(φ)							
	9.5	12.7	15.88	19.05	25.4	28.6	31.75	38.1
90°エルボ	0.15	0.3	0.35	0.42	0.52	0.57	0.7	0.89
45°エルボ	0.1	0.23	0.26	0.32	0.39	0.43	0.53	0.74
チーズ(分岐)	0.2	0.5	0.5	0.6	0.8	0.9	0.9	1.3
ソケット	0.05	0.1	0.11	0.12	0.14	0.16	0.18	0.27
U字管曲げ(R60〜100mm)	0.7	0.9	1.05	1.26	1.56	1.71	2.1	2.68
トラップベンド	1.8	2.3	2.8	3.2	4.3	4.7	5	6.8
分岐管	0.5							
ヘッダー配管	1							
サービス用ボールバルブ	相当長換算不要							

表8-9 曲げパイプの直管相当長

R/d	相当長		
	45°曲げ	90°曲げ	180°曲げ
0.5	25.0×d	40.0×d	53.5×d
1	12.0×d	18.5×d	25.8×d
1.5	7.8×d	12.2×d	16.4×d
2	6.4×d	10.0×d	13.4×d
2.5	5.9×d	9.2×d	12.3×d
3	5.7×d	9.0×d	12.0×d
3.5	5.9×d	9.2×d	12.2×d
4	6.4×d	10.0×d	13.4×d
4.5	7.1×d	11.0×d	14.8×d

計算例
R/d=30/19=16 d:外径 R:曲げ半径 *19mmのパイプを半径30mmで90°曲げた場合、 d=19、R=30。表より、相当長=12.2×19=231mm、 つまり0.23mとなる。

⑤冷媒管サイズ選択表(機器能力別)

各メーカーにより異なりますので、必ずメーカーの資料を参照してください。

⑥機器能力補正

各メーカーに確認してください。

・外気温による補正

・冷媒配管の長さおよび高低差による補正

・室内吸込空気温度による補正値

冷媒配管設定資料

表8-10 冷媒配管相当長

ガス管の呼称〔mm〕	種類					
	L継手	トラップベンド	REFNETジョイント	REFNETヘッダー	BSユニット	機能ユニット
6.4	0.16	0.16	0.5	1.0	4.0	5.0
9.5	0.18	0.18				
12.7	0.20	0.20				
15.9	0.25	0.25				
19.1	0.35	0.35				
22.2	0.40	0.40				
25.4	0.45	0.45				
28.6	0.50	0.50				
31.8	0.55	0.55				
38.1	0.65	0.65				
44.5	0.80	0.80				
50.8	0.90	0.90				

冷媒配管の防火区画の貫通方法

冷媒配管の区画貫通の貫通部は、建築基準法の適合する工法および日本建築センターの冷媒配管防火区画貫通措置工法(BCJ評定済み工法)によります。

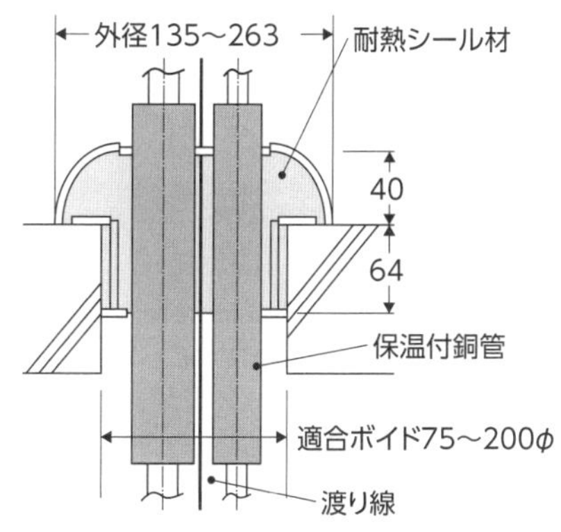

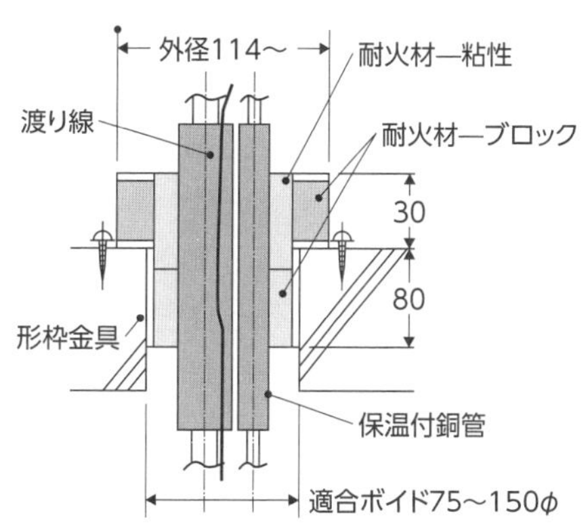

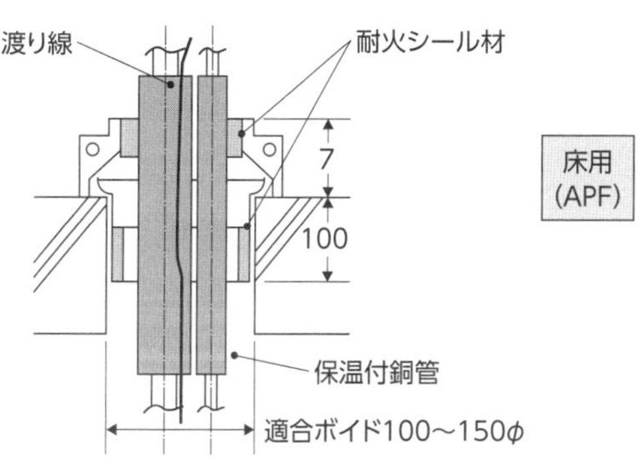

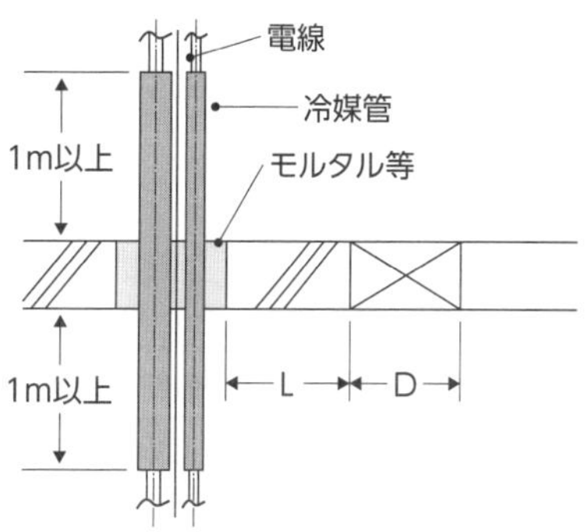

図8-9 冷媒配管の防火区画の貫通方法

8-3

冷媒配管

8-4 ドレン配管

水冷式、空冷式を問わずエアコンには必要なものです。

Point

- エアコンの結露水などの排液を排出するために使われる管をドレン管といいます。
- ドレン管を雨水管と接続することは認められていません。
- ドレン配管は下り勾配1/100以上必要です。

ドレン配管の設計

冷房運転中は、室内の潜熱を処理しますので、空気中の水分が蒸発器表面に結露します。この凝縮水を屋外等に排出するために**ドレン配管**が必要となります。

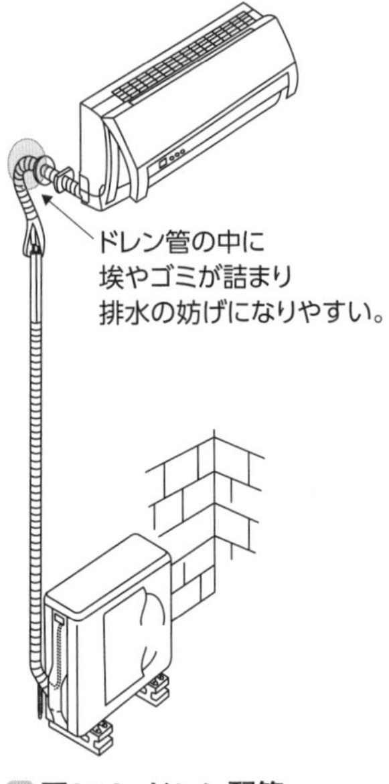

図8-10 ドレン配管

配管径の決定

ドレン管は、空調機の機内で塵埃の吸収や水垢などの堆積が多いので、管径決定の際は十分余裕を見て配管径を決定する必要があります。

なお、通常の冷房では1kW当たり0.0057L/sec程度のドレン量があるといわれています。横主管の管径は下表を参考にしてください。

表8-11 エアコンのドレン横主管の管径（排水管を水が半充水で流れる場合、勾配1/100）

管径〔A〕	受持える室内機の合計容量〔kW〕
32	8.6
40	12
50	19
65	31
80	191
100	414

表8-12 ファンコイルユニットおよびエアコン台数による場合（簡易法）

管径〔A〕	ファンコイルユニット台数	エアコン・パッケージ台数
25	1～3	～1
32	4～6	～2
40	7～10	3～6
50	11～15	7～12
65	16～	13～24
75	−	25～40

8-5 灯油配管

熱源機器への燃料（灯油）供給のための配管です。

Point

- 灯油配管には、塩ビやビニルホースを使うことは厳禁です。
- 施工で、してはいけないのは鳥居配管です。
- 油配管には、耐震対策も忘れずに行いましょう。

灯油配管の設計

燃料供給方式には、①**灯油供給器方式**、②**オイルサービスタンク方式**、③**ホームタンク方式**等があります。ここでは、オイルサービスタンク方式を中心に解説します。

オイルサービスタンク方式は、**貯油槽（オイルタンク）**から**油ポンプ**により供給熱源機より高い位置に設置した**サービスタンク**に揚油し、以降重力でボイラ等の熱源機へ供給する方式です。

1日最大灯油使用量

	計算8-1	計算例
1日最大灯油使用量	Cd=Cw+Ch Cw=(qw×⊿th)/(hf×ηw) Ch=(qh×h×fd)/(hf×ηh) Cd：1日最大灯油使用量〔L/d〕 Cw：給湯用1日当たり最大灯油使用量〔L/d〕 Ch：暖房用1日当たり最大灯油使用量〔L/d〕 qw：1日当たり給湯使用量〔L/d〕 ⊿th：温度差〔℃〕（給湯温度－給水温度） ηw、ηh：燃焼機器効率 qh：暖房負荷〔W〕 h：運転時間〔h〕（標準=15） fd：1日当たり平均負荷率 hf：灯油発熱量〔W/L〕 ＊高位発熱量13500×0.8＝10800W/L	qw＝ 1800 L/d ⊿th＝ 55 ℃ hf＝ 10,800 W/L ηw＝ 0.85 ∴ Cw＝ 10.8 L/d qh＝ 10,000 W h＝ 15 h fd＝ 0.7 ηh＝ 0.85 ∴ Ch＝ 11.4 L/d ∴ Cd＝ 22.2 L/d

時間平均灯油使用量

	計算8-2	計算例
時間平均灯油使用量	Ch=Cd/h Ch：時間平均灯油使用量〔L/h〕 Cd：1日当たり最大灯油使用量〔L/d〕 h：使用時間〔h〕	Cd＝ 22.2 L/d h＝ 8 h ∴ Ch＝ 2.8 L/h

時間最大灯油使用量

時間最大灯油使用量	計算8-3	計算例
	Chm＝Ch×K Chm：時間最大灯油使用量〔L/h〕 Ch：時間平均灯油使用量〔L/h〕 K：時間最大使用係数（＝1.5～2.0）	Ch＝ 2.8 L/h K＝ 2 ∴ Chm＝ 5.6

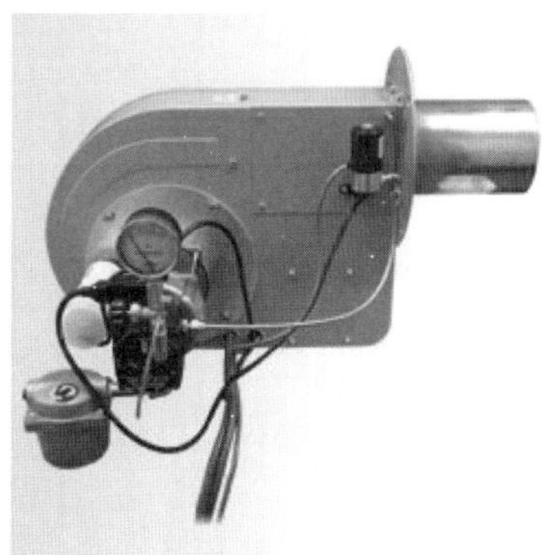

写真提供：ホダカ株式会社

図8-11　小型温水ボイラー（エイチ・ケー・バーナー）

機器容量算定

オイルタンク容量

オイルタンク容量	計算8-4	計算例
	Vo＝Cd×d Vo：オイルタンクの容量〔L〕 Cd：1日当たり最大灯油使用量〔L/d〕 d：貯蔵日数〔d〕（通常＝7～14）	Cd＝ 22.2 L/d d＝ 7 d ∴ Vo＝ 155.6 L

8 配管の設計

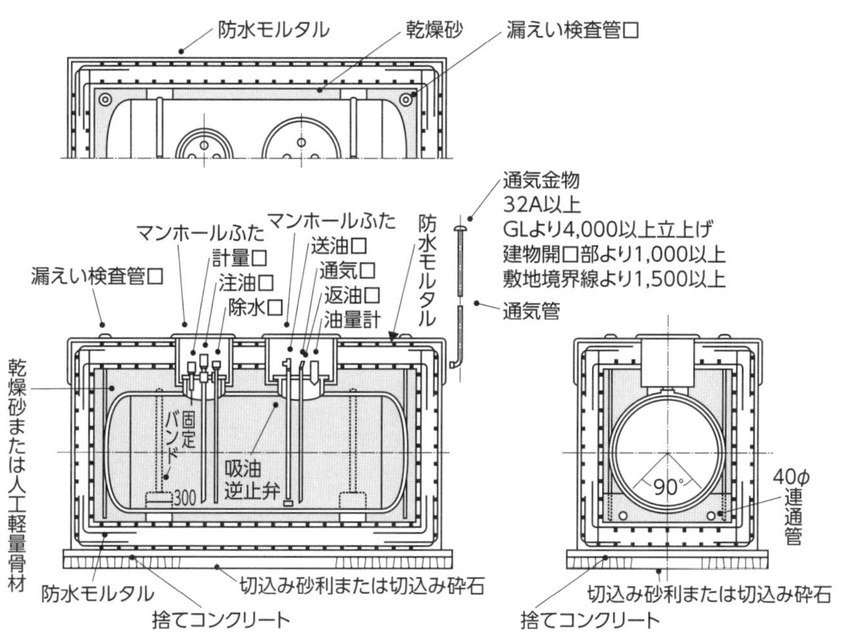

図8-12 オイルタンク

オイルサービスタンク

	計算8-5	計算例
オイルサービスタンクの容量	Vs=Chm×t1 Vs：オイルサービスタンクの容量〔L〕 Chm：時間最大灯油使用量〔L/h〕 t1：貯蔵時間〔h〕(通常=1～1.5)	Chm = 5.6 L/h t1 = 1 h ∴ Vs = 6 L

油ポンプ揚油量

	計算8-6	計算例
オイルポンプの揚油量	Qo=K1×Chm×f Qo：オイルポンプの揚油量〔L/h〕 K1：余裕係数(=1.5～2.0) Chm：時間最大灯油使用量〔L/h〕 f：同時使用率 ＊通常は、サービスタンクに10～20分で揚油できる容量。	K1 = 2 Chm = 24 L/h f = 1 ∴ Qo = 48 L/h

灯油配管

配管径は、灯油使用量から決定しますが、灯油摩擦損失線図の推奨流速を超えないように、配管径を決定します。戻り管は、送油管の1サイズアップ以上とします。

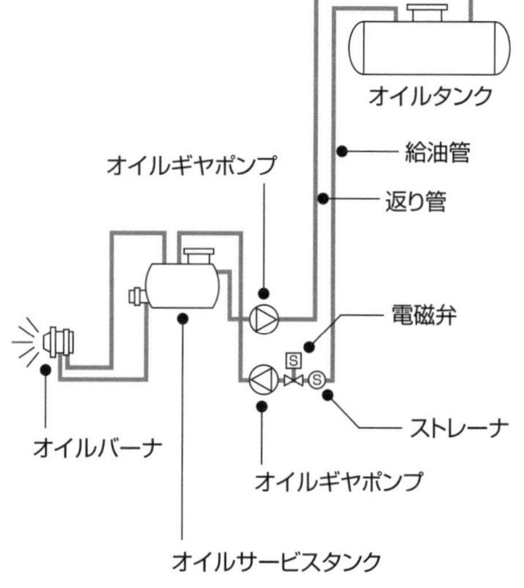

図8-13 灯油配管

油ポンプの揚程

オイルポンプの揚程	計算8-7	計算例
	h=K3(h1+h2+R(L+L')/9.81) h：オイルポンプの揚程〔m〕 K3：余裕係数(通常=1.2) h1：吸込み揚程〔m〕 h2：実揚程〔m〕 L：配管長〔m〕 L'：局部抵抗相当長〔m〕 ＊簡易法では、配管長の50%程度。	K3＝ 1.2 h1＝ 2 m h2＝ 4 m R＝ 3.4145 計算8-8参照 L＝ 25 m L'＝ 15 m 定数＝ 9.81 ∴ h＝ 23.9 m

許容配管摩擦損失

許容配管摩擦損失	計算8-8	計算例
	R=(9.81×H－Pt)/(L+L') R：許容配管摩擦損失〔Pa/m〕 H：タンクから熱源機までの高さ〔m〕 Pt：油量計などの機器類の抵抗〔Pa〕 L：タンクから熱源機までの直管の長さ〔m〕 L'：局部抵抗相当長〔m〕 ＊簡易法では、配管長の50%程度。	H＝ 18 m Pt＝ 40 Pa 定数＝ 9.81 L＝ 25 m L'＝ 15 m ∴ R 3.41 Pa/m

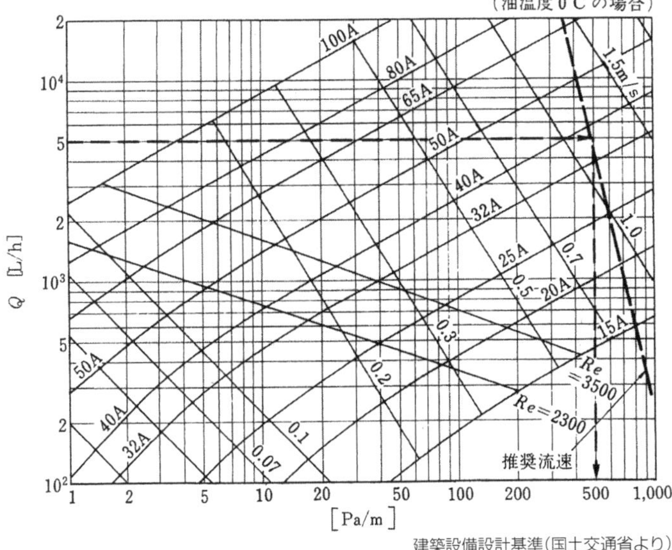

図8-14 灯油摩擦抵抗線図

局部抵抗相当長（m）

表8-13 銅管の局部抵抗相当長〔m〕

呼び径〔mm〕	90°L	45°L	90°T 分流	90°T 直流	仕切弁	玉形弁	アングル弁	逆止弁スイング	Y形ストレーナ
15	0.6	0.36	0.9	0.18	0.12	4.5	2.4	1.2	1.38
20	0.75	0.45	1.2	0.24	0.15	6	3.6	1.6	2.18
25	0.9	0.54	1.5	0.27	0.18	7.5	4.5	2	3
32	1.2	0.72	1.8	0.36	0.24	10.5	5.4	2.5	4.62
40	1.5	0.9	2.1	0.45	0.3	13.5	6.6	3.1	5.47
50	2.1	1.2	3	0.6	0.39	16.5	8.4	4	11.45

表8-14 銅管の局部抵抗相当長〔m〕

呼び径〔mm〕	90°L	45°L	90°T 分流	90°T 直流	仕切弁	玉形弁
8	0.03	0.02	0.19	0.09	0.03	1.93
10	0.06	0.04	0.37	0.17	0.07	3.69

8-6 膨張水槽

膨張水槽は、水の膨張･収縮を吸収するための水槽です。

Point

- ▶ 膨張水槽には、開放式と密閉式があります
- ▶ 膨張管には、膨張時の逃げを許さないような弁等を取付けてはなりません。
- ▶ 密閉式膨張水槽には、加圧水頭が必要となります。

開放式膨張タンクの算定

計算シート　開放式膨張タンクの算定

配管内水量V1								
管種	管径〔mm〕	管長〔m〕					単位内容積〔L/m〕	水量〔L〕
		計算（数量拾い）				計		
GP（白）	15						0.2	
	20	6.3	2.7	10		19	0.37	7.03
	25						0.6	
	32						1	
	40						1.36	
	50						2.2	
	65						3.62	
	80						5.12	
	100						8.71	
	125						13.44	
	150						18.92	
	200						32.91	
	250						50.75	
	300						72.92	
合　計								7.03

機器内水量 V2							
機器名称	数　量〔台数〕					単位内容積〔L/m〕	水量〔L〕
	計算（数量拾い）				計		
吸収式冷温水器	1				1	650	650
合　計							650

開放式膨張タンクの算定				
配管内水量V1	7.03	比体積〔L/kg〕		水温〔℃〕
機器内水量V2	650			
装置内全水量V=V1+V2	657	最低使用温度時v1	1	5
膨張量 ⊿V=（v2-v1）V	9	最高使用温度時v2	1.0143	55
膨張タンクの容量　〔L〕	VT=K×⊿V K:余裕係数（=1.5～2.5）		K 1.5	82.5

【参考】

水の比体積								
	水温〔℃〕	0	5	10	15	20	25	30
	比体積〔L/kg〕	1.0001	1	1.0003	1.0009	1.0017	1.0029	1.0043
	水温〔℃〕	35	40	45	50	55	60	65
	比体積〔L/kg〕	1.0058	1.0077	1.0098	1.012	1.0143	1.0169	1.0196
	水温〔℃〕	70	75	80	85	90	95	100
	比体積〔L/kg〕	1.0226	1.0257	1.0289	1.0322	1.0357	1.0393	1.0431

密閉形隔膜式膨張タンクの算定

計算シート 密閉形隔膜式膨張タンクの算定

配管内水量V1								
管種	管径〔mm〕	管長〔m〕					単位内容積〔L/m〕	水量〔L〕
		計算（数量拾い）				計		
GP（白）	15						0.2	
	20	6.3	2.7	10		19	0.37	7.03
	25						0.6	
	32						1	
	40						1.36	
	50						2.2	
	65						3.62	
	80						5.12	
	100						8.71	
	125						13.44	
	150						18.92	
	200						32.91	
	250						50.75	
	300						72.92	
合　計								7.03

機器内水量V2								
機器名称		数量〔台数〕					単位内容積〔L/m〕	水量〔L〕
		計算（数量拾い）				計		
吸収式冷温水器		1				1	650	650
合　計								650

密閉式膨張タンクの算定				
配管内水量V1	7.03	比体積〔L/kg〕		水温〔℃〕
機器内水量V2	650			
装置内全水量V=V1+V2	657	最低使用温度時v1	1	5
膨張量⊿V=（v2-v1）V	9	最高使用温度時v2	1.0143	55

■膨張タンクの最低使用圧力 P1（kPa） **P1＝a＋b＋c** a：膨張タンクに加えられる補給水圧力〔kPa〕 （＝（接続位置補給水圧力）－（補給水接続位置から膨張タンク接続位置までの損失水頭）） b：循環ポンプにより膨張タンクに加えられる圧力〔kPa〕 c：大気圧力（＝98）〔kPa〕	a＝ 310 kPa b＝ 70 kPa c＝ 98 kPa ∴ P1＝ 478 kPa
■膨張タンク内の圧力がP1の状態から水の膨張による圧力上昇として許容できる幅 ⊿P（kPa） **⊿P＝d－（e＋f＋g）** d：逃し弁セット圧力〔kPa〕 e：逃し弁に対する余裕（＝d×0.1）〔kPa〕 f：逃し弁に加えられる補給水圧力〔kPa〕 （＝（接続位置補給水圧力）－（補給水接続位置から逃し弁接続位置までの損失水頭）） g：循環ポンプにより逃し弁に加えられる圧力〔kPa〕 （＝（循環ポンプの吐出揚程）－（循環ポンプから逃し弁接続位置までの損失水頭））	d＝ 500 kPa e＝ 50 kPa f＝ 300 kPa g＝ 0 kPa ∴ ⊿P＝ 150 kPa
■膨張タンクの最高使用圧力 P2〔kPa〕 **P2＝P1＋⊿P**	P1＝ 478 kPa ∴ P2＝ 628 kPa
■密閉形隔膜式膨張タンクの最小有効容積 VT〔L〕 **VT＝⊿V/（1－（P1/P2））**	∴ VT＝ 39.3 L

表8-15 膨張水槽の接続配管径

■膨張管の管径

ボイラ伝熱面積〔m²〕	管径〔A〕
5	25
6～10	32
11～16	40
17～33	50
34～68	65
69～111	80
112～170	100

■その他の接続管

単位：〔A〕

管の種類	水槽容量〔L〕		
	～1000	1000～4000	4000～
補給水管	20	25	32
排水管	15	20	25
溢水管	32	40	50
検水管	20		
通気管	25	25	25

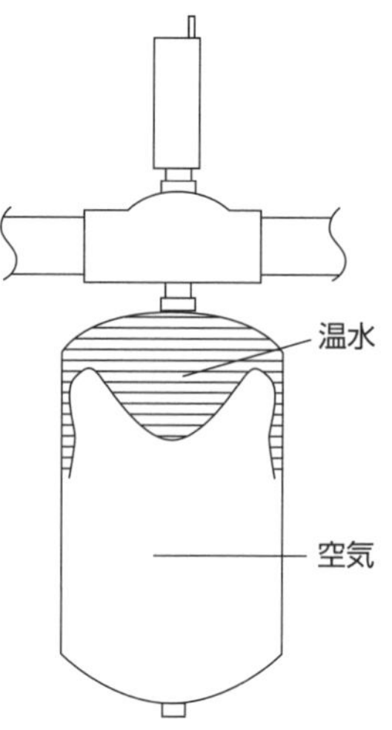

図8-15 密閉形隔膜式膨張タンク

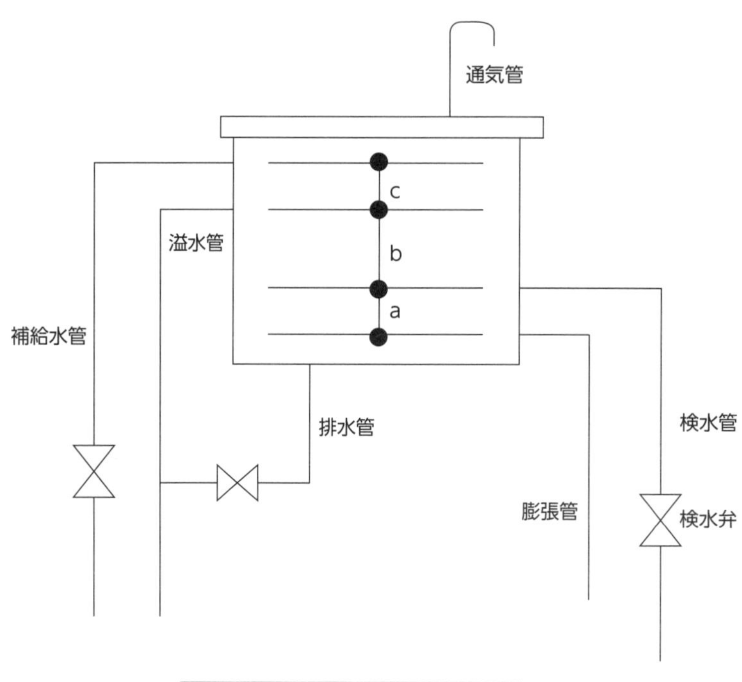

a	150mm
b	膨張水量による変動水位の2倍
c	100～200mm

図8-16 開放式膨張水槽

第9章

ダクトの設計

ダクトとは、気体を運ぶ管や鋼板製の矩形の部材を組合せたものであり、主に建築物内で空調、換気、排煙の目的で設備されます。エアダクト、風道とも呼ばれています。

形状は、角ダクトと呼ぶ矩形以外にも円形や楕円形があり、送風機の吐き出す圧力によって空気が流れるため、所定の風量を確保するためには一定の断面積が必要です。極端に長くて細いと風量が減り、冷えないとか暖まらないなどの苦情の原因ともなります。そのようなトラブルにならないためにも、理解しやすいように解説します。

9-1 ダクト設備の設計手順

ダクトの設計は、ダクト計画からのスタートです。

Point

- 吹出口や吸込口は、無理なダクト接続をしないようにしましょう。
- ダクトの曲がりやダクトサイズの拡大・縮小を多用すると、偏流や抵抗損失が増えます。
- ダクト設備は天井スペースの確保が問題、場合によっては梁貫通も検討しましょう。

設計手順

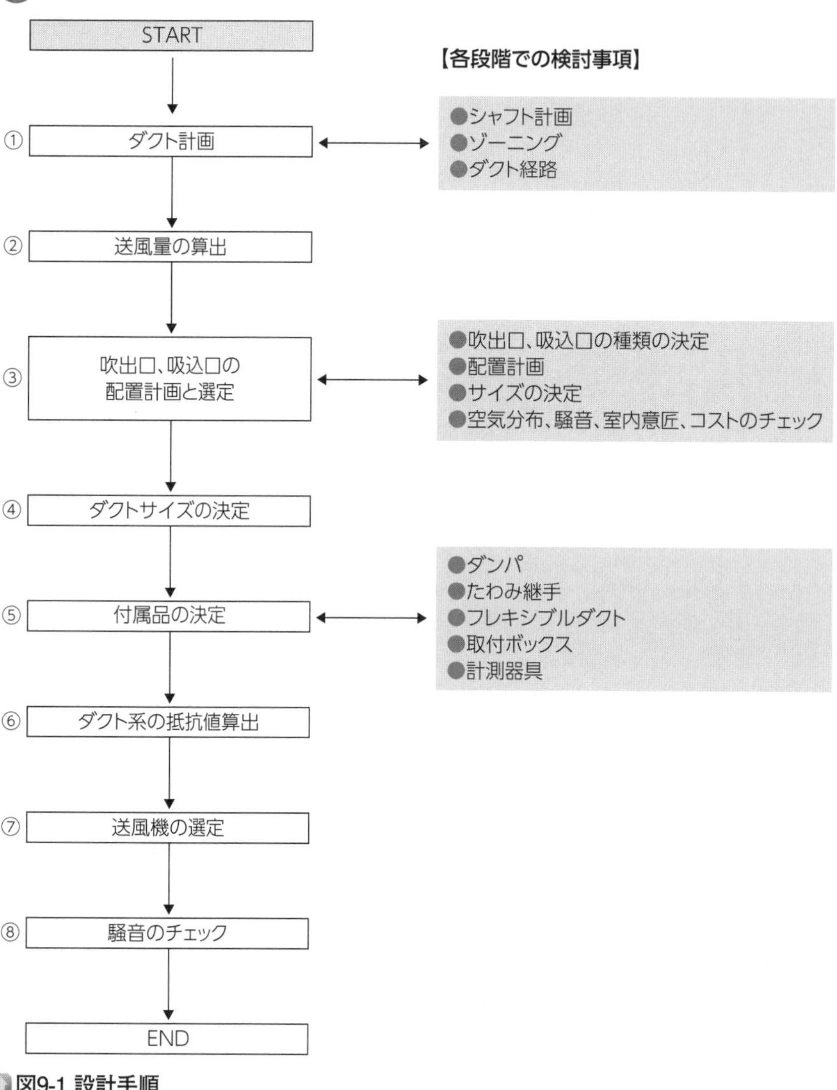

図9-1 設計手順

①ダクト計画

設計図書を広げ、ダクトのルート計画からスタートします。

②送付量の算出

各室の送風量の算出をします。

③吹出口、吸込口の配置計画と選定

各室の吹出口、吸込口の配置計画と種類・サイズを決定し、騒音や空気の分布等をチェックします。

④ダクトサイズの決定

ダクトサイズを決定します。

⑤付属品の決定

ダクトに付属するダンパ、取付ボックス、たわみ継手などを決定します。

⑥ダクト系の抵抗値算出

ダクト系の抵抗値を算出します。

⑦送風機の選定

ダクト抵抗値の算出が終われば、送風機の選定を行います。

⑧騒音のチェック

送風機やダクト等からの騒音の発生が予想される場所があるかどうかをチェックします。あればダクトサイズを大きくするなどして見直しをします。

9-2 ダクト系の許容風速

風速と、設置スペースのバランスを考えて決定してください。

Point

- 最適な吸引風速、制御風速を見極め、ランニングコストも考慮した風速を採用します。
- 低速ダクトと高速ダクトの区分の基準は、風速15m/secです。
- 高速ダクトの流速の上限は25m/sec程度としています。

ダクト系の許容風速

低速ダクト

ダクト内風速15.0m/sec以下のダクトを低速ダクトといいます。一般に、ダクトを用いる場合は、**低速ダクト**を選びます。

表9-1 低速ダクトの種類

単位：〔m/sec〕

	推奨風速			最大風速		
	住宅	一般建物	工場	住宅	一般建物	工場
主ダクト	3.5～4.5	5～6.5	6～9	4～6	5.5～8	6.5～11
分岐ダクト	3	3～4.5	4～5	3.5～5	4～6.5	5～9
分岐立上りダクト	2.5	3～3.5	4	3.25～4	4～6.5	5～8
リターンダクト	―	―	―	3	5～6	6
外気取入口	2.5	2.5	2.5	4	4.5	6
送風機吐出口	5～8	6.5～10	8～12	8.5	7.5～11	8.5～14
送風機吸込口	3.5	4	5	4.5	5.5	7

高速ダクト

ダクト内風速15.0m/sec以上のダクトを高速ダクトをいいます。排煙設備などでは**高速ダクト**を選びます。風速の上限は25m/sec程度としています。

表9-2 高速ダクトの風量

通過風量〔m³/h〕	最大風速〔m/sec〕
5,000	12.5
10,000	17.5
17,000	20

通過風量〔m³/h〕	最大風速〔m/sec〕
25,000	22.5
40,000	25
70,000	30

吹出口の許容吹出風速

表9-3 吹出口の許容吹出風速

単位：〔m/sec〕

部屋の用途		許容吹出し風速
放送局		1.5～2.5
住宅、アパート、教会、劇場、ホテル、高級事務所		2.5～3.75
個人事務所		4
映画館		5
一般事務室		5～6.25
商店	2階以上	7
	1階	10

吸込口の許容風速

表9-4 吸込口の許容風速

単位：〔m/sec〕

吸込口の位置		許容吸込風速
居住域より上		4以上
居住域内	附近に座席無し	3〜4
	座席あり	2〜3
扉付きのガラリ		1〜1.5
扉のアンダーカット		1〜1.5

外壁ガラリの風速

表9-5 外壁ガラリの風速

単位：〔m/sec〕

種類	面風速(標準)
外気取入ガラリ	2.0 〜4.0 (2.5)
排気ガラリ	2.5 〜4.5 (3.5)

9-3 ダクトの基本事項

空気の流れを理解しましょう。

Point

- ダクト内の空気の圧力状態は、静圧、動圧、全圧の3種類の圧力で表します。
- 静圧は、空気の流れの有無にかかわらず生じる圧力で、空気が停止状態でも存在します。
- 動圧は、空気の流れにより生じる圧力で、速度を有する空気が流れる方向に発生します。

層流と乱流

空気がダクト内を流れる時、空気は壁面に密着してその壁体表面部分の流速は0であり、ダクト中心部で最大の速度を持ちます。

ダクト内空気の平均速度が小さい時は、空気の微小塊はダクト壁に平行して流れます。この流れを**層流**といいます。

ダクト内の平均速度を大きくしてゆくと、ある速度以上になると流れの中の微小塊は前後左右に激しく入り乱れて流れるようになり、1つの点の速度は時間的に変動します。この場合ダクト壁近くで速度が増し、内部は平坦となります。この流れを**乱流**といいます。

■層流

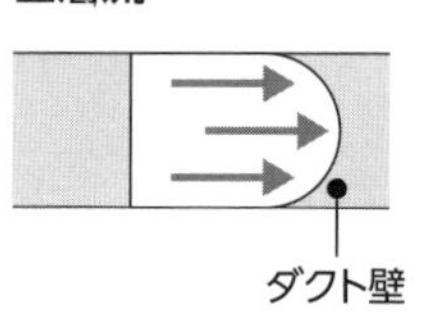

■乱流

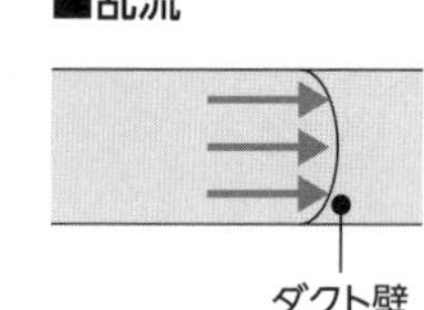

図9-2 層流と乱流

レイノズル数

層流から乱流への移り変わりは、速度だけではなく、ダクトの直径、空気の動粘性係数に関係します。これらを総合して**レイノズル数**で表し、この値が約2000以上になると、層流から乱流となります。

	計算9-1	計算例
レイノズル数	Re＝v×d/υ Re：レイノズル数 v：ダクト内の空気速度〔m/sec〕 d：ダクトの直径〔m〕 υ：動粘性係数〔m² /sec〕 【動粘性係数υ(m² /S)(1気圧)】	v＝ 0.7 m/sec d＝ 0.1 m 温度＝ 20 ℃ υ＝ 0.00001512 m²/sec ∴ Re＝ 4,630 判定＝ 乱流

温度℃	空気
0	0.00001333
10	0.00001421
20	0.00001512
30	0.00001604
40	0.00001698

表9-6 層流か乱流かの判定

空気の流速 v〔m/sec〕	ダクトの直径〔m〕	温度〔℃〕	動粘性係数〔m^2/sec〕	レイノズル数	判定	
					層流	乱流
0.2	0.15	20	0.00001512	1,984	○	×
0.7	0.1	20	0.00001512	4,630	×	○
4	1.2	20	0.00001512	317,460	×	○

＊計算値は参照です。

動圧（速度圧）Pv（Pa）

	計算9-2	計算例
空気の流速より動圧の求め方	$Pv = 0.6V^2$ V：風速〔m/sec〕	v ＝ 4 m/sec v^2 ＝ 16 ∴ Pv ＝ 9.6 Pa
動圧より空気の流速の求め方	$v = \sqrt{Pv/0.6}$ Pv：動圧〔Pa〕	Pv ＝ 9.6 Pa ∴ v ＝ 4 m/sec

9-4 吹出口と吸込口

空気を室内に吹出す吹出口、
換気・排気ダクトに戻すための吸込口があります。

Point

- ▶ 室の条件に適した種類を選びましょう。
- ▶ その室に応じた総合判断で選定しましょう。
- ▶ 吹出口の特性を熟知しましょう。

吹出口の算定手順

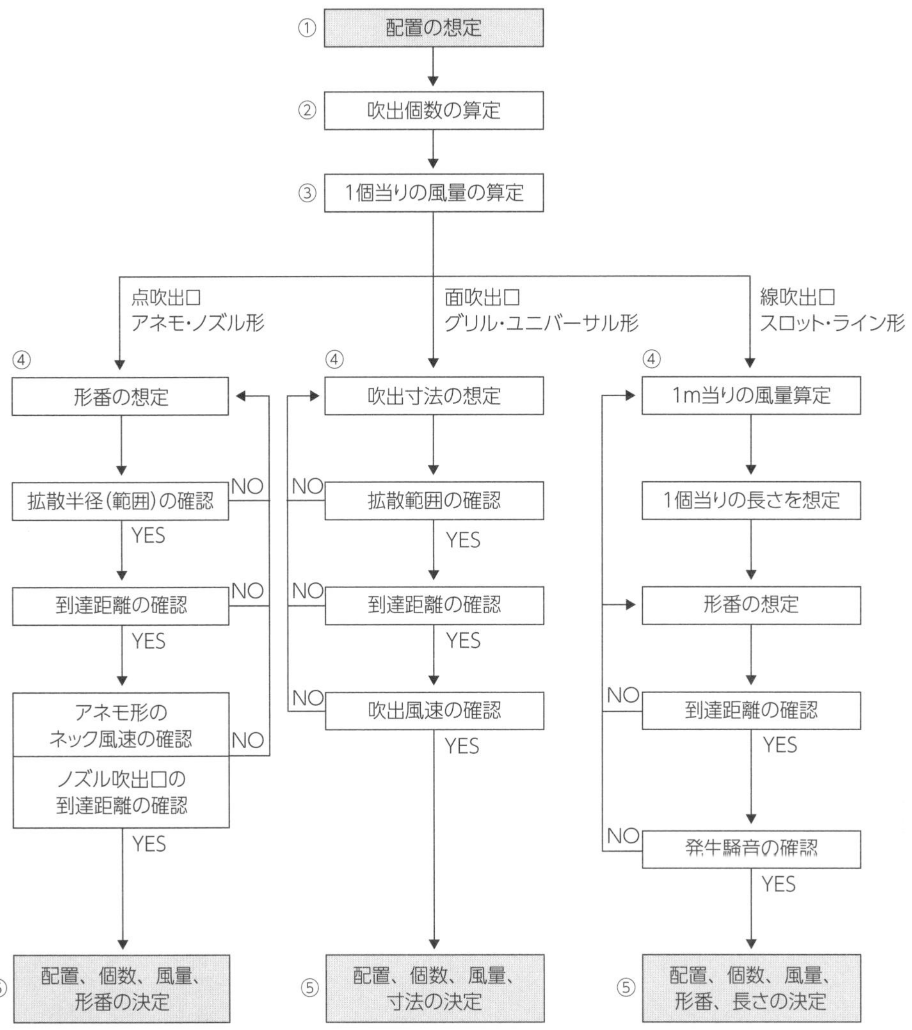

建物種別	吹出風速〔m/sec〕
放送局	3.0以下
住宅	4.0以下
アパート	4.0以下
ホテル客室	4.0以下
演劇場	5.0以下

建物種別	吹出風速〔m/sec〕
事務所(個室)	4.0以下
事務所(一般)	6.0以下
工場	10.0以下

図9-3 許容吹出風速

①各室の配置を想定します。

②部屋やゾーンで、吹出箇所(個数)を算定します。総風量を個数で除すれば、1箇所当たりの風量が求められ、それより吹出口のサイズが決まります。騒音の発生しない許容風速内で選定してください。

③1個当たりの風量が決まれば、吹出口の形状によって算定手順が少し変わります。吹出口が点なのか面なのかそれとも線なのかで分かれます。点、面、線というのは吹出口の形状での分類です。

④それぞれの吹出口の大きさや風量による拡散範囲や到達距離を確認します。

⑤配置、個数、大きさなどを決定します。

吹出口・吸込口の種類

吹出口や吸込口の取付位置によって、次のような種類があります。種類には、その方式から**伏流型吹出口、軸流型吹出口、線状吹出口、面状吹出口**の4種類にも分類されます。

表9-7 取付位置と種類

取付位置	吹出口の種類	吸込口の種類
天井面	アネモ形、パン形、スロット形、ライン形、多孔板形、ノズル形(天井が高い場合)	グリル形、スロット形、ライン形、多孔板形
壁面	ユニバーサル形、グリル形、ノズル形、スロット形、多孔板形、	グリル形、スロット形、多孔板形
窓台	ユニバーサル形、グリル形	—
床面	グリル形、スロット形	グリル形、スロット形、多孔板形、マッシュルーム形(劇場など)

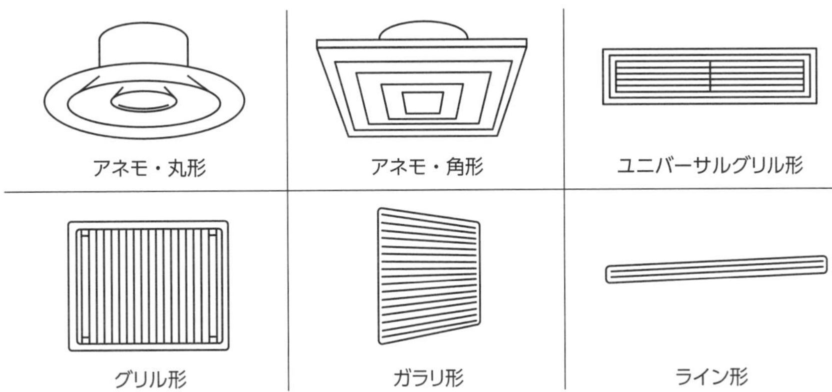

図9-4 吹出口・吸込口の種類

配置計画

吹出口、吸込口の配置は、室の用途、ゾーニング、柱や間仕切りの位置、照明設備や防災設備との位置関係、コスト等の要素を考慮して配置計画を決定します。

気流分布と快適性は、密接な関係性があるため、注意して配置計画をしてください。

■天井吹出、天井吸込

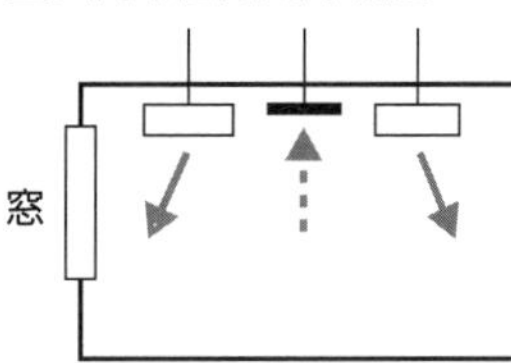

■天井吹出、壁吸込

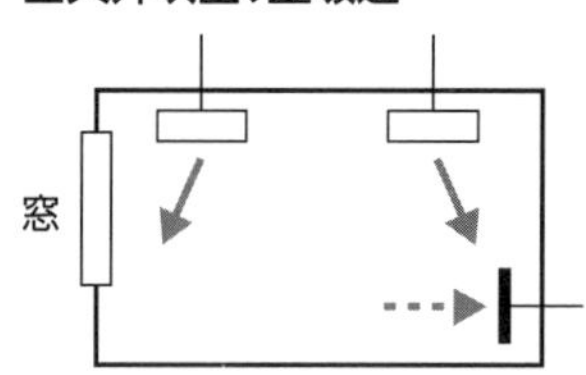

■壁吹出、壁吸込

■壁吹出、天井吸込

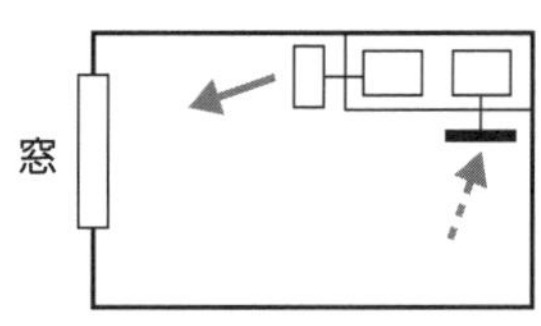

■窓台吹出、窓台下吸込

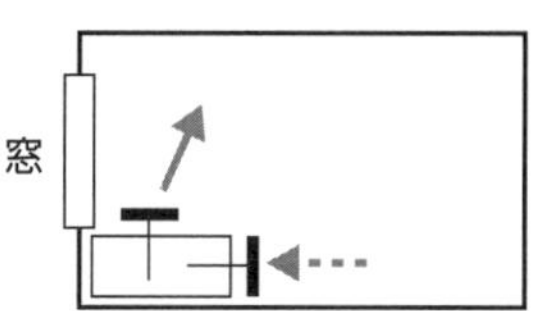

■天井吹出、床面吸込

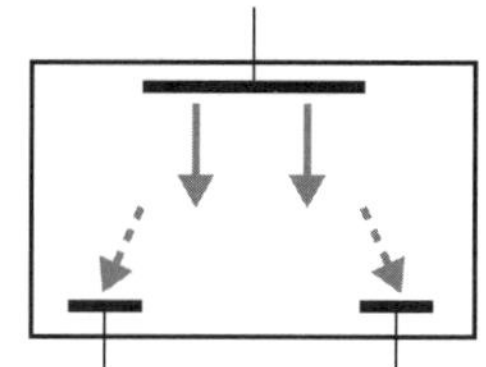

図9-5 吹出口、吸込口の配置計画

吹出口、吸込口の計画上の留意点

表9-8 計画上の留意点

留意項目	留意点の説明	確認欄
気流分布	・吹出気流が室内に一様に分布しますか?	
	・吹出気流が梁などの障害物に妨げられていませんか?	
	・吹出気流が直接人体に当たりませんか?	
	・暖房時に上下の温度差が大きくなり過ぎませんか?	
	・吹出気流が吸込口に短絡して流れませんか?	
	・喫煙の多い会議室等は、天井や壁上部に吸込口を設けて排煙を可能としていますか?	
騒音	・騒音の発生は、風速によって変化しますが、同じ風速でもユニバーサル形は比較的騒音が大きいし、ノズル形のように小さいものもありますので選定の際、注意しましたか?	
	・室間、室内外のクロストークにも注意して配置しましたか。特に、ドアグリルはどうですか?	
意匠	・同一室内で雑多な大きさの吹出口や吸込口が並ぶのは、意匠上好ましくありません。機能上支障のない範囲内で寸法を統一してありますか?	
	・同一寸法のもので数を変えたり、ユニバーサル形、グリル形、スリット形などは幅寸法を統一して長さを変え調整するなどの方法をしましたか?	
	・室内平面をモジュールに分割して計画する場合は、各モジュールに吹出口、吸込口を設けなければなりませんが、検討をしましたか?	
	・照明器具を吹出口、吸込口と一体化することも多いですが、排熱効果や施工の簡易化にも有効なので検討しましたか?	
汚染	・塵埃濃度の高い室内では、アネモ形吹出口の周囲に汚染が目立つ場合がありますので、汚れを緩和する製品を選択しましたか?	
	・床面に設ける吹出口、吸込口は塵埃が入りやすいので、室の用途によっては好ましくない場合がありますが、検討しましたか?	

各種吹出口の特性

表9-9 吹出口の特徴

種類			特徴	吹出気流調節	性能					
					発生騒音		吹出気流			
					騒音	風速	到達距離	拡散性	気流の形
点吹出口	ノズル		・到達距離が大きいので、大空間の後壁に用いられます。 ・騒音の心配がないので、放送局のスタジオによく用いられます。	不可	極小	15m/sec以下	大	小	軸流
点吹出口	パンカルーバ		・吹出気流の性状はノズルと同様ですが、首が振れるようになっていて、吹出気流の方向を変えられます。	可	極小	15m/sec以下	大	小	軸流
点吹出口	アネモ形		・数層に分かれたコーンから放射状に吹出すもので、優れた誘導拡散性能をもっている。 ・アネモスタット形は、特に天井高さの低い室に適しています。	不可	中	6m/sec	小	最大	伏流
点吹出口	パン形		・首部分から吹出した気流が板に当たって水平に吹出します。 ・構造が簡単なので価格は安いが、全方向一様に吹出しますので風量調節が難しいです。	可	中	7m/sec	中	大	伏流
線吹出口	スロット		・縦横比が大きく、全体として細隙状の形をしています。	可 不可	小	5m/sec	小	大	軸流
線吹出口	照明器具スロット		・側壁や窓に沿って天井や窓台(ペリメータ)に取付けますが、あまり目立たないのでデザインの点からは好まれます。	可 不可	小	5m/sec	小	大	軸流
線吹出口	エアカーテン		・出入り口に気流の膜を作ることにより、室内外の空気が混ざり合わないようにする装置。	不可	小	5m/sec	大	最小	軸流
線吹出口	ライン形		・スロット形式ですが、建築天井材として一体化しています。 ・吹出口の位置が自在に変更できます。	可	小	5m/sec	小	大	軸流
面吹出口	多孔板		・自由面積比が小さいので、大きな吹出口面積が必要となります。	不可	大	5m/sec	小	大	軸流
面吹出口	格子板	固定羽根(グリル)	・羽根が固定されているので、一般には吸込用に用います。	不可	中	6m/sec	中	中	軸流
面吹出口	格子板	可動羽根(ユニバーサル)	・羽根の角度の変更で、自由に到達距離や降下度を調節できるので、一般には吹出用に用います。	可	中	6m/sec	可変	可変	軸流

吹出口の選定要領

アネモ形

①吹出口1個当たりの風量と、種類および形式が決まると、吹出口性能(メーカーのカタログに記載)より、拡散半径、到達距離、発生騒音値等を考慮してサイズを決定できます。
一般には、ネック風速3.5～5.0m/sec(標準4.5m/sec)としてサイズを決めればよいでしょう。

②吹出気流の残風速が0.5m/secの位置を最小拡散半径、0.25m/secの位置を最大拡散半径といいます。最小拡散円が重なったり、その中に柱や壁がある場合には、その付近ではドラフトを感じさせる恐れがあります。
したがって、最小拡散円が重なったり、その中に柱や壁がないことを確認するとともに、最大拡散円が空調対象域をほぼ覆っているかどうかをチェックします。
③一般に拡散半径の値は、ある天井高さでの測定値に基づいています。したがって、天井高さが標準と異なる場合は、天井高さが0.3m高くなるごとに、拡散半径は0.3m小さくなるものとして取扱います。
④垂直到達距離は、吹出気流の浮力の作用を受け、温風吹出の場合は短く、冷風吹出の場合は長くなります。したがって、暖房時には、天井面から床上1.5mまで気流到達が十分であるかを確認する必要があります。
一般にカタログには、等温吹出(吹出温度と室温が同じ)の場合の到達距離が記載されていますので、等温でない場合には下記のような補正が必要です。

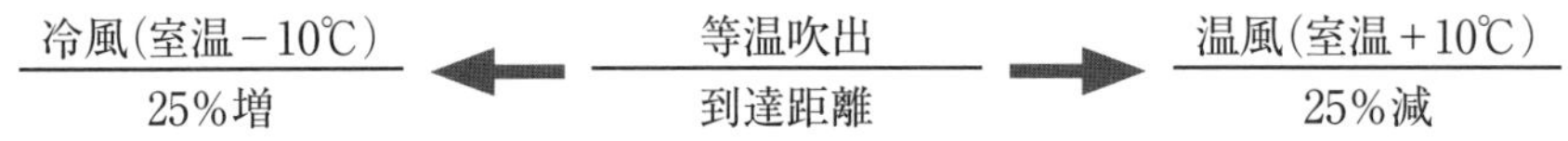

⑤ネック風速から発生騒音をチェックするとともに、圧力損失値を確認します。

表9-10 アネモ形吹出口の選定表

型番	風量〔m³/h〕	最大拡散半径〔m〕	最小拡散半径〔m〕	垂直到達距離〔m〕	静圧損失〔Pa〕	発生騒音〔A・dB〕	ネック風速〔m/sec〕
C2-12.5	140	1.1	0.6	2.1	17	23.7	3.0
	160	1.2	0.7	2.4	23	25.3	3.4
	180	1.4	0.8	2.7	30	28.3	3.9
	200	1.5	0.9	3.0	38	31.3	4.4
	220	1.7	1.0	3.4	46	34.0	4.8
C2-15	200	1.3	0.7	2.4	17	24.0	3.0
	225	1.4	0.8	2.7	21	26.8	3.4
	250	1.6	0.9	3.0	26	27.9	3.8
	275	1.7	1.0	3.3	32	30.0	4.1
	300	1.9	1.1	3.6	37	31.8	4.6
	375	2.4	1.3	4.6	58	38.1	5.7
C2-20	350	1.7	0.9	2.9	16	25.0	3.0
	400	1.9	1.1	3.3	21	28.7	3.4
	450	2.1	1.2	3.8	27	31.8	3.8
	500	2.4	1.4	4.2	33	33.2	4.5
	550	2.6	1.5	4.6	41	34.5	4.7
	600	2.9	1.6	5.0	48	36.4	5.2
C2-25	550	2.1	1.2	3.6	15	28.5	3.0
	600	2.3	1.3	3.9	19	29.8	3.3
	650	2.5	1.4	4.2	22	32.3	3.6
	700	2.7	1.5	4.5	26	30.9	3.8
	750	2.9	1.6	4.9	29	32.6	4.1
	800	3.1	1.7	5.2	33	34.3	4.4
	850	3.2	1.8	5.6	37	36.0	4.7
	900	3.4	1.9	5.9	42	38.1	5.0
C2-30	800	2.5	1.4	4.2	15	30.7	3.0
	850	2.7	1.5	4.5	18	32.3	3.2
	900	2.9	1.6	4.9	20	33.8	3.4
	950	3.2	1.7	5.2	23	32.0	3.6
	1000	3.4	1.8	5.4	25	33.1	3.8
	1100	3.6	2.0	6.0	30	35.5	4.2
	1200	3.9	2.2	6.5	35	37.9	4.6
	1300	4.2	2.3	7.0	42	40.8	4.9

ユニバーサル形

①吹出口1個当たりの風量と必要な到達距離から、室内許容騒音値を配慮しつつ、面風速(W×H、ダクト内の平均風速)を決め、これによってサイズを決定します。
一般的には、面風速2.0 ～ 4.0m/sec(標準3.0m/sec)として決定します。

②吹出口の垂直ブレードの角度で気流の拡散幅が異なります。吹出口の取付位置と室の大きさにより、気流分布が一様になるような吹出角度を決めます。

③カタログでの性能表が、面風速(Vc)で表示されている場合、吹出実風速(Vd)を求めるには、関係係数(Rp)から次式により算出できます。

$$Vd = Rp \times Vc$$

④ユニバーサル形吹出口から横向きに吹出された冷風は、吹出し後、気流が拡散することと、吹出空気と室内空気との間に温度差があることにより自然降下しますので、空気分布上の配慮が必要です。
空気の降下度は、吹出しの水平ブレードを上向きに調整することにより、50%減少させることができます。

■吹出角度 0°(a)

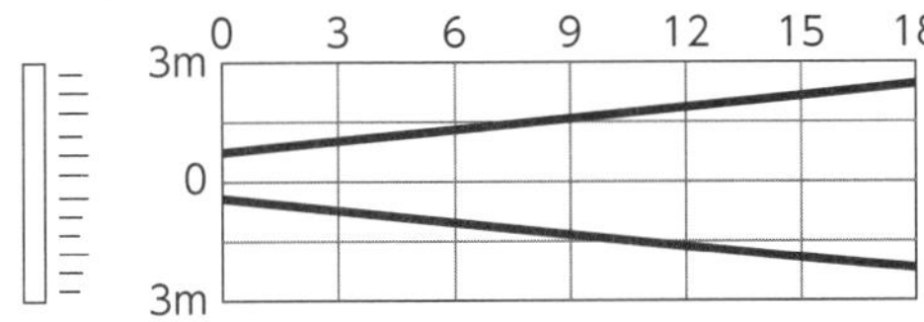

■吹出角度 中央0° 左右22°(b)

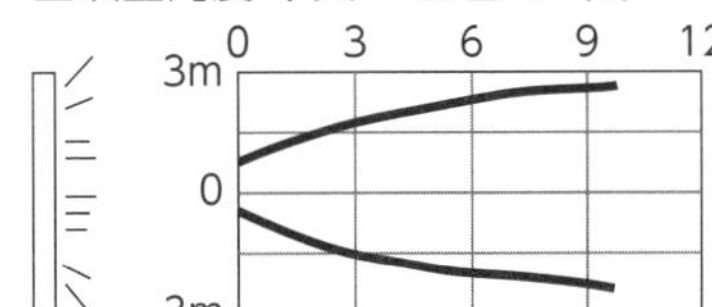

■吹出角度 中央0° 左右22° 最端左右42°(c)

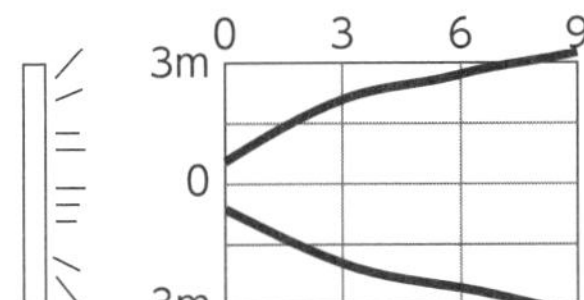

■吹出角度中央 0° 左右22° + 42° 最端左右55°(d)

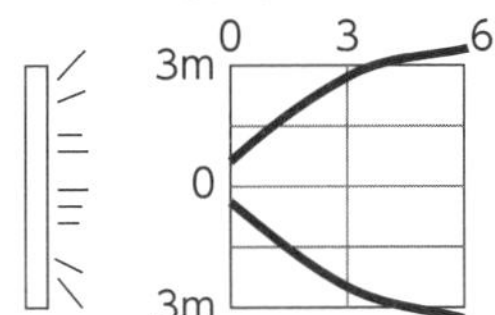

図9-6 吹出角度と気流分布

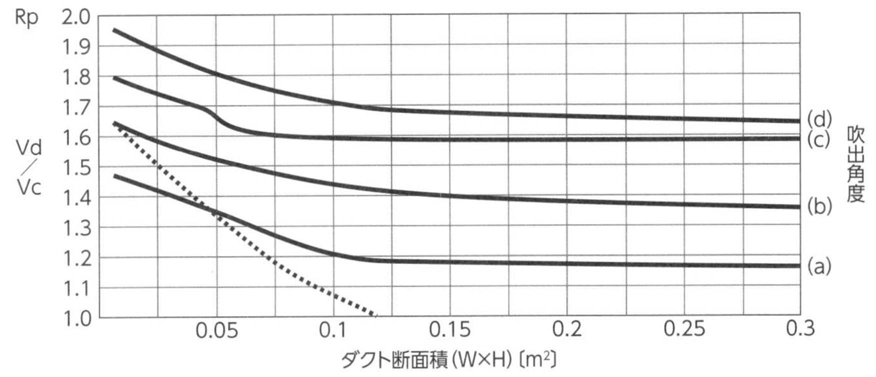

図9-7 ユニバーサル形吹出口と面風速と吹出し風速(関係係数Rp)

ノズル形

①全空気方式において、ノズル形を使用する場合は、半径Rの拡散円が、水平吹出の場合は到達面をカバーするように、また、垂直吹出の場合は、到達面において相接するように配置を決め、個数、風量を決定します。この場合の風量は、空調時においては冷房を基準とします。

ノズル形拡散半径の求め方

	計算9-3	計算例
拡散半径R	R=(L×tan15°+D)/2 R：拡散半径〔m〕 L：到達距離〔m〕 D：出口の口径〔m〕	L＝ 4.5 m tan15°＝ 0.2616 D＝ 0.3 m ∴ R＝ 0.74 m

②呼び径および吹出風速は、風量・到達距離から決定します。ただし、この場合の到達距離は、吹出温度差による補正値とします。

表9-11 ノズル吹出口の到達距離補正係数

吹出方向	吹出気流	気流の平均残風速〔m/sec〕	補数係数
水平吹出	冷風	0.5	1.0
	温風	0.25	1.2
	等温	0.1	1.4
垂直吹出	冷風	0.5	1.0
		0.25	1.25
		0.1	1.4
	温風	0.5	1.0
		0.25	1.1
		0.1	1.15
	等温	0.5	1.0
		0.25	1.2
		0.1	1.3

③吹出口を冷暖房に兼用する場合は、暖房時の吹出気流の到達距離を調整するため、風量、吹出個数または風向を変化させる等の措置を講じます。

表9-12 吸込口の有効面積比（開口率）

＊一般的数値です。

吸込口の種類	有効面積比〔%〕	吸込口の種類	有効面積比〔%〕
VS形、HS形	85	ガラリ形	70
ユニバーサル形	75	ドアルーバー	50
多孔板形	55	外壁ガラリ	40

有効面積比＝(有効面積/吸込口開口面積)×100〔%〕

計算シート　吹出口（ノズル形）の算定

階	室名	全風量〔m³/h〕	ノズル形の口径〔m〕	個数	風量〔m³/h・個〕	吹出速度〔m/sec〕	到達距離〔m〕	拡散半径〔m〕
2	所長室	940	0.3	4	235	0.9	4.5	2.076
	事務室	1200	0.25	2	600	3.4	3	1.409
	応接室	550	0.1	1	550	19.5	3	1.334

計算シート　吸込口の算定（排気口、ドアグリル、ガラリ等）

室名	全風量〔m³/h〕	吸込口の種類	個数	風量〔m³/h・個〕	通過風速〔m/sec〕	必要開口〔m²〕	開口率〔%〕	必要面積〔m²〕
所長室	940	GV-200×1000	1	940	2.0	0.130556	0.7	0.19
事務室A	4,540	ドアグリル	1	4,540	2.0	0.630556	0.4	1.58
休養室	230	ドアグリル	1	230	2.0	0.031944	0.4	0.08

	計算9-4	計算例
到達距離	■軸流吹出口（ノズル、ユニバーサル、ライン型など） X=K×Vo×Do/Vx X：到達距離〔m〕 K：吹出口定数（ノズルはK=5） Vo：吹出風速〔m/sec〕 Do：等価円直系〔m〕 $Do=\sqrt{(4/\pi \times Ac \times f \times c)}$ Ac：有効面積〔m²〕 f：開口率（ノズル=1.0） c：縮流係数（ノズル=1.0） Vx：残風速（=0.5m/sec）	K = 5 Vo = 5 m/s Ac = 0.05 m² f = 1 c = 1 (4/π)×Ac×f×c = 0.0637 ∴ Do = 0.25 m Vx = 0.5 m/s ∴ X = 12.6 m
吹出口からXm離れた地点での吹出風速の求め方	Vx=K×Vo×Do/X Vx：到達地点の風速〔m/sec〕 K：吹出口定数（ノズルはK=5） Vo：吹出風速〔m/sec〕 Do：等価円直系〔m〕 $Do=\sqrt{(4/\pi \times Ac \times f \times c)}$ X：吹出口より測定点までの距離〔m〕	K = 5 Vo = 5 m/s Ac = 0.05 m² f = 1 c = 1 (4/π)×Ac×f×c = 0.0637 ∴ Do = 0.25 m X = 5 m ∴ Vx = 1.26 m/s

吹出風速の求め方	計算9-5	計算例
	■吹出口（H、HS、VH、VHS） V=Q/(X×Y×f×3600) V：吹出風速〔m/s〕 Q：風量〔m³/h〕 X：吹出口の幅寸法〔m〕 Y：吹出口の高さ寸法〔m〕 f：開口率（一般=0.75）	Q= 470 m³/h X= 0.4 m Y= 0.1 m f= 0.75 ∴ V= 4.352 m/s

吸込口通過風速の求め方	計算9-6	計算例
	■吸込口（スリットS付） V=Q/(X×Y×f×3600) V：吸込口通過風速〔m/s〕 Q：風量〔m³/h〕 X：吸込口の幅寸法〔m〕 Y：吸込口の高さ寸法〔m〕 f：開口率（一般=0.8）	Q= 470 m³/h X= 0.4 m Y= 0.1 m f= 0.8 ∴ V= 4.1 m/s

9-5 ダクトサイズの決定

ダクト寸法は風量・風速より算定します。等圧法による方法が一般的です。

Point

- 単位長さ当たりの摩擦損失を1.0 ~ 2.0Pa/mとして設計することが一般的です。
- 等圧法の場合、送風機に近いか遠いかでダクト抵抗が異なるのでダンパなどで風量を調節する必要が生じます。

ダクトの寸法決定法

主風道

①風量に見合う風速を求め、寸法を決めます。

②計算の結果、基部風速、全体の摩擦抵抗が過大の時は、摩擦損失係数を修正し再計算します。

分岐風道

①分岐点から主風道終端までの抵抗と同じ抵抗になるよう許容摩擦損失を求め、寸法を決めます。

②簡便法として主風道と同じ摩擦抵抗により決めてもよいのですが、この場合は主風道との抵抗差を調整できるダンパを設けます。

抵抗計算

全圧基準で圧力損失、**局部抵抗係数**および**局部抵抗相当長**により計算します。

表9-13 局部抵抗相当長の概算値

ダクトの状況	直管長の倍率
小規模または曲がりの多いとき	1.0~1.5
延長50m以上の大規模のとき	0.7~1.0
消音装置が多いとき	1.5~2.5

直管ダクト内の摩擦損失(⊿P)

	計算9-7	計算例
直管ダクト内の摩擦損失	$\Delta P = \lambda \times (L/d) \times (\gamma V^2/2g) \times g$ ⊿P：ダクトの摩擦損失〔Pa〕 λ：摩擦係数(=0.18標準) L：ダクト直管部の長さ〔m〕 d：ダクトの内径〔m〕 γ：空気の比重量(=1.2) v：ダクト内風速〔m/sec〕 g：重力加速度(=9.8)	λ = 0.18 L = 4 m d = 0.15 m γ = 1.2 v = 4 m/sec 2g = 19.6 ∴ ⊿P = 46.08 Pa

計算シート　ダクト抵抗計算

経路	風量〔m^3/h〕	ダクト内径〔mm〕	風速v〔m/s〕	動圧($0.6\times v^2$)〔Pa〕	レイノズル数	摩擦抵抗係数	単位抵抗〔Pa/m〕	ダクト長〔m〕	摩擦損失計〔Pa〕
A～B	100	252	0.56	0.2	9,408	0.033	0.025	2.5	0.06
B～C	400	450	0.70	0.3	21,000	0.026	0.017	6	0.10
C～D	600	650	0.50	0.2	21,667	0.026	0.006	15	0.09
計									0.25

摩擦係数λの求め方

摩擦係数λの求め方	計算9-8	計算例
	■層流の場合(Re>2230) **λ＝64/Re** λ：摩擦係数 Re：レイノズル数	定数＝ 64 Re＝ 2,000 ∴　λ＝ 0.032
	■乱流の場合　(3,000＜Re＜100,000) **λ＝0.3164/$Re^{1/4}$** λ：摩擦係数 Re：レイノズル数	定数＝ 0.3164 Re＝ 26,455 ∴　λ＝ 0.0248
	■ダクト壁が粗い場合 **λ＝$1/(1.74-2\log_{10}2\varepsilon/d)^2$** d：ダクト径〔m〕 ε：粗度 ε/d：相対粗度	ε＝ 0.2 mm d＝ 0.15 m 2ε/d＝ 2.667 $\log_{10}2\varepsilon/d$＝ 0.852 定数＝ 1.74 分母計算値＝ 0.789 ∴　λ＝ 1.268
	■一般(亜鉛鉄板)に求める場合 **(Re＝4,000 ～ 10,000,000)** **ムーディによる乱流の全領域にわたる略算式** **λ＝$0.0055\{1+(20,000\varepsilon/d+1,000,000/Re)^{1/3}\}$** **Re＝Vd/ν** V：ダクト内の空気速度〔m/s〕 ν：動粘性係数〔㎡/sec〕(＝0.00001512) d：ダクトの内径〔m〕	ε＝ 0.15 mm d＝ 0.15 m ε/d＝ 1 V＝ 6 m/s Re＝ 59,524 ∴　λ＝ 0.0144

種類	粗度ε
鉄板ダクト	0.15～0.2mm
煉瓦製ダクト	3.0～5.0mm
木製ダクト	0.2～1.0mm
コンクリートダクト	1.0～3.0mm

ダクトの摩擦損失線図

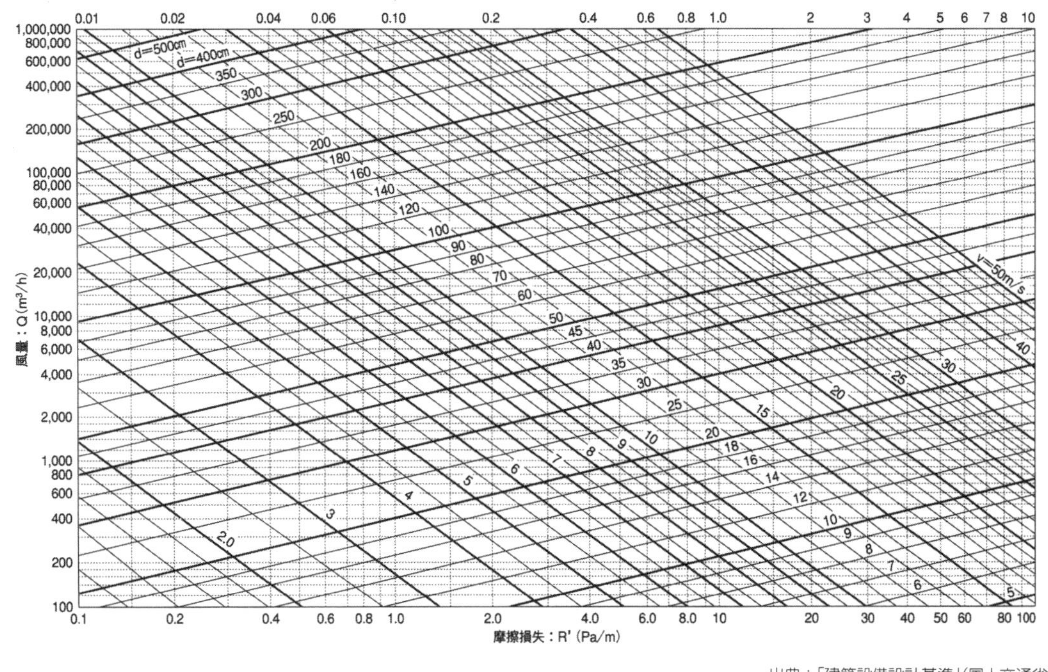

出典：「建築設備設計基準」(国土交通省)

図9-8 ダクトの摩擦損失線図

ダクト内温度による圧力損失補正係数

ダクト内温度による圧力損失補正係数k1	計算9-9	計算例
	k1＝(273.15＋20)／(273.15＋ta) ta：ダクト内空気温度〔℃〕	ta＝ 25 ℃ ∴ k1＝ 0.98

空気温度〔℃〕	補正係数(k1)
−20	1.16
0	1.07
20	1.00
40	0.94
60	0.88
80	0.83
100	0.79
120	0.75
140	0.71
160	0.68
180	0.65
200	0.62

直管ダクトの摩擦損失

<table>
<tr><th rowspan="2">矩形ダクトの静圧損失の計算</th><th>計算9-10</th><th>計算例</th></tr>
<tr><td>$\Delta Ps = 12.85 \times 10^{-3} \times (flv)^{n} \times ((a+b)/(2ab))^{m}$

v：風速〔m/sec〕
f：ダクト内面の粗さ(=1)
l：ダクトの長さ(=1m)
a：長方形の一辺の長さ〔m〕
b：長方形の他辺の長さ〔m〕
n：1.85
m：1.25
⊿Ps：摩擦による静圧損失〔Pa〕</td><td>V = 7.5 m/s
f = 1
l = 1
a = 0.12 m
b = 0.12 m
n = 1.85
m = 1.25

∴ ⊿Ps = 10.81 Pa/m</td></tr>
</table>

丸ダクト、角ダクトの換算

実際、空調設備に使用されるダクトの断面は、円形より角ダクトが多く使用されます。矩形の場合は、アスペクト比1：4を超えない範囲ならば、次式により換算できます。

<table>
<tr><th rowspan="2">丸ダクト、角ダクトの換算</th><th>計算9-11</th><th>計算例</th></tr>
<tr><td>D=1.3{((a×b)5/(a+b)2)}1/8…換算式

D：相当直径(任意単位m、cm、mm)
a：長方形の一辺の長さ(任意単位m、cm、mm)
b：長方形の他辺の長さ(任意単位m、cm、mm)
＊アスペクト比=a/b</td><td>a = 300 mm
b = 100 mm
アスペクト比 = 3.0

∴相当直径 = 182.7 mm</td></tr>
</table>

ダクトの局部抵抗

<table>
<tr><th rowspan="2">ダクトの局部抵抗Pt</th><th>計算9-12</th><th>計算例</th></tr>
<tr><td>$Pt = \xi 1 \times (\gamma V^{2}/2g) = \xi 1 \times Pv$

Pt：全圧損失
ξ1：局部抵抗係数
v：風速〔m/sec〕
Pv：動圧〔Pa〕$\fallingdotseq 0.6 \times V^{2}$</td><td>ダクト名称 = 円形ベント
ξ1 = 0.71

v = 6 m/sec
Pv = 21.6 Pa

∴ Pt = 15.34 Pa</td></tr>
</table>

表9-14 ダクトの局部抵抗算定表　　　　**計算シート 局部抵抗算定表**

	ダクトの部分		状態R/D	局部抵抗係数ξ1	直ダクト相当長L'	風速〔m/sec〕	動圧Pv〔Pa〕	全圧損失〔Pa〕
局部損失係数一覧表	円形ダクトのベント		0.5	0.71	45×D	6	21.60	15.34
			0.75	0.33	22.5×D	6	21.60	7.13
			1	0.22	16.5×D	6	21.60	4.75
			1.5	0.15	12×D	6	21.60	3.24
			2	0.13	9.5×D	4	9.60	1.25
	矩形ダクトのベンド	H/W	r/W					
		0.5	0.5	1.3	—	4	9.60	12.48
			0.75	0.52	—	4	9.60	4.99
			1	0.25	—	4	9.60	2.40
			1.5	0.2	—	4	9.60	1.92
		1	0.5	1.2	—	4	9.60	11.52
			0.75	0.44	—	4	9.60	4.22
			1	0.21	—	4	9.60	2.02
			1.5	0.17	—	4	9.60	1.63
	同上導翼1つき	R/W	H/W					
		0.5（r/W＝1.0）	0.5	0.06	—	4	9.60	0.58
			1	0.05	—	4	9.60	0.48
			1.5	0.05	—	4	9.60	0.48
			2	0.04	—	4	9.60	0.38
	同上導翼2つき	0.5（r/W＝1.0）	0.5	0.02	—	4	9.60	0.19
			1	0.02	—	4	9.60	0.19
			1.5	0.02	—	4	9.60	0.19
			2	0.02	—	4	9.60	0.19
	円形管の折りつなぎ			1.2		4	9.60	11.52
	矩形管の折りつなぎ	H/W＝	0.5	1.3		4	9.60	12.48
			0.75	1.2		4	9.60	11.52
			1	1.2		4	9.60	11.52
			1.5	1.1		4	9.60	10.56
	同上導翼つき	1枚		0.56		4	9.60	5.38
		2枚		0.44		4	9.60	4.22
	45°の曲管	＊90°曲管の0.6倍						
	広がり管	A1/A2	θ					
		2	30	0.25		4	9.60	2.40
			60	0.31		4	9.60	2.98
		4	30	0.5		4	9.60	4.80
			60	0.61		4	9.60	5.86
	狭まり管	A0/A1	θ					
		2	15～40	0.05		6	21.60	1.08
			50～60	0.06		6	21.60	1.30
		4	15～40	0.04		6	21.60	0.86
			50～60	0.07		6	21.60	1.51
	矩形管の分岐（合流）	A3/A1又はA2/A1	0.5	0.23		4	9.60	2.21
			1	0.07		4	9.60	0.67
	矩形管の分岐（分流）		0.5	0.3		4	9.60	2.88
			1	0.25		4	9.60	2.40
	チャンバー			1.5		4	9.60	14.40

番号	ダクトの部分	形状図	条件			ξの値
①	円管の曲管		r/D=0.5			0.71
			=0.75			0.33
			=1.0			0.22
			=1.5			0.15
			=2.0			0.13
②	矩形断面の曲管		H/w	r/W		
			0.5	0.5		1.30
				0.75		0.52
				1.0		0.25
				1.5		0.20
			1	0.5		1.2
				0.75		0.44
				1.0		0.21
				1.5		0.17
③	同上導翼つき		導翼の数	R/w	H/W	
			1	0.5 (r/W=1.0)	0.5	0.06
					1.0	0.05
					1.5	0.05
					2.0	0.04
			2	0.5 (r/W=1.0)	0.5	0.02
					1.0	0.02
					1.5	0.02
					2.0	0.02
④	円形管の折りつなぎ					1.2
⑤	矩形管の折りつなぎ		H/W=0.5			1.3
			=0.75			1.2
			=1.0			1.2
			=1.5			1.1
⑥	同上導翼つき		1枚			0.56
			2枚			0.44
⑦	矩形管の分岐・導翼つき		曲管と同一の損失をする 風速は入口を基準とする			
⑧	同上丸みのあるもの	①Q1·v1·A1 ②Q2·v2·A2 ③Q3·v3·A3 r/W=1.5 $\frac{Q2}{Q1}=\frac{Q3}{Q1}=0.5$	合流	A3/A1 または A2/A1	0.5	0.23
					1.0	0.07
			分留		0.5	0.30
					1.0	0.25
⑨	45°の曲管		矩形または円形 導翼有または無			90°の曲管の0.6倍
⑩	広がり管		A1/A0	θ		
			2	30		0.25
				60		0.31
			4	30		0.50
				60		0.61
⑪	狭まり管		A1/A0	θ		
			2	15~40		0.05
				50~60		0.06
			4	15~40		0.04
				50~60		0.07
⑫	変形管		θ<14°			0.15
⑬	急な縮小入口					0.50
⑭	急な出口					1.0
⑮	ベルマウスつき入口		r/D=0.02			0.36
			=0.04			0.26
			=0.06			0.20
			=0.08			0.15
			=0.1			0.12
⑯	ベルマウスつき出口					1.0
⑰	ホルダの入口	[D=2HW/(H+W)]	t/D	L/D		
			<0.02	0.05		0.80
				0.2		0.92
			>0.02	0.05		0.55
				0.2		0.66
⑱	丸形薄刃流れ口		A0/A1=	0.5		7.76
				0.6		4.65
				0.8		1.95
				1.0		1.0
⑲	管入口(円形フード付)		θ	20°		0.02
				40°		0.03
				60°		0.05
				90°		0.11
⑳	管入口(長方形フード付)		θ	20°		0.13
				40°		0.08
				60°		0.12
				90°		0.19
㉑	急縮小		A0/A1=	2		0.26
				4		0.41
				6		0.42
				10		0.43
			損失はV1に対する			
㉒	急拡大		A0/A1=	2		0.26
				4		0.57
				6		0.69
				10		0.81
			損失はV0に対する			
㉓	吸込み口(打抜き狭板)		自由面積比	0.2		35.0
				0.4		7.6
				0.6		3.0
				0.8		1.2

図9-9 局部損失係数一覧表

9-6 ダクトの基本基準

ダクト経路は、最も合理的な経路となるように考慮し決定します。

Point

- 基本項目だけでも、頭に入れてください。
- 国交省の仕様書や空調・衛生工学会の共通仕様書に準じて設計・施工してください。

ダクトの仕様

表9-15 ダクトの区分

単位：〔Pa〕

ダクトの区分	常用圧力	
	正圧	負圧
低圧ダクト	+500以下	−500以下
高圧1ダクト	+500を超え+1000以下	−500を超え−1000以内
高圧2ダクト	+1000を超え+2500以下	−1000を超え−2500以内

表9-16 低圧ダクトの板厚

単位：〔mm〕

ダクトの長辺	板厚
450以下	0.5
450を超え750以下	0.6
750を超え1500以下	0.8
1500を超え2200以下	1.0
2200を超えるもの	1.2

＊ アングルフランジ工法ダクト

表9-17 高圧1・高圧2ダクトの板厚

単位：〔mm〕

ダクトの長辺	板厚
450以下	0.8
450を超え1200以下	1.0
1200を超えるもの	1.2

＊ アングルフランジ工法ダクト
＊ ダクトの両端寸法が異なる場合の板厚はその最大寸法側の板厚を適用する。

表9-18 接合用材料、吊り金物および支持金具

<table>
<tr><th rowspan="2">ダクトの長辺</th><th>接合用フランジ</th><th colspan="2">フランジ取付用リベット</th><th colspan="2">接合用ボルト</th><th colspan="2">棒鋼吊り金物</th><th>形鋼振れ止め支持金物</th></tr>
<tr><th>山形鋼寸法</th><th>呼び径</th><th>ピッチ</th><th>ねじの呼び</th><th>ピッチ</th><th>平鋼寸法</th><th>棒鋼呼び径</th><th>山形鋼寸法</th></tr>
<tr><td>710以下</td><td>25×25×3</td><td rowspan="3">4.5</td><td rowspan="3">65</td><td rowspan="3">M8</td><td rowspan="3">100</td><td>25×3</td><td rowspan="3">M10</td><td rowspan="3">接合用フランジと同じ</td></tr>
<tr><td>710を超え1000以下</td><td>30×30×3</td><td>30×3</td></tr>
<tr><td>1000を超え1250以下</td><td>40×40×3</td><td>40×3</td></tr>
</table>

＊ 接合用フランジの最大間隔は1820mmとする。
＊ 横走りダクトの吊りは棒鋼吊りとし、その吊り間隔は3640mm以下とする。
＊ 立てダクトの支持は形鋼振れ止め支持とし、各階1箇所以上支持する。
＊ ダクトの周長が3000mmを超える場合は、強度を確認のうえ選定する。

表9-19 ダクトの補強（カッコ内は高圧1、高圧2ダクトに適用）

単位：〔mm〕

ダクトの長辺またはダクトの幅	横方向			縦方向			
	山形鋼寸法	山形鋼取付用リベット		山形鋼寸法	取付箇所	取付用リベット	
		呼び径	ピッチ			呼び径	ピッチ
(250を超え750以下)	25×25×3	4.5	100	─	─	─	─
750を超え1500以下	30×30×3			─	─	─	─
1500を超え2200以下	40×40×3			40×40×3	中央に1箇所	4.5	100
2200を超えるもの	40×40×5			40×40×5	中央に2箇所	4.5	100

＊ アングルフランジ工法ダクト
＊ 横方向の補強はダクトの長辺から、縦方向の補強はダクトの幅から読み取る。横方向の補強の最大間隔は925mmとする。

コーナーボルト工法ダクト

①コーナーボルト工法ダクトは、長辺の長さ1500mm以下のダクトに適用する。

②ダクトの板厚は、アングルフランジ工法ダクトの板厚による。

③横走りダクトの吊り間隔は、スライドオンフランジ工法ダクトは3000mm以下とし、共板フランジ工法ダクトは、2000mm以下とする。なお、中央および各階機械室では、長辺が450mm以下の横走りダクトの吊り間隔は、2000mm以下とする。

表9-20 共板フランジ工法の接合方法

単位：〔mm〕

ダクトの長辺		フランジ最小寸法		コーナー金具板厚	フランジ押さえ金具厚さ
		高さ	幅		
1200以下	低圧ダクト	30	9.5	1.2	1.0
1200以上1500				1.6	

＊ コーナー金具、フランジ押さえ金具は、最小寸法とする。
＊ フランジ押さえ金具の長さは、150mm以上とする。

表9-21 スライドオンフランジ工法の接合方法

単位：〔mm〕

ダクトの長辺		フランジ最小寸法		コーナー金具	
		高さ	幅	板厚	ボルト呼び径
450以下	低圧ダクト	19	0.6	2.0	M8
450を超え750以下		20	0.9	2.3	
750を超え1500以下					

＊ コーナー金具、フランジ押さえ金具は、最小寸法とする。
＊ フランジ押さえ金具の長さは、4mm以上とする。

表9-22 フランジの最大間隔

単位：〔mm〕

ダクトの工法	最大間隔
共板フランジ工法	1750
スライドオンフランジ工法	1840

表9-23 ダクト横方向の中間補強

単位：〔mm〕

ダクトの長辺	補強材寸法	最大間隔
450を超え750以下	25×25×3	1500
750を超え1500以下	40×40×3	925

スパイラルダクト

表9-24 接合用材料、吊り金物および支持金具

単位：〔mm〕

ダクトの長辺	接合用フランジ	フランジ取付け用リベット		接合用ボルト		棒鋼吊り金物		形鋼振れ止め支持金物
	山形鋼寸法	呼び径	ピッチ	ねじの呼び	ピッチ	平鋼寸法	棒鋼呼び径*	山形鋼寸法
710以下	25×25×3					25×3		
710を超え1000以下	30×30×3	4.5	65	M8	100	30×3	M10	接合用フランジと同じ
1000を超え1250以下	40×40×3					40×3		

＊ アングルフランジ工法ダクトの当該事項と同じ内容です。
＊ ダクトの呼称寸法が1000mmを超える場合は、強度を確認の上選定します。

排煙ダクト

亜鉛鉄板製ダクトでは、矩形ダクトの場合の板厚その他は、アングルフランジ工法ダクトの高圧1、2ダクトの項を適用し、ピッツバーグはぜとします。円形ダクトの場合の板の継目は内部甲はぜとします。

普通鋼板製ダクトでは、前記の他、板厚1.6mm以上とし、板の継目は溶接とします。ダクトの接続は、山形鋼40×40×5mmとし、その最大間隔は3640mmです。

ダクトの補強および支持は、山形鋼40×40×5mmとし、その最大間隔は1820mm以下とします。

■アングルフランジ継手

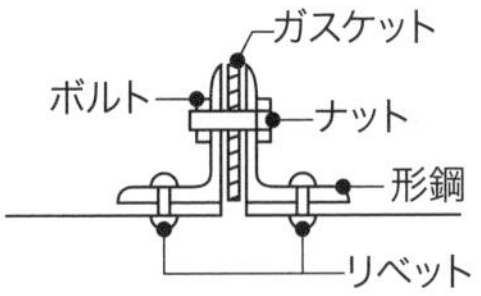

ガスケット
ボルト
ナット
形鋼
リベット

■ボタンパンチスナップはぜ

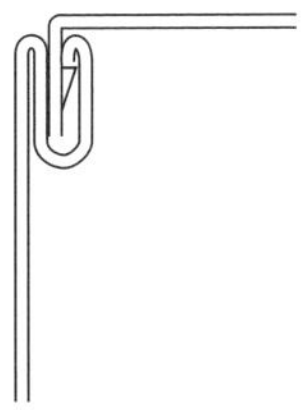

■ピッツバーグはぜ

■円形差込み継手（スパイラルダクト）

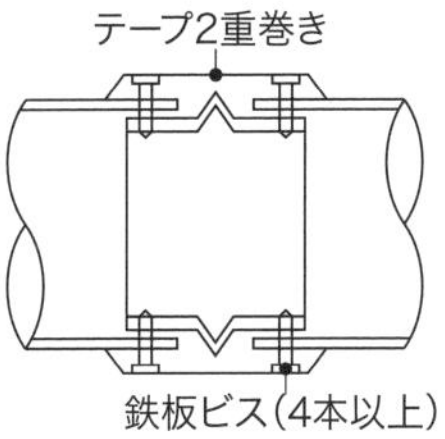

テープ2重巻き
鉄板ビス（4本以上）

図9-10 継手、継目および補強方法

9-7 ダクトの騒音

振動、障害物、ダンパ類の過流によって生じる騒音問題があります。

Point

- 風量と風速で騒音が計算できます。
- ダクトの騒音は、風速15m/s以上の場合に問題となります。
- 過流音が問題になるのは、風速20m/s以上です。

ダクト系の騒音

	計算9-13	計算例
直ダクトの騒音〔dB〕	**■直ダクトの場合** **PWLs=70+40log$_{10}$ 0.109v+10log$_{10}$0.0105Q** PWLs：各オクターブバンドの総合パワーレベル〔dB〕 v：風速〔m/sec〕 Q：風量〔m³/min〕	送風機発生騒音Kw＝ 70 dB 定数＝ 40 v＝ 5 m/sec 40log$_{10}$(0.109＊v)＝ -10.54 定数＝ 10 Q＝ 133 m³/min 10log$_{10}$(0.0105＊Q)＝ 1.45 ∴ PWLs＝ 60.91 dB
エルボによる騒音〔dB〕	**■エルボによる発生騒音** **Lw=F+G+H** Lw：発生騒音のオクターブバンドパワーレベル〔dB〕 F：周波数分布係数〔dB〕 G：速度係数〔dB〕 H：オクターブバンド幅係数〔dB〕 (下表を参照) Fの値は、ストロハル数(Sr)にて求める。 **Sr＝(f×D)／v** Sr：ストロハル数 f：周波数〔Hz〕 v：風速〔m/s〕 D：ダクト直径〔m〕　例：650×500	Q＝ 8,000 m³/min ダクト寸法W＝ 0.65 m ダクト寸法h＝ 0.5 m v＝ 6.84 m/sec D＝ 0.64 ダクト断面積A＝ 0.33 m² f＝ 63 Hz Sr＝ 6 ストロハル数の図表より ∴ F＝ 42 90°エルボのG値の図表より ∴ G＝ -16 下表Hの値より ∴ H＝ 16 ∴ Lw＝ 42 dB

【参考資料】
Hの値(エリボ及び分岐の値)

オクターブバンド〔Hz〕	63	125	250	500	1000	2000	4000	8000
H 〔dB〕	16	19	22	25	28	31	34	37

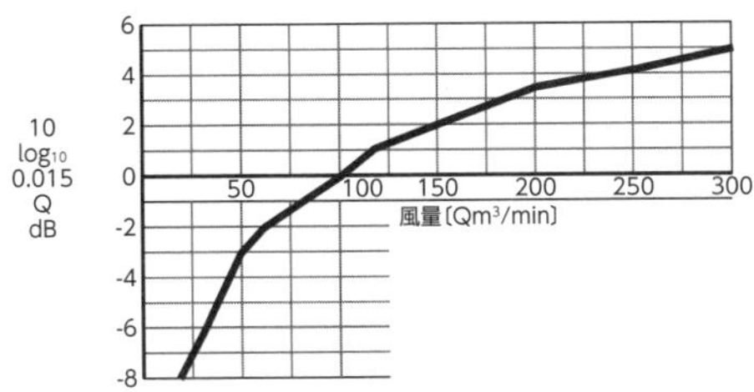

図9-11　10log10 0.0105Qの曲線

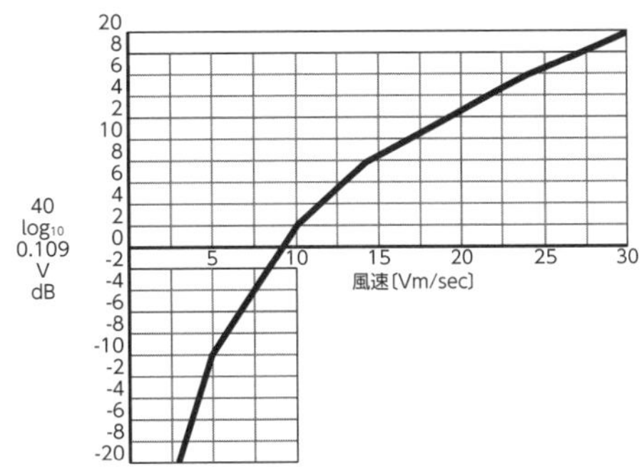

図9-12　40log10 0.109vの曲線

ダンパによる発生騒音〔dB〕

計算9-14

$Lw = L\theta + 10\log_{10}A + 55\log_{10}v$

Lw：ダンパの発生騒音のオーバオールパワーレベル〔dB〕
v：ダクト内の平均風速〔m/s〕
A：ダクト断面積〔㎡〕
Lθ：ダンパの羽根角度（θ）による定数

オーバオールレベル値

θ角度	Lθ〔dB〕
0°（全開）	30
45°	42
65°	51

計算例

Q＝	10,000	㎥/min
ダクト寸法W＝	0.75	m
ダクト寸法h＝	0.5	m
v＝	7.41	m/s
ダクト断面積A＝	0.38	㎡
中心周波数f＝	63	Hz
ダンパ開度＝	0°（全開）	
∴　Lθ＝	30	dB
$10\log_{10}A$＝	-4.26	dB
$55\log_{10}v$＝	47.83	dB
相対パワーレベル＝	-4	
∴　Lw＝	69.57	dB

【参考資料】
ダンパ発生騒音の相対バンドパワーレベル〔dB〕

中心周波数f〔Hz〕	63	125	250	500	1000	2000	4000	8000
ダンパ開度θ＝0°	-4	-5	-5	-9	-14	-19	-24	-29
ダンパ開度θ＝45°	-7	-5	-6	-9	-13	-12	-7	-13
ダンパ開度θ＝65°	-10	-7	-4	-6	-9	-9	-3	-10

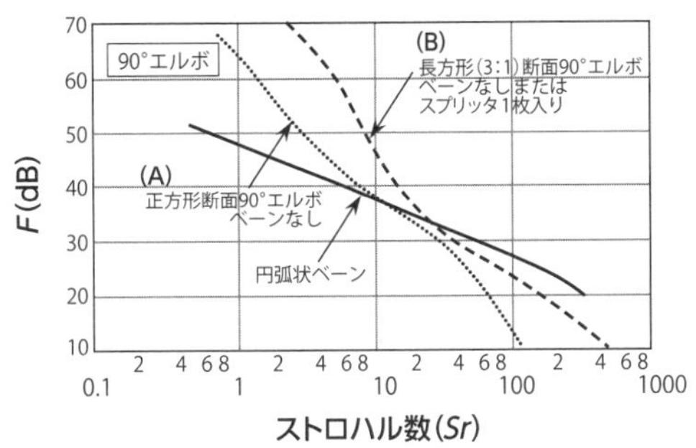

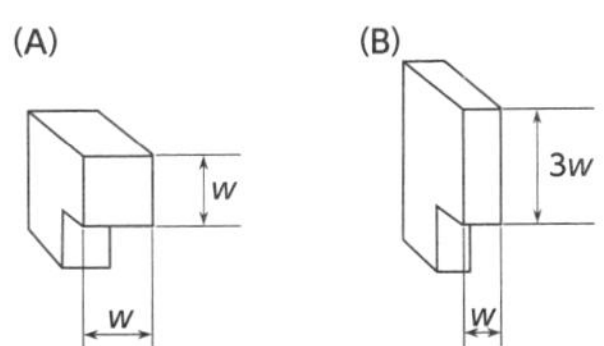

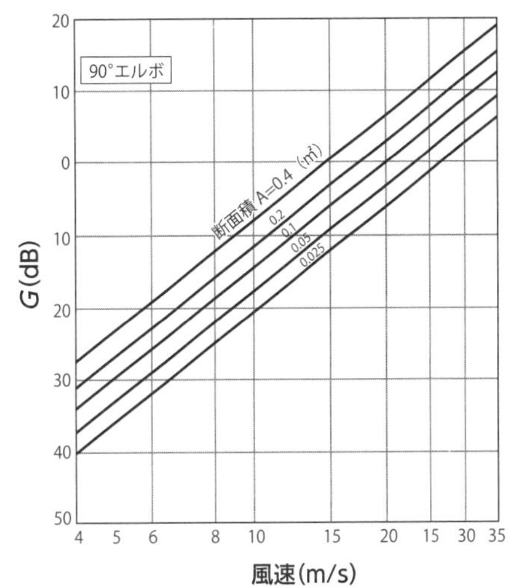

図9-13　90°エルボのF値とG値

ダンパ吹出口の開度と騒音

下表の騒音レベルの増加が起こらないようにするには、風量ダンパを吹出口からダクト幅の数倍離して上流部に取付け、ダンパを通った気流が吹出口の案内羽根、または円錐部に突き当たらないようにします。ダンパ開度50％の時の風速は100％の時の2倍となります。

表9-25 ダクト接手の空気流により発生する騒音と風速の関係

ダンパ開度(有効な)	ダンパ吹出口の抵抗	騒音レベルの増加
100%	100%	0dB
82%	150%	4 1/2dB
70%	200%	8dB
50%	400%	16dB

表9-26 ダクト接手の空気流により発生する騒音と風速の関係

風速〔m/min〕	240	300	360	450	600	750	900	1200
風速600m/minの発生騒音量に対するデシベルの増減	-24	-18	-13	-7.5	0	6	10	18

*ダクトシステムにおいては空気流により案内羽根のあるエルボでも騒音が発生するが、案内羽根が振動しないように十分丈夫に補強すれば騒音は生じない。

ASHRAE資料より

消音チャンバの減音量の算定〔dB〕	計算9-15	計算例
	$R=-10\times\log_{10}\{Se(\cos\theta/2\pi d^2)+(1-\alpha/\alpha Sw)\}$ R：消音チャンバの減音量〔dB〕 Se：出口開口断面積〔㎡〕 Sw：チャンバ内表面積〔㎡〕 α：チャンバ内平均吸音率 d：出入口開口中心距離〔m〕 θ：出口開口面への入射角〔度〕	d＝ 0.77 m 入口と出口の距離a＝ 0.65 m cos θ＝ 0.84 出口ダクト寸法W＝ 0.9 m 出口ダクト寸法h＝ 0.5 m ∴ Se＝ 0.45 ㎡ チャンバW＝ 1.5 チャンバD＝ 1.1 チャンバH＝ 0.7 ∴ Sw＝ 6.94 ㎡ 吸音材の吸音率＝ 0.79 入口ダクト寸法W＝ 0.55 m 入口ダクト寸法h＝ 0.55 m 入口開口断面積Si＝ 0.3025 ㎡ ∴ α＝ 0.81 計算値＝ 0.14 ∴ R＝ 8.69 dB

9-8 ダンパ

ダクトの中間に取付け、風量を調節する装置です。

Point

- 空調用のダンパには、VD、MD、CD、FD、GDがあります。
- ダンパの使用目的と取付け位置を間違えないようにしましょう。
- 許容風速範囲を超えると騒音や破損が発生し、諸性能劣化の恐れがあります。

ダンパの種類と取付け位置

表9-27 ダンパの種類

ダンパの種類		主な使用目的	主な取付位置	操作源	法的規制
風量調整ダンパ VD		●風量調整用 ●切換運転用 ●静圧調整用	●送風機、空調機の吐出側および吸込側 ●分岐ダクトで風量調整を必要とする箇所 ●ダクト系で切換えて使用するような箇所	手動	—
モータダンパ MD		●風量の自動調整用 ●切り換え運転の自動化 ●逆流防止用	●外気量制限を行う空調機等の外気ダクト ●自動的に切換えて使用するダクト ●共通シャフト等で逆流防止をする必要のある箇所	電気または空気	—
チャッキダンパ CD		●逆流防止用	●共通ダクト等で逆流防止をする必要のある箇所 ●大口径のときは圧力損失をチェックする	自力式(一方の流れ方向に対しては気流圧力にて開くが、逆方向へは開かない)	—
防火ダンパ	温度ヒューズ式 FD、HFD (排煙用)	●火災がダクトを通じて他の部屋に延焼するのを防ぐ	●防火区画を貫通するダクト ●延焼の恐れのある部分にある外壁開口部 ●厨房用排気ダクトで火を使用するもののフード近辺	ダクト内気流が72℃以上になるとヒューズが溶けて自動的に羽根が閉じる(HFDは280℃)	建基法施行令第112条
防火ダンパ	煙感知器連動式 SD	●火災時煙がダクトを通して上層階に回るのを防ぐ ●FDを兼用する場合はSFDとなる	●2以上の階にわたるダクトの防火区画貫通箇所で次の部分 ①貫通ダクトがスラブを貫通する箇所 ②シャフト内の貫通ダクトに枝ダクトが接続する箇所 ③竪穴区画を貫通するダクト	煙感知器よりの信号でダンパを電気式または空気式にて閉鎖させる	建基法告示第256号
防火ダンパ	熱感知器連動式 HFD	●火災がダクトを通して他の部屋に延焼するのを防ぐ	●防火区画を貫通するダクト ●延焼の恐れのある部分にある外壁開口部	熱感知器よりの信号でダンパを電気式または空気式にて閉鎖させる	建基法施行令第112条
ガス圧作動ダンパ GD		●ハロンガス消火または炭酸ガス消火を行う部屋で、消火時ダクトを通して消火用ガスが漏れ、消火作用が低下するのを防ぐ	●ハロンガス消火または炭酸ガス消火を行う部屋(電気室、電算機室、駐車場、原綿倉庫、ゴム類貯蔵所等)	感知機連動遠隔操作または手動で消火用ガスボンベを開放すると、そのガス圧でダンパが閉鎖する	消防法施行令第16条、第17条

9-9 ダクトの参考資料

ダクトの設計や施工・保守に役立つ参考資料です。

Point

- ダクトに関する資料は、書物より製造メーカーの技術資料を入手するのがよいでしょう。
- 官公庁の設備共通仕様書を参考にするのもよいでしょう。
- 各種の設計計算書などは、各自でエクセル版で作成し独自の資料としてください。

ダクトの参考資料

表9-28 ダクトの単位圧力損失の推奨値

単位：〔Pa/m〕

種類	送気ダクト		還気・排気ダクト	
	主ダクト	枝ダクト	主ダクト	枝ダクト
住宅、ホール	0.8～1	0.7～0.8	0.8～1	0.7～0.8
事務所	1	1	1	0.8～1
百貨店、商店	1.5	1～1.5	1.5	1～1.5
工場	1～1.5	1～1.5	1～1.5	1～1.5

表9-29 ダクトの最大風速

単位：〔m/sec〕

種類	主ダクト	枝ダクト
住宅、ホール	6～10	5～6
事務所	8～12	6～8
百貨店、商店	10～13	8～10
工場	10～15	8～10

表9-30 ダクト内面粗さによる補正係数

ダクト内面粗さ〔mm〕	例	ダクト径〔mmφ〕			
		500		1000	
		風速〔m/sec〕			
		5	15	5	15
特に粗い (ε=3.0)	コンクリート	1.78	0.92	1.73	1.85
粗い (ε=0.9)	モルタル仕上げ	1.33	1.41	1.3	1.38
やや粗い (ε=0.3)	ファイバグラスダクト	1.08	1.1	1.07	1.09
滑らか (ε=0.01)	塩化ビニル管	0.85	0.76	0.86	0.78

＊ 絶対粗さε=0.18〔mm〕の場合に対する補正

表9-31 ダクト局部抵抗比(概略計算用)

	局部抵抗比
小規模なダクト系のとき(または曲りの多いとき)	1.0〜1.5
大規模なダクト系のとき(延長50m以上)	0.7〜1.0
消音装置が多数あるとき	1.5〜2.5

排煙ダクト系の空気漏れ量

狭い隙間からの空気の漏れ量(AQ)の求め方

狭い隙間からの空気漏れ量の算定	計算9-16	計算例
	AQ=A(⊿P)^n Q:空気の漏れ量〔m³/min・m(個)〕 *継目、継手等の1m当たりの漏れ量 A:定数(下表参照) ⊿P:ダクト内外の圧力差〔mmAq〕 n:定数(下表参照)(=0.5〜1.0)	項目= はぜ部 定数A= 0.000205 ⊿P= 200 mmAq 定数n= 0.781 数量〔m又は個〕= 1 ∴ Q= 0.0128487 m³/min・m(個) = 0.7709204 m³/h・m(個)

【参考資料】
排煙ダクトのAとn値の実測値

項　目	定数 A	定数 n	条　件
はぜ部	0.000205	0.781	ピッツバーグはぜ
フランジ部　(125kPa)	0.00252	0.643	締付け圧125kPa、4隅シールなし
フランジ部　(250kPa)	0.00148	0.659	締付け圧250kPa、4隅シールあり
補強	0.0000435	0.726	リベット機械打ち
分岐部	0.00803	0.598	
短管取出部	0.109	0.491	
排煙口取付部	0.473	0.51	
排煙ダンパ	0.05	0.515	
キャンバス	0.00108	1.225	
排煙口本体	0.0222	0.681	

*有効範囲圧力は、ほぼ−200〜−300mmAqです。

表9-32 計算表 計算シート 排煙ダクト系の空気漏れ量計算表

項　目	定数 A	定数 n	圧力差⊿P〔mmAq〕	数量〔m又は個〕	空気漏れ量〔m^3/min・m(個)〕
はぜ部	0.000205	0.781	200	1	0.0128486733
フランジ部　(125kPa)	0.00252	0.643	60	2	0.0701102943
フランジ部　(250kPa)	0.00148	0.659			
補強	0.0000435	0.726	60	8	0.0068001274
分岐部	0.00803	0.598	60	1	0.0929073329
短管取出部	0.109	0.491			
排煙口取付部	0.473	0.51	60	1	3.8169658856
排煙ダンパ	0.05	0.515	60	1	0.4118299226
キャンバス	0.00108	1.225			
排煙口本体	0.0222	0.681	60	1	0.3608061869
合　計					4.7722684232

ダクトの漏風量〔m^3/min・m〕の求め方

空気の漏えいは、主に継目や継手などの隙間からです。この漏れ量は、ダクトの内静圧、施工者の技能、製作用機械の精度・調整で変化します。

	計算9-17	計算例
空気漏れ量の算定	$Q=Kp^{0.75}$ Q：接合部などからの空気漏れ量〔㎥/min・m〕 K：空気の漏れ係数 （K値）低圧ダクト 0.002／高圧1ダクト 0.001／高圧2ダクト 0.0005／スパイラルダクト 0.000000125／目標値 0.00075 p：ダクト内圧(静止状態の静圧)〔Pa〕	項目＝ 低圧ダクト K＝ 0.002 p＝ 300 Pa ∴ Q＝ 0.14 ㎥/min・m ＝ 8.65 ㎥/h・m
制限空気漏れ量の算定	■低圧ダクトの場合 $Q=K\times p^{0.75}$ Q：制限空気漏れ量〔㎥/min・m〕 p：ダクト内圧(静止状態の静圧)〔Pa〕	K＝ 0.002 p＝ 300 Pa ∴ Q＝ 0.14 ㎥/min・m
	■高圧1ダクトの場合 $Q=K\times p^{0.75}$	K＝ 0.001 p＝ 300 Pa ∴ Q＝ 0.07 ㎥/min・m
	■高圧2ダクトの場合 $Q=K\times p^{0.75}$	K＝ 0.0005 p＝ 300 Pa ∴ Q＝ 0.04 ㎥/min・m

K値の表：

	K値
低圧ダクト	0.002
高圧1ダクト	0.001
高圧2ダクト	0.0005
スパイラルダクト	0.000000125
目標値	0.00075

 機器類の概略抵抗値（⊿Ps）

表9-33　概略抵抗値

種類	名称		概略抵抗値			
		V〔m/sec〕	3	3.5	4	4.5
吹出口・吸込口・ガラリ類	アネモ形（シャッターなし）	⊿Ps〔Pa〕	11.76	15.68	20.58	29.4
	アネモ形（シャッター付）		31.36	40.18	49.98	63.7
		V〔m/sec〕	2	3	3.5	4
	ライン形（全開）	⊿Ps〔Pa〕	8.82	19.6	28.42	36.26
	VHS形（開口率65%）		7.84	17.64	24.5	32.34
	スリット形（シャッター全開）		6.86	16.66	20.58	27.44
	外気取入ガラリ（開口率35%）		16.66	38.22	50.96	37.62
	排気ガラリ（開口率35%）		10.78	24.5	32.34	43.12
		サイズ	125φ	150φ	200φ	
	ベンドキャップ（普及型）	⊿Ps〔Pa〕	19.6	19.6	49	
	ベンドキャップ（フード付）		19.6	19.6	19.6	
ダンパ類		V〔m/sec〕	2	4	8	12
	VD、MD、FD、SFD	⊿Ps〔Pa〕	1.176	4.704	18.816	42.238
	バタフライダンパ（円形）		0.49	1.764	7.252	16.268
	バタフライダンパ（長方形）		0.98	3.724	15.092	33.908
	チャッキダンパ（1枚翼）		0.686	2.548	10.192	22.932
	チャッキダンパ（2枚翼）		1.078	4.018	16.17	36.456
空気調和機類		V〔m/sec〕	2	2.5	3	3.5
	冷水コイル（湿り時）4列	⊿Ps〔Pa〕	54.88	78.4	102.9	132.3
	冷水コイル（湿り時）6列		81.34	117.6	156.8	200.9
	冷水コイル（湿り時）8列		107.8	156.8	205.8	264.6
	温水コイル（乾き時）2列		18.62	26.46	37.24	49
	温水コイル（乾き時）4列		36.26	52.92	73.5	98
	エリミネータ（3つ折）		43.12	65.66	93.1	127.4
	混気箱		29.4	29.4	49	49
		V〔m/sec〕	1	1.5	2	2.5
	パネル形フィルタ（AFI85%）	⊿Ps〔Pa〕	20/160	40/160	70/160	90/160
	自動巻取形フィルタ（AFI85%）		20/140	30/140	40/140	50/140
	静電式フィルタ（AFI85%）		40/160	50/160	60/160	70/160
	中性能フィルタ（NBS90%）		40/300	60/300	80/300	100/300
	グリスフィルタ		60/―	130/―	―	―
	全熱交換器	⊿Ps〔Pa〕	39.2	65.66	93.1	122.5

＊ コイルピッチ 2.75mm
＊ フィルタ ⊿Ps：初期/最終

ダクトおよびチャンバーよりの侵入・損失熱量

ダクトおよびチャンバーが空調されている場所を通る場合は、無視します。空調されていない場所を通る場合は、ダクトおよびチャンバーによって吸収された熱量は室内負荷に加算します。加算方法は以下の2通りです。

①付加された分の風量を増加させます。
②送風温度を上昇か下降させる必要があります。

計算式

	計算9-18	計算例
ダクト内空気の温度変化率 熱収授量 qDの求め方	qD=60×γ×cp×Q×⊿T×f f=(⊿T1-⊿T2)/⊿T1 =1-ea・s/60・γ・cp・Q×L =1-e1-b/400・b・v・a×L qD：ダクト基準点からLmだけ下流の点までのダクトからの熱収授〔kW/h〕 γ：空気の比重量〔kg/m³〕=1.2 cp：空気の比熱〔0.24kcal/kg・℃〕 Q：風量〔m³/min〕 ⊿T：ダクトの基準点におけるダクト内空気とダクト外空気の温度差〔degC〕 s：ダクトの周長〔m〕 f：ダクト内空気の温度変化率 v：風速〔m/sec〕 a：ダクト1辺の長さ〔m〕 b：ダクトの他の1辺の長さ〔m〕 L：ダクト長さ〔m〕 e：ダクトの熱通過率	a = 1.5 m b = 3 m s = 9 m 60・γ・cp = 17.28 Q = 20 m³/min L = 6 m e = 2.5 kcal/h a・s/60・γ・cp・Q = 0.039 $e^{a・s/60・γ・cp・Q}$ = 1.036 $1-e^{a・s/60・γ・cp・Q}$ = -0.036 ∴ f = -0.21865 ⊿T = 2 ℃ ∴ qD = -151.13 kcal/h = -0.18 kW/h ↑ 室内負荷に加算します。

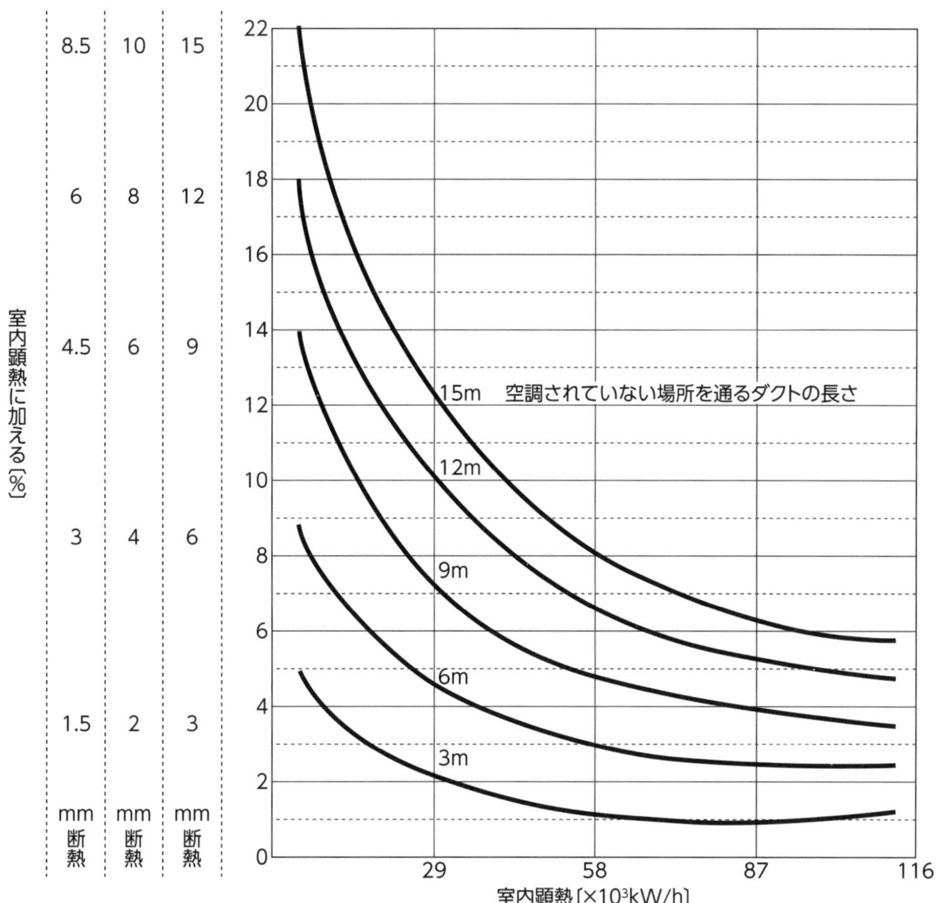

図9-14 供給ダクトの熱取得

表9-34 ダクト熱取得に対する補正係数

温度差〔degC〕	風速 v〔m/sec〕					
	3.0	**8.9**	**10.0**	**11.1**	**16.7**	**22.0**
11.0	0.90	0.74	0.67	0.64	0.55	0.45
17.0	1.34	1.06	**1.00**	0.95	0.82	0.67
22.0	1.78	1.42	1.33	1.26	1.09	0.89
28.0	2.24	1.77	1.67	1.58	1.36	1.11

上表は、温度差17degC、風速10m/secの場合のダクトの熱取得を示します。他の条件の場合は、補正する必要があります。

保温・保冷計算

平面の保温・保冷

平らな面を貫通して定常的に熱が流れる場合は、下記の計算式により、貫流熱量、必要な保温厚さ、表面温度などを求めることができます。

【例題】

内部温度80℃、外気温度20℃のとき、平板をマグボード32K50㎜で保温した場合の貫流熱量と表面温度を求めよ。

	計算9-19	計算例
貫流熱量 q〔W／㎡〕	**■熱損失量、侵入熱量** $q=\theta o-\theta s/(x/\lambda)$ $=\theta o-\theta r/(1/\alpha+x/\lambda)$ $=\theta o-\theta r/R$ $=\alpha(\theta s-\theta r)$ θo：保温材(GW)の内側の温度〔℃〕 θs：保温材(GW)の外側の表面温度〔℃〕 θr：保温材(GW)の外側の気温〔℃〕 x：保温材(GW)の厚さ〔m〕 λ：保温材(GW)の熱伝導率〔W/m・K〕 α：保温材(GW)の表面熱伝達率〔W/㎡・K〕 ＊保温の場合α＝12、保冷の場合α＝8 R：保温材(GW)を含むパネル等の熱抵抗〔㎡・K/W〕	θo＝ 80 ℃ θr＝ 20 ℃ α＝ 12 x＝ 0.05 m λ＝ 0.042 W/m・K ∴ q＝ 47.05 W/㎡
保温厚の算定	**■必要な保温厚さ〔表面温度θsを設定する場合〕** $x=\lambda/\alpha\times(\theta o-\theta s/\theta s-\theta r)$	λ＝ 0.042 W/m・K α＝ 12 θo＝ 30 ℃ θr＝ 20 ℃ θs＝ 22 ℃ ∴ x＝ 0.014 m
保温材の外側表面温度の算定	**■保温材(GW)の外側の表面温度** $\theta s=q/\alpha+\theta r$	q＝ 47.05 W/㎡ α＝ 12 θr＝ 20 ℃ ∴ θs＝ 23.9 ℃
保温材の熱伝導率算定	**■保温材(GW)の熱伝導率** $\lambda\theta=\lambda o+\beta\theta'$ $\theta'=\theta o+\theta s/2\fallingdotseq\theta o+\theta r/2$ θsが不明の場合はθsの代わりにθrを用いて計算し、θsを算出後、再確認します。	θo＝ 80 ℃ θr＝ 20 ℃ ∴ θ'＝ 50 λo＝ 0.032 β＝ 0.000199 ∴ λθ＝ 0.042 W/m・K

【例題】

外気温度θr=30℃、相対湿度85%のとき、24kg/m³のGWを使って内部温度θo=-20℃の平面を保冷するのに必要な保冷厚さを求めよ。

	計算9-20	計算例
露点温度	■露点温度(DP)の検討 保冷の場合は、保冷材の外表面で結露しない程度以上の保冷厚さが必要です。よって、まず露点温度の検討をします。 ＊計算式は、P50計算2-10参照	温度 t＝ 30 ℃ 相対湿度 U＝ 85 %RH 飽和水蒸気量a＝ 30.40 g/m³ 飽和水蒸気圧es＝ 4,247.03 Pa ＝ 42.47 hPa 水蒸気圧e＝ 3,609.97 Pa 絶対湿度D＝ 25.83 g/m³ ＝ 0.02298 kg/kg 露点温度td＝ 27.2 ℃
保温材の熱伝導率	■保温材(GW)の熱伝導率 $\lambda\theta=\lambda o+\beta\theta'$ $\theta'=\theta o+\theta s/2 \fallingdotseq \theta o+\theta r/2$	θo＝ -20 ℃ θr＝ 27.2 ℃ ∴ θ'＝ 3.6 λo＝ 0.033 β＝ 0.000216 ∴ $\lambda\theta$＝ 0.034 W/m・K
保温厚の算定	■必要な保温厚さ $x=\lambda/\alpha\times(\theta o-\theta s/\theta s-\theta r)$	λ＝ 0.034 W/m・K α＝ 8 θo＝ -20 ℃ θr＝ 27.2 ℃ θs＝ 30 ℃ ∴ x＝ 0.0712 m ↓ 保温厚は72㎜以上だが、安全を見込み75㎜以上を選定します。
保温厚計算の再確認	■貫流熱量(侵入熱量) $q=\theta o-\theta r/(1/\alpha+x/\lambda)$ $\theta s=q/\alpha+\theta r$ ■判定 露点温度td〔℃〕＜θs・・・OKです。	θo＝ -20 ℃ θr＝ 30 ℃ α＝ 8 x＝ 0.075 m λ＝ 0.034 W/m・K ∴ q＝ -21.45 W/m² ∴ θs＝ 27.32 ℃ 判定＝ OK

Column 分かってはいるけれど……。

建築設備には、一見相反する価値観の対立が見受けられます。

『快適性・利便性』 ⇔ 『環境問題』
『かっこよさ・おしゃれ・美』 ⇔ 『機能性』
『経済性』 ⇔ 『快適性・利便性・機能性』
『伝統技術』 ⇔ 『最新のテクノロジー』
『古さ』 ⇔ 『新しさ』
『断熱性・気密性』 ⇔ 『開放性(通風、採光、外部環境とのリンク)』

しかし、これらは本当に相反するのでしょうか。この問いが、私たち技術者の原点です。

住環境における生活の質を高めることとは、さまざまな仕組み、暮らしの工夫、科学的知見や技術などを活用しながら、これらの価値観や機能を両立させ、快適で環境にやさしい住生活を実現することです。それが基本的な目標です。

そこに生活する人たちに見合った設備・機器の選択、省エネ性能の向上、さらには建物の性能を踏まえた設備・機器の使い方などを重視し、日常生活にまつわるエネルギーの利用のあり方を総合的にとらえることで、我慢するのではなく快適な暮らしを維持しながら、太陽や風、空気などの自然を取入れつつ省エネルギーを推進していく発想が必要です。

第10章 換気設備

室内や特定の空間の空気を入換えるための設備であり、給気設備と排気設備から構成されています。建築基準法によって、原則としてすべての建築物での設置が義務付けられています。

一般には、汚染空気は加熱され比重が小さくなるため、排気設備を給気設備より上部に配置すると、効率のよい換気が可能となります。

本章では、居住者などの健康保持に重要な換気設備の必要換気量の求め方や法律による基準などを解説します。

10-1 換気の目的

換気の目的には、保健換気と産業プロセス換気とがあります。

Point

- 保健換気には、呼吸、有害ガスの除去・拡散防止、臭気、湿気・熱の排出があります。
- 産業プロセス換気は、空気環境の保持、施設の保全、機械や格納品の適正保管です。
- 建材に含まれる有害物質が人体に影響を与えるシックハウス症候群が知られています。

換気の目的

換気とは，自然または機械的手段により、室内の空気と外気とを入換えることです。これにより、室内空気の浄化、熱の除去、酸素の供給、水蒸気の除去、臭気の除去、危険ガスや有毒ガスの除去を行います。

一般的には、室の換気を行う目的は1つに限らず、例えば居室では空気の浄化、熱の除去、酸素の供給など、厨房では熱の除去、水蒸気の排除、空気の浄化、調理器具への酸素の供給など、数種の目的を持つのが普通です。

室の用途と換気を必要とする要因は以下の通りです。

①在室者の健康および快適性の保持。

②作業能率の向上をはかる。

③物品の製造、格納、施設の保全、その他各種機械類の操作運転のため。

④各種動植物の飼育栽培のため。

⑤結露を防止するため。

よって、換気の目的をはっきりさせてから換気計画をしなければなりません。

表10-1 室名と換気を必要とする要因

室名	換気必要上の諸因子
厨房	臭気・熱・湿気・燃焼ガス
配膳室(パントリー)	臭気・熱・湿気
湯沸室	熱・燃焼ガス
浴室	湿気
便所	臭気
手洗・洗面所	臭気・湿気
映写室	熱
バッテリ室	有毒ガス
車庫	有毒ガス
暗室	臭気・熱
ボイラ室	熱・燃焼ガス
ポンプ室	熱

室名	換気必要上の諸因子
空調機室	熱
監視室・ELV室	熱
変電室・制御盤室	熱
電気室	熱
自家発電機室	熱・燃焼ガス
オイルタンク室	危険ガス
焼却炉室	熱・燃焼ガス・臭気
洗濯室	熱・湿気・臭気
リネン庫	熱・湿気・粉塵
倉庫	熱・湿気・臭気・細菌
病院	熱・臭気・細菌

室内空気の汚染

外気汚染には、大気汚染(広域地区)と局地汚染(煙突や自動車の排気など)があります。この汚染物質が室内に侵入したり、また室内で発生する汚染物質(呼気・喫煙によるCO_2の発生や増加、衣服による塵埃、靴など外部からの持込み塵埃など)があります。

空気汚染の原因は、温度の増減、湿度の増減、イオンの増加、ガスの増加、酸素の減少、臭気の増加、塵埃の増加、細菌の増加などがあります。

室内汚染を悪化させる原因としては、社会現象、自然現象を含む外界の影響、室内設備による影響や居住者による影響などがあります。

表10-2 室内空気の汚染

項目	基準値
浮遊粉塵の量	0.15mg/m^3以下
一酸化炭素の含有率	10/1,000,000以下
炭酸ガスの含有率	1,000/1,000,000以下
温度	17℃以上、28℃以下　*居室の場合、冷房の時外気との温度差を大きくしない。
相対湿度	40%以上、70%以下
気流	0.5m/sec以下
シックハウス対策	ホルムアルデヒドの濃度0.1mg/m^3以下

建築基準法第129条の2の2第3項より

表10-3 大気汚染物質

物質名		摘要
粒状物	ばい煙	炭素粒子(0.01～1.0μ程度)、炭素は強い吸着性をもつものであるがガスや液体を含むものが多い。
	粉塵	石炭の燃焼の際に生ずるフライアッシュその他。
	フューム	鉄工所から発生する酸化鉄など。
	ミスト	亜硫酸ガスから発生する硫酸ミストなど。
ガス	亜硫酸ガス	石炭、コークス、燃料油などの燃焼によって発生します。
	窒素酸化物	燃料の燃焼とある種の化学的生産活動で発生、燃料が空気中で燃焼するとき空気中の窒素の一部が酸化されて酸化窒素となります。
	一酸化炭素	不完全燃焼で発生、自動車は街の一酸化炭素の発生源。
	炭酸ガス	自動車の排気ガス中に多い。
	炭化水素	炭素と水素だけからなる化合物の総称でベンツピレンなどの発ガン性物質もこの一種です。
	アルデヒド類	アルデヒド基(−CHO)をもつ化合物の総称。
	ケトン	カルボニル基(−CO)が2個の炭水基と結合した化合物。
	オキシダント	総酸化物ともいう。中性ヨードカリを酸化してヨードを遊離させるような酸化の強い物質です。
	硫化水素	各種発生源から混入します。
	フッ化水素	
	塩素その他	

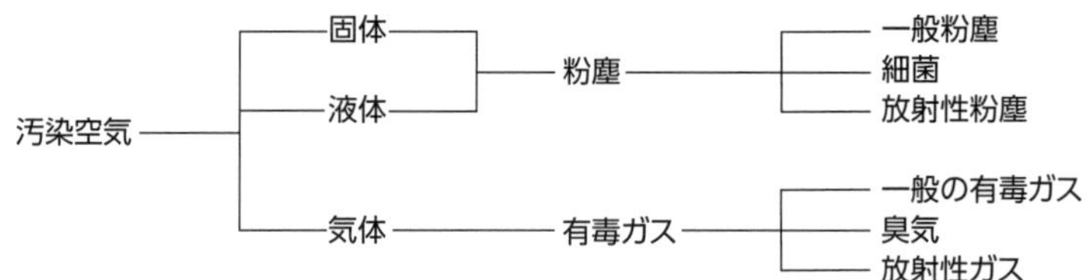

図10-1 汚染空気の分類

表10-4 汚染物の種類とその除去方法

種類	除去方法
ガス体	吸着法*、吸収法*、酸化法(直接焼却法、触媒酸化法)
粉塵	重力沈降法*、遠心力·慣性力分離法*、洗浄分離法*、ろ過集塵法*、静電沈着法*
細菌類	ろ過法*、加熱殺菌法、焼却法、オゾン殺菌法、紫外線殺菌法*、薬剤殺菌法

*印の付いているものは、空気浄化に使用されるものです。

10-2 機械換気の設計手順

見落としのない換気設備の設計手順を示します。

Point

- 効率のよい換気もあれば、わるい換気となる場合もあります。
- 同じ目的の室でも、在室人数により必要換気量は異なります。
- 室の用途により換気量の求め方が異なりますので、関連法規から目を通しましょう。

機械換気の設計手順

①室の使用目的調査

室の使用目的および使用条件を調査し、換気の必要要因を取上げます。

②設計条件の設定

空調を行う室の換気は空調設備で設計します。

③空調・排煙計画との関連調査

排煙設備はどうなっているかを調べます（排煙ダクト経路、排煙口位置、排煙排風機の設置位置など）。

④換気方式の決定

上記①～③を考慮して換気方式を決定します。方式決定での注意点は、室内圧力の正負です。汚染度の高い室は隣接室への汚染空気の流出を避けるために負圧に保ち、また清浄環境を必要とする室は正圧として、汚染空気の流入を防ぐよう換気方式と風量バランスを考慮します。

⑤概略レイアウト

吹出口、吸込口の位置、送・排風機の位置の決定、ダクトルートを排煙ダクト、空調ダクト、配管類、電気幹線等との取合いを考慮して決定します。

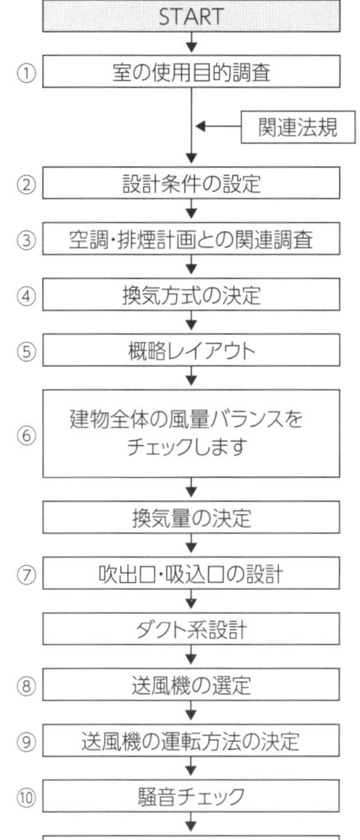

図10-2 設計手順

⑥建物全体のバランスチェック

空調と換気の風量を、建物全体の風量バランスがよくなるように調整し決定します。

⑦吹出口、吸込口の設計

ダクト内許容風速を考慮して、ダクトサイズを決定します。

⑧送風機の選定

ダクト系の圧力損失を計算して、送風機の仕様を決定します。

⑨送風機の運転方法の決定

送風機の発停方式を手元で行うか、遠方か、また手動運転か自動運転かを決定します。

⑩騒音チェック

騒音は許容範囲に入っているかチェックします。

10-3 機械換気方式

換気方式を大別すると、自然換気と機械換気の2種類があります。

Point

- 機械換気には第１種、第2種、第3種の3種類があります。
- 大きな排気扇を付けて風量を増やそうとしても、給気がなければ無意味です。
- 建築基準法の改正により、シックハウス対策のための機械換気設備が義務付けられました。

機械換気方式にはどんな方式があるか

機械換気とは、外気を送風機により強制的に給気、または排気し、室内空気の入れ換えを行うことをいいます。

機械換気による方式は、次の3種類に分類されます。

①給排気とも機械換気設備で行う第1種換気法、②給気を機械換気設備で行い、排気は自然排気口または隙間から行う第2種換気法、③排気を機械換気設備で行い給気は自然給気口または隙間から行う第3種換気法です。

これらの３種類には、それぞれの特徴があり、使う場所や目的によってそれぞれの方式を選択することになります。

表10-5 機械換気の種類

方式	概略図	説明
第1種換気法	機械排気 機械給気	外気を機械給気するのと同時に、室内の汚染空気を機械排気する方式です。室内の換気を確実に行うことを必要とする場合はこの方式を採用します。
第2種換気法	自然排気 機械給気	外気を機械給気し、排気は排気口等から自然排気する方式です。外気を確実に室内に供給する必要のある場合や他室の汚染空気の侵入を嫌う室用には適しています。
第3種換気法	機械排気 自然給気	機械排風機により排気すると同時に、適当な位置に設けられた開口部より外気を自然に流入させる方式です。局所的に確実に排気をとることが必要な場合には適しています。

 機械換気の選択

表10-6　建物の種類と換気方式

建物種別			換気方式 第1種	換気方式 第2種	換気方式 第3種
一般居室	床面積300m^2以上の地上階の無窓居室および第1地下階以下の居室		○		
一般居室	地上階の無窓居室、および、第1地下階の居室	300m^2>床面積≧150m^2	○	○	
一般居室	地上階の無窓居室、および、第1地下階の居室	床面積<150m^2	○	○	○
一般居室	床面積300m^2未満の第2地下階以下の居室		○	○	
一般居室	講堂・大会議室など		○		
特殊居室および付属室	便所、洗面所、浴室およびこれに準ずる室				○
特殊居室および付属室	粉塵、臭気、または湿気を発生する室				○
特殊居室および付属室	有毒ガス、引火性ガスを発生または発生する恐れのある室				○
映画館、劇場、演芸場または観覧場、公会堂、集会場など			○		
病院の手術室のような外部の汚れた空気の進入を嫌う所				○	
厨房、実験室、アイソトープ、伝染病棟の病室など			○		○
ホテルの厨房			○		
機関およびボイラ室			○	○	
機械室(ボイラ室をのぞく)、電気室およびこれに準ずる室			○		○
駐車場・車庫	床面積150m^2以上の無窓駐車場(車庫)		○		
駐車場・車庫	有窓駐車場で換気設備を設ける場合、150m^2未満の車庫				○

*地下階居室で、換気に有効なドライエリアに直接かつ容易に開放し得る窓または開口部の有効面積が、床面積の1/20以上のものをのぞく。

10-4 自然換気の換気量

気圧差で、自然に屋内の空気を入換える方式を自然換気方式といいます。

Point

- 2003年7月、建築基準法の改正(シックハウス対策規制)により常時換気を義務付け、自然換気設備の使用は禁止されました。
- 自然換気はパッシブ換気とも呼ばれ、省エネルギーですが常に一定風量を確保できません。

自然換気方式における換気量の算出法

排気筒による換気

給気口はなるべく低くとり、排気口はなるべく高くとって温度差による換気力を大きくします。温度差による換気力⊿Ptは次式で求めます。

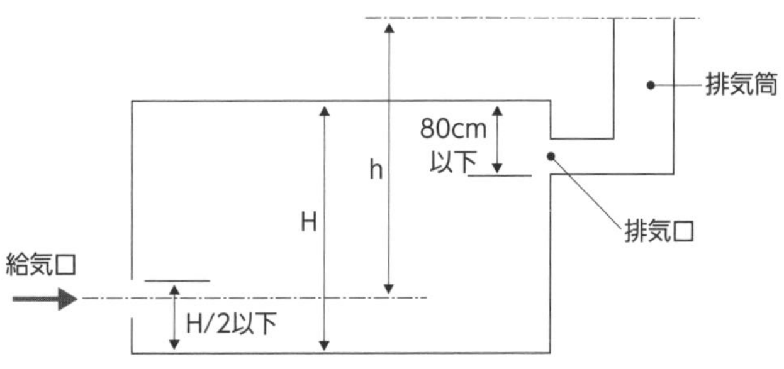

図10-3 排気筒による換気

換気量の計算式

	計算 10-1	計算例
排気筒による換気	⊿Pt=h(ro-ri)g ⊿Pt：温度差による換気力〔Pa〕 h：給気口と排気筒開口の高さの差〔m〕 ro：室外空気の密度〔kg/m³〕 ri：室内空気の密度〔kgf/m³〕 g：標準動加速度(=9.8m/s^2)	h= 5 m 室外温度＝ 5 ℃ 室外空気の比重値＝ 1.2698 kg/m³ 室内温度＝ 20 ℃ 室内空気の比重値＝ 1.2048 kg/m³ (ro-ri)g= 0.6371 ∴ ⊿Pt= 3.2 Pa

表10-7 空気の比重

温度℃	−10	−5	0	5	10	15	20	25	30	35	40	45	50	60
密度〔kg/m³〕	1.3422	1.3172	1.2930	1.2698	1.2473	1.2257	1.2048	1.1846	1.1650	1.1461	1.1278	1.1101	1.0929	1.0601

*密度〔kg/m³〕=353/(273+℃)

	計算 10-2	計算例
自然換気量の算出	**■圧力差による換気** $Q=\alpha A\times\{(2/\rho)\times\varDelta P\}^{1/2}$ Q：開口を通過する風量〔㎥/sec〕 αA：有効開口面積〔㎡〕 ⊿P：開口前後の圧力差〔Pa〕 ρ：空気の比重量〔kg/㎥〕	αA 0.8 ㎡ 空気の温度 20 ℃ ρ 1.2048 kg/㎥ ⊿P 0.7 Pa ∴ Q 0.862 ㎥/s 3,105 ㎥/h
	■風力による換気 $Pw=Cw\times(\rho/2)\times Vo^2$ Pw：壁面や屋根面に加わる風圧力〔kg/㎡〕 Cw：壁面や屋根面の風圧係数 Vo：外部基準風速〔m/s〕	Cw 0.8 ρ 1.2 kg/㎥ Vo 4 m/s ∴ Pw 7.68 kg/㎡
	■浮力による換気 $\rho=353/(273+T)$ ρ：空気の比重量〔kg/㎥〕 T：空気の温度〔℃〕	T 20 ℃ ∴ ρ 1.2048 kg/㎥
開口前後の圧力差	$\varDelta P1=h1\times g(\rho i-\rho o)$ $\varDelta P2=h2\times g(\rho o-\rho i)$ ⊿P1：流出側の圧力差〔Pa〕 h1：流入開口部と流出開口部までの高さhの1/2〔m〕 g：重力加速度（=9.8） ρi：室内空気の比重量〔kg/㎥〕 ρo：屋外空気の比重量〔kg/㎥〕 ⊿P2：流入側の圧力差〔Pa〕	h1 0.8 m h2 0.8 m g 9.8 屋内温度 20 ℃ ∴ ρi 1.204778157 屋外温度 0 ℃ ∴ ρo 1.293040293 ∴ ⊿P1 −0.691975 Pa ∴ ⊿P2 0.6919751 Pa
開口を通過する風量	$Q1(排気)=\alpha A\times\{(2/\rho i)\times\varDelta P1\}^{1/2}$ $Q2(給気)=\alpha A\times\{(2/\rho o)\times\varDelta P2\}^{1/2}$ Q1：排気開口を通過する風量〔㎥/sec〕 Q2：給気開口を通過する風量〔㎥/sec〕 αA：有効開口面積〔㎡〕 ρi：室内空気の比重量〔kg/㎥〕 ρo：屋外空気の比重量〔kg/㎥〕 ⊿P1：流出側の圧力差〔Pa〕 ⊿P2：流入側の圧力差〔Pa〕	αA 0.01 ㎡ 屋内温度 20 ℃ ∴ ρi 1.204778157 屋外温度 0 ℃ ∴ ρo 1.293040293 h1 0.8 m h2 0.8 m g 9.8 ∴ ⊿P1 0.6919751 Pa ∴ ⊿P2 0.6919751 Pa ∴ Q1 0.0107 ㎥/s 38.6 ㎥/h ∴ Q2 0.0103 ㎥/s 37.2 ㎥/h

10-5 換気設備の設計・施工に関する法規

法的規制には、建築基準法、建築物における衛生的環境の確保に関する法律と消防法等があります。

▶ **Point**

▶ 法による換気量は技術的計算で求められた数値より効力は大きく、確認申請時には審査の対象となっています。

換気設備の設計・施工に関する法規

換気に関する法規には、建築基準法、労働衛生安全規則、東京都建築安全条例、駐車場法施行令、その他放射性同位元素に関するもの、危険物に関するもの、火災予防に関するもの等,多岐にわたっています。換気に関する関連法規を次に示します。

(以下、法：建築基準法　令：建築基準法施行令　告示：建設省告示)

居室の必要開口面積

法28条2　令19条

対象	住宅、学校、病院、診療所、寄宿舎、下宿、児童福祉施設、助産所、身体障害者更生援護施設保護施設、婦人保護施設、精神薄弱者援護施設、老人福祉施設、有料老人ホーム、母子保健施設などの居室
基準	居室には床面積の1/20以上の換気に有効な窓などの開口を設ける。

自然換気設備の構造

令129条2の2

対象	全建築物の自然換気設備
基準	・有効な給気口および排気筒を有すること。 ・給気口は居室天井高の1/2以下の高さに設け、常時外気に開放されるようにする。 ・排気口は居室の天井から80cm以内の高さに設け、常時開放される構造とする。 ・排気筒は有効な立上り部を有し、頂部は外風によって排気が妨げられない構造とし、かつ直接外気に開放すること。 ・排気筒には頂部および排気口のほかには開口部を設けないこと。 ・給排気口および排気筒頂部は、雨、虫、ねずみなどを防ぐ構造とする。

自然換気設備の技術基準

法28条2　令20条2、令129条2の2　告示1826号

対象	建物の居室に設け、緩和規定の対象となる自然換気設備
基準	・排気筒は不燃材料でつくること。 ・排気筒の有効断面積の規定、 $Ar \geqq Af/250\sqrt{h}$　ただし、最小0. 00785m² Ar：排気筒有効断面積〔m²〕 Af：居室床面積〔m²〕　ただし、窓その他の開口部（面積Aw）のあるときは、Af=居室床面積−20Aw h：給気口中心から排気筒頂部中心までの高さ〔m〕 ・給気口および排気口の有効開口面積はAr以上とする。 ・排気筒の断面積は、短辺の長辺に対する割合が1/2以上であること。 ・排気筒の頂部が排気シャフト内に開放されているときには、立上り部分を2m以上とること。

機械換気設備の構造

令129条2の2

対象	全建築物の機械換気設備
基準	・有効な給気機及び排気機、有効な給気機と排気口、有効な給気口と排気口および排気機を有する。 ・給気口および排気口の位置と構造は室内気流分布が一様で、適切であること。 ・外気取入口および外気開放の給排気口は、雨, 虫、ねずみなどを防ぐ構造とする。 ・直接外気に開放された換気扇の場合、外風によって性能が低下しないこと。 ・風道は空気を汚染しない材料でつくる。

機械換気設備の技術的基準

法28条2　令20条の2　告示1826号

対象	建物の居室に設け、緩和規定の対象となる機械換気設備 ただし、中央管理の空気調和設備をのぞく
基準	・有効換気量は次の値以上であること。 **V≧20Af/N** V：有効換気量〔m^3/h〕 Af：居室床面積〔m^2〕　ただし、窓その他の開口部（面積Aw）のあるときは、 Af=居室床面積−20Aw N：1人当たり占有面積〔m^2〕　ただし、最大10m^2/人とする ・2つ以上の居室の場合は、有効換気量は、それぞれの合計以上とする。 ・高さ31m以上の建物および1000m^2以上の地下街の機械換気設備は、避難階またはその直上・直下階に設けた中央管理室で制御・作動状態の監視ができること。 ・給気機および排気機は換気経路の全圧力損失に見合う能力をもつこと。

中央管理方式の空気調和設備の構造

令121条2の2

対象	全建築物
基準	・次の条件に合うこと。 浮遊粉塵：0.15mg/空気1m^3以下 CO濃度：10ppm以下 CO_2濃度：0.1%以下 温度：17～28℃ 湿度：40～70% 気流：0. 5m/sec以下

中央管理方式の空気調和設備の技術的基準

法28条の2　令20条の2、令129条の2

対象	建物の居室に設け、緩和規定の対象となる空気調和設備
基準	・31m以上の建築物および1000m^2以上の地下街においては、避難階またはその直上・直下階に設けた中央管理室で制御および作動状態の監視ができること。 ・その他、建設省告示1826号（昭和45年）の規定に合格すること。

特殊建築物の換気

法28条3　令20条3、令129条2の2　告示1826号

対象	劇場、映画館、演芸場、観覧場、公会堂、集会場、病院、ホテル、旅館、下宿、共同住宅、寄宿舎、養老院、学校、体育館、百貨店、マーケット、展示場、キャバレー、ナイトクラブ、カフェ、バー、舞踏場、遊技場、倉庫、自動車車庫、自動車修理工場の居室
基準	上の建物の居室の換気は、機械換気設備または中央管理の空気調和方式とする。 ただし、機械換気設備の有効換気量は次式による $V \geqq 20Af/N$ V：有効換気量〔m^3/h〕 Af：居室床面積〔m^2〕 N：1人当たり占有面積〔m^2〕　ただし、最大$3m^2$/人とする

火を使用する室の換気

法28条3　令20条の4　告示1826号

対象	調理室その他で、かまどやコンロなど火気を使用する室、ただし、以下は適用しない ・燃焼用空気を直接屋外から取入れ、廃ガスを直接屋外へ排出するなど、室内空気を汚染する恐れのない構造の場合。 ・床面積$100m^2$以下の住宅または住戸の調理室で、発熱量が10000kcal/h以下であり、調理室の床面積の1/10(最小$0.8m^2$)以上の窓、その他の開口部を換気上有効に設けた場合。 ・発熱量54kcal/h以下の設備器具を設けた室(調理室をのぞく)で、換気上有効な開口部を設けたもの。
基準	・給気口は室の天井高の1/2以下の高さの位置に設ける。 ・排気口は室の天井から80cm以内の高さの位置に設け、直接外気に開放するか、排気筒に直結する。 ・給気口(給気筒)、排気口(排気筒)の開口面積。ただし、器具に煙突がつかず、排気筒に換気扇がつかないときは、以下のようにする。 **$Av \geqq KQ/3600\sqrt{3+5n+0.2L/h}$** Av：必要断面積〔$m^2$〕 K：単位燃焼量当りの理論廃ガス量×40 Q：燃料消費量 n：排気筒(煙突)の曲りの数 L：排気口の中心から排気筒の頂部の外気に開放された部分の中心までの長さ〔m〕 h：排気口の中心から排気筒頂部中心までの高さ〔m〕 ・器具に直接取付けた煙突の必要断面積(換気扇なしのとき)。 **$Av \geqq KQ/3600\sqrt{0.5+0.4n+0.1L/h}$** K：単位燃焼量当りの理論廃ガス量×2 L：火源から煙突の頂部の外気に開放された部分の中心までの長さ〔m〕 h：火源から煙突頂部中心までの高さ(m)　ただし、最大8mとする ・排気フード付きの排気筒の必要断面積(換気扇なしのとき)。 **$Av \geqq KQ/3600\sqrt{2+4n+0.2L/h}$** K：単位燃焼量当りの理論廃ガス量×20 L：排気フード下端から排気筒頂部の外気に開放された部分の中心までの長さ〔m〕 h：排気フード下端から排気筒頂部中心までの高さ〔m〕 ・排気フードを設ける場合は、フードは不燃材でつくり、かつ図のような構造とする。 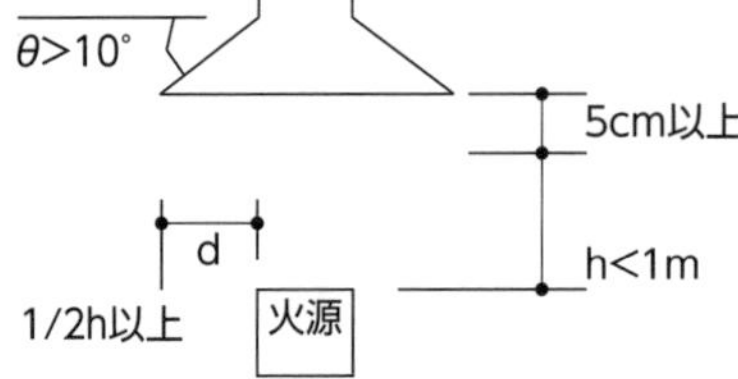 ただし、dについては不燃材の壁がある場合には、このかぎりでない ・換気扇を設ける場合の換気扇の必要性能は、 **$V \geqq KQ$** V：換気扇必要換気量〔m^3/h〕 K：単位燃焼量当たりの理論廃ガス量×40 Q：燃料消費量 ・排気筒の頂部が排気シャフト内に開放されている場合には、排気シャフト内に2m以上立上りを設けること。

換気設備

エレベータ機械室の換気

令129条の8

対象	エレベータ機械室
基準	換気上有効な開口部または換気設備を設ける。

屋内駐車場の換気

駐車場法施行令第12条

対象	床面積の1/10以下の開口または窓しかない駐車場
基準	10回/h以上の換気回数となるような換気設備を設ける。

事務室の換気

事務所衛生基準規則第3条、5条、6条

対象	事務所
基準	・床面積の1/20以上の開口を設けること　ただし、十分な換気設備でもって代用することができる。 ・CO濃度50ppm、CO_2濃度の0.5%以下とする。 ・中央管理方式の空気調和設備を設けた場合、供給空気は、次の条件に合うよう調整しなければならない。 　浮遊粉塵量：0.15mg/空気1m^{3}以下 　CO濃度：10ppm以下。外気がはなはだしく汚染されている場合は20ppm以下 　CO_2濃度：0.1%以下 　気流：0.5m/sec以下 　温度：17～28℃ 　湿度：40～70% ・燃焼器具を設ける場合には、排気筒、換気扇、その他換気のための設備を設けなければならない。

作業場の換気

労働衛生規則第600条、601条

対象	事務所以外の室内作業場
基準	・気積：床上4m以下の空間で10m^3/人とする。 ・開口面積：床面積の1/20以上の開口面積が必要。ただし、十分な性能をもつ換気設備でもって代用することができる。 ・気流速度：気温10℃以下のときに1m/sec以下でなければならない。

病院の換気

医療法施行規則第16条

対象	病院・診療所の病室
基準	・開口面積：病室床面積の1/14以上を直接外気に開放できるようにすること。

放射性同位元素等の使用施設および廃棄施設の換気

放射性同位元素等による放射性障害の防止に関する法律 第6条
同 施行令 第12条、第17条
医療法施行規則 第30条の8、第30条の11

対象	放射性同位元素等の利用施設における汚染空気の排気設備
基準	・放射性同位元素の種類および建物構造に応じて、空気の汚染濃度の基準が下表のとおり定められている。

種類	分類	主要構造部などを耐火構造とするか、または不燃材料でつくることを要しない場合の数量	汚染検査室または排気設備を設けることを要しない場合の数量
ストロンチウム90およびα線を放出する同位元素	第1群	100μC i 以下	10μC i 以下
物理的半減期が30日を超える放射線を放出する同位元素	第2群	1mC i 以下	100μC i 以下
物理的半減期が30日以下の放射線を放出する同位元素	第3群	10mC i 以下	1mC i 以下
水素3・ベリウム7・炭素14・フッ素18・クロム51・ゲルマニウム71・タリウム201	第4群	100mC i 以下	10mC i 以下

自動車ターミナルの換気

自動車ターミナル構造設備令第13条

対象	自動車ターミナル
基準	・CO濃度0.01%以下に保つことが出来る換気設備を設ける。 ・0.01%を超える恐れのない場所は換気設備は不要。

危険物の製造所等の換気

危険物の規制に関する政令第9条～第12条

対象	危険物の製造所または貯蔵所
基準	・危険物を取扱う建築物には換気設備を設けること。 ・可燃性の蒸気または可燃性の微粉が滞留する恐れのある場合は、これらを屋外の高所へ排出する設備を設けること。

理容所の換気

理容師法施行規則第23条の2

対象	理容所
基準	・室内の空気1L中のCO_2の量を5cm^{3}以下に保つこと。

美容室の換気

美容師法施行規則第24条の2

対象	美容室
基準	・室内の空気1L中のCO_2の量を5cm^{3}以下に保つこと。

ホテル・旅館の換気

国際観光ホテル整備法　別表第1、別表第3

対象	ホテル・旅館の客室
基準	・換気設備があることと規定されている。 ・東京都旅館業法施行条例には、CO_2濃度は0.15%以下と定量的に定められている。

無窓工場の換気

無窓工場に関する取扱い（通達）

対象	無窓工場
基準	・1人当たりの必要換気量35m^3/h以上。または15m^3/h・m^2（床面積）以上。

学校の換気

文部科学省平成14年2月5日付学校環境衛生の基準

対象	基準 換気回数は、40人在室、容積180m^{3}の教室の場合	事後措置
幼稚園	2. 2回/時以上	規定の換気回数に満たない場合は、窓の開放、欄間換気や全熱交換器付換気扇等を考慮する。
小学校	2. 2回/時以上	
中学校	3. 2回/時以上	
高等学校	4. 4回/時以上	

10-6 建築基準法の法規制

シックハウス対策は、住まいの安心チェックができる制度です。

Point

- シックハウスという名前は、sick＝英語で病気という意味から付けられました。
- 住宅等の居室の換気回数は0.5回/h以上必要です。
- 住宅以外の居室の換気回数は0.3回/h以上必要です。

建築基準法における換気設備の基準類一覧表

表10-8 室の種類と適用規定

区分	技術的基準が適用される室の種類	適用される規定(準用される規定を含む)	
設置義務のある場合	一般建築物の居室 ●床面積の1/20以上の換気のための窓その他の有効な開口面積を有しないもの (法第28条第2項)	自然換気設備の場合	○令第20条の2第1号 ○令第129条の2の3第1項 ○建告第1826号第1(昭45.12.28)
		機械換気設備の場合	○令第20条の2第2号 ○令第129条の2の3第2項 ○建告第1826号第2(昭45.12.28)
		中央管理方式の空気調和設備の場合	○令第20条の2第3号 ○令第129条の2の3第3項 ○建告第1832号(昭45.12.28)
		機械換気設備の場合	○令第20条の2第2号 ○令第20条の3 ○令第129条の2の3第2項 ○建告第1826号第2(昭45.12.28)
	特殊建築物の居室 ●劇場、映画館、演芸場、観覧場、公会堂及び集会場等の用途に供するもの。	中央管理方式の空気調和設備の場合	○令第20条の2第3号 ○令第20条の3 ○令第129条の2の3第3項 ○建告第1832号(昭45.12.28)
	火を使用する設備または器具を設けた室 (法第28条第3項)	火を使用する室などに設ける換気設備	○令第20条の4 ○建告第1826号第3(昭45.12.28)
任意に設置した場合	建築物に右欄の換気設備を設置したすべての室 (法第36条)	自然換気設備の場合	○令第129条の2の3第1項
		機械換気設備の場合	○令第129条の2の3第2項
		中央管理方式の空気調和設備の場合	○令第129条の2の3第3項 ○建告第1832号(昭45.12.28)

*「法」:建築基準法　「令」:建築基準法施行令　「建告」:建設省告示

表10-9 内装仕上げ(使用建築材料)の制限(シックハウス対策)

ホルムアルデヒドの発散速度	ホルムアルデヒドの発散建築材料		内装仕上げの制限
	名称	対応する規格	
0.005超0.02mg/m²h以下	第3種	JIS規格:E0、JAS規格:Fc0	使用面積を制限
0.002超0.12mg/m²h以下	第2種	JIS規格:E1、JAS規格:Fc1	
0.12mg/m²h超	第1種	JIS規格:E2、JAS規格:Fc2　無等級	使用禁止

表10-10　諸係数表（シックハウス対策）

居室の種類	換気回数	第2種の係数	第3種の係数
住宅等の居室	0.7回/h以上	1.2	0.2
	0.5回/h以上　0.7回/h未満	2.8	0.5
住宅等の居室以外の居室	0.7回/h以上	0.88	0.15
	0.5回/h以上　0.7回/h未満	1.4	0.25
	0.3回/h以上　0.5回/h未満	3	0.5

10-7 換気方式の決定

具体的な方式の決定には迷ってしまわないようにしましょう。

Point

- 第3種換気は、最も安価で24時間対応を含め最も多い方法です。
- 各部屋に単独の同時給排気型の換気扇を設ける第１種換気は熱交換型です。
- 消費電力(W数)÷1000×24時間×30日×24円(単価)＝毎月の電気代になります。

換気方式の決定

換気方式は、部屋の用途や法的な規制などを考慮して決定します。

表10-11 換気方式と換気量

室名	換気の必要な要因					換気方式				換気量 換気回数〔回/h〕		
	臭気	熱	燃焼ガス・酸素供給	湿気	有毒ガス	自然換気	第1種換気	第2種換気	第3種換気	最小値	最大値	一般値
便所・洗面所	○								○	5	15	10
ロッカー室・更衣室	○					△			○	5	5	5
書庫・倉庫・物品庫	○	○		○					△	5	5	5
暗室	○	○							○	10	10	10
コピー室、印刷室	○	○							○	10	10	10
映写室		○							○	10	10	10
配膳室	○	○		○		△			○	8	8	8
シャワー室				○		△			○	5	5	5
浴室	○			○		○			△	5	5	5
脱衣室				○		△	△	○		5	5	5
食品庫	○						○		△	5	5	5
厨芥置場	○						○			15	15	15

○:一般的に採用する方式　△:採用してもよい方式　　建築設備設計基準・同要領より

表10-12 建物種別による換気方式

建物種別			換気方式			備考
			第1種	第2種	第3種	
一般居室	床面積300m^2以上の地上階の無窓居室および第1地下階以下の居室		○			地下階居室で換気に有効なドライエリアに直接、かつ容易に開放し得る窓、または開口部の有効面積が、床面積の1/20以上のものをのぞく。
	地上階の無窓居室、および、第1地下階の居室	300m^2>床面積≧150m^2	○	○		
		床面積<150m^2	○	○	○	
	床面積300m^2未満の第2地下階以下の居室		○	○		
	講堂・大会議室など		○			
特殊居室および付属室	便所、洗面所、浴室およびこれに準ずる室				○	
	粉塵、臭気、または湿気を発生する室				○	
	有毒ガス、引火性ガスを発生または発生する恐れのある室				○	
映画館、劇場、演芸場または観覧場、公会堂、集会場など			○			
病院の手術室のような外部の汚れた空気の進入を嫌う所				○		
厨房、実験室、アイソトープ、伝染病棟の病室など			○		○	
ホテルの厨房			○			
機関およびボイラ室			○	○		
機械室(ボイラ室をのぞく)、電気室およびこれに準ずる室			○		○	
駐車場・車庫	床面積150m^2以上の無窓駐車場(車庫)		○			
	有窓駐車場で換気設備を設ける場合、150m^2未満の車庫				○	

*地下階居室で、換気に有効なドライエリアに直接かつ容易に開放し得る窓または開口部の有効面積が、床面積の1/20以上のものをのぞく。

10-8 換気量の求め方

換気量の決定には、換気回数法、換気率法、建築基準法による算出があります。

Point

- 各算出の結果、最も大きい数値を決定値とします。
- 換気量は、汚染物質の室内濃度を許容値以下に保持できるように決められた量です。
- 換気回数法は、供給される空気が1時間に入替わる回数。通常回/hで示されます。

必要換気量の求め方

庁舎等の居室の換気量

<table>
<tr><th rowspan="4">庁舎等の居室の換気量</th><th>計算 10-3</th><th>計算例</th></tr>
<tr><td>■居住人員が確定している場合
Q=30N

N：実人員数〔人〕</td><td>N= 6 人
∴ Q= 180 m³/h</td></tr>
<tr><td>■居住人員が未定の場合
Q=30A・n

A：居室の床面積〔m²〕
n：居室の人員密度〔人/m²〕

【居室の人員密度】
<table>
<tr><th>室名</th><th>n〔人/m²〕</th><th>通常数値</th></tr>
<tr><td>事務室</td><td>0.1～0.2</td><td>0.15</td></tr>
<tr><td>会議室</td><td>0.3～0.6</td><td>0.5</td></tr>
<tr><td>議堂</td><td>0.3～1.0</td><td>0.7</td></tr>
<tr><td>食堂</td><td>0.5～1.0</td><td>0.8</td></tr>
</table></td><td>A= 65 m²
n= 0.1 人/m²

∴ Q= 195 m³/h</td></tr>
<tr><td>■CO_2濃度を基準とした必要換気量
Q=(M/(K-K0))×A×n

M：1人当りCO_2発生量〔m³/h・人〕
K：定常状態における室内CO_2許容濃度〔m³/m³〕
(一般に0.001)
Ko：外気中のCO_2濃度〔m³/m³〕
(一般に0.0003)

【1人当たりCO_2発生量(労働強度別)】
<table>
<tr><th>作業程度</th><th>CO_2呼出量〔m³/h・人〕</th><th>計算採用CO_2呼出量〔m³/h・人〕</th></tr>
<tr><td>安静時</td><td>0.0132</td><td>0.013</td></tr>
<tr><td>極軽作業</td><td>0.0132～0.0242</td><td>0.022</td></tr>
<tr><td>軽作業</td><td>0.0242～0.0352</td><td>0.030</td></tr>
<tr><td>中等作業</td><td>0.0352～0.0572</td><td>0.046</td></tr>
<tr><td>重作業</td><td>0.0572～0.0902</td><td>0.074</td></tr>
</table></td><td>M= 0.022 m³/h・人
K= 0.001
Ko= 0.0003
A= 45 m²
n= 0.1 人/m²

∴ Q= 141.4 m³/h</td></tr>
</table>

居室に必要な換気量

<table>
<tr><td rowspan="3">居室に必要な換気量</td><td>計算 10-4</td><td>計算例</td></tr>
<tr><td>■室内の温・湿度を制御するための必要換気量Q〔m³/h〕
○温度制御の場合
Q=1000Hs/0.33(tr-to)
=1000Hs/0.33⊿t

Hs：室内発生顕熱〔kw〕
tr：室内許容温度〔℃〕
to：導入外気温度〔℃〕</td><td>Hs = 12 kW
tr = 40 ℃
to = 34 ℃

∴ Q = 6,061 m³/h</td></tr>
<tr><td>○湿度制御の場合
Q=W/1.2(xi-xo)

W：室内水蒸気発生量〔kg/h〕
xi：室内許容絶対湿度〔kg/kg (DA)〕
xo：導入外気の絶対湿度〔kg/kg (DA)〕</td><td>W = 28 kg/h
xi = 0.0147 kg/kg
xo = 0.0054 kg/kg

∴ Q = 250.9 m³/h</td></tr>
</table>

<table>
<tr><td rowspan="2">冷媒が漏洩した場合の部屋の限界濃度　Ld〔kg/m³〕</td><td>計算 10-5</td><td>計算例</td></tr>
<tr><td>R/V≦Ld(=0.3以下)

R：冷媒系統の全冷媒充填量〔kg〕
V：冷媒を内蔵した機器を設置した部屋の最小室内容積〔m³〕</td><td>R = 2.4 kg
V = 84 m³
∴ Ld = 0.0286 kg/m³

判定= OK</td></tr>
</table>

<table>
<tr><td rowspan="2">居室に設ける機械換気設備の構造（建基法）</td><td>計算 10-6</td><td>計算例</td></tr>
<tr><td>Pt≧⊿Ps+⊿Pt+⊿Pr

Pt：給排気機の全圧力損失〔Pa〕
⊿Ps：直管部損失〔Pa〕
⊿Pt：局部損失〔Pa〕
⊿Pr：諸機器その他における圧力損失〔Pa〕</td><td>⊿Ps = 60 Pa
⊿Pt = 20 Pa
⊿Pr = 15 Pa

∴ Pt = 95.0 Pa</td></tr>
<tr><td>給気口および排気口の開口面積（機械換気の場合）　A〔m²〕</td><td>A=Q/3600×v×α

Q：給気および排気風量〔m³/h〕
v：有効開口面風速〔m/sec〕
α：有効開口率</td><td>Q = 1200 m³/h
v = 3 m/sec
α = 0.7

∴ A = 0.16 m²</td></tr>
</table>

【給排気口の有効開口面風速と開口率】

種別	取付位置	有効開口面風速 v〔m/s〕	有効開口率 α
吸込口(GVS)	室内	2.0	0.7
	廊下	3.0	0.7
	便所(天井)	3.0	0.7
ドアガラリ	室内	2.0	0.35
ドアのアンダーカット	室内	1.5	1.0
外気ガラリ	外壁または屋外	3.0	0.3
排気ガラリ	外壁または屋外	4.0	0.3

①火を使用する室等の換気方式

火を使用する室	換気の必要な要因					換気方式				換気量
	臭気	熱	燃焼ガス・酸素供給	湿気	有毒ガス	自然換気	第1換気	第2換気	第3種換気	換気回数〔回/h〕
湯沸室		○	○	○			△		○	5 計算式
理容室	○		○	○					○	5
厨房	○	○	○	○			○			40～60 計算式

＊ ○:一般的に採用する方式
＊ △:採用しても良い方式
＊ フードの形状によって換気量が変わる。

②厨房排気ダクトの板厚

単位:〔mm〕

ダクトの長辺	板厚	
	亜鉛鉄板	ステンレス鋼板
～450以下	0.6以上	0.5以上
450～1200以下	0.8以上	0.6以上
1200～1800以下	1.0以上	0.8以上
1800～	1.2以上	

厨房の換気設備の注意事項

・フード部の面風速は0. 3m/sec以上、換気回数は40回/h以上
・排気フードのネックまたはダクトの適切な位置に風量調節ダンパーを設ける。
・排気フードはステンレス製とし、板厚は1.0mm以上とする。
・次に該当する厨房設備のフードおよび排気ダクトには、フード等用簡易自動消火装置を設ける。
ア)60mを超える建築物内に設ける厨房設備
イ)31mを超える建築物内のうち、最大消費熱量の合計が300000kcal/h以上の厨房設備
ウ)特定防火対象物の地階に設ける最大消費熱量の合計が300000kcal/h以上の厨房設備
・給気系には、空気清浄装置を設ける。また、寒冷地等には、導入空気を寒くない程度に加熱して給気する。
・厨房内の給・排気量は、排気量が給気量を15%程度上まわるように決定する(ASHRAE Applications 1982)

表10-13 ③燃料による理論廃ガス量　建告第1673号(昭57.10.16)

燃料の種類		理論廃ガス量	
燃料の名称	発熱量	m^3/kcal	SI単位
都市ガス	11000kcal/m^3	0.00108	0.93m^3/kW
LPガス(プロパン)	12000kcal/kg	12.9m^3/kg	0.93m^3/kW
灯油	10300kcal/kg	12.1m^3/kg	12.1m^3/kW

火を使用する室等の換気量	計算 10-7	計算例
	■台所の場合(燃焼器具から求める方法) V=定数×K×Q V：必要換気量〔㎥/h〕 K：燃料の単位燃焼量当りの理論廃ガス量〔㎥/kW〕	定数＝ 30 使用燃料＝ 都市ガス K＝ 0.93 ㎥/kW Q＝ 12.5 kW/h ∴ V＝ 349 ㎥/h

使用燃料	K値
都市ガス	0.93
ＬＰガス	0.93
灯油	12.1

Q：単位時間当たりの燃料消費量〔kW/h〕
定数：換気方法により選定

40	排気フードのない場合(開放式燃焼器具)
30	排気フードⅠ型の場合(レンジフードファンがこれに相当します)
20	排気フードⅡ型の場合(排気筒または換気扇等に接続したフードを設けたもの)
2	バフラー・煙突使用の場合

部屋の広さ、種類から求める方法	計算 10-8	計算例
	V=A(㎥)×n(回/h) A：室の容積〔㎥〕 n：毎時必要換気回数〔回/h〕 ＊換気回数はP294 表10-11 参照	A＝ 600 ㎥ n＝ 3 回/h ∴ V＝ 1800 ㎥/h

熱気排出の場合	計算 10-9	計算例
	V=H/0.333(ti-to) H：室内の熱源の合計〔W/h〕 ti：室内温度〔℃〕 to：外気温度〔℃〕	H＝ 2,900 W/h ti＝ 40 ℃ to＝ 32 ℃ ∴ V＝ 1,089 ㎥/h

有害ガス排出の場合	計算 10-10	計算例
	V=100M/K-Ko M：有害ガスの発生量〔㎥/h〕 K：許容室内ガス濃度〔vol %〕 Ko：導入外気ガス濃度〔vol %〕	M＝ 0.13 ㎥/h K＝ 0.3 % Ko＝ 0.1 % ∴ V＝ 65 ㎥/h

	計算 10-11	計算例
ボイラ室の換気量	**■給気量Q1〔㎥/h〕** **Q1=1000(H1+H2)/0.33(t1-t2)+3.6V・q** H1：機器本体からの放熱量〔KW〕 ・ボイラの場合は、定格出力の1% ・直焚き冷温水機は、冷凍能力の0.5% ・小規模ボイラは、缶体出力の2% H2：煙道からの放熱量〔kW〕 **H2=A・K(t3-t1)/1000** A：煙道表面積〔㎡〕 K：煙道(断熱・外装材含む)の熱通過率〔W/㎡・K〕 t1：室内許容温度(=40℃) t2：外気温度〔℃〕 t3：煙道内温度(機器排ガス温度)〔℃〕 V：ボイラ等の消費熱量〔kW〕 q：1000KJ当たりの必要空気量(=0.36㎥、気体・液体燃料)	H1 = 3.6 kW H2 = 1.3 kW t1 = 40 ℃ t2 = 32 ℃ V = 36 kW q = 0.36 ㎥ ∴ Q1 = 89.79 ㎥/h A = 12 ㎡ K = 2.4 W/㎡・K t3 = 85 ℃ ∴ H2 = 1.3 kW
	■排気量Q2〔㎥/h〕 **Q2=Q1-3.6・V・q**	∴ Q2 = 43.1 ㎥/h

	計算 10-12	計算例
圧縮式冷凍機室	**■法定冷凍トン20～100未満の場合** **Q=0.4×60T** T：法定冷凍トン **■法定冷凍トン100以上の場合** **$Q=2\times60T^{0.65}$**	T = 30 RT ∴ Q = 720 ㎥/h T = 120 RT ∴ Q = 2,696 ㎥/h

コージェネレーションシステム（ガスエンジン）の機器設置室

計算 10-13

■給気量Q1〔m³/h〕
Q1=V1+V2

V1：室温上昇を抑えるために必要な空気量〔m³/h〕

$$V1=\frac{G \cdot H \cdot f \cdot P \cdot (1/\eta - 1) \cdot 3600}{1.2(t1 - t2)}$$

G：燃料ガス消費量〔m³/h〕
H：燃料ガスの低位発熱量〔KJ/m³〕

	灯油〔MJ/kg〕	A重油〔MJ/kg〕	都市ガス 13A
高位発熱量	46.5	45.2	45.0
低位発熱量	43.5	42.7	40.6

f：機関の拡散損失率（=0.03）
P：発電機の定格出力〔KW〕
η：発電機効率　(0.916 ～ 0.918)
t1：コージェネレーション設置室許容最高温度（=40℃）
t2：夏期設計外気温度〔℃〕

V2：燃焼に必要な空気量〔m³/h〕
V2=a·G·ε·(273+t2/273)

a：完全燃焼理論空気量〔空気(m³)/ガス(m³)〕(13Aガスのときは11)
ε：空気過剰率

■排気量Q2〔m³/h〕
Q2=V1

計算例

G = 67.1 m³/h
H = 40.6 kJ/m³
f = 0.03
P = 315 kW
η = 0.917
t1 = 40 ℃
t2 = 32 ℃

∴ V1 = 873,817 m³/h

a = 11 m³/m³
ε = 1.05

∴ V2 = 211,667 m³/h

∴ Q1 = 1,085,484 m³/h

∴ Q2 = 873,817 m³/h

変圧器室の換気量

計算 10-14

Q=1000H/0.33(t1-t2)

H：変圧器の発熱量〔KW〕
t1：変圧器室許容最高温度(=40℃)
t2：夏期設計外気温度〔℃〕

計算例

H = 30 kW
t1 = 40 ℃
t2 = 32 ℃

∴ Q = 11,364 m³/h

表10-14　変圧器の発熱量〔KW〕

変圧器容量〔KVA〕		20	30	50	75	100	150	200	300	500
油入	単相	0.49	0.67	1.01	1.53	2.03	2.74	3.44		
	三相	0.59	0.83	1.28	1.76	2.24	3.21	4.07	5.78	8.67
モールド	単相	0.67	0.95	1.34	2.00	2.48	3.37	4.91		
	三相	0.88	1.10	1.56	2.30	3.00	3.70	4.41	5.67	10.1

ディーゼル発電装置の発熱および燃焼による必要換気量	計算 10-15	計算例
	■給気量 Q1〔㎥/h〕 **Q1=1000Hg/0.33(t1-t2) +V** Hg：自家発電装置の発熱量〔kW〕 t1：自家発電室許容最高温度(=40℃) t2：外気温度〔℃〕 V：水冷式自家発電機の燃焼空気量〔㎥/h〕 **■排気量 Q2〔㎥/h〕** **Q2=Q1-V**	Hg = 10.2 kW t1 = 40 ℃ t2 = 32 ℃ V = 600 ㎥/h ∴ Q1 = 4,464 ㎥/h ∴ Q2 = 3,864 ㎥/h

表10-15 ディーゼル機関の発熱量と燃焼空気量

水冷自家発電装置の発熱量(ディーゼル機関)

発電機定格出力〔KVA〕	37.5	50	62.5	75	100	125	150	200	250
発熱量 Hg〔kW〕	10.2	12.4	14.9	17.4	22.1	26.3	30.7	39.1	45.1

発電機定格出力〔KVA〕	300	375	500
発熱量 Hg〔kW〕	52.4	59.9	76.3

水冷式自家発電装置の燃焼空気量(ディーゼル機関)

発電機定格出力〔KVA〕	37.5	50	62.5	75	100	125	150	200	250
空気量 V〔m^3/h〕	250	330	410	490	640	990	1180	1560	1760

発電機定格出力〔KVA〕	300	375	500
空気量 V〔m^3/h〕	2100	2350	3110

エレベータ機械室の換気量	計算 10-16	計算例
	Q=1000He/0.33(t1-t2) He：エレベータ機器の発熱量〔KW〕 **He=0.00116L・V・F・N(ロープ式の場合)** **He=P・T・R/3600(油圧式の場合)** L：1台当りの積載量〔kg /台〕 V：定格速度〔m/min〕 F：起動頻度係数 直流可変電圧制御　1/30 VVVF 制御　1/40 N：台数〔台〕 P：使用電動機容量〔KW〕 T：一走行当りの電動機駆動時間〔sec〕 R：1時間当りの走行回数〔回〕 t1：エレベータ機械室許容最高温度 (=40℃) t2：夏期設計外気温度〔℃〕	**■ロープ式の場合** L = 540 kg / 台 V = 60 m/min F = 0.033 N = 1 台 ∴ He = 1.24 kW t1 = 40 ℃ t2 = 34 ℃ ∴ Q = 626.4 ㎥/h **■油圧式の場合** P = 2.2 kW T = 10 sec R = 6 回/h ∴ He = 0.037 kW t1 = 40 ℃ t2 = 34 ℃ ∴ Q = 18.5 ㎥/h

駐車場の換気量（床面積500㎡以上）	計算 10-17	計算例
	■天井高さが2.5m以下の場合 **Q=25A** A：駐車場の床面積〔㎡〕	A = 650 ㎡ ∴ Q = 16,250 ㎥/h
	■天井高さが2.5mを超える場合 **Q=10AH** H：駐車場の天井高さ〔m〕	A = 3.2 ㎡ ∴ Q = 20,800 ㎥/h

住宅品質確保促進法、住宅性能表示、全般換気対策（戸建住宅・共同住宅）	計算 10-18	計算例
	■1戸建住宅および共同住宅等に適用する。 評価基準 ①常時機械換気 ②必要換気回数 有効相当開口面積〔c㎡/㎡〕 ｜ 必要換気回数〔回/h〕 2超～5以下 ｜ 0.3　以上 2以下 ｜ 0.4　以上 **Q=A×H×V　〔回/h〕** A：居室の床面積〔㎡〕 H：室の天井までの高さ〔m〕 V：必要換気回数〔回/h〕	A = 65 ㎡ H = 2.8 m V = 0.3 回/h ∴ Q = 54.6 ㎥/h

表10-16 必要換気回数

有効相当開口面積〔cm²/m²〕	必要換気回数〔回/h〕
2超～5以下	0.3以上
2以下	0.4以上

	計算 10-19	計算例
シックハウス対策	Q=A×H×V Q：有効換気量〔㎥/h〕 A：居室の床面積〔㎡〕 H：室の天井までの高さ〔m〕 V：必要換気回数〔回/h〕	A＝ 65 ㎡ H＝ 2.8 m V＝ 0.5 回/h ∴ Q＝ 91.0 ㎥/h 居室の容積＝ 182 ㎥ 計算換気回数＝ 0.5 ∴ 判定＝ ○

居室の種類	換気回数〔回/h〕
住宅の居室等	0.5 以上
上記以外	0.3 以上

10 換気設備

10-9 外気風速との関係

外気の風速により、排気が阻害される場合があります。

Point

- **換気量は、開口部の開放された面積のほか、内外の圧力差の平方根に比例し、圧力差は外気風速の2乗に比例します。**
- **風が建物などに当たれば風圧を生じ、その際の比例定数を風圧係数といいます。**

外気風速と換気量の関係

建物の周囲を風が流れる場合、建物の風上側では＋の風圧が加わり、逆に風下側では－の風圧が加わります。

換気扇の吐出口が風上側にある場合は、**外気風速**V〔m/sec〕の動圧Psが静圧に変化されるものとして表され、換気扇の風量が減少します。その関係式は次式で表します。

外気風速と換気量の関係

	計算 10-20	計算例
外壁面の静圧	外壁面静圧(Ps)＝C×γ×V2/2 Ps：外壁面静圧〔Pa〕 C：風圧係数 V：建物上空の風速〔m/sec〕 g：重力の加速度 (=9.8m/s^2) γ：外気の密度(空気の比重値)(=1.2kg /㎥)	C＝ 0.7 γ＝ 1.2 kg/㎥ Cγ＝ 0.84 V＝ 15 m/sec V^2＝ 225 ∴ Ps＝ 94.5 Pa

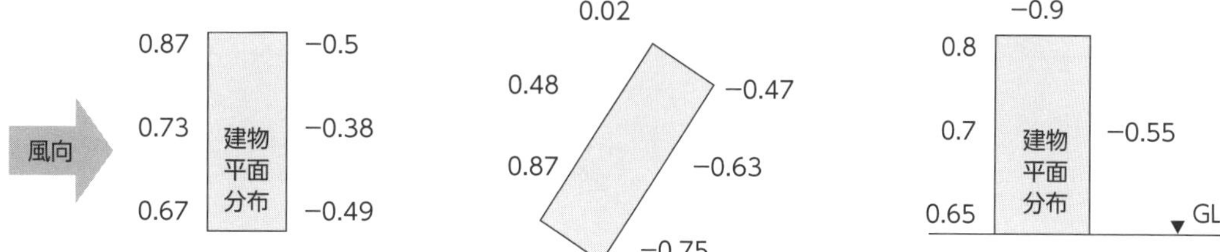

図10-4 風圧係数分布

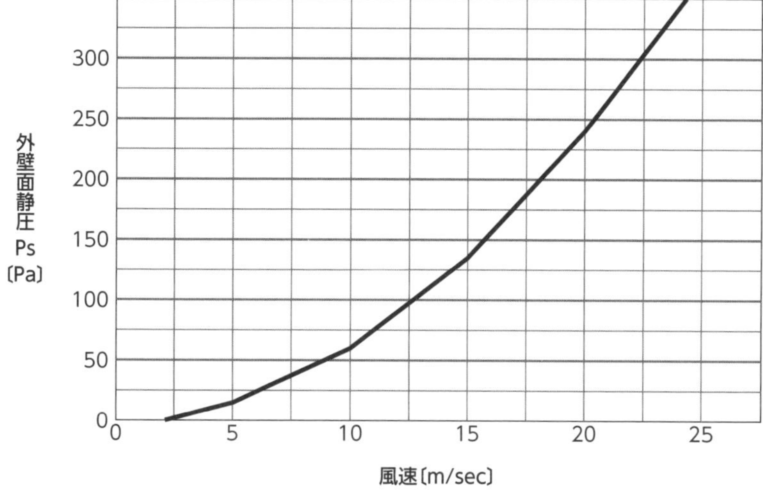

図10-5 外風速による圧力(C=0.7)の場合

表10-17 外部風圧

主な地域	外部風圧〔Pa〕	11.5	18.0	25.9	46.1	72.0
	外部風速〔m/sec〕	4	5	6	8	10
札幌、仙台、広島、浦和		市街地中低層	市街地高層	広かつ地高層	―	―
東京、横浜、名古屋、大阪、福岡		市街地低層	市街地中層	市街地高層	広かつ地高層	―
千葉		―	市街地低層	市街地中層	市街地高層	広かつ地高層

＊ 外部風圧は、余裕率20%が加算された数値。

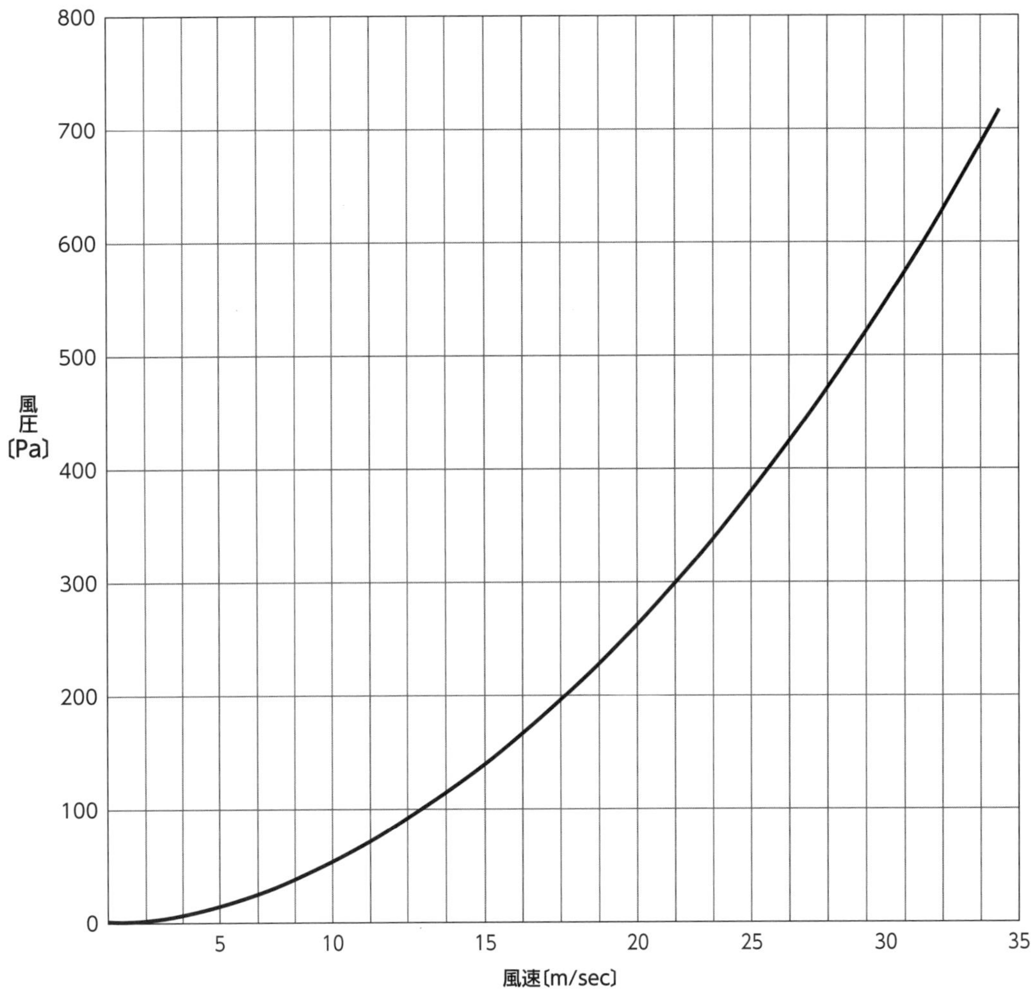

図10-6 風速と風圧の関係

10-10 静圧計算

静圧は、風量が増えれば増えるほど、
摩擦損失が大きければ大きいほど増えます。

Point

- 換気設備の静圧は、吸込ガラリからはじまり屋外フードまでのダクトを含めた抵抗損失によって生じる圧力のことです。
- 換気の場合は、静圧が大きくなればその分風量が減ることになります。

静圧計算

必要換気量が定まっても、この換気量を満足するには、必要な圧力が確保されなければなりません。①換気量算定、②ダクトルートの決定、③ダクト系統の静圧算出をしてから機器の選定へと作業が進みます。

算出法には、簡略法のダクト系全体の「直管相当長」に換算する方法と、直管全長に単位摩擦損失を乗じたものに各部の局部損失を加えたものの総和を求める定圧法(等摩擦法)があります。

ここでは、簡略法による静圧計算シートを示します。

計算シート 静圧計算シート 簡略法による算出

静圧計算								
階	3	系統	台所	風量〔㎥/h〕	420	ダクト口径〔mm〕	150	
名称		摘要	ダクト長〔m〕	摩擦損失〔Pa/m〕	余裕率	局部損失〔Pa/個〕	個数〔個〕	小計
直管部			6.2	1.5	1.1			10.23
局部損失	エルボ		2.6	1.5	1.1		1	4.29
	T字(直)				1.1			
	T字(分)		8.3	1.5	1.1		1	13.695
給気口						40	1	40
防火ダンパ						12		
逆流防止ダンパ						20	1	20
風量調整ダンパ						45		
排気口						80	1	80
グリスフィルタ						5	1	5
外部風圧						25.9	1	25.9
合　計								199.115
安 全 率								1.1
総 合 計								219

①表の最上段に風量およびダクト口径を記入します。

②直管部のダクト長を記入し、摩擦損失、安全率を乗じた値を小計欄に記入します。

＊摩擦損失は1.0～1.5Pa/mの範囲とし、安全率は10%とします。

③局部損失の直ダクト相当長を、下表より求め、摩擦損失、安全率を乗じて小計とします。

④防火ダンパや排気口等の局部損失をカタログなどにより求め、個数を乗じます。

⑤外部風速に対応する外部風圧を求めます。

⑥①～⑤の合計を求め、安全率10%を乗じた値を総合計欄に記入します。

換気設備の参考資料

表10-18 換気規定換気量

単位：〔m³/h/m²〕(床面積)

室名	第1種および第2種換気 外気量	第3種換気 排気量	備考
私室	8	8	宿直室、寝室、居室など、室容積に比べ在室者が少ない室。
事務室	10	10	営業室、事務用応接室
従業員詰所	12	12	電話交換室, 受付室
陳列室	12	12	展覧室
美容室	12	12	理髪室
売り場	15	15	百貨店売り場、売店
作業室	15	15	工作室、印刷質、荷作室
休憩室	15	15	談話室、待合室、控室など
娯楽室	15	15	球戯室、碁・将棋室
喫茶室	20	20	喫煙する室
小集会室	25	25	小会議室
劇場その他	75	75	映画館、公会堂、遊技場
浴室	—	30	数人一時に使用するもの
	—	20	私宅用に準ずるもの
便所	—	30	便器数個あるもの
	—	20	私宅用に準ずるもの
手洗所	—	10	洗面所
有害または有毒なガスを発散または発散の恐れある室	—	35	蓄電池室、自動車車庫
暗室	—	20	写真用暗室
機械および電気設備室(室面積15m²以上)	—	10	機関室・ボイラ室 配電室

衛生工業協会・換気規定より

表10-19 毎時必要換気回数表

室の種類		換気回数〔回/h〕
一般家庭	台所	15
	居間	6
	応接室	6
	便所	10
学校	講堂	6
	体育館	8
	便所	12
	教室	6
劇場	観覧室	6
	映写室	20
一般建物	事務室	6
	会議室	12
	便所	10

室の種類		換気回数〔回/h〕
工場	一般作業室	6
	塗装場	20
	発電室・変電室	20
	待合室	10
病院	診察室	6
	病室	6
	手術室	15
	消毒室	12
暗室・写真用暗室		10
公衆用便所		20
有毒ガスの発生する室		20以上

衛生工業協会・換気規定より

表10-20 共同住宅等の換気回数(参考値)

室名	換気回数〔回/h〕
居室(昼間)	3 ～ 6
寝室	1.5 ～ 3
浴室	3 ～ 5
便所	5 ～ 10
書庫	4 ～ 6
エレベーター機械室	8 ～ 15
ポンプ室	4 ～ 6
水槽室	4 ～ 6
変電室	8 ～ 15

都市整備公団仕様

表10-21 付属室の必要換気量(暫定値)

室名	換気回数〔回/h〕
便所(使用頻度大)	10 ～ 15
便所(使用頻度小)	5 ～ 10
浴室(窓なし)	3 ～ 5
書庫	4 ～ 6
倉庫(地階)	4 ～ 6
暗室	10 ～ 15
映写室	8 ～ 10
配膳室	6 ～ 8
ランドリー	20 ～ 40
乾燥室	4 ～ 15

建設・営繕協会より

表10-22 発生源別熱量の目安

発生源	発生熱量	条件
作業中の人間	0.14～0.175 kW/h･人	立って軽い仕事
	0.175～0.29 kW/h･人	立って中仕事
	0.29～0.4 kW/h･人	歩行を伴う中仕事
	0.4～0.58 kW/h･人	重作業
	0.58～0.7 kW/h･人	激作業
電灯・電熱	0.001 kW/h･W	
蛍光灯	0.00116 kW/h･W	
太陽輻射	0.162～0.348 kW/h･m^2	一般的に
	0.43 kW/h･m^2	ガラス1m^2
電動機	1.43 kW/h･m^2	0.4kW以下(1kW当たり)
	1.279 kW/h･m^2	0.4～2.2kW
	1.163 kW/h･m^2	2.2kW以上
石炭	5.81～8.72 kW/kg	
木炭	7.79～8.14 kW/kg	
コークス	7.56～8.14 kW/kg	
薪・煙炭	4.07～4.65 kW/kg	
ガソリン	12.79 kW/kg	
軽油・重油	10.465～12.79 kW/kg	
天然ガス	8.72～9.88 kW/kg	
石炭ガス	5.81～7.9 kW/kg	都市ガス4500kcal/kg
水性ガス	3.023 kW/kg	

表10-23 電気室の換気設備

変圧器容量〔KVA〕		20	30	50	75	100	150	200	300	500
発熱効率〔%〕	単相	3%		2%						
	三相	3%					2%			
発熱量 H〔kW/h〕	単相	0.48	0.66	1	1.5	2	2.7	3.4	—	—
	三相	0.64	0.87	1.4	2.02	2.6	3.6	4.6	6.3	9.5

＊ 調査値

表10-24 エレベータ機械室の換気

ELV機種		機器発熱量〔kW/h・台〕		必要換気風量〔m³/h・台〕	
乗員数〔人〕	速度〔m/min〕	ロープ式	油圧式	ロープ式	油圧式
6	30	—	2.44	—	906
	45	0.64	3.37	240	1250
	60	0.82	—	302	—
9	30	—	2.79	—	1035
	45	0.82	3.95	302	1466
	60	1.05	—	388	—
	90	1.57	—	582	—
	105	2.09	—	776	—
11	30	—	3.26	—	1207
	45	0.99	4.42	367	1638
	60	1.34	—	496	—
	90	1.98	—	733	—
	105	2.33	—	863	—
13	45	1.22	—	453	—
	60	1.57	—	582	—
	90	2.39	—	884	—
	105	2.79	—	1035	—
15	45	1.34	—	496	—
	60	1.75	—	647	—
	90	2.62	—	970	—
	105	3.08	—	1143	—

* 調査値

表10-25 給排気口の有効面風速と開口率

種別	取付位置	有効開口面風速〔m/sec〕	有効開口率〔%〕	通過風量 V〔m³/h〕
吸込口(GVS)	室内	2.0	70	5,040
	廊下	3.0	70	7,560
	便所(天井)	3.0	70	7,560
ドアガラリ	室内	2.0	35	2,520
ドアのアンダーカット	室内	1.5	100	5,400
外気ガラリ	室外	3.0	30	3,240
排気ガラリ	室外	4.0	30	4,320

* 調査値

計算シート　静圧計算シート　ダクトの換算

	計算式	計算例
矩形から円形	$d=1.3\{(a\times b)^5/(a+b)^2\}^{1/8}$ d：相当直径〔m〕 a：矩形ダクトの長辺〔m〕 b：矩形ダクトの短辺〔m〕 ＊一般的アスペクト比は4：1までが適当です。	a＝ 0.500 m b＝ 0.300 m アスペクト比＝ 1.7 ∴ d＝ 0.420 m
円形から矩形	公式は長辺と短辺がわかれば円形ダクト直径が算出できますが、逆は完全に正確な値はできません。その場合は、ダクト換算（円形から矩形）より修正で行います。	d＝ 0.500 m a＝ 0.500 m ∴ b＝ 0.393 m アスペクト比＝ 1.3 **確かめ算** a＝ 0.500 m b＝ 0.393 m bの修正値＝ 0.420 m ∴ d＝ 0.483 m 修正後のd＝ 0.500 m 判定＝ bの見直し 修正後の判定＝ OK **決定寸法** a＝ 0.500 m b＝ 0.420 m

表10-26　配管部材の抵抗

配管部材		ダクト径〔φ〕	直管相当長さ〔m〕
塩化ビニル製　円形エルボ　市販品		100	4
		150	7
ベントキャップ	樹脂製　低圧損形	100	10
		150	16
	アルミ製　低圧損形	100	13
		150	26
	ステンレス製　低圧損形	100	11
		150	26
	ステンレス製　FD付	100	20
		150	26
パイプフード	樹脂製	100	13
		150	15
	アルミ製	100	10
		150	17
	ステンレス製　深形	100	28
		150	31
	ステンレス製　深形・網付	100	55
		150	50
	鋼板製　FD付	100	13
		150	27

＊ 直管相当長さ（参考値）
＊ λ=0.01の塩化ビニル管使用の場合。
＊ 100φの場合、風量Q=120m³/h、150φの場合、風量Q=300m³/hとして算出しました。

■梁貫位置

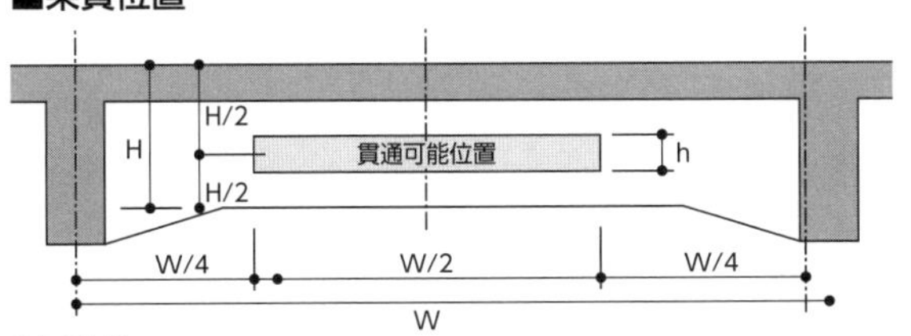

＊ h≦H/2
＊ 貫通位置は可能な限りスパンの中央とする。

■スリーブ取付間隔

スリーブ
補強筋
H
D
≧3D
W/4+D/2
スパンW

■スリーブの内径

スリーブの内径〔mm〕	D=(貫通配管の外径)+(75～100)≧100 かつ、SRCの場合　D≦H/3 RCの場合　D≦H/4	サイズの種類は、なるべく少なくする。

図10-7 梁貫通の適正位置(RC構造の場合)

表10-27 スリーブの大きさ

呼び径〔A〕	スリーブの内径 D〔mm〕		
	貫通配管の外径	余裕寸法	最小スリーブ径
50	60.5	39.5	100
65	76.3	23.7	100
80	89.1	35.9	125
100	114.3	35.7	150
125	139.8	35.2	175
150	165.2	34.8	200
200	216.3	33.7	250
250	267.4	32.6	300

表10-28 補強プレートの要否

摘要	スリーブ口径	備考
補強プレートを要しない貫通	φ150未満	φ150～200はプレートに穴あけのみ
補強プレート付き貫通スリーブ	φ200以上	

■ラチスばり

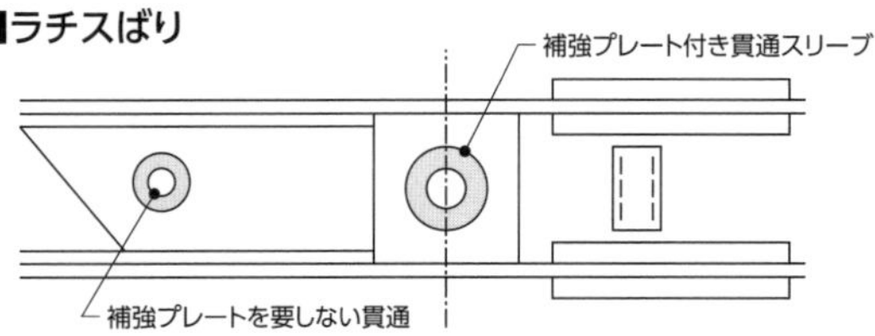

■ハニカムばり

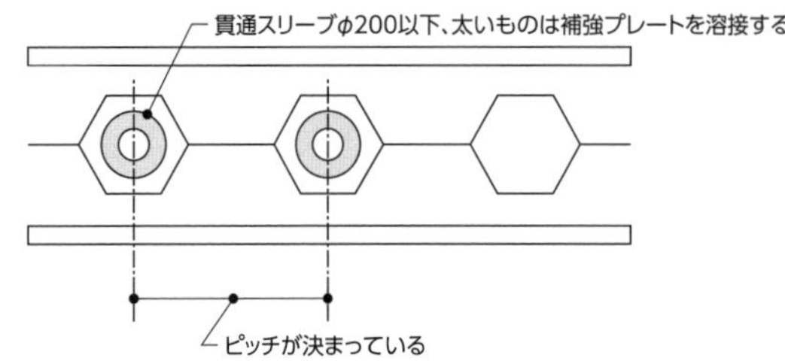

■プレートばり

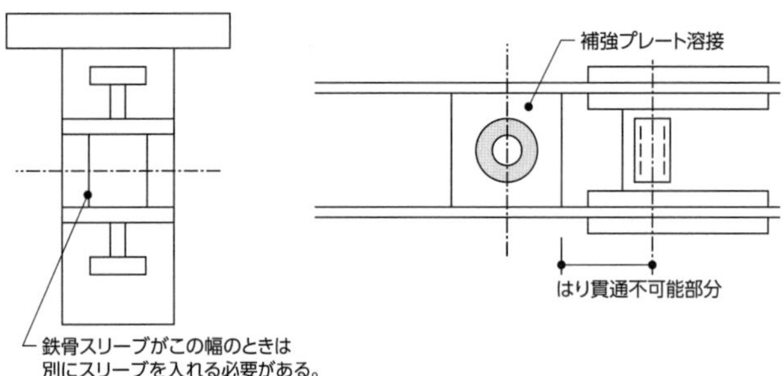

図10-8 梁貫通の適正位置（鉄骨造の場合）

10-11 臭気評価

近年臭気問題は、空調分野でも居住域での快適性に対して苦情が増大しています。

Point

- 人間の嗅覚と同じ特性を持つように開発されたセンサを用いる「においセンサ法」があります。
- 臭気測定の主流は、金属酸化物半導体センサです。
- 上記のほかに、3点比較式におい袋法(嗅覚測定法)の測定手法があります。

臭気評価

表10-29 喫煙程度を考慮した必要換気量とそれに対応する喫煙量(推定値)

喫煙程度	適用例	必要換気量〔m^3/h・人〕最小値〜推奨値	喫煙量*〔本/h・人〕	
			臭気強度2の場合	臭気強度1の場合
非常に多い	仲買人事務所、新聞編集室、集会場	51〜85	3〜5.1	1.5〜2.5
多い	カクテルバー、事務室、ホテル客室	42〜51	2.5〜3	1.3〜1.5
かなり	レストラン、事務室	20〜26	1.2〜1.6	0.6〜0.8
ときどき	銀行営業室、事務室、商店	13〜17	0.8〜1.0	0.4〜0.5

＊ 1本のたばこの質量を980mgとし、その60%を消費し、残り40%は捨てるものとする。　ASHRAE GUIDE 1960

表10-30 臭気評価のための感覚的スケール

臭気強度指数		説明
番号	状況	
0	無臭	知覚できない。
1/2	感じられる限界	極めて微弱で、訓練された者だけが知覚できる濃度訓練されていない者には知覚できない。
1	明確	普通の者に知覚できるが、不愉快でない程度の濃度。
2	軽度	快適ではないが、しかし、不愉快ではない程度の濃度。許容限界。
3	強い	不愉快。
4	非常に強い	激しい不愉快。
5	耐えがたい	吐き気をもよおす。

臭気強度指数

臭気は感覚的なものであり、そのレベルを客観的に示すのが難しく、科学的な解明もまだあまり進んでいない分野です。

そのなかで、1936年アメリカのヤグロー氏が発表した臭気強度指数が臭気の評価のために用いられています。

第11章
排煙設備

排煙設備とは、一定規模の建物に対して法的に設置を義務付けられているもので、火災時に煙によって避難が妨げられないよう、安全な避難路を確保するための設備です。

このような解釈は建築基準法によるものですが、消防法では消防隊の安全かつ円滑な消火活動の確保とされ、両方の趣旨が異なるのです。

よって、建築基準法では設置が免除されていても消防法では設置が必要となったり、その逆のようなこともあります。それらの解釈等においても違いがありますので両方が満足する解釈にならなければなりません。

このような状況下にある排煙設備は、できることなら自然排煙設備を第一義とし、それがどうしても不可能ならば機械排煙へと移行するような計画手順とした方が賢明と思われます。本章では排煙設備の設計計算等を含めて説明します。

11-1 排煙設備の目的とその方式

火災の時、煙によって避難が妨げられないよう
避難路を確保するための排煙設備です。

Point

- 排煙設備の目的は、人命救助です。
- 設置が義務付けられている対象物は地下や無窓階等が中心です。
- 消防法と建築基準法では設置基準や考え方で違いがありますので注意が必要です。

煙制御の目的

①人が在室している間、その空間の煙濃度を限度以下に保つ。

②煙が建物内の火災室以外の室に拡散することを防止する。

③避難通路や安全区画あるいは消防や救助の拠点となる室に煙が侵入することを防止する。

防煙区画の分類

表11-1 防煙区画の分類

	区画の目的	法規制など
面積区画	出火部分からの平面的な煙の拡散を制御し、遅らせること。	この区画は500m²以下とする(建築基準法)区画方法は、防煙間仕切り区画と垂れ壁区画がある。法で定める垂れ壁の有効高さは500mm以上。
用途区画	用途の異なる室を1つの防煙区画とすると非難形態・危険度が異なるため、別々の区画とする。	—
避難区画	居室・廊下・階段附室・階段と、順次より高次の安全性が要求される。より長時間にわたり煙の侵入を防止しなければならない。	—
たて穴区画	階段やシャフト・ダクトは火災時煙の伝搬経路になりやすい。平面上、安全性を高めると同時に常閉あるいは煙感知器により閉鎖する扉や防煙性能のあるシャッターまたはダンパを設け、煙の拡散を防止する。	—

防煙設備の方式

表11-2 防煙設備の方式

密閉防煙方式	火災室を密閉し、煙を室内に閉じ込め火煙を抑制する方式。	気密性が必要となる。
蓄煙方式	大空間の競技場やホールは、床面積も大きく天井も高いため内部で火災が発生しても十分な蓄煙容量があり、煙の降下に時間がかかり、余裕を持って避難が行える場合に採用する。	—
自然排煙方式	直接外気に面する窓や排煙口より煙を排出させる方法。機構の簡単な方式です。	排煙口は、なるべく高い位置に設ける。
機械排煙方式	排煙機により強制的に排煙する方式。一定量の煙を確実に排出できる。ただし、排煙効果は排煙口の位置・吸込風速・煙層深さで異なる。	火災初期の排煙及び煙の拡散防止に有効。
加圧防煙方式	避難計画上、重要な空間に新鮮空気を供給することにより内圧を高め、煙の侵入を防ぐ方式。	避難方向から決められる扉の開閉方向と逆向きに圧力がかかるため、扉の開閉障害に対する配慮が必要。

11-2 排煙設備に関する諸規定

建築基準法および消防法施行令、同施工規則などで諸規定が定められています。

Point

- 排煙設備は諸規定通りに設置します。
- 設置義務が生じる防火対象物と設置しないことができる場合(部分)を消防法からも所轄の消防署とも協議してください。

排煙設備に関する諸規定

諸規定には、いろいろな基準等があります。次に示します。

表11-3 諸規定(建築基準法を基本として説明します)

対象	該当する法令	概容
排煙設備設置の法的根拠	建基法第35条	**特殊建築物・階数3以上の建物、政令で定める窓その他開口部を有しない居室を有する建築物、または延べ面積が1000m²を超える建築物には、排煙設備を政令で定める技術的基準に従って設ける**
排煙設備の設置基準	建基令第126条の2 第1項	**排煙設備の設置義務のある建築物ならびに免除建物またはその部分の基準:** 排煙設置義務／延べ面積500m²を超える特殊建築物および3階以上の建築物ほか。
自然排煙口の窓	建基令第116条の2 第1項第2号	**政令で定める窓の基準:** 排煙に有効な高さにおいて当該居室の床面席の1/50以上の開口面積を有すること。
排煙設備の構造	建基令第126条の3	**排煙設備の構造の規定:** 500m²以内ごとに防煙壁で区画すること。 排煙口は有効な防煙高さ内に設ける。 排煙機は120m³/min以上、および1m²につき2m³/min以上のこと。 高さ31mを超える建物は、中央管理室にて制御および監視を行うこと。
排煙設備の電源設備	昭和45年告示第1829号	**電気配線:専用電源配線。** 配線方法:耐熱電線を使用し、不燃材で区画すること。 非常電源:30分以上継続して作動する容量。
排煙設備の構造緩和	平成12年告示第1436号	排煙機が受け持つ防煙区画が、その一の防煙区画部分のみの場合は、手動開放装置と排煙口の常時閉鎖を緩和することが可能である。
面積区画の緩和	昭和47年告示第31号	**劇場・映画館など用途上500m²ごとに防煙壁を設けられない場合の条件:** 天井高さが3m以上あること。 排煙機容量は500m³/min以上、かつ1m²につき1m³/min以上。
排煙口取付高さの緩和	昭和47年告示第32号	**天井高さ3m以上における排煙口の取付位置の高さ:** ①床面からの高さ2.1m以上で、かつ天井の高さの1/2以上。 ②有効な防煙高さ内に設ける。
排煙設備の免除	昭和47年告示第33号	**排煙設備と同等以上の効力があると認められる建築物または室の構造:** ①階数が2以下で200m²以下の建物。 ②通信機械室などで不燃性ガス消火設備のあるもの。 ③31m以下の建築物の部分で床面積が100m²以下の場合で、所定の材質の壁で区画され、かつ仕上げられたもの。 ④31mを超えた部分については同じ条件で耐火構造の壁または床で区画され、仕上げを不燃材料または準不燃材料でしたもの。

表11-4 付室または乗降ロビーに設ける外気に向かって開くことのできる窓の基準

	特別避難階段の附室	非常用エレベータの乗降ロビー	附室兼用ロビー
窓の面積(有効開口)	$2m^2$以上	$2m^2$以上	$3m^2$以上
取付高さ	天井または壁の上部 天井の高さの1/2以上の高さ		
操作	手動開放装置 床面から0.8m≦h≦1.5m 見やすい方法で使用法を標示		
材料	煙に接する部分は不燃材とする		

表11-5 機械排煙設備の設置基準

	特別避難階段の附室	非常用エレベータの乗降ロビー	附室兼用ロビー
給気口の開口面積	$1m^2$以上	$1m^2$以上	$1.5m^2$以上
給気風道の断面積	$2m^2$以上	$2m^2$以上	$3m^2$以上
排煙機	$4m^3$/sec以上	$4m^3$/sec以上	$6m^3$/sec以上
排煙風道排煙口〔m^2〕	●規定されていない。		
材質	●排煙口・排煙風道・給気口・給気風道、その他煙に接する排煙設備の部分は不燃材料でつくる。		
排煙口の 手動開放装置	●手で操作する部分は、壁面の床面から0.8m以上1.5m以下に設ける。 ●使用方法を示す標識を設ける。 ●天井から吊下げる場合は1.8mの高さとする。		
排煙口の高さ	●天井または壁の上部(天井高さの1/2以上の部分)。 ●下端の高さを基準とする。		
排煙口の位置	●防煙区画部分の各部分から水平距離が30m以下となるように設ける。		
給気口の高さ	●床または壁の下部(天井高さの1/2以下の部分)。 ●上端の高さを基準とする。		

*排煙機は予備電源を必要とします。

昭和44年建告第1728号、昭和45年建告第1833号より。

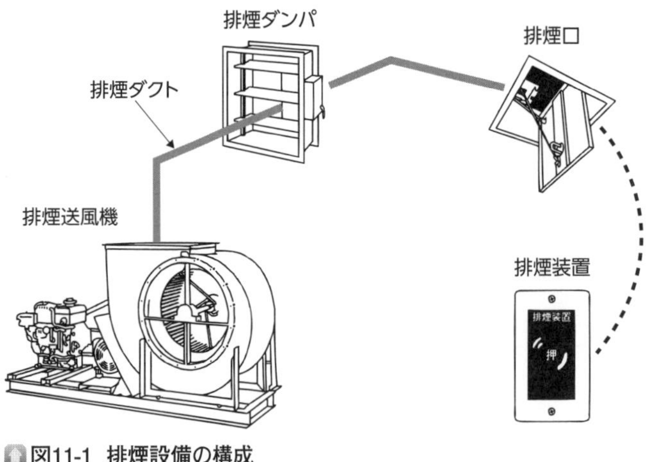

設備は、排煙口、風道(ダクト)、手動起動装置、自動の場合の煙感知器、排煙機、それらを制御する制御盤、非常電源等で構成されます。

図11-1 排煙設備の構成

11-3 排煙設備設計の手順

排煙風量および排煙口を算定。
排煙風量をもとに、ダクト寸法、ダクト抵抗を算出します。

Point

▶ 消防法では消防隊の安全・円滑な消火活動の確保、建築基準法にあっては在館者の安全・円滑な初期避難の確保という目的があり、両方の趣意が異なるので注意して設計を開始してください。

設計の進め方

排煙設備は、一定規模の建物に対し法的に設置を義務付けられているもので、火災時に煙によって避難が妨げられないよう、安全な避難路を確保するためのものなのです。

その機能は、火災で発生した煙を防煙壁で区画された部分に閉じ込めて建物外に排煙し、煙が他の区画に拡散しないように防煙することです。

排煙設備の計画に当たっては、法規制を満足するとともに建築計画にも関係がありますので、両者を十分理解する必要があります。

排煙設計の手順

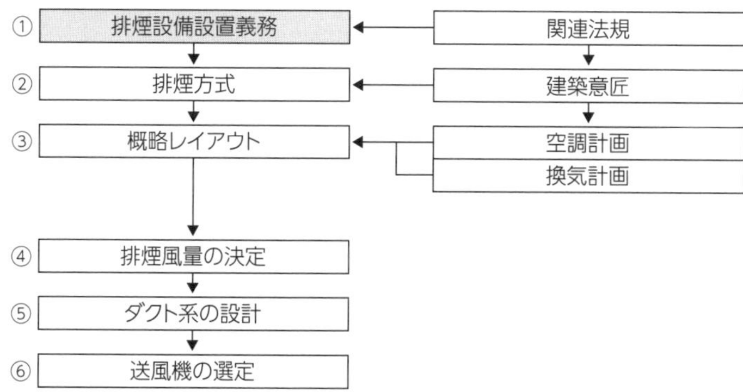

図11-2 設計手順

①排煙設備の設置が必要かどうかの要否判定を行います。

②設置が必要となれば、建築意匠担当者と排煙方式を協議します。

③概略レイアウト(空調、換気計画を含む)を作成します。

④排煙風量を決定します。

⑤ダクト系の設計をします。

⑥排煙送風機を選定します。

法令による規制項目

建物、室の排煙設備設置義務の有無

建基法第6条、第27条、第35条、第90条、建基法施行令第126条の2

排煙方式

建基法第35条、建基法施行令第126条の3

防煙区画、防煙壁の構造

建基法施行令第126条の3、建告第1436号

排煙風量

建基法施行令第126条の3、建告第31号

排煙口

建基法施行令第126条の3、建告第1436号

排煙機

建告第1728号、建告第1833号

不燃材料とは

建築材料のうち、不燃性能に関して政令で定める技術的基準に適合するものです。

準不燃材料とは

建築材料のうち、通常の火災による火熱が加えられた場合に、加熱開始後10分間燃焼、変形、溶融、亀裂、その他損傷、有害な煙またはガスを発生しないものです。

11-4 排煙設備設置の要否

まずは、建築基準法の法規チェックをして設置の要否を確認します。

Point

- 排煙設備も、定期検査報告が1回/年必要です。
- 排煙設備は、建築基準法施行令(第126条の2)によって義務付けられています。
- 多くの場合、総床面積の1/50の排煙窓を設けていれば法規上問題はありません。

排煙設備設置の有無

建物の設計計画の際、その建物や室が法的に排煙設備設置が必要かどうかを検討します。排煙関係の法令には、建築基準法と消防法がありますが、法規制の大半は建築基準法によるものです。次の分類があります。

一定の建築物の居室および通路　(令第126条の2)
特別避難階段の付室　(令第123条)
非常用エレベータの乗降ロビー　(令第122条)
地下街の地下道　(令第128条の3、他)
消防法の規定によるもの

設置義務のある建物は、法で定められた特殊建物で延べ面積が500m²を超える場合、その他の建物では、階数が3以上で延べ面積が500m²を超える場合とされており、階数3は、建物全館の階数(例えば、地下1階、地上2階)を意味しています。

学校などの一部の建物、便所などの室では、設置義務の免除を受けますので、排煙設備を設ける必要はありません。

さらに、外部に面した防煙区画では、外壁に法規上有効と認められた排煙口など所定の大きさがある場合、機械排煙を用いることなく、自然排煙が認められています。

防煙壁

間仕切壁または0.5m以上(地下は0.8m以上)下方に突出した垂れ壁、その他これと同等以上に煙の流動を妨げる効力のあるもので、不燃材料で造り、または覆われているもの。

排煙設備での居室とは

居住、執務、作業、集会、娯楽、その他これらに類する目的のために継続的に使用する室(居間、厨房、店舗の売場、事務室、会議室、作業場、病室など)のことです。

防火区画と防煙区画の違い

防火区画とは、建築物内における延焼または煙の拡大の防止を目的として、一定の床面積ごと、異種用途ごと、階段吹抜け、その他の縦穴ごとに耐火構造の床、壁または特定防火設備によって区画された部分です。

防煙区画とは、防煙壁で区画された部分(一般には500m²ごと、地下街では300m²ごと)です。

建物や居室等に関する排煙設備の設置義務（排煙設備技術基準）

表11-6 排煙設備技術基準

設置義務のある建築物		設置義務免除建物	設置義務免除部分
❶特殊建築物 i)劇場、映画館、演芸場、観覧場、公会堂、集会場 ii)病院、ホテル、旅館、下宿、共同住宅、寄宿舎、養老院、児童福祉施設等 iii)学校、体育館、博物館、美術館、図書館、ボーリング場、スキー場、スケート場、水泳場、スポーツ練習場 iv)百貨店、マーケット、展示場、キャバレー、カフェ、ナイトクラブ、バー、舞踏場、遊技場、公衆浴場、待合い、料理店、飲食店、店舗（$>10m^2$）	延べ面積 $>$ $500m^2$ の建築物	(1)学校、体育館	① ii）の病院等のうち、防火区画した床面積が$100m^2$以内の部分。 ②階段の部分、昇降機の昇降路の部分、局部的な倉庫、物入れ、書庫、洗面所、便所、パイプシャフトなどの部分。 ③高さ31m以下にある居室以外の室で、内装仕上げが不燃、準不燃、防火戸で区画したもの。または、防煙区画したもの（室面積$<100m^2$）。 ④高さ31m以下にある居室で$100m^2$以内に防火区画し、内装仕上げを不燃、準不燃でしたものまたは内装を下地、仕上げとも不燃でしたもの（居室面積$\leqq 100m^2$）。 ⑤高さ31mを超える部分にある$100m^2$以下の室または居室で、防火区画し、内装仕上げを不燃、準不燃でしたもの。
❷（階数$\geqq 3$）で、（延べ面積$>500m^2$）の建築物。		(2)機械製作工場、不燃性の物品保管倉庫等で、主要構造物が不燃材料で造られたもの。 (3)(2)と同様に火災発生の少ない構造のもの、周囲開放の耐火建築物、不燃構造の自動車車庫、駐車場など。 (4)危険物貯蔵・処理場、車庫、通信機室、繊維工場など。（法令により不燃ガス、粉末消火設備を設けたもの）。	●上記②、③、④および⑤ ⑥高さ31m以下にある居室で、「防火壁」などで床面積が$100m^2$以内に防煙区画されたもの。
❸（延べ面積$>1000m^2$）の建築物の（床面積$>200m^2$）の大居室。		上記(2)および(4)。	●上記②、④、⑤および⑥
❹（排煙上有効な開口部面積$<1/50$、床面積）の居室（無窓居室）。		上記(1)、(2)および(4)。 (5)有効窓面積（$\geqq$床面積$\times 1/20$）のある階数2以下の住居・長屋の住戸（$\geqq 200m^2$）の居室。	●上記①、④および⑤

11-5 排煙方式の決定手順

排煙設備の要否から自然排煙方式を、それがダメなら機械排煙方式となります。

Point

- **建築意匠設計担当者とも十分協議して、排煙方式を決定しましょう。**
- **排煙設備は、一般の方が使う設備ではなく、火災が発生した時に消防隊が活用するための設備です。そのため、避難を重要視してください。**

排煙方式

排煙方式には、**自然排煙方式**と**機械排煙方式**があります。

排煙方式の決定手順

法規を見ながら設置義務のある建物かどうかを確認します。Yesならチャートに従いながら、先に進んでください。自然排煙にしますか、それとも機械排煙ですか？

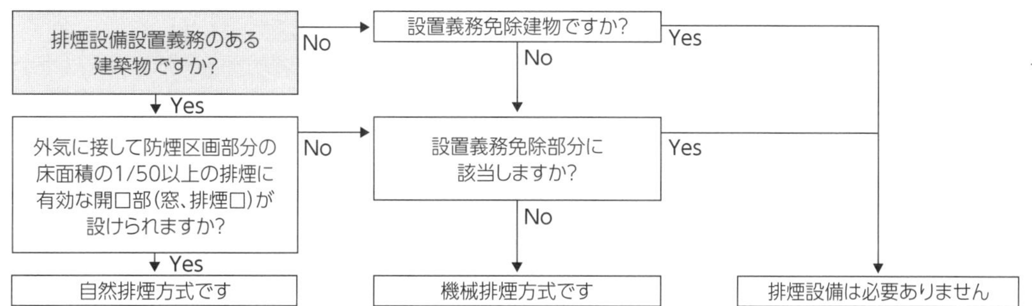

図11-3 決定手順

自然排煙方式とするに必要な開口部の大きさの求め方

自然排煙方式とするに必要な開口部の大きさの求め方	計算 11-1	計算例
	A(㎡)=B(㎡)/50 A：有効な開口部〔㎡〕 B：排煙区画の床面積〔㎡〕	B＝ 368 ㎡ ∴A＝ 7.36 ㎡

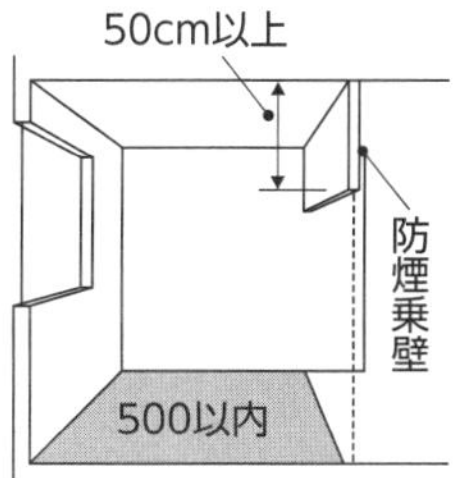

図11-4 防火垂れ壁の設置位置

自然排煙に有効な部分

自然排煙に有効な部分は、下記に示すように、防煙壁と**防煙垂れ壁**で区画される場合は、それぞれの有効な高さの解釈は異なっていますので注意が必要です。

■防煙壁で区画される場合

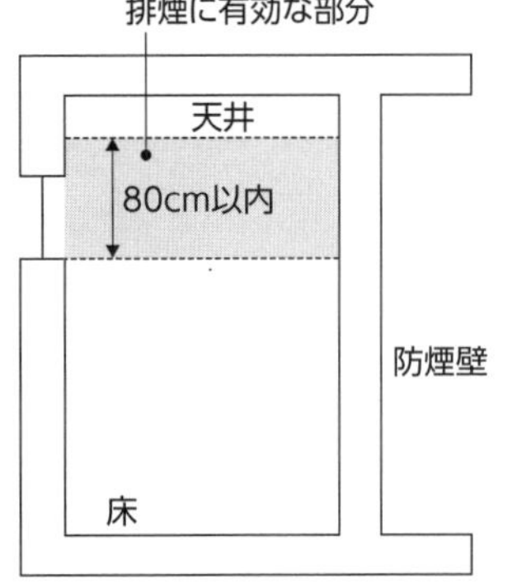

■垂れ壁で区画される場合

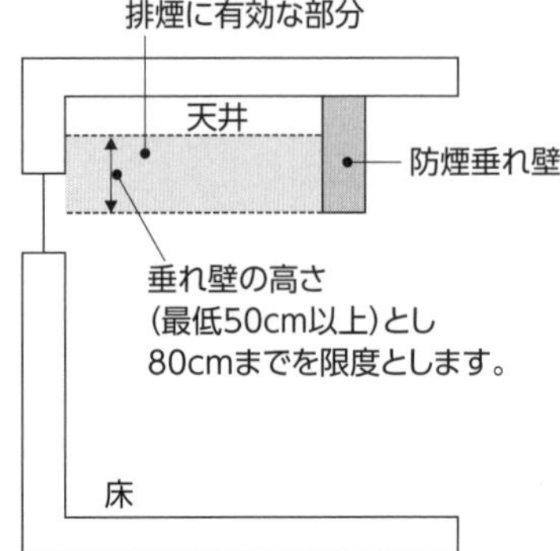

図11-5 自然排煙に有効な部分

防煙区画

表11-7 防煙区画の面積

	室の天井高さが3m未満の場合	室の天井高さが3m以上の場合
防煙区画の面積	500m²以下とし、防煙壁か垂れ壁で区画する。	内装を法令どおり守ることを条件に500m²の面積制限が緩和される。

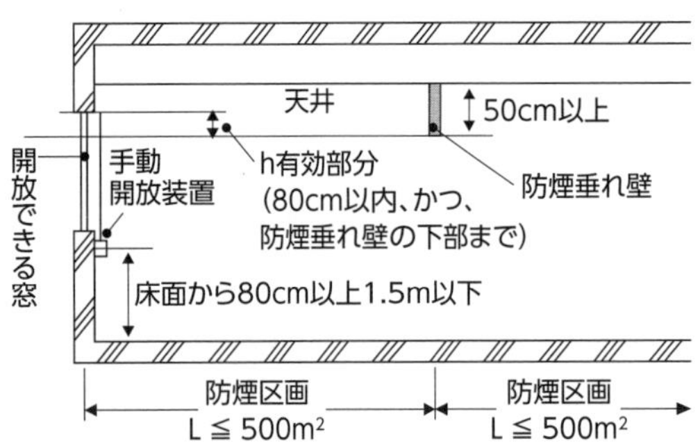

図11-6 防火垂れ壁と防炎区画

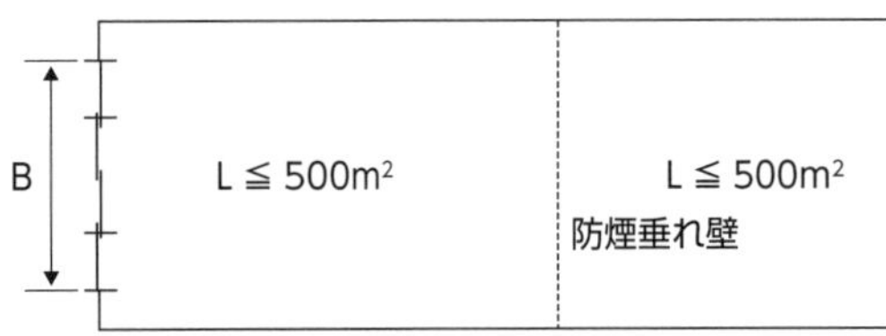

図11-7 防炎区画面積

11-6 排煙設備の構造基準

建築基準法施行令 第126条の3 に規定されています。

Point

- ▶ 排煙口は、防煙区画の各部分から距離30m以下となるよう1個以上設置します。
- ▶ 排煙口の吸込風速は、10m/sec以下で選定します。
- ▶ ダクトサイズは、ダクト内風速20m/sec以下を目安に選定します。

排煙設備の構造基準(建築基準法施行令第126条の3、建告第31号)

居室等の排煙設備

	計算 11-2	計算例
排煙機風量	①1防煙区画を受持つ場合 Q≧60×K×A Q：排煙機の排煙量〔m³/h〕(≧7200m³/h) K：余裕係数(=1.1) A：防煙区画の床面積〔m²〕	K＝ 1.1 A＝ 240.0 m² ∴Q＝ 15,840 m³/h ∴判定＝ OK
排煙機風量	②2以上の防煙区画を受持つ場合 Q≧120×K×Amax Q：排煙機の排煙量〔m³/h〕(≧7200m³/h) K：余裕係数(=1.1) Amax：当該排煙機が受持つ、最大防煙区画床面積〔m²〕	K＝ 1.1 Amax＝ 480.0 m² ∴Q＝ 63,360 m³/h ∴判定＝ OK
排煙機風量	③集会場の客席等を受持つ場合(天井高≧3m) Q≧60×K×At Q：排煙機の排煙量〔m³/h〕(≧30000m³/h) K：余裕係数(=1.1) At：防煙区画の床面積、2以上の場合はその合計〔m²〕	K＝ 1.1 At＝ 680.0 m² ∴Q＝ 44,880 m³/h ∴判定＝ OK
排煙口の有効開口面積	a≧q×A/60V a：有効開口面積〔m²〕 q：防煙区画1m²当りの排煙量〔m³/m²・min〕(=1.0) A：防火区画の面積〔m²〕 V：排煙口の標準通過風速〔m/sec〕(=8.0) ＊10m/sec以下とする。	q＝ 1.0 m³/m²・min A＝ 150 m² V＝ 10 m/sec ∴a＝ 0.25 m² 正方形の大きさ＝ 500 □mm

特別避難階段・非常用エレベータの乗降ロビーおよび付室兼用ロビー等

	計算 11-3	計算例
排煙口の有効開口面積	■特別避難階段の付室 ■非常用エレベータの乗降ロビー ■附室兼用ロビー a≧q/V a：有効開口面積〔m²〕 q：排煙量〔m³/sec〕 ・附室とロビー兼用の場合……6m³/sec以上 ・専用の場合……4m³/sec以上 V：吸込風速〔8m/sec〕	q＝ 4 m³/sec V＝ 8 m/sec ∴a＝ 0.5 m² 正方形の大きさ＝ 707 □mm

排煙口の吸込抵抗	$P \fallingdotseq 0.9 \times$（吸込面風速）$2/16 \times 9.807$〔Pa〕 v：吸込面風速（10m/sec以下）	V＝ 8 m/sec ∴ P＝ 0.37 Pa

表11-8 その他共通事項

排煙風道	風速は<20m/sec（参考）とし、風量は各部とも排煙機風量とする。
排煙口の手動開放装置の取付位置	床面から0.8m≦h≦1.5mとし、見やすい方法で使用方法を標示し、天井から吊下げる場合は1.8mの高さとする。
排煙口の取付高さ	天井または壁の上部（天井高さの1/2以上の部分で下端の高さを基準）。
給気口の取付高さ	床または壁の下部（天井高さの1/2未満の部分で上端の高さを基準）。

排煙風量

防煙区画の排煙風量

	計算 11-4	計算例
防煙区画の排煙風量	Q＝A× 1.0〔㎥/min・㎡以上〕 Q：排煙風量〔㎥/min〕 A：防煙区画の床面積〔㎡〕	A＝ 120 ㎡ ∴ Q＝ 120 ㎥/min

排煙機の風量

排煙機の風量は、防煙区画の数、天井高さ等によって算出されますが、排煙風量が少ない場合には最低風量が定められています。

表11-9 その他共通事項

	最低風量〔m^3/min〕	風量計算式
1防煙区画のみを対象とする場合	120	防煙区画の床面積×1m^3/min・m^2
2以上の防煙区画を対象とする場合	120	最大防煙区画の床面積×2m^3/min・m^2
天井高さ3m以上で500m^2を超える防煙区画を含み、内装の仕上げを不燃材料または準不燃材料でしてある場合	500	防煙区画の床面積の合計×1m^3/min・m^2

排煙ダクトの風量の算定

排煙ダクトの風量は、空調や換気ダクトの風量の決め方と異なった考えにより計画されます。

各階の横引きダクト

①各排煙口が同時開放の必要のない場合

- 分岐ダクトは、各防煙区画の風量とします。
- 2つ以上の防煙区画を受持つダクトは、そのうちで最大の防煙区画の排煙風量をそのダクトの風量とします。

②各排煙口が同時開放の必要な場合

- 分岐ダクトは、各防煙区画の風量とします。
- 2つ以上の防煙区画を受持つダクトは、同時開放される防煙区画の合計風量をそのダクト風量とします。通常は、隣接する2防煙区画を考えればよいので、同時開放される2区画のうち合計風量が最大になる値とすればよいのです。

竪ダクト

竪ダクトは、排煙機より最も遠い階から排煙風量を順次比較し、各階ごとの排煙風量のうち大きい方の風量とします。

11-7 排煙口の選定

最大排煙区画は500m²です。これ以下になるよう区割りをしてください。

Point

- ▶ 排煙区画床面積1m²につき1m³/min以上の排煙風量が必要です。
- ▶ 排煙口のサイズは、吸込み面風速が10m/sec以下になるよう設定します。

排煙口の寸法選定法

①最大排煙区画は、500m²です。

②排煙口のサイズは、排煙口有効面積＝排煙風量（m³/min）/10×3600

③排煙口の有効面積が求めることができれば、次式により排煙口のダクト寸法を算出します。

排煙口W×H＝排煙口有効面積／有効開口率

●排煙口の周長1m当たりの漏気量〔m'/min,m〕を示します。

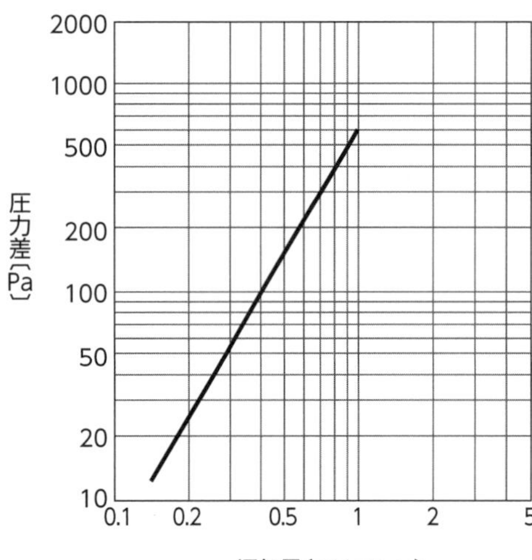

*排煙設備技術指示'97年版基準より

図11-8 排煙口の漏気量

	計算 11-5	計算例
排煙口有効面積	a＝Q/v×3600 a：排煙口有効面積〔㎡〕 Q：排煙風量〔㎥/min〕 v：吸込面風速（10m/sec以下）	Q＝ 480.0 ㎥/min v＝ 8.0 m/s a＝ 0.0167 ㎡
排煙口のダクト寸法	a'（排煙口面積）＝a/α α：有効開口率	α＝ 0.75 a'＝ 0.0222 ㎡ ∴ ダクト寸法＝ 0.149 □m

排煙口の吸込抵抗

排煙口の吸込抵抗は次の計算で求められます。

排煙口の吸込抵抗	計算 11-6	計算例
	$P \fallingdotseq 0.9 \times V^2/16 \times 9.8$ P：排煙口の吸込抵抗〔Pa〕 V：吸込面風速〔m/sec〕 ＊標準は8.0m/s、10m/s以下とする。	V = 8.0 m/sec ∴P = 0.37 Pa

排煙口寸法と選定表

表11-10　排煙口の寸法

単位：〔mm〕

H/W	300	350	400	450	500	550	600	650	700	750	800	850	900	950	1000
300	31.3 0.58	37.8 0.60	44.6 0.62	52.7 0.65	58.5 0.65	65.3 0.66	71.3 0.66	79.6 0.68	85.7 0.68	93.2 0.69	99.4 0.69	105.6 0.69	111.8 0.69	119.7 0.70	126.0 0.70
350		47.8 0.65	54.6 0.65	62.4 0.66	71.4 0.68	80.9 0.70	89.5 0.71	98.3 0.72	107.3 0.73	116.6 0.74	124.3 0.74	133.9 0.75	143.6 0.76	151.6 0.76	159.6 0.76
400			67.2 0.70	74.5 0.69	86.4 0.72	95.0 0.72	106.6 0.74	117.0 0.75	126.0 0.75	136.8 0.76	145.9 0.76	155.0 0.76	164.2 0.76	175.6 0.77	184.8 0.77
450				89.9 0.74	99.9 0.74	111.4 0.75	123.1 0.76	135.1 0.77	147.4 0.78	158.0 0.78	170.6 0.79	183.6 0.80	194.4 0.80	205.2 0.80	218.7 0.81
500					115.5 0.77	127.1 0.77	140.4 0.78	154.1 0.79	165.9 0.79	180.0 0.80	192.0 0.80	206.6 0.81	218.7 0.81	230.9 0.81	243.0 0.81
550						145.2 0.79	156.4 0.79	171.6 0.80	187.1 0.81	200.5 0.81	216.5 0.82	230.0 0.82	246.5 0.83	260.2 0.83	277.2 0.84
600							177.1 0.82	191.9 0.82	206.6 0.82	224.1 0.83	239.0 0.83	257.0 0.84	272.2 0.84	287.3 0.84	302.4 0.84
650								210.4 0.83	226.6 0.83	245.7 0.84	262.1 0.84	281.8 0.85	298.4 0.85	314.9 0.85	335.4 0.86
700									247.0 0.84	264.6 0.84	285.6 0.85	303.5 0.85	325.1 0.86	343.1 0.86	361.2 0.86
750										290.3 0.86	309.6 0.86	339.0 0.86	348.3 0.86	371.9 0.87	391.5 0.87
800											334.1 0.87	355.0 0.87	375.8 0.87	396.7 0.87	417.6 0.87
850												381.5 0.88	403.9 0.88	426.4 0.88	448.6 0.88
900													427.7 0.88	451.4 0.88	480.6 0.89
950														481.9 0.89	507.3 0.89
1000															540.0 0.90

＊上段:排煙区面積　下段:有効開口率

11-8 排煙ダクト

風量や排煙口の位置と数が決まれば、次にダクトサイズなどの計画を進めます。

Point

- **排煙ダクトとは、火災発生時に使用される排煙用の煙の通り道です。**
- **救助と避難の安全性を高めるため、停電時にも作動するために自家発電装置の設置が必要です。**

ダクト計画の注意事項

①ダクトは、空調や換気との併用を避けて専用とします。

②ダクトは、定速法で計画し、風速は20m/sec以下とします。

③ダクト平面計画は、原則として防煙区画内に納めます。止むを得ず防火区画を貫通する場合は、温度ヒューズ式防火ダンパを設けます。その作動温度は280℃です。

④各階を貫通する主ダクトは、原則として耐火構造のシャフト内に納めます。

⑤高速でダクトを設計するための無理な形状のダクトは避けるべきです。排煙機周りでは、急曲がりの接続はしないことです。止むを得ない場合は、ガイドベーンを用います。

⑥排煙機との接続はフランジ接合とし、たわみ継手、風量調節ダンパは設けません。

⑦ダクト系の抵抗計算をします。排煙口が多くダクトの距離が長い場合には、最遠の排煙口を対象にするだけでなく諸条件を想定して行います。

⑧排煙機の風量は、ダクトおよび閉鎖している排煙口からの漏れを考慮して、ダクトの長さや排煙口の数により余裕を1.1 ～ 1.3程度見込みます。

その他ダクトについては、鋼板製とし、板厚は高速仕様とし、コンクリートダクトの使用はしない。また、天井裏等の隠蔽部分に設けられた排煙ダクトには、排煙時に有毒ガスや有毒物質が発生しない材料で断熱をします。

ダクト施工の注意事項

①亜鉛鉄板製ダクトでは、矩形ダクトの場合の板厚その他は、アングルフランジ工法ダクトの高圧1.2ダクトの項を適用し、ピッツバーグはぜとする。円形ダクトの場合の板の継目は内部甲はぜとします。

②普通鋼板製ダクトでは、前記のほか、板厚1.mm以上とし、板の継目は溶接とします。ダクトの接続は、山形鋼40×40×5mmとし、その最大間隔は3640mmとします。

③ダクトの補強および支持は、山形鋼40×40×5mmとし、その最大間隔は1820以下とします。

11-9 排煙機の選定

排煙機の性能評定基準（財団法人日本建築センター）によります。

Point

- **排煙機の風量は、①１つの防煙区画を1台の排煙機が受け持つ排風量は、120m³/min以上で、防煙区画の床面積[m²]×２[m³/min・m²]以上とする。**
- **②２つの防煙区画を1台の排煙機が受け持つ排風量は、120m³/min以上で、最大防煙区画の床面積[m²]×２[m³/min・m²]以上とする。**

排煙機

排煙機の選定では、静圧が比較的高い、多点の運動状態によるサージング、排煙温度の変化によるサージングを考え、各種送風機の性能を検討して行います。

一般の目安としては、静圧80mmAq（800Pa）くらいまでは多翼送風機、それ以上はリミットロード送風機、ターボ送風機が用います。注意点は以下の3点です。

①排煙機の位置は、排煙の性格上、系の最高部とし吐出し側ダクトは短くします。
②排煙機の保守スペースとして周囲60cm程度をとり、防音、防振の配慮はしません。
③排煙機には非常電源を法令上設けますが、ない場合は代わりに専用エンジンでもよい。いずれにしても、常用電源より自動的に切換えができ、運転が続行しなければなりません。

排煙気の風量

排煙機の風量は、

①1つの防煙区画を1台の排煙機が受持つ排風量は、120m³/min以上で、防煙区画の床面積〔m²〕×2〔m³/min・m²〕以上とします。
②2つの防煙区画を1台の排煙機が受持つ排風量は、120m³/min以上で、最大防煙区画の床面積〔m²〕×2〔m³/min・m²〕以上とします。

表11-11　排煙機設置室の必要換気量（エンジン付ファンの場合）

エンジン形式	NFAD7-EPA	NFD10-MEPA	NFD13-MEPA	NFD170-EPA	4TNE84-PA	4TN100L-PS
エンジン排気量〔cc〕	353	493	638	857	1995	3455
必要換気量〔m³/min〕	15	18	22	25	47	74

表11-12　排煙ファン一覧（参考）

駆動方式	ファンタイプ		機種	No	風量〔m³/h〕	静圧〔Pa〕	出力〔Kw〕	外形寸法〔mm〕 幅	長さ	高さ	質量〔kg〕
電動機駆動（自家用発電装置のある場合）	遠心ファン	低圧用	SRMH	3	5000～10000	600	2.2～5.5	600	1300	850	99
				31/2	5000～15000	800	1.5～7.5	630	1450	1100	135
				4	5000～22000	750	1.5～11	700	1550	1150	173
				41/2	6000～24000	700	1.5～11	760	1600	1300	207
				5	10000～32000	750	1.5～15	850	1700	1450	283
				51/2	10000～36000	700	2.2～15	900	1800	1600	325
				6	15000～40000	800	2.2～18.5	1000	1900	1800	383
				7	25000～80000	650	3.7～45	1250	2500	2000	750
				8	30000～100000	700	5.5～55	1350	2700	2250	888
		高圧用	SRP3H	3	6000～23000	2800	11～15	750	1400	920	159
				31/2	8000～18000	2000	15～18.5	750	1500	1050	210
				4	10000～22000	2000	18.5～22	820	1700	1200	302
				41/2	15000～26000	2000	22～30	950	1750	1350	365
				5	16000～35000	2000	30～37	1050	2000	1500	510
				51/2	20000～40000	2500	37～45	1150	2100	1650	591
				6	22000～50000	2500	37～45	1200	2200	1800	678
				7	30000～60000	2000	45～55	1350	2800	2050	1221
				8	40000～90000	2000	55～90	1550	3100	2400	1568
エンジン・電動機両駆動（自家用発電装置のない場合）	遠心ファン	低圧用	SRMH	3	5000～10000	600	2.2～5.5	650	1900	900	335
				31/2	5000～15000	800	1.5～7.5	650	2100	1000	405
				4	6000～20000	700	1.5～11	750	2400	1150	455
				41/2	6000～24000	700	2.2～11	800	2500	1250	500
				5	10000～32000	700	2.2～15	860	2600	1400	600
				51/2	10000～35000	750	2.2～15	950	2900	1550	740
				6	15000～45000	800	2.2～18.5	1000	3150	1700	870
				7	25000～80000	700	3.7～45	1350	3700	1950	1220
				8	30000～100000	800	5.5～45	1450	3900	2200	1400
		高圧用	SRP3H	3	3000～8000	1000	2.2～5.5	700	2050	950	355
				31/2	3000～13000	1200	1.5～7.5	750	2250	1050	420
				4	4000～20000	1000	2.2～15	800	2350	1200	535
				41/2	4000～20000	1000	2.2～15	900	2450	1350	590
				5	6000～30000	1000	3.7～22	1150	2800	1500	820
				51/2	8000～40000	1500	3.7～30	1150	2900	1600	945
				6	10000～50000	1500	5.5～30	1200	3000	1750	1035
				7	15000～60000	1500	5.5～37	1350	3600	2000	1300
				8	15000～70000	1500	7.5～37	1550	3800	2300	1600

電動機駆動遠心ファン低圧用 SRNH

電動機駆動遠心ファン高圧用 SRP3H

エンジン・電動機両駆動遠心ファン低圧用 SRNH

エンジン・電動機両駆動遠心ファン高圧用 SRP3H

写真提供：荏原テクノサーブ株式会社

図11-9　排煙機の種類

第12章

自動制御設備

建築設備での「制御」の概念は変わりつつあります。すべての分野でオートメーション化がすすんでいるためです。しかし、ここで自動化という場合の「自動」は意味が一般とは異なります。自動化とは、手足の部分の自動化ではなくて頭の部分の自動化を意味しているのです。この意味をはっきりさせるためには、自動化というよりも自動制御という言葉を使った方がよいでしょう。

その自動制御自体も、具体的な方法は、「フィードバック制御」と「シーケンス制御」の2つに大別できます。

どちらも自動的にやってくれるので省力化が可能となりました。今までの自動制御の効果です。これからは省力化とともに品質管理の技術と自動制御の技術です。その運用を解説します。

12-1 自動制御とは

人手を介することなく自動的に、
目的とする別の状態へ移行させる装置のことです。

▶ Point

▶ 電気ポットは、現在の水温から求める温度まで水温を上昇させ、一定温度を保とうとします。これも自動制御装置です。メカニカルな装置、電気回路によるアナログ装置がありますが、ここはマイコンシステムを利用したデジタル制御装置を指します。

自動制御の目的

空調設備に使用される**自動制御装置**は、建物の快適環境を目的とした快感空調や、製品の品質向上を目的とした工業用空調などが適切に運転されるためのものです。

建物の規模、用途、精度などにより、使用される自動制御装置は異なりますが、特に近年、機器も制御機能の高度化、多様化へと変化しています。

空調設備に取り入れると、自動制御装置の効果には、次のことがあげられます。

表12-1 自動制御の効果

効果内容	内容の説明
快適環境の確保	室内を快適環境に保つことにより、作業能率の向上を図ることができます。
エネルギーの節減	設備の高効率運転、適正化運転を行うことにより、省エネルギーを実践します。
安全性の確保	制御する量を許容値内に保つことにより、機器・装置が危険な状態になることを防ぎます。
労働の節減	作業を自動化することにより、複雑な制御、判断業務から人間を解放します。

自動制御は花ざかり

空調設備だけが、自動制御を利用しているわけではありません。あらゆる分野の機器、一般家庭にもある電気洗濯機や冷蔵庫などの機器にも採り入れられ、現在では機器の操作や運転は、自動制御を抜きにしては不可能です。

ある事物の行動に対して、特定の形を与えて拘束することを制御といいます。この制御を人間が行う場合を**手動制御**といい、人間に代わって制御装置により自動的に行われる制御を**自動制御**といいます。

オートメーションとは

automatic operationの略語です。人間の手足の働きばかりでなく、頭脳の働きまでも機械に行わせて、装置の運転や調整を自動的に行うことです。

機器制御、計測、計算、作業管理、事務処理、その他情報伝達系の自動化の技術が著しく発達しています。

オートメーションが使われている分野は実に広く、化学工場で使われるプロセスオートメーション、機械工場で使われるメカニカルオートメーション、事務所系で使われるオフィスオートメーションなどが代表的です。

ビルディングオートメーションは、あらゆる建築設備を自動制御装置やコンピュータなどを駆使して自動制御化とし、最適環境の確保、安全性の確保、エネルギー節減、人的労力の節減と質的向上を目的として、オートメーション化することをいいます。

自動制御とは、あらゆる機器装置を人間の代わりに機械によって行うことを指し、自動制御を行うには、**フィードバック制御**、**シーケンス制御**および**インターロック**が多様に組み合わされます。

12-2 自動制御の方式

自動的に調節する機器や電気配線等の装置のことをいいます。

Point

- フィードバック制御は、アナログ計装からコンピュータによるデジタル計装に代わってきました。
- シーケンス制御は、コンピュータでシーケンスをソフトウエア化したマイコンへと変化しています。

自動制御の方式

定められた手順に従って機器を順番に(シーケンシャルに)操作する**シーケンス制御**、原因と結果の因果関係が決定されている時、結果のフィードバックをしない制御が行える**開ループ制御**、制御対象に対する外乱(外気温の変化、室内人数の変化など)の状態変換をネガティブフィードバックすることで、逐次制御対象を適切な値となるよう、操作端を制御し、制御対象が最適な値となるようにする**閉ループ制御**などの方式があります。

フィードバック制御

この制御方式は、結果から原因の集成へと循環してやまない動作をフィードバック(帰還)といい、フィードバックにより制御することを**フィードバック制御**といいます。

フィードバック制御は信号の伝わり方が、ひと回りしてきて、はじめの場所に戻り、全体が1つの閉じた回路のような格好となって、信号が循環するので**閉回路制御**ともいわれています。

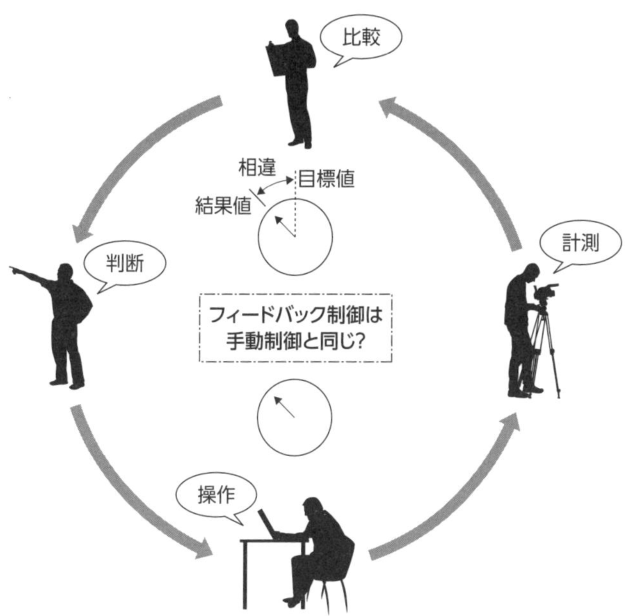

図12-1 フィードバック制御

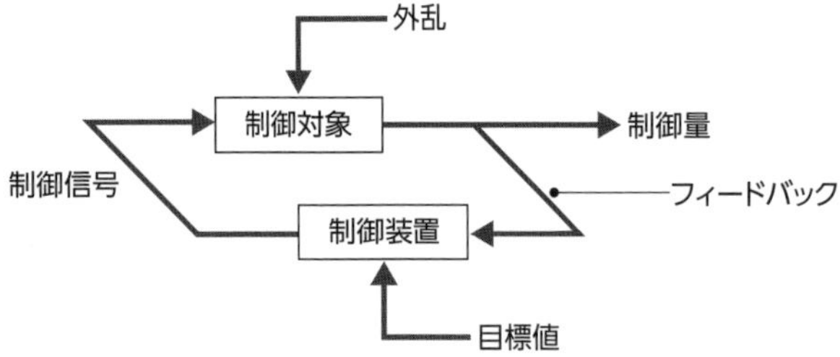

図12-2 フィードバック制御フロー図

シーケンス制御

全自動洗濯機を例に、シーケンス制御を考えてみましょう。

洗濯機に洗剤と洗濯物を入れ、スイッチを入れると、注水 → 洗濯 → すすぎ → 脱水と、洗濯の全作業を自動的にやってくれます。そのため、洗濯機は人間に代わって洗濯をしているように思われます。しかし、ここでよく考えなければならないのは、この洗濯物が完全に洗われていても、汚れが残っていても、機械は定められた時間·作業を進行するだけで、結果についてはまったく無関心であることです。

決められた時間に命じられた作業を順序に従い、あらかじめ命じられた仕事をするだけです。このようなやりっぱなしの一方通行のような制御を**シーケンス制御**(順送制御)といいます。

この制御は、制御の結果についての原因の修正(訂正動作)を行わないのが大きな特徴です。したがって、シーケンス制御の回路には信号の循環はなく、開いた状態になるので開回路制御ともいわれ、訂正動作は人間が行わなければなりません。しかし、非常に複雑な操作や確認の単純化が、シーケンス制御により可能となります。

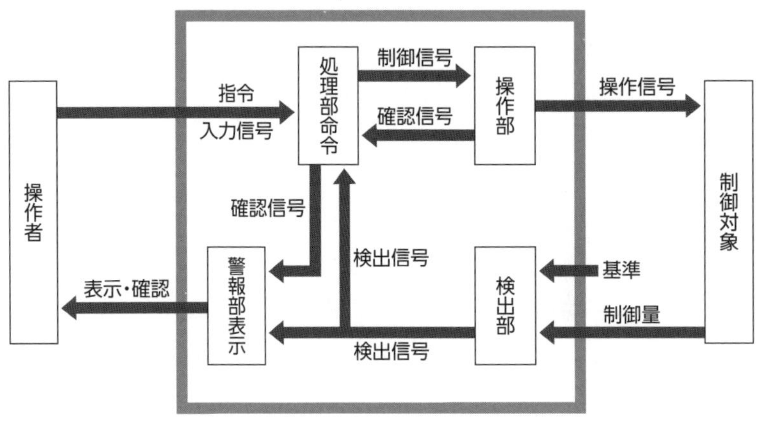

図12-3 シーケンス制御

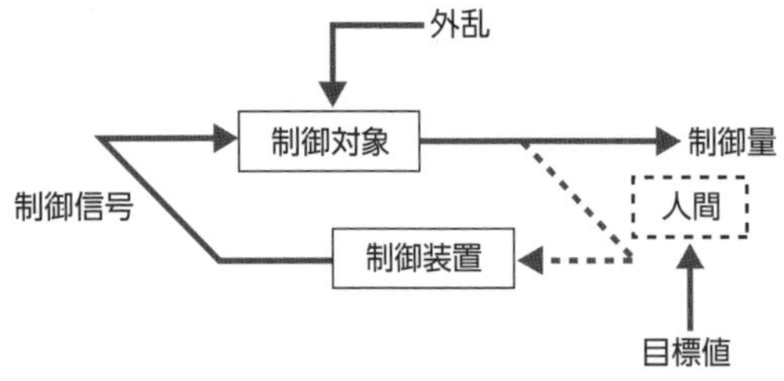

図12-4 シーケンス制御フロー図

シーケンスロボットとは

近年、あらゆる作業工程にロボットが用いられています。**シーケンスロボット**は、産業用ロボットの1つで、あらかじめ設定された順序、条件、時間や位置に従って、動作の各段階を順次進めて行く装置のことです。設定情報の変更ができない固定シーケンスロボットと、容易に変更ができる可変シーケンスロボットがあります。

インターロック

シーケンス制御は訂正動作ができないため、シーケンス制御による自動機械は、運転中は人間が付き添って監視し、不良品が生じたとか異常が発生した場合には、人間が機械を停止させなければなりません。いくら自動機械でもこの状態は感心できません。

そこで、運転開始時や運転中に異常事態が生じた時、自動的に運転を停止させ、異常発生を知らせる警報を発することが必要となります。このような仕組みを**インターロック**（鎖錠）といいます。ある条件が満足されなければ、次の操作が行えない仕掛け、および危険状態に達すると自動的に運転停止や保安操作を行うようにした仕掛けです。重大な誤作動や事故を防止することができます。

フィードバック制御とシーケンス制御およびインターロックが多様に組み合わされて、機器や装置が効率よく安全に自動制御されるのであり、シーケンス制御とインターロックは主に**自動起動停止装置**に応用されます。

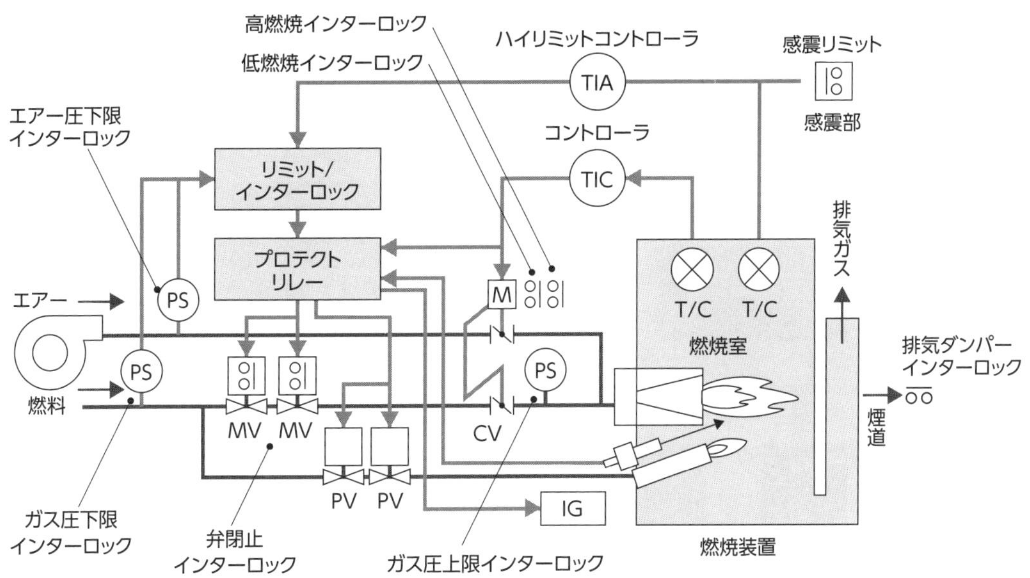

図12-5 インターロック制御

インターロックと連動

上記の説明のように、インターロックという制御の安全弁があれば、機器の起動や停止が可能となります。この動作により、他の機器も連動で起動や停止ができるように制御されることを、連動制御といいます。例えば、冷却水ポンプが運転すると次に冷却塔ファンを運転するような制御のことです。

12-3 自動制御計画の手順

基本的な制御方式、動作の選択基準を手順に従って進めます。

Point

- ゾーンを決めて用途にあった使われ方と、外乱の動特性の把握が決め手です。
- 適用する制御動作の選定が命です。
- 機能のバックアップは適切かどうかをチェックしましょう。

自動制御計画の手順

自動制御の計画に当たっては、次の手順による細部を固めていくと、適切なものとすることができます。

①空調ゾーンなどに合わせた制御の区画を決定する。
②制御区画ごとの用途と使われ方を明確に確認する。
③制御結果としての状態量の所要精度を明確にする。
④どのような制御量を検出し、何を操作するのかを概略的なダイヤグラムで表示する。
⑤対象ゾーンの負荷状態の熱的特性、外乱などの動特性の特徴を把握する。
⑥適用すべき制御動作を選ぶ。
⑦制御動作をどのような機器で実現するかを、計画費用との整合を図りつつ決定する。
⑧中央管制がある場合、ローカル側での制御と中央側との機能分担を明確にする。
⑨機器およびシステムについて、求められる信頼度に対するチェックを行う。
⑩機器およびシステムの部分的故障時の、機能バックアップの仕方についてチェックする。

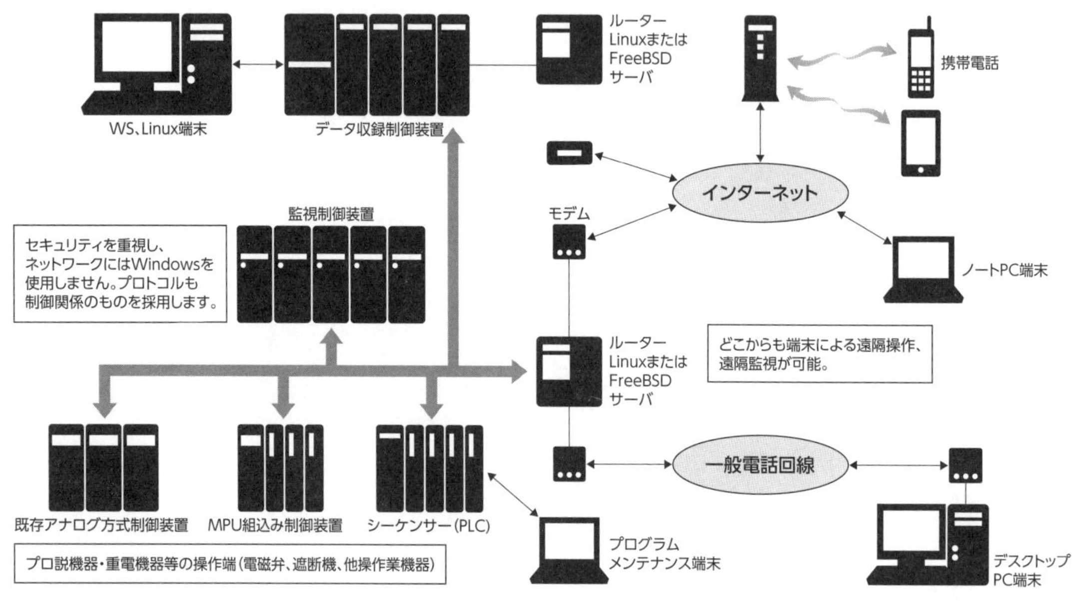

図12-6 自動制御の例

12-4 制御機器の選択

空調用の制御機器は、電気式、電子式、デジタル式、空気式、電子－空気式に大別されます。

Point

- ▶ 電気式とは、機械的な変位を直接電気信号に変えるものです。
- ▶ 電子式とは検出端の電気的特性変化をとらえ、これを電子回路により増幅したものを制御用信号として扱うものです。

 自動制御系の構成

制御対象

自動制御の対象となるものです。例えば、水位制御の場合は水位が、温度制御では温度がそれぞれ制御対象です。

自動制御装置

制御対象を自動制御するための装置です。基本的には検出部、調節部、操作部により構成されます。

検出部

制御対象の状態を計測することを自動制御では検出といいます。例えば、温度制御において温度を検出(計測)するための温度計を検出端(センサ)といい、その検出した温度(測定量)を電流や電圧などの信号に変換して、その信号を調節部へ送るようにする機構を検出機構といいます。それら検出端と検出機構を合わせて検出部といいます。

調節部

検出部から検出信号(検出結果の値)と目標値との差を比較して、どの程度の操作をすればよいのかを判断し、これを操作信号(制御偏差信号)として操作部へ送るようにする機構を調節部といいます。

操作部

調節部からの操作信号に応じて実際に操作する部分を操作部といいます。操作端としては、電動弁や電磁弁、電動ダンパなどが用いられています。

自動制御装置の構成

表12-2 自動制御装置の構成

構成要素		動作内容
検出部	検出端	制御量の変化を検出します。
	検出機構	検出端の測定量を次の調節部で目標値(設定値)と比較しやすい信号や動力に変えて、調節部へ送ります。
調節部	比較機構	検出部からの信号を目標値(設定値)と比較して、その偏差に応じた信号をつくります。
	調節機構	偏差信号によって訂正動作の操作信号を作り、操作部へ送ります。
操作部	操作機構	調節部からの信号を操作端の動作に変えます。
	検出端	操作量を直接変化させます。

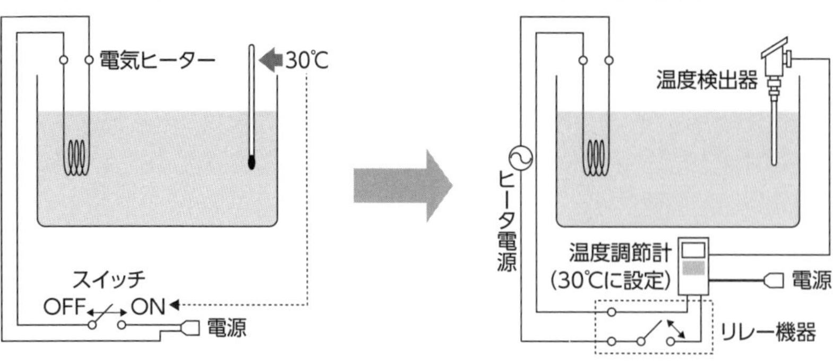

図12-7 自動制御装置の仕組み

自動制御の種類

表12-3 さまざまな自動制御

項目 \ 制御動作	二位置(ON/OFF)動作	比例(P)動作
動作図 (暖房)	操作量 ON OFF (温度)制御量 目標値 動作隙間 ＊目標値の位置は調節器により異なります。	操作量 全開 全閉 (温度)制御量 目標値 (比例帯) ＊目標値の位置は調節器により異なります。
特徴	・操作量が2つの定まった値のどちらかをとります。 ・設定はあくまでも目標値であり、設定どおりにはなりません。 ・動作すきまが過大であると変動幅大で、過小であると頻繁にON/OFFを繰り返します(ハンチング)。	・操作量が動作信号の現在値に比例します。 ・設定はあくまで目標値であり、設定に近づける動作がないため、オフセット(残留偏差)が残ります。 ・比例帯が広いとオフセットが大きく、過小であるとハンチングを起こします。
用途	・小規模で比較的安定している。 ・おおむね目標値(動作すきま)の近くにあればよい、室内温度制御など。	・外乱や無駄時間の小さい制御対象。 ・あまり精度を要求されない室内温度制御。

＊サイクリング(ハンチング)
二位置動作の制御に起こるような制御量の周期的な増減現象をいいます。二位置動作ばかりでなく、いろいろな要素により他の制御動作の場合にも起こり得ます。サイクリングの周期が短くなり、また振動が大きくなってこれが制御上好ましくない影響をおよぼす時、これをハンチングといいます。

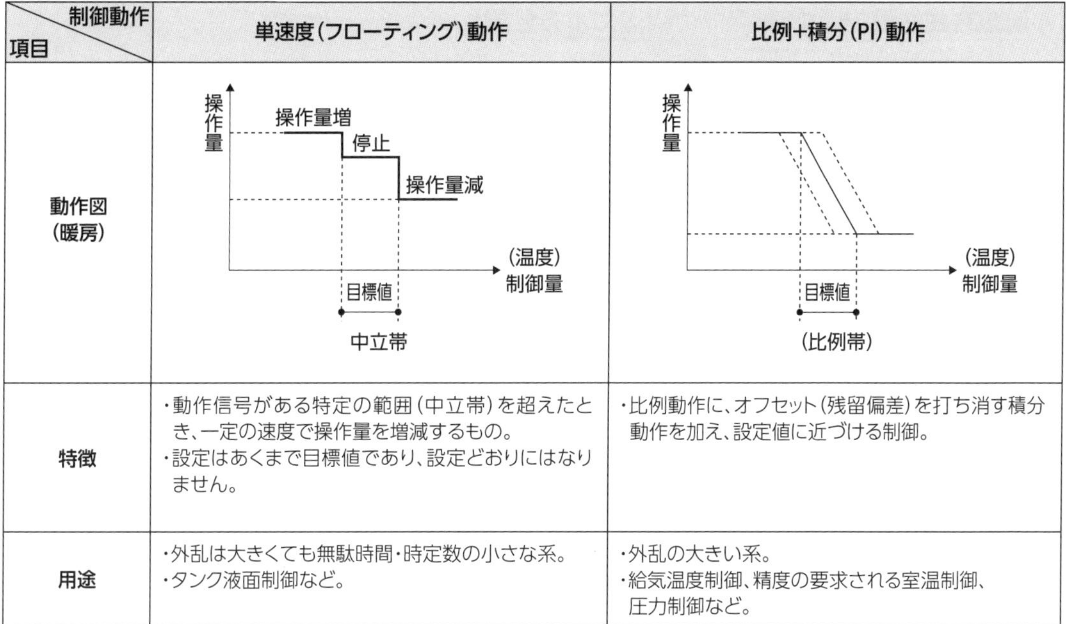

項目＼制御動作	単速度（フローティング）動作	比例+積分（PI）動作
動作図（暖房）	操作量／操作量増／停止／操作量減／（温度）制御量／目標値／中立帯	操作量／（温度）制御量／目標値／（比例帯）
特徴	・動作信号がある特定の範囲（中立帯）を超えたとき、一定の速度で操作量を増減するもの。 ・設定はあくまで目標値であり、設定どおりにはなりません。	・比例動作に、オフセット（残留偏差）を打ち消す積分動作を加え、設定値に近づける制御。
用途	・外乱は大きくても無駄時間・時定数の小さな系。 ・タンク液面制御など。	・外乱の大きい系。 ・給気温度制御、精度の要求される室温制御、圧力制御など。

項目＼制御動作	比例+積分+微分（PID）動作
動作図（暖房）	操作量／（温度）制御量／目標値／（比例帯）
特徴	・比例+積分動作にさらに微分動作を加え、応答を速くすることができる制御。
用途	・負荷変動が激しく、精度も要求される。 ・特殊恒温恒湿制御、圧力制御など。

＊オフセット
自動制御系に外乱が入ると、これに対して応答し、やがて安全な状態に落ち着きますが、応答後の出力が定常状態に達しても目標値に等しくならず、ある程度の制御偏差を残すことがあります。
この残留偏差で機器の不正確さに起因するものではなく、制御動作から本質的に結果するものをオフセットと呼んでいます。普通P（比例）動作だけではオフセットが生じますので、これを除く場合I（積分）動作が付加されます。

＊PID
比例積分微分動作のことです。比例動作に積分動作と微分動作を加えた制御動作のことです。適切な比例帯、積分時間、微分時間を選ぶことにより定常偏差がなく、速応性のある安定した比例制御ができます。

 制御方式比較(自動制御機器の構造による分類)

表12-4　構造による制御方式の違い

	電気式	空気式		電子式
概念図(温度)	検出部 調節部 操作部	検出部 調節部 M 操作部	検出部 M 調節部 M 操作部	検出部 遠隔設定 調節部 操作部
原理	・ベローズ、バイメタルダイヤフラム、ナイロンテープなどの物理的変位を利用。 ・検出部と調節部が一体。	・ノズル、フラッパを利用した空気圧平衡方式。 ・検出部と調節部が一体のタイプと分離のタイプがあります。 ・この他に、工業用の高精度タイプもあります。		・測温抵抗体 ブリッジ回路 電子回路を利用 ・電流、電圧信号にて伝送。 ・マイコン搭載型や検出部・調節部一体型もあります。
制御動作	二位置比例	二位置比例		二位置比例 PID カスケード補償
機能				指示 中央監視計測 中央監視設定
制御対象	温度 湿度 圧力	温度 湿度 圧力		温度 湿度 露点温度 圧力 流量 その他
経済性	簡単な計装では安価	簡単な計装では安価(空気源装置要)		電気式より割高
適用	一般的な空調用簡易計装	防爆用大型弁(バルブ)使用時(比較的安価)		恒温恒湿用 遠隔設定指示

	電空式	DDC
概念図（温度）	検出部 遠隔設定 調節部 (M) 変換部 (M) 操作部	検出部 中央監視と コミュニケーション 調節部 中央入出力部 操作部
原理	・検出部、調節部は電子式 ・操作部は空気式を利用し、双方の長所を生かしています。	・デジタル回路（マイコン）を利用。 ・デジタル信号。 ・中央との相互通信により高機能を実現。
制御動作	二位置比例 PID カスケード補償	二位置比例 PID カスケード補償 各種複合演算制御 快適環境制御 省エネルギー制御
機能	指示 中央監視計測 中央監視設定	
制御対象	温度 湿度 露点温度 圧力 流量 その他	温度 湿度 露点温度 圧力 流量 その他
経済性	バルブの多い計装で割安	中央監視と併用すると電気式より割安。
適用	恒温恒湿用 遠隔設定指示 外乱変化の早い対象 大型弁使用時	インテリジェントビル 省エネルギー計装 複雑な計装

＊DDC方式

DDCとは、調節器の機能がデジタル装置で行われる制御のことです。従来はアナログ制御が一般で、センサと調節計と操作部がワンループの制御系を複数組み合わせて、空調機などの設備機器の制御を完結させていました。

これに比べDDCは1つのコントローラ（調節計）で、複数の調節計の機能および相互の関係をデジタル演算・制御しています。今日ではビル管制がある建物では標準的な制御方式となっています。

＊カスケード

1つの制御装置が他の制御装置の設定点を変化させる制御方式です。各々の制御装置は別々の制御量を検出しますが、それらは互いに関係を持つ量です。

制御方式の分類

信号の伝達、操作動力源により、補助エネルギーを利用しない自力式(自力制御)と、電気や空気圧あるいは油圧などの補助エネルギーを利用する他力式(他力制御)に大別され、他力式は利用する補助エネルギーにより多種に分類されます。

表12-5 制御方式の分類

種類		作業内容	長所	短所
自力式		補助動力を必要とせず、検出部で得た力を直接調節部、操作部に伝えられて動作させる制御方式。	・構造簡単で保守も容易。 ・電力や空気が不要で安価。	・操作力が小さく精度が悪い。 ・操作部と検出部との距離が近い場合のみ使用可能。
他力式	電気式	信号の伝達および操作動力として電気を用い、調節機構を含まないもので、検出端の機械的変位を電気的信号に変換し、この信号により直接操作部を動作させる制御方式。	・電源が容易に得られ、信号の伝達が速い。 ・電気回路の組合せにより、数多くの制御可能。 ・機器の構造簡単で保守管理容易かつ安価。 ・工事(配線、取付け)が簡単。	・防爆に注意する必要があります。 ・高精度(±2℃、±5%RH以上)で、複雑な制御不可能。
	電子式	制御動力源として、電気式と同様電気を用い調節機構に電子増幅機構を持ち、検出信号を増幅して操作信号に変換し、操作部を動作させる制御方式。	・高精度で応答が速い。 ・複合制御(補償制御)が可能。 ・連続制御(暖房ー外気ー冷房)が可能。 ・制御装置の操作の中央化が可能。	・電気式に比べて配線が複雑で高価。 ・調整が困難。
	油圧式	油圧を動力源とする制御方式。	・操作速度が大。 ・操作力が強大。 ・希望特性のものをつくることが容易。	・油が漏れると汚れます。 ・引火の危険があります。 ・数気圧程度の油圧源が必要です。
	空気式	圧縮空気を動力源とする制御方式。	・操作器の構造簡単、大きな操作力が得られます。 ・大規模装置ほど低価格。 ・比例制御に適し、容易に積分動作可能。 ・耐爆性、耐食性に優れています。	・圧縮空気源が必要。 ・電気式、電子式に比べて信号の伝達が遅れます。
	電子空気式	検出部を電子式とし、調節機構以降を操作部の安価な空気式として、両者のよい点を採り入れたもので、高度な計装を必要とする場合に採用され、価格も最高です。		

制御特性による制御動作選択の目安

制御特性による制御動作をまちがいのないように最適なものを選択してください。

表12-6 制御特性による制御動作選択の目安

制御対象の特性			代表的な制御対象	非線形動作				線形動作			
				二位置制御	多位置制御	単速度制御	時間比例制御	比例P制御	PI制御	PD制御	PID制御
時間特性	時定数	大	室内温度熱交換器	●	●	×	●	●	●	●	●
		小	吹出し温度圧力、流量	×	○	●	×	◎	●	○	●
	無駄時間	大	吸収式冷凍機還気温度	×	○	×	◎	◎	○	●	●
		小	流量	●	●	◎	●	●	●	●	●
外乱特性	外乱の大きさ	大	還水圧力	○	◎	●	○	○	●	○	●
		小	湿度	●	●	●	●	●	●	●	●
	変化の速さ	大	還水圧力	×	○	×	○	○	◎	◎	●
		小	温度	●	●	●	●	●	●	●	●

●:適する　◎:使用可　○:注意して使用　×:不適当

制御機器の機構方式と可能な機能の目安

機構方式により、機能と特徴を確認してください。

表12-7 制御機器の機構方式と可能な機能の目安

機構方式 / 機能と特徴	電気式	電子式	デジタル式	空気式	電子 ― 電気式
制御精度	普通	よい	よい	よい	よい
検出部の応答速さ	普通	速い	速い	普通	速い
制御動作	二位置　比例	二位置 比例 PI、PID	二位置 比例 PI、PID	比例 PI、PID(工業用)	比例 PI、PID
補償制御	無	有	有	有	有
最適化制御	無	無	有	無	無
ロジックシーケンス	無	無	有	無	無
中央管制との協調	無	無	有	無	無
故障時の機能維持	無	無	有	無	無
遠隔設定	無	有	有	有	有
駆動可能な操作器	1/2~6インチ程度	1/2~6インチ程度	1/2~6インチ程度	1/2~12インチ程度	1/2~12インチ程度
防爆性	―	―	―	本質的に防爆	部分的に防爆
取付け、取扱いの簡便さ	簡単	やや複雑	やや複雑	簡単	やや複雑
制御用エネルギー源	商用電源	商用電源	商用電源	圧縮空気	商用電源圧縮空気
価格	低	中	高	高	高
適する建物規模	小規模	中規模	中・大規模	中・大規模	中・大規模

空調機器の自動制御

制御対象となる空調機器としては、空調機、パッケージ型空調機、ファンコイルユニットなどがあり、空調機には定風量方式と変風量方式があります。

定風量方式では、室内温度・湿度制御を、変風量方式では給気温度・湿度(露点)、送風量制御およびVAV室内温度制御を行います。

パッケージ型空調機では室内温度制御によるコンプレッサーの発停制御、加湿制御があります。ファンコイルユニットは室内温度制御による電動弁制御(比例またはON/OFF制御)を行い、それは単体単位、またはゾーン単位に制御できます。

定風量方式

常に一定の風量で送風を行う方式です。室内負荷の変動に対しては、送風温度・湿度を変化させることにより室内温度・湿度を制御します。制御目標となる室内温度は室内に設置された温度センサで検知し、設定値と比較されコイルに流れる冷水・温水流量を電動弁の開閉度で調節します。一般にこの制御には比例積分(PI)制御が用いられています。

湿度も同様に湿度センサにより加湿器を制御しますが、加湿器の種類により比例(P)やON/OFF制御が用いられています。外気冷房やCO_2制御による外気量の制御はモータダンパの開閉度で調節されます。

変風量方式

常に一定の給気温度･湿度にて送風を行い、室内負荷の変動に対しては、送風量を変化させることにより室内温度を制御します。

室内湿度に関しては、給気湿度(露点温度)を一定としていることから目標値に保たれるのです。制御ゾーンごとに変風量装置(VAV)が設置され、室内温度によりVAV(風量)を制御し、そのゾーンの送風量を調節します。

給気湿度(露点温度)制御は、給気露点温度センサにより加湿器、または加湿電動弁の開閉度により調節します。この制御には比例積分(PI)制御が用いられます。各ゾーンのVAV(風量)の変化にともない、それに見合う送風量にするために空調機の吐出し静圧を検出し、それが一定となるようにインバータを用いた送風機の回転数制御を行います。

比例動作とは

位置比例動作と時間比例動作の2つに分けられます。

位置比例動作は、操作量の大きさが偏差の大きさに比例する動作で、普通に比例動作といえば、この位置比例動作を指します。

時間比例動作は操作量は二位置制御のようにON/OFFの二位置しかありませんが、ONしている時間の割合が偏差に比例するような動作です。

積分動作とは

ある時点における操作量が、その時の偏差の時間に関する積分値に比例しているような制御動作を積分動作といいます。

比例動作と組合わせ、オフセットを自動的に打ち消す有効な手段として使用されます。

微分動作とは

ある時点における操作量が、偏差の速度に比例しているような制御動作を微分動作といいます。制御量が目標値からわずかでも、ズレはじめると、ズレる速度に応じて操作部を動かし、偏差が小さい間に大きな訂正動作を行います。この動作は単独では使用されず、比例動作、比例積分動作と組合わせて使用するのが普通です。

熱源機器の自動制御

制御対象となる熱源機器は、冷温水発生機、ボイラなどがあり、補機として冷水･温水ポンプ、冷却水ポンプ、冷却塔があります。

熱源機に対する制御としては、負荷追従の台数制御、冷水･温水ポンプには送水圧力制御があります。ポンプの制御は配管システムによりクローズ配管(ワンポンプおよびツーポンプ方式)、オープン配管方式に分けられ、方式により制御も変わります。また、定流量方式(負荷三方弁)、変流量方式(負荷二方弁)によっても制御方法が異なります。冷却塔については、熱源機に対し冷却水温度一定制御を行います。

熱源機の台数制御

流量計および往還温度センサにより負荷流量、負荷熱量を検出･演算し、熱源機器の必要運転台数を決定し運転させる制御です。一般的には、熱源コントローラが用いられ、このことで、熱源機のローテーション運転による運転時間の均一化、また故障時のバックアップ代替運転も熱源コントローラにて行います。

2次ポンプの台数制御

台数制御は熱源機の場合と同様で、負荷流量により2次ポンプの運転台数を制御します。この場合も熱源コントローラが用いられ、ローテーション運転、バックアップ運転も行います。

送水圧力制御

負荷への送水圧力を一定に保つ制御で、圧力センサによりバイパス二方弁の開閉度を調節します。バイパス二方弁はワンポンプシステムでは往還ヘッダ間に、ツーポンプシステムでは2次ポンプの吐出し側と吸込み側の間に取り付けられ、その間のバイパス流量を制御します。

蓄熱槽制御

蓄熱槽に一定温度で、さらに熱源機を高効率で運転するために、熱源機の入口温度制御を行います。入口温度センサにより、蓄熱槽高温側と低温側とを混合(電動三方弁)することにより調節します。

冷却水制御

熱源機の入口冷却水温度を一定に保つ制御です。入口温度センサにより、冷却水を三方弁によりバイパスし、混合温度(入口温度)を制御します。また、冷却塔のファンも冷却塔出口温度センサによりON/OFF制御します。

電力デマンド制御

電力使用量を常時監視し、目標デマンド値を超過しないように負荷を制御するプログラムです。制御機能として、動力ポイントに対し優先レベル順に予想超過容量分だけ遮断するのものです。

停復電制御

停電制御　商用電源が停電すると、自家発電機が運転され非常用電源に切り替わります。停電制御は自家発電機の運転信号で処理を開始し、あらかじめ設定された動力ポイントへ、運転指令を送ります。

復電制御　商用電源が復帰すると、非常用電源から商用電源に切り替わります。復電制御は、自動あるいは手動操作により動力ポイントへ運転指令を送出する制御です。ただし、スケジュールに準じて起動停止され、その他の動力は停電前の状態に戻します。

最適起動停止制御

最適起動制御:室温の状態が使用開始時刻に最適となるように空調機の最小立上りを計算し、事前に起動指令を送出する制御です。

最適停止制御:室温の状態があらかじめ設定された許容値になるまでの変化率を予測し、空調機を使用終了時刻前に停止させる制御です。

熱源コントローラ

ポンプ台数制御や熱源台数制御用のデジタルコントローラで、所定の制御機能をすべて1台の機器に内蔵したものです。条件判断、シーケンス制御、PID制御のほか、表示操作機能、カレンダー機能などを備えています。

計画のチェックポイント

中央管制の計画に当たっては、基本事項を計画の各段階において十分にチェックする必要があります。

表12-8 中央管制の計画上の基本的チェックポイント

	チェック項目	確認事項
①	システムの管理対象はどの範囲ですか	集中形、分散形
②	目的とする機能のバランスはとれていますか	ハードウエアは何を使うの?
③	環境条件の確保	
	省エネルギー化	
	省力化	
	居住者への安全確保	
	設備系の安全確保	
	誰によって運転されますか	信号の伝送速度はどの程度?
	専任ですか兼務ですか	
	どのくらいの技術知識が必要な人ですか	
	特別なトレーニングは不要となっていますか	
	夜間の運転状態はどうですか	
④	将来のシステムの拡張は容易ですか	マンマシンインターフェイスは何を用いますか?
⑤	いたずらに情報過多となっていませんか	
⑥	システム内の機能分散が適切になされていますか	
⑦	システム内に自己診断機能を備えていますか	
⑧	システムの信頼度は妥当ですか	
⑨	停電やシステム異常時のバックアップ範囲は明確ですか	
⑩	ソフトウエアを含めて保守容易な標準的システムですか	
⑪	工事、保守を含めた総合コストは妥当ですか	

上表のチェック項目が明らかになれば、管理すべき対象に対して、システムの構成を集中形か分散形がよいのか、ハードウエアは何を使うのか、信号の伝送速度はどの程度必要か、マンマシンインターフェイスは何を用いるべきか、などについて選択すべき範囲を絞り込むことができます。

管理点数と所要機能の目安

表12-9 管理点数一覧

機能レベル		管理点数〔点〕 100	500	1000	1000〜
監視、制御	操作、状態監視、計測				
	動作・警報記録				
	運用支援データ収集				
	日報・月報作成				
	タイムスケジュール				
	停復電・火災時プログラム				
	省エネルギープログラム				
	熱源最適化制御				
	電力デマンド制御				
	力率制御(必要時)				
マンマシンインタフェイス	個別制御				
	液晶ディスプレイ				
	CRT+キーボード				
伝送方式	個別配線				
	符号伝送方式				
ハードウエア	ロジックシーケンス				
	マイクロプロセッサ				
	マルチマイクロプロセッサ				
システムのアーキテクチャ	集中形				
	分散形				
バックアップ	停電時記録保護のみ				
	手動操作・表示				
	制御機能の保持				

「設備計算 書式集」の使い方

実務に必要な各種計算を網羅した計算書式集です。

バックデータは、『建築設備設計基準』(国土交通省)および『空気調和・衛生工学便覧』を採用しています。

画面右側に計算手順や注意事項が記載されているため、操作マニュアルがなくても簡単に操作できます。

出力フォームは国土交通省仕様に準拠しています。セルに色は付いていますが、印刷はA4モノクロで出力するよう設定しています。公共建築物はもとより民間建築物の計算書として対応できる便利な書式集です。

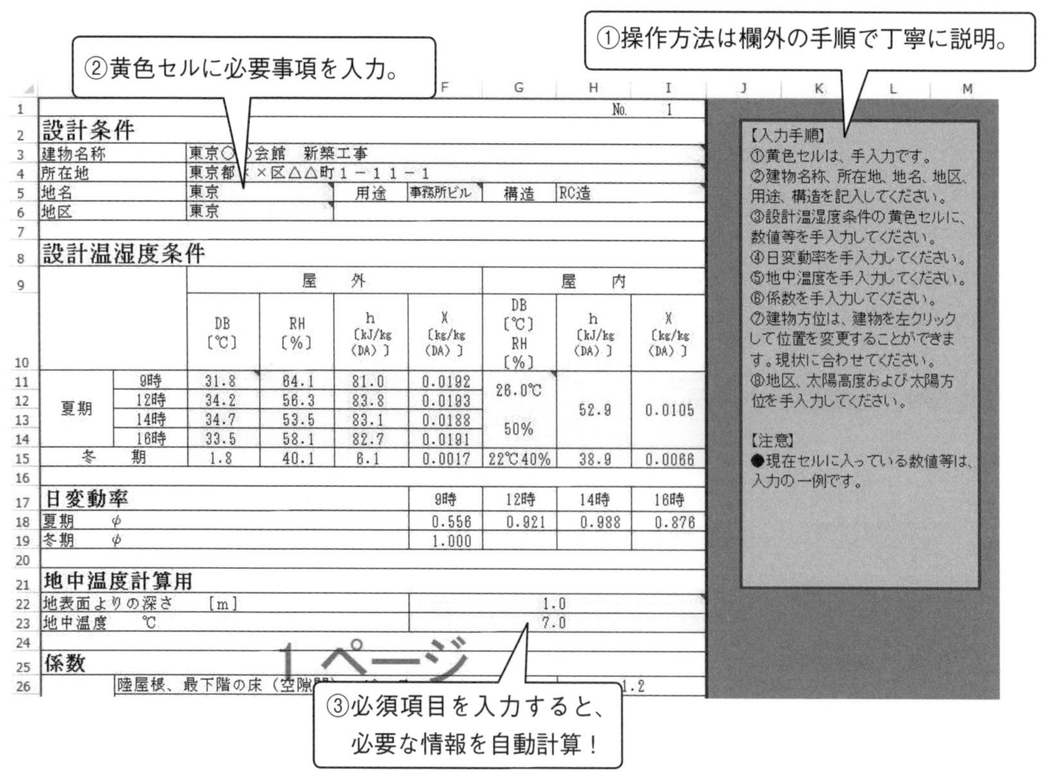

No. 1

設計条件

建物名称	東京○○会館　新築工事				
所在地	東京都××区△△町1－11－1				
地名	東京	用途	事務所ビル	構造	RC造
地区	東京				

設計温湿度条件

		屋外 DB〔℃〕	屋外 RH〔%〕	屋外 h〔kJ/kg(DA)〕	屋外 X〔kg/kg(DA)〕	屋内 DB〔℃〕 RH〔%〕	屋内 h〔kJ/kg(DA)〕	屋内 X〔kg/kg(DA)〕
夏期	9時	31.8	64.1	81.0	0.0192	26.0℃	52.9	0.0105
	12時	34.2	56.3	83.8	0.0193			
	14時	34.7	53.5	83.1	0.0188	50%		
	16時	33.5	58.1	82.7	0.0191			
冬期		1.8	40.1	6.1	0.0017	22℃40%	38.9	0.0066

日変動率

	9時	12時	14時	16時
夏期 φ	0.556	0.921	0.988	0.876
冬期 φ	1.000			

地中温度計算用

地表面よりの深さ [m]	1.0
地中温度 ℃	7.0

係数

陸屋根、最下階の床（空隙[illegible]	1.2

＊現在セルに入っている数値は、計算の一例です。

ー「設備計算 書式集」目次ー

計算シートとダウンロードについて

本書では、マークが付いている計算式や計算シートを、秀和システムのWebページからダウンロードすることができます。公式を理解するためにエクセルで計算の練習ができます。いろいろな数値を入れて公式をしっかり理解してください(エクセルファイルはすべてxlsx形式です)。

ダウンロードの方法

①本書サポートページの以下のURLにアクセス
https://www.shuwasystem.co.jp/support/7980html/6915.html

②ページにあるダウンロードファイルをクリック

③[ファイルのダウンロード]ダイアログボックスが表示されます。[保存]ボタンをクリックし、ダウンロード先のドライブやフォルダを指定してダウンロード

■ちょこっと計算

計算式には番号を付け、章ごとにシートを分けています。本文のアイコンを参照しながら、各章のシート内で計算式を探してください。

黄色いセルに各種データを入力すれば、公式にのっとった解を得ることができます。

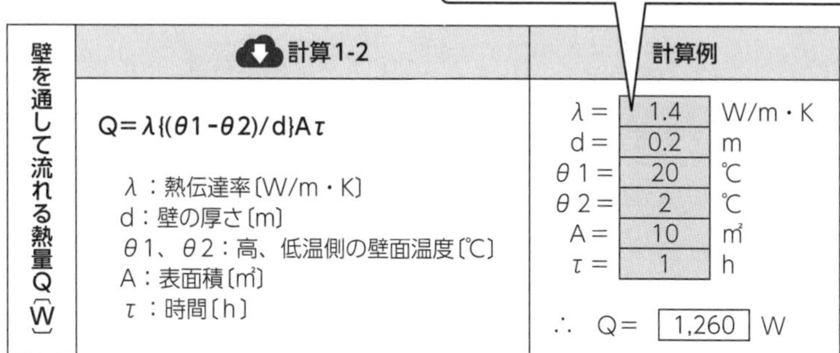

■計算シート

計算シートは「ちょこっと計算」の応用問題です。より実践的な問題で、公式の理解を試してみましょう。

本書では、エクセルの使い方や操作方法に関する解説は行っておりませんので、これらに関するご質問にはお答えできかねます。エクセルの使い方や操作方法については、ソフトウェアの提供元などにご確認いただけますようお願いいたします。

記号・単位の基礎知識

空調の計画・設計において押さえておきたい記号や単位についてまとめました。

ギリシア文字一覧

大文字	小文字	読み方	主な用例
A	α	アルファ	角度、角加速度、α線、α波
B	β	ベータ	角度、β線
Γ	γ	ガンマ	角度、比重、γ線、100万分の1g(重量の単位)
⊿	δ	デルタ	厚さ、密度、増分(数学)、三角州
E	ε	イプシロン	誘電率、放射率
Z	ζ	ツェータ(ジータ)	
H	η	イータ	
Θ	θ	シータ	角度、θ波
I	ι	イオタ	
K	κ	カッパ	熱伝導率
Λ	λ	ラムダ	波長
M	μ	ミュー	平均値、摩擦係数、10の−6乗(接頭語)
N	ν	ニュー	振動数
Ξ	ξ	クサイ(クシー)	
O	ο	オミクロン	
Π	π	パイ	円周率、円順列(数学)、浸透圧
P	ρ	ロー	密度
Σ	σ	シグマ	総和(数学)、標準偏差(統計)
T	τ	タウ	τ粒子
Y	υ	ウプシロン	
Φ	φ	ファイ	直径、空集合(数学)、黄金比(数学)
X	χ	カイ(ヒィー)	リアクタンス、χ2乗分布(統計)
Ψ	ψ	プサイ	
Ω	ω	オメガ	電気抵抗の単位、角速度、1の3乗根

接頭語の名称と倍数

接頭語の名称	略号	単位に乗ぜられる倍数
ヨタ	Y	10^{24}
ゼタ	Z	10^{21}
エクサ	E	10^{18}
ペタ	P	10^{15}
テラ	T	10^{12}
ギガ	G	10^{9}
メガ	M	10^{6}
キロ	K	10^{3}
ヘクト	h	10^{2}
デカ	da	10^{1}

接頭語の名称	略号	単位に乗ぜられる倍数
デシ	d	10^{-1}
センチ	c	10^{-2}
ミリ	m	10^{-3}
マイクロ	μ	10^{-6}
ナノ	n	10^{-9}
ピコ	p	10^{-12}
フェムト	f	10^{-15}
アト	a	10^{-18}
ゼプト	z	10^{-21}
ヨクト	y	10^{-24}

 SI単位

設計の業界には、尺貫法→メートル法→SI単位と、計量単位が時代ごとに変わってきたという歴史があります。

メートル法は、日本でも1951年から使われていましたが、1960年に「国際単位系」(SI：Système International d'Unités)の採用が国際機関で決議されました。

これにより、日本でも1991年に計量法が改正され、1992年4月からSI単位が規準として使われるようになりました。

SI接頭辞

SI基本単位の前に付けて用いるものがほとんどですが、MN(メガニュートン)やhPa(ヘクトパスカル)のように、SI組立単位に対しても用いられます。

10^n	接頭辞	記号	十進数表記
10^{24}	ヨタ	Y	1,000,000,000,000,000,000,000,000
10^{21}	ゼタ	Z	1,000,000,000,000,000,000,000
10^{18}	エクサ	E	1,000,000,000,000,000,000
10^{15}	ペタ	P	1,000,000,000,000,000
10^{12}	テラ	T	1,000,000,000,000
10^{9}	ギガ	G	1,000,000,000
10^{6}	メガ	M	1,000,000
10^{3}	キロ	k	1,000
10^{2}	ヘクト	h	100
10^{1}	デカ	da	10
10^{0}	なし	なし	1
10^{-1}	デシ	d	0.1
10^{-2}	センチ	c	0.01
10^{-3}	ミリ	m	0.001
10^{-6}	マイクロ	μ	0.000 001
10^{-9}	ナノ	n	0.000 000 001
10^{-12}	ピコ	p	0.000 000 000 001
10^{-15}	フェムト	f	0.000 000 000 000 001
10^{-18}	アト	a	0.000 000 000 000 000 001
10^{-21}	ゼプト	z	0.000 000 000 000 000 000 001
10^{-24}	ヨクト	y	0.000 000 000 000 000 000 000 001

圧力

SI単位			従来単位			量記号
Pa	KPa	MPa	kgf/cm²	水柱(mmAq)	水銀柱(mmHg)	
1	0.001	0.000001	0.0000102	0.102	0.007501	p P
1000	1	0.001	0.0102	102	7.501	
1000000	1000	1	10.197162	101972	7501	
98067	98.07	0.09807	1	10000	735,6	
9.807	0.009807	0.000009807	0.0001	1	0.07356	
133.3	0.1333	0.0001333	0.00136	13.6	1	

熱量・エネルギー・仕事

SI単位		従来単位		量記号
kJ	kW·h	kcal	kgf·m	
1	0.0002778	0.2389	102	熱量はQ エネルギーは E、W 仕事はA、W
3600	1	860	367097.8	
4.186	0.001163	1	426.9	
0.009807	0.000002724	0.002343	1	

＊1kcal=4.18605kJとして作成。

熱流・冷凍能力・動力・仕事率

SI単位	従来単位					量記号
kW	kcal/h	USRt	JRt	HP	kgf·m/s	
1	860	0.2843	0.259	1.36	102	熱流はq、ψ 冷凍能力は QR、qR 動力、 仕事率はP
0.001163	1	0.0003307	0.0003012	0.001581	0.1186	
3.517	3024	1	0.9108	4.782	358.6	
3.86	3320	1.098	1	5.25	393.7	
0.7355	632.5	0.2091	0.1905	1	75	
0.009807	8.434	0.002788	0.00254	0.01333	1	

熱伝導率

SI単位	従来単位	量記号
W/(m·K)	kcal/(m·h·℃)	
1	0.8598	λ k
1.163	1	

熱伝達率・熱通過率

SI単位	従来単位	量記号
W/(m·K)	kcal/(㎡·h·℃)	
1	0.8596	h、k、K、α
1.163	1	

＊温度および温度差は、K、℃のいずれを用いてもよく、一般に温度は℃、温度差にはKを用います。K=℃+273.15

表・索引

第1章　空気とは

第2章　空調設備の基礎知識

第3章　熱負荷計算

第4章　空気線図

第5章　空調・熱源機器の負荷

第6章　空調機器の設計

第7章　空調方式の分類

第8章　配管の設計

第9章　ダクトの設計

表・索引

第10章　換気設備

第11章　排煙設備

第12章　自動制御設備

図・索引

第1章 空気とは

第2章 空調設備の基礎知識

第3章 熱負荷計算

第4章 空気線図

第5章 空調・熱源機器の負荷

第6章 空調機器の設計

App 資料

第7章　空調方式の分類

第8章　配管の設計

第9章　ダクトの設計

第10章 換気設備

第11章 排煙設備

第12章 自動制御設備

索引

さ行

た行

な行

は行

ま行

や行

ら行

著者プロフィール

土井　巖(どい　いわお)

(有)巖技術研究所　代表取締役、建築設備士、建築設備検査資格者

【略歴】

1947年生 茨城県出身、専修大学商学部卒業。

1965年4月(株)相和技術研究所技術部入社、1969年3月退社。

1969年4月 巖技術研究所設立

1970年4月有限会社巖技術研究所成立、現在に至る。

1981年～1983年　YMCA一級建築士受験講座・設備担当講師

1989年4月～1996年3月　青山設計製図専門学校建築設備科講師

その他、水槽診断士認定講習会、マンション維持管理士受験講座の講師などを歴任。

【著書・その他】

初級給排水衛生設備設計マニュアル・主査(東京都設備設計事務所協会編、丸善)
初級空気調和設備設計マニュアル・主査(東京都設備設計事務所協会編、丸善)
初級電気設備設備設計マニュアル・主査(東京都設備設計事務所協会編、丸善)
KHP設計マニュアル・編纂委員長(石油連盟共著)
床暖房設備設計マニュアル・編纂委員長(床暖房施工協会共著)
KHP設計・施工マニュアル(共著、エクスナレッジ発行)
図解入門よくわかる最新建築設備の基本と仕組み(秀和システム)
図解入門よくわかる最新給排水衛生設備の基本と仕組み(秀和システム)
空調設備実務パーフェクトマニュアル(秀和システム)
給排水衛生設備実務パーフェクトマニュアル(秀和システム)
設備計算ソフト「インカル」開発・制作、
現在は「スリーエスSSS」〔ファインジャパン販売〕
1997年9月号～2009年３月号 月刊「コア」実務講座連載　日本設備工業新聞社発行

参考文献

「空気調和衛生工学便覧」、社団法人空気調和衛生工学会

「空調・給排水の大百科」、社団法人空気調和衛生工学会

「建築設備設計基準」、国土交通省大臣官房官庁営繕部設備・環境課

「建築設備の知識」、社団法人建築設備技術者協会

「建築設備設計マニュアル」、社団法人建築設備技術者協会

「空気調和・衛生設備データブック」、社団法人空気調和衛生工学会

「図解入門よくわかる最新建築設備の基本と仕組み」、秀和システム

本書サポートページ

●秀和システムのウェブサイト

https://www.shuwasystem.co.jp/

●ダウンロードサイト

本書で使用するダウンロードデータは以下のサイトで提供しています。

https://www.shuwasystem.co.jp/support/7980html/6915.html

使用方法は、『「設備計算 書式集」の使い方』(P354)をご覧ください。

・「設備計算_書式集」(実務に必要な各種計算を網羅した計算書式集)

・「ちょこっと計算集」(ちょこっと計算(練習編)&計算シート(応用編))

※ エクセルファイルはすべてxlsx形式です

本文図版制作 :緒方裕子 加賀谷育子

空調設備実務パーフェクトマニュアル[第4版]

発行日 2023年 2月 26日 第1版第1刷

著 者 土井 巖

発行者 斉藤 和邦

発行所 株式会社 秀和システム

〒135-0016

東京都江東区東陽2-4-2 新宮ビル2F

Tel 03-6264-3105 (販売) Fax 03-6264-3094

印刷所 図書印刷株式会社

ISBN978-4-7980-6915-9 C3052